郭 熙 著

中国
社会语言学

（第 3 版）

创于1897 商务印书馆 The Commercial Press

图书在版编目(CIP)数据

中国社会语言学 / 郭熙著. —3 版. —北京：商务印书馆，2013(2023.2 重印)
ISBN 978-7-100-09859-5

Ⅰ. ①中… Ⅱ. ①郭… Ⅲ. ①社会语言学-中国-教材 Ⅳ. ①H1

中国版本图书馆 CIP 数据核字(2013)第 049185 号

中国社会语言学
（第 3 版）
郭 熙 著

商 务 印 书 馆 出 版
（北京王府井大街36号 邮政编码100710）
商 务 印 书 馆 发 行
北京捷迅佳彩印刷有限公司印刷
ISBN 978-7-100-09859-5

2013 年 8 月第 1 版　　开本 880×1230 1/32
2023 年 2 月北京第 3 次印刷　　印张 14⅜

定价：72.00 元

目　录

绪 论

第一节 中国社会语言学的对象

一、什么是社会语言学

语言是人类社会特有的现象。人们通过语言传递信息,表达情感。在人类社会发展和生活中,语言犹如空气和水一样必不可少。正因为如此,自从出现了语言,人们就开始谈论语言,并逐步地从各个角度研究语言,探讨和语言相关的各种现象。社会语言学是研究语言与社会的关系的一门新兴学科。它从不同的社会科学角度(诸如社会学、人类学、民族学、心理学、地理学、历史学等)去考察语言,进而研究在不同的社会条件下产生的语言变异。可以看出,"不同的社会条件"是一种变素,而"语言变异"也是一种变素,因此我们可以把社会语言学看成是研究社会与语言的共变的一门学科。(陈原,1983)

作为一门学科,我们在研究语言和社会之间的关系或语言在社会中的各种功能的时候,首先应该给涉及的有关方面下定义。

先说"社会"(society)。中国一些社会学者认为,社会"就是以共同的物质生产活动为基础而相互联系的人类生活共同体","是人们交互作用的产物"。(张克荣,1988:53)这个定义揭示了社会的本质属性。但从社会语言学的关注点来看,换一个角度来看社会可能更方便。例如,可以把它定义为"任何为某种或多种特定的目的而结合在一起的人的群体”。(Wardhaugh,1986:1)这个定义的内容比较宽泛,涉及面比较广,但是很有用。因为在讨论社会语言学时必须考虑到多种多样的社会,多种多样的社会集团。在中国历史上,除了较早时期以外,“社会”一词一直是与集团有关的。对于社会学家、政治学家和历史学家来说,他们或许更关心的是它的“本质属性”,但对我们来说,关心的是它的群体性和集团性。

在此基础上,我们也可以如法炮制地给语言下一个定义:语言(language)是一个特定的社会的成员所说的话。对局外人来说,这个定义是简明扼要的。但学习过语言学的人一眼就会看出,这个定义隐含的内容非常复杂而且有不少缺陷,因为几乎在每一个社会里,语言都在使用不同的形式。而且,当我们试图去描写一个社会的语言的时候,能拿来讨论的“语言”这个概念本身就有问题。语言不是加给人类世界原已存在种种事物的标记或名称的单纯汇集。每一社会集团都生活在多少不同于其他社会集团的社会中。这些差别既反映在言语社会的文化组成成分中,也反映在它们的语言中。有时候,一个社会是多语的,许多人会使用不止一种语言;而同一个人,几乎毫无例外地也会随着环境的变化调整自己的语言。

语言和社会不是相互独立的。它们之间存在着错综复杂的关系。比如,可以假设出的语言和社会间的关系就有以下几种可能性(Wardhaugh,1986:1):

(1) 社会结构影响或者决定语言结构和(或)行为;

(2) 语言的结构和(或)行为影响或决定社会的结构;

(3) 语言和社会相互影响;

(4) 语言结构和社会结构没有关系。

事实上,语言是在特定的交际环境中历史地形成的。它既起源于物种的个体的发生，也起源于全人类的进化和每个人的生命史，还起源于社会交际行为。语言和社会的关系是辩证的，语言是人类通过交际来应付生活、应付世界的产物。语言与社会的关系的研究将把我们引入一个广阔的研究天地。

二、社会语言学的学科性质和研究对象

研究社会语言学的人对这门学科有不同的理解。

1.“分支”说

这种观点认为，社会语言学就是“社会＋语言学”。持这种观点的人不少。这里以英国著名社会语言学家R.A.郝德森(Richard A. Hudson，1990：8)为代表。他说：

> 我把社会语言学定义为“联系社会研究语言的一门学科”，意在表明社会语言学是语言研究的一个部分。因此，社会语言学的价值就在于它能揭示一般语言的性质或具体语言的特征。正如我们所期望的，研究社会的学者发现，语言事实对于他们认识社会很有启发作用——要找到任何像语言这样具有重要社会功能的社会特征，毕竟是很难的。对于通常所称的语言社会学(Sociology of Language)，可以定义为“联系语言研究社会的一门学科”(与上面的社会语言学定义相反)。

他还对两个学科的区分作了进一步的说明。他说：

> 社会语言学和语言社会学之间的差异在很大程度上是着重点不同，它取决于研究者对语言还是对社会感兴趣，同时取决于他专长于分析语言结构还是社会结构。二者之间有很大的重叠区域，因而对二者作出比目前更为明确的区分看来是没有意义的。

郝德森的观点是值得进一步讨论的:既然有很大的重叠区域,为什么又非要去区分它们呢? 应该如何去处理它们呢?

2.“两属”说

苏联科学院语言研究所社会语言学研究室主任尤尼斯·D.德舍里耶夫(Yunus Desherievich Desheriev,1985)则提出了一种两属的观点。他认为“社会语言学不仅仅属于语言科学的范围,它诞生于其他学科之间,是一门学科际的学科”。在语言学里,他赞成区分语言学的两个相对独立的分支,把它们作为语言科学的组成部分,这就是结构语言学和社会语言学。这二者研究的是同一对象,是一个有机的整体。他认为,人们一旦企图划分社会语言学和语言社会学这两门学科的界限,便破坏了语言学科内部上述两个部分的有机结合。

3.“语用”说

美国语言学家佐伊基(Arnold M. Zwicky,1989:2)则提出了最狭义的社会语言学观。他认为,社会语言学主要研究 who says what to whom on which occasion(什么人在什么场合对什么人说什么)。what 是语言部分,即社会语言学的语言部分;who says what to whom 包括了说话的人、说话的对象和所说的内容;occasion 是关于在什么样的场合使用什么样的语言。人与社会情景合起来就是社会因素。社会语言学一直想回答的就是语言与使用者的关系:谁对谁使用什么样的语言以及语言与语言情景的关系。他设想了一些总原则,这些总原则所说的是语言与使用者、语言应用与情景的关系。要是没有这些总原则,社会语言学的研究就没有意义了。从这里可以看出,佐伊基的社会语言学有点像语用学,可以称之为“‘语用’说”。尽管佐伊基不是严格意义上的社会语言学家,但他的这些观点倒也代表了一些社会语言学研究者的看法。

4."应用"说

陈建民和陈章太(1988)提出中国社会语言学是一门应用学科。他们认为,中国有丰富的语言宝库,有几千年的文明史,有悠久的传统文化,具有中国特色的社会语言学表现在高度重视自己的语言发展变化,以及与之有关的社会历史和传统文化,是研究语言与社会共变、语言与文化共存的一门应用学科。我们认为,结合一个具体的社会研究语言,是语言学研究发展的新方向,由于社会语言学的跨学科性质,它与社会语言应用的密切关系变得比以前更为明显,但是,我们却不能据此就认为它是一门应用学科。社会语言学的应用方面主要表现在它的社会工程方面,但在其他方面或许更具理论意义。社会语言学的应用方面主要应该由应用语言学来承担。因此,与其把社会语言学定义为一门应用学科,不如把它看成是一门基础理论学科。①

5."边缘"说

陈原(1983:1)提出了"共变论",认为社会语言学是边缘学科。他是中国第一个明确提出社会语言学作为边缘学科的性质的学者。1987年,在中国首次社会语言学学术讨论会的开幕式上,陈原再次指出:

社会语言学是一门多学科性交叉学科;从它发展的趋向看

---

① 修订版注:现在看来,这种认定把问题简单化了。社会语言学可以有不同的研究角度:可以联系社会研究语言,也可以联系语言研究社会(后者通常被称为"语言社会学"),也可以研究语言与社会的"共变"。显然,这些应属于基础研究,其重要性也毋庸置疑;而面向社会的社会语言学注定要在社会语用上作出自己的努力,总体上应属于应用研究。然而,即使是这样,也不能说面向社会的社会语言学是纯粹的应用研究,因为它也有许多基础研究要做。事实上,就是典型的应用学科自身也有基础研究,例如汉语作为第二语言的教学,就需要大量的基础研究。

来,它不只是社会科学若干学科的交叉,而且是社会科学和自然科学的接合部之一。语言学、社会学、历史学、人类学、民族学、民俗学、考古学、国土学、心理学、概率论、控制论、信息论、系统论、神经科学等等学科,都会在这个接合部中发挥作用,形成一个边缘学科。边缘学科是富有生命力的,社会语言学也不例外,它已经并且继续在我们这里显示出它强大的生命力。

德国社会学家、世界社会科学联合会所属社会语言学研究委员会主席T.勒克曼(Thomas Luckmann,1985)也持这种观点。

我们原则上同意陈原"共变"的观点,但不赞成把它的"接合部"扩散得无边无际。作为边缘学科,社会语言学当然要涉及社会的各个方面,当然也会涉及各个学科。但是,社会语言学家所关心的仍应是社会和语言密切相关的一面。有的方面不一定是接合的问题,例如社会语言学可以使用一些统计的方法,要对语言进行一些定量定性分析,但我们不能说这就是它和这些学科的接合,就像我们在许多学科里都要利用数学而不说数学和该学科构成边缘学科一样。我们认为,和社会语言学关系最密切的学科是社会学,但社会语言学也不是社会学和语言学的简单相加。社会语言学之所以成为边缘科学,是因为它是社会学和语言学都关心的学科。因此,社会语言学既不从属于语言学,也不从属于社会学。它有自己特殊的研究对象。

总的来说,社会语言学不是和语言社会学相对的概念,它和结构语言学虽然也有重大的差异,但它们之间也不是相对的关系。如果我们借助层次分析法的话,社会语言学不能分析成"社会+语言学",而应分析成"(社会+语言)学"。

我们之所以这样认为,还因为"社会+语言学"的说法似乎在暗示有非社会的语言学的存在。既然语言是社会现象,在本质上是社会的，那么就没有社会以外的语言学的存在。当然，如果只是为了把它同传统意义上的语言学区别开，那还是有道理的。从研究对象看，社会语言学不但要研究语言和客观的社会诸因素（如社会结构的各种不同成分）之间的关系，而且还要研究主观的社会诸因素（如社会态度、社会价值等）在语言活动中的反映。也许正因为如此，近年来对语言使用受社会制约这一现象感兴趣的学科越来越多。

有人不同意社会语言学作为边缘学科的观点，认为如果这样的话就会使社会语言学的研究泛化，最后走向不同的研究领域。（蔡富有，1991）我们认为，这实际上是另外一个问题。因为正如我们所将要看到的那样，社会语言学之所以诞生，实际上是对语言研究脱离社会的一种反动。不同的人当然可以从不同的角度研究社会语言学。这是社会发展的必然，也是语言学所必须经过的一条道路。语言研究要同社会结合起来，要为社会服务。如果社会语言学不关心社会，还只是局限于微观的分析，就很难说是社会语言学。社会语言学对社会关心是多方面的，也应该是多方面的。如果一门刚刚建立的学科就被范围限制住，就谈不上这个学科的发展。而且，我们根本没有必要担心社会语言学的范围问题，实际上，每一个人都可以有自己的研究范围，正如语言学本身就是一门范围很广而又有很多分支的学科一样。

当然，近年来对语言运用受社会制约这一现象感兴趣的不只是社会学家和语言学家，其他如人类学家、政治学家、哲学家，甚至精神病学家等，对此都很感兴趣，使得这门新兴学科的界限有点模糊不清。但从中国的总体情况来看，有两点比较清楚：一是我们前面提到的微观的社会语言学研究，它研究各种社会因素（如语言集团的各个阶层等）对语言结构及其历史演变的影响，可以看作是普通语言学研究的一个部分;二是宏观的社会语言学研究,它比较分析各种言语活动、它们的各个组成部分以及发生在各种特定语境里的言语所完成的各种不同的功能。(J. A. Fishman,1976)社会语言学应该回答语言学关心但是从语言本体研究无法回答的问题。

从上述认识出发,社会语言学的研究可以说已经有了很长的历史,因为过去所作的所有关于语言与社会的关系的研究都可以看作社会语言学的研究。但是,现代社会语言学作为一门新学科,自身却又有着明显的特点:它不是语言学和社会学相关领域的简单机械的结合,不只是在语言学的前面加上个"社会"的标签,而是在相对统一的理论、对研究对象和目的的统一认识、统一概念体系和共同研究程序基础上的结合。它是一门注重理论和方法的学科。当然,这一结合的过程还没有完成。这一完成过程就是社会语言学的研究的过程。在世界范围内,社会语言学虽说取得了很大的成绩,但是作为一门学科还很不成熟,这从前面提到的许多争议就可以看出。在中国,社会语言学更是刚刚起步,还有许多工作要做。

三、社会语言学的理论和实践意义

1. 社会语言学的理论意义

社会语言学的理论意义主要体现在以下三个方面:[①]

(1) 拓宽了语言的研究领域,为语言提出了一种更为细致同时又更为有用的概念。除了方言学家外,传统语言学家研究的语言是拟想的单一纯净的语言。社会语言学家认为,语言不是单一的,是有变异的;变异又分地方性的(这是古人已经注意到的,后面会谈到)和

① 以下三个方面部分参阅陈原、许国璋、王宗炎(1988)《社会语言学》。

社会性的(这主要是社会语言学的贡献)。社会性的变异分为社会阶层的变异(上层、中层、下层等),职业的变异(教师、律师、医生、军人等各自的语言使用域)和语用性的变异(在家里、在办公室、在讲台上使用的不同的语言变体或语码[①])。传统语言学的研究仅限于语言的内部关系,社会语言学的研究从语言外部关系着眼,后者的活动开拓了新的领域。过去我们认为语言的变体是自由的,社会语言学的研究告诉我们,它们不仅不自由,有时甚至是强制的。社会语言学所总结的规律可以帮助其他学科的研究,可以帮助解释我们过去认为是自由变体的例外的东西,如语法方面的例外,常常是社会结构的差异所引起的。再如儿童的语言,成人不说。社会语言学家所采纳的一个程序是把旧的生成规则拿来,改写成受社会语境制约的"变项规则"(variable rules,又译"可变规则")。最初,转换的规则或是强制的,或是任意的:如果是强制的,说话人必须遵守;如果是任意的,他们也许遵守,也许不遵守。至于"也许或也许不"所应用的条件是什么,并不去考虑。社会语言学则承担了解释这一条件的任务。

(2) 提出了语言研究的数量化的概念。在现代语言学的研究领域里,唯理语言学提出了形式描写的概念;社会语言学提出了数量化的概念。后者以一个具体的社团或行业、或公共场所、或年龄段为调查对象,根据拟定的调查项目取得关于一定的语言现象的调查数据,从而对正在演进中的语言变化作出数量化的概括。美国社会语言学家拉波夫(William Labov)和英国社会语言学家特鲁吉尔(Peter Trudgill,又译特鲁基尔、特鲁杰)所做的调查,都各有上千个数据。他们进行了细密的分析,得出了令人信服的结论。

---

① 关于"语码",本书第四章将专门讨论。

(3) 在历时和共时之间提出了一个中间概念,把静态研究和动态研究结合起来。自从瑞士语言学家索绪尔提出历时和共时的理论后,人们一直沿用不疑。但是,时间是瞬息即逝的,语言是不断发展和变异的,纯净单一的共时只能是心理现实(一种拟想),不可能是客观存在。对此,社会语言学提出了一个解决方案。社会语言学可以在同一个时间里选择祖宗三代或三个不同年龄段的受试者,调查他们之间的语言变异,从而用共时的研究方法取得历时研究的数据,可以说是在共时和历时之间架起了一座桥梁。

2. 社会语言学的实践价值

社会语言学是语言学走出象牙之塔、走出经院、深入社会、深入人民群众的产物。它的兴起促使人们用一种新的眼光审视语言。在此之前人们只是从语言的系统、交际功能、表达功能等方面来认识语言,对社会生活提出的实际问题注意不够。例如,对语言文字工作最主要的任务——即规范化和标准化就曾缺乏社会的通盘考虑,缺乏深入细致的调查研究。在政策的制定、方案的选择、措施的采取方面常常陷入一种盲目的状态。而社会语言学从社会、民族、人类等角度考虑语言,把语言作为国家、民族的文明程度的标志,把语言研究作为信息时代的要求,开展调查、统计、分析、研究,逐步地引起社会的重视;它不仅仅停留在研究本身,而且还注意使语言在生活中起到应起的作用,进而也丰富语言学本身。这是社会语言学实践意义的集中体现。这不由使人想起法国著名历史比较语言学家 A. 梅耶(Antoine Meillet,1992)曾说过的话:"不明白使用那种语言的民族生活情况,就不能了解这种语言;不了解那些人的语言,也就不能真正明白他们的宗教和社会习惯。"随着语言学的发展,人们也开始认识到语言的其他方面,例如语言作为一种资源,(邱质朴,1982)语言作为一种产业。更有学者明确地指出了语言的市场价值。(陈建民、祝畹瑾,1992)这显然是由于市场经济模式出现后人们才认识到的。一般说来,以下三个方面决定了语言的市场价值:(1)对某种语言和语言使用者的供求关系;(2)操某种语言的国家或地区的经济实力;(3)掌握某种语言后可以获得的经济利益。

奚博先(1993)则又提出了语言是生产力,讨论语言和吃饭的关系。并非所有的人都同意这一观点。但在社会和语言的发展史上,确有很多例子可以说明语言的这些价值。事实上人们很早就已经在运用这个杠杆,只是人们没有从理性上予以认识,也没有从理论的高度进行阐释罢了。周有光(1995:126)指出,英语是当今世界上最赚钱的语言(money language)。而20世纪70年代末开始出现世界范围内的"汉语热",(许惟贤,1990)汉语似乎也可以成为一种"赚钱的语言"了。

近年来,这种势头得到进一步的发展,以至于不少人开始把汉语看成一种强势语言。不管这种看法正确与否,一个不争的事实是,汉语的国际地位越来越高,在中国以外的地区学习和使用汉语的人越来越多。在这个意义上,说汉语正在成为一种世界性语言恐怕并不过分。

从某种意义上说,这都是语言市场驱动的结果。

具体说来,社会语言学的实践价值有以下几个方面。

(1) 为制定语言政策提供理论依据。语言关系到社会的各个方面。尽管社会形形色色,但总要以始终连续的合作与交往为基础。由此带来的社会方面的任务,既有语言的大的方面的问题,如官方语言的选定、民族语文的使用、语言文字的立法、语言规范的确立、语言和方言的保护等等;也有小的方面的问题,如语言的培训、语言行为规范的指导、术语的规范问题——应该采取哪种说话方式和语言变体,理由何在?是否可以不加区别地兼收并蓄?这类问题不能单纯凭主观想法或偏见而定,然而传统上这种偏见起过不小的作用。正确的做法显然是应该依靠相当的理论基础、有科学根据的评价标准和相关的学术研究。语言政策的制定必须从语言国情出发,而社会语言学的调查有助于对语言国情的认识,有助于为制定正确的语言政策提供理论依据,进而有助于解决一些因语言而引起的社会问题。

(2)为语言教学提供理论和资料。社会语言学对教学的作用很能说明社会语言学的实用价值。以第二语言教学为例。一般认为,衡量语言的恰当程度的最可靠的标准就是由说本族语的人来看,学生的语言表现是否可以接受。(玛丽一路易斯·卡内,1985)例如,我们对一个美国人说的汉语作出评价说"他的汉语说得像中国人",这意味着对这个人的汉语水平的高度赞扬。它表明,这个人已经很好地掌握了汉语。我们这样说的时候,所注重的并不一定是他的语法的正确、发音的标准、词汇的丰富,而更重要的或许是他能够在不同的语境里选择不同的句型和词汇,用得恰到好处。这说明,语言必须在特定的社会环境里使用,学习这一语言的人必须了解这一环境,以便恰当得体地选择语言形式。社会语言学强调交际是由语言和语言环境两者组成的。它的教学方法的优点是师生必须把注意力都集中到真实的交际场合,可以对学生所使用的语言是否恰当提供明确的指导,借以使学生得体地运用语言。因此,社会语言学对课程计划的制订有着很大的贡献,它可以使人认识到:语言材料和语言环境两个方面都必须受到重视;在学习与运用阶段,两者必须保持平衡。如果某种语言的老师懂得该语言的各种变体以及对待这些变体的态度,他们就能很好地完成上述各项任务。

(3) 有助于认识社会文化和历史。丹麦语言学家拉斯克早在19世纪时就认为:“在没有书面语文献以前,我们要找出任何民族的历史,语言就是一个最主要的工具。因为这个民族的宗教、风俗、法律和制度尽管起变化,而它的语言却常保存下来,虽然不是没有改变,可是甚至在几千年后还可以辨认出来。”(见岑麒祥,1988:103)

罗常培(1989:88)说:

> 一时代的客观社会生活,决定了那时代的语言内容;也可以说,语言的内容在足以反映出某一时代社会生活的各面影。社会的现象,由经济生活到全部社会意识,都沉淀在语言里面。

根据语言的“遗迹”,我们可以探索中国的社会制度、中国的历史和文化、中国人的传统观念。以词汇研究为例。我们考察了建国以来汉语词汇的发展,发现绝大多数新词都是名词。如果把一本新词词典中所有的词按照出现的年代排起来,几乎可以看作一本编年史。又如,《说文解字》中“女”“车”“马”“鱼”“玉”“贝”等部首的字相当多,这反映出上古时代中国的社会结构、社会生产的变革、复杂的社会关系以及中国作为文明古国的重要特色。此外像成语、谚语、外来词等也都能反映出来不少历史和文化现象。

由此可见,从研究语汇的出现、变化、派生、消失等语言现象着手,去探索社会生活的变动,是有可能的,也是有必要的。(陈原,1983:266)

第二节　社会语言学和相关学科

语言是一种复杂的多边现象,体现于生理、心理、社会习惯和其他形式之中,而社会语言学作为一门跨学科的学科,和许多学科都有不同程度的联系。这显然是由于社会语言学本身的特殊性质所决定的。一位朋友向我提出,社会语言学应该只研究语言,并建议要把这作为一个原则提出来,尽管这很难做到,然而,我们还是应该尽可能地注意学科之间的区别,否则,我们就很难建立社会语言学的体系。

一、 社会语言学和文化语言学

国外无文化语言学这一学科,与它相近的是人类语言学。中国一些学者在20世纪80年代提出建立这一学科,并发表和出版了不少论著。按照这些论著,文化语言学是以语言与文化的关系为研究对象的一门关系学科。

由于对社会语言学的性质范围等问题意见分歧,加上社会和文化的密不可分,这就导致了难以从理论上说明社会语言学和文化语言学的关系。从具体的论著来看,很多社会语言学论著都把语言和文化的关系纳入自己的范围;反之,许多人类语言学或文化语言学论著,也把语言与社会的关系纳入自己的范围。人们目前有这样几种观点:(1)社会语言学和文化语言学是不同的学科,二者有合流的趋势,但今后怎么发展,目前还很难预言;(邢福义,1990:33)(2)文化语言学就是语言学,这意味着它可以涵盖社会语言学;(申小龙,1991,见高一虹,1996)(3)社会语言学是公认的学科,而语言与文化的关系可以研究但不应该建立文化语言学;(伍铁平,1997)(4)社会语言学和文化语言学趋向于“分”。(高一虹,1996)

我们认为,社会语言学和文化语言学都是正在发展的学科,学科间出现一些交叉在所难免,不宜轻易作出肯定或否定的结论。我们也不能因社会语言学相对比较成熟,而国外没有文化语言学就否定后者。邢福义等(1990:33—34)对这两个学科进行的比较是有一定借鉴意义的。他们从四个方面进行了比较，下面分别予以介绍：

(1) 社会语言学一般以一个社会内部的言语共同体的语言状况为研究对象，而不大关心不同社会的语言状况的系统比较；而文化语言学除了研究社会内部的语言和文化的关系之外，还要研究比较不同社会的文化类型和语言类型的异同。

(2) 社会语言学主要关心语言的现状，只有在说明语言的社会变异的前因后果时，才涉及它们的历史。联系人文历史现象研究语言的方法也可以归入社会语言学。而文化语言学不仅关心语言和文化的现状，而且非常关心，甚至可以说是更重视语言和文化的历史发展过程。如关于词源、字源与文化史的关系，就是文化语言学的主要内容之一。

(3)"社会语言学优先考虑的是言语而不是语言，是功能而不是结构，是语境而不是信息本身，是语言的得体性而不是语言的任意性。"(尤金·奈达，1985)简言之，社会语言学主要关心的是言语交际方式的选择及其社会条件和社会意义，而一般不大关心语言结构体系本身。比如，社会语言学特别关心个人或言语共同体进行言语交际时，采用什么语言变体，是母语还是外语，是标准语还是方言，是正式语体还是非正式语体；在什么条件和言语背景下采用什么语言变体，以及使用某种语言变体时所体现出来的社会地位、身份、性别、年龄、性格、立场等社会意义。各种语言变体的着眼点不在于它们是否构成独特的体系，而在于它们具有共同的社会分布，即具有共同的社会特征的人、共同的交际关系和言语背景等等。

文化语言学则对语言结构系统和言语交际行为两方面都给予同样的重视。文化语言学不仅可以包括历史变异、社会变异、地域变异等，而且包括语言的结构系统与文化传统的相互关系。比如亲属称谓系统与婚姻家庭制度和观念的相互关系,时间、方位词语与时空视点的关系,语法结构类型与文化心态的关系等等。这些内容一般不属于社会语言学的范围,而属于文化语言学的范围。

(4) 社会语言学把言语交际活动看作一种社会行为,重点研究言语行为规范与其他行为规范的相互关系。对于文化语言学来说,这些内容都属于语言与文化的制度层次和心理层次的相互关系。文化语言学不仅要研究上述内容,而且还研究语言与物质文化、精神文化的相互关系,比如通过语源、字源来了解古代物质文化和智能文化。如古汉语中,“管”有“钥匙”的意思,可知中国古代有用竹管制作钥匙的技术,反过来,通过“管”的钥匙义,可以发现“钢管”的“管”和“管理”的“管”之间的语言发展关系。又如民俗对事物的分类也可从语言文字中反映出来。如从“鳖”“甲鱼”等名称,可以看出古代汉民族将这种爬行动物看作鱼类。这些现象显然属于文化语言学的范围,而不大好看作社会语言学的内容。

我们认为,上述(1)(2)(4)三个方面的区别是明显的,(3)则不然。例如社会称谓乃至亲属称谓等问题就会直接或间接受社会发展的影响,社会语言学不可能对此置之不理。这或许正是社会语言学和文化语言学交叉的一个例子。

二、 社会语言学和民族语言学、人类语言学

社会语言学和民族语言学都是外部语言学。它们的区别在于,民族语言学考虑的首先是族群(民族、部族和部落)的特点,而社会语言学考虑的则首先是某个具体民族或一般民族的社会结构特点,并且通常是民族发展后期的、跟语言的发展和结构等相应的社会结构特点。作为两门学科,民族语言学和社会语言学相对立,各有不同的

运用资料的侧重面。其实，与其说这种对立是原则上的，不如说是实践上的。民族语言学所利用的主要是具有历史意义的资料，它关心的是历史，是过去，并且极力从现代的资料中解释并历史地解释按照历史顺序排列的事实和过程；社会语言学几乎只依据当代的资料，而且首先是从交际功能、结构描写和共时标准方面来研究语言资料。当然，这里所作的区分只是就一般情况而言的，也不能排除对历时社会语言学感兴趣的人对民族语言作历时的分析。

由于社会学和人类学的界限不是很清楚，所以社会语言学和人类语言学的界限也很难确定，有不少人认为社会语言学属于人类语言学。人类语言学基本关心的是语言和文化之间的关系。所以吕叔湘(1988)认为，人类语言学就是文化语言学。

不管是社会语言学、民族语言学、人类语言学乃至有人提到的民俗语言学(我们认为后者是社会语言学的一个分支)，都关注语言与民族文化的密切关系，因为一种语言体现了一种社会文化，语言对于了解和描写一个社会的文化有着特别重要的作用。随着某些语言的消亡，人类知识的一部分也将随之消失。语言学家应该以保护稀有动物、植物者为榜样，把保护世界各地濒临消失的语言作为己任。当然，这种看法并非始自今日。本书第七章还将进一步涉及语言保护问题。

三、社会语言学和语用学、修辞学

语用学目前没有严格的定义，从字面上看很宽泛。实际上，语用学也是和结构语言学相对而言的。它研究语言的要素、规则在运用中的情况。例如它研究语境，包括：(1)上下文，语言要素和语言要素之间的环境、语流；(2)语言环境、情景，包括内容情景和使用情景。

它也研究语言运用中的各种问题,研究语言材料在一定的环境中所显示出来的特点、差异,这里说的语言材料是全部材料,不限于有差异的成分,而社会语言学始终研究差异,这些差异是已经形成的。语用学所研究的语言运用的情况可能是原来有的,也可能根本没有差异。

另一方面,语用学不揭示差异的社会根源、地位、作用、特征、表现,它只研究交际活动本身——语言材料在使用过程中的价值。语用学研究两个有不同意义的句子格式在使用中的价值——不但是语言体系决定的价值,而且是语境决定的价值。

修辞学是语言学的分支。它也研究语言的结构差异,但它不仅研究这种差异,还研究语言结构之外的差异,如在语言材料相同的情况下出现的差异,语言自身矛盾运动引起的差异等。

社会语言学描写已经形成的差异,寻求其原因和规律。修辞学并不满足于描写这种差异,它更关心的是表达的效果。它从表达效果上研究差异,研究如何利用这些差异达到较佳的表达效果。修辞学研究标准语的口语和书面语的表达效果问题,而社会语言学则还包括方言和土语等等。从这个角度看,社会语言学关心的差异比修辞学要广一些。

四、社会语言学和方言学

社会语言学和方言学密切相关。有的学者把方言学作为社会语言学的一个分支。例如,《中国大百科全书·语言文字学》卷在条目安排上是这样的:

社会语言学

　　方言学

方言地理学

著名语言学家赵元任的《中国社会语言学面面观》(*Aspects of Chinese Sociolinguistics*)一书内容的编排反映出他也把方言学作为社会语言学的一部分。我们认为社会语言学和方言学是不同的学科。但是我们也不赞成把这两个学科对立起来。事实上,大多数的社会语言学著作都以大规模的方言调查的资料为支撑,他们甚至还贯彻了方言研究的原则和方法。当然,社会语言学家在运用这些原则和方法时会根据自己的需要进行某些修正。另一方面,近年来,方言学家也开始吸取社会语言学的方法进行方言研究了。

方言学研究的主要目的是说明语言在地理上的差异,其最终产品是反映语言的地域变体特征的"方言地图"及其各种各样的描写和说明等。这些特征的描写多集中在语音和词汇方面,近年来语法也引起越来越多的注意。有的方言学家在画同言线上做了大量的工作,鲍明炜、颜景常的《苏北江淮话与北方话的分界》(1985),金有景的《拉祜语方言地图集》(1992)等就是典型的例子。总的说来,方言学不大考虑同一个说话者会用几种不同的发音,一般也不大考虑同一地区的不同的说话者大范围的语音上的差异。当然,这并不是说方言学家没有意识到诸如社会因素等造成的语言上的差异。近年来,一些方言学家也开始研究这些问题。鲍明炜(1980)对南京方言的变化的研究就是一个范例。

然而,方言学家更关心的还是语言学意义上的方言的概念,以及勾画语言形式的分布地图,记录传统意义上的方言特征。其中典型的例子是方言调查人的选定。在方言调查中,对被调查者的选择有极其苛刻的条件。例如,对发音人的年龄、性别都有规定。通常,要选择 60 岁以上的男性作为理想的发音人,而且此人还应没有离开过居住的地方等等。之所以这样做,是为了要找出"纯"的发音人。年轻人的话容易变化,女性的语言容易受到其他话的影响,长时间在外地居住的人自然也会受到外地话的影响,因此他们的话不足以代表这个言语社团使用的语言。这里显然有一个问题:既然是调查一个地区的方言,难道只有60岁以上的人说的才是这个地方的话吗?例如,我们在调查苏南地区的河南方言岛时,选择的也是60岁以上的老人,但他们的话能代表今天这个方言岛中的"河南话"吗?正因为如此,一些语言学者在研究一种方言时也十分关注一种方言的内部差异。刘丹青(1995:45)就分析了南京方言中因年龄、家庭背景等不同而形成的差异。游汝杰(2004a)也对传统的方言调查方法提出了自己的看法。他指出,汉语方言学在调查时多采用字本位的调查法,通常是先记录事先选定的某些字的字音,整理出声韵调系统,然后再调查词汇和语法。这种方法操作起来比较方便,可以在较短的时间里大致了解这个方言的语音系统的面貌。但这种调查方法得出来的实际上可能只是该方言的汉字读音系统。

此外,在目的方面,社会语言学显然更倾向于言语社团中语言变化的方向的观察;在方法上,社会语言学更多地采用的是谈话法、观察法和抽样统计法等,而且尤其注意到同一言语社团中不同的人的语言情况。社会语言学发现,方言学以往的一些假设是错误的。例如,有浓重方音的人不一定是最老的人;保守的方言不一定必然让位于标准语;大多数同言线的勾画过于简化;说话人使用方言作为社会身份的标志。例如,前几年江苏某新建市由于该市的领导人讲自己的方言,随同他调来的干部也随之讲这种方言,于是该地出现了当地人学领导方言的风气。表面看是方言问题,但实际上是社会问题。社会语言学对此可能更为关心。

第三节　社会语言学的诞生和发展

一、 社会语言学的诞生和发展

人类有关语言的知识,比天文、数学的开始还要早。语言研究的历史可以追溯到上古时期。同样,人类对语言和社会的关系的探讨也有着漫长的历史,对语言具有社会性的认识更是渊源久远。中国古代的许多学者(例如荀子等)都有过精彩的论述。在西方,情况也是如此。但是,系统地研究社会中的语言却并不早。在现代社会科学的史前和早期历史阶段,很少有人将社会学的方法用于语言研究。语言只是作为一种单独实体来研究,而且这种研究常常是脱离社会的。

语言学理论曾长期为生物论所控制——它首先表现为神造论,后来又具体地表现为主观主义的控制论,然后再表现为归纳主义的理论。自从欧洲人发现了梵文,更重要的是发现了印度人的理性而系统的语言研究传统以后,情况开始发生变化。后来,人们才开始认识到,语言结构的关键成分可能来自它的使用以及它和社会的相互影响。青年语法学派曾满怀信心地去追寻语言的不变的规律,使得这一自然科学的模式大为盛行。

19世纪才真正出现语言科学。此前的语言研究被称为语文学(在中国称为"小学")。在古印度、古罗马和中国,语文学各有自己的特色,以至于到今天仍然有一定的地位。传统语文学的目的是对古书做校勘和训释工作,通过语言去研究古代的文化艺术、典章制度和风俗习惯等。而各种语言间的相互联系,语言本身的经常变化与历史发展,都没有引起人们的注意。人们看不到语言体系内部的层次结构,更不理解语言作为交际工具和思维工具的社会功能。这些弊端阻碍了语言学的发展。因此,在现代自然科学的一再冲击下,形成了现代语言学。

现代语言学早期受到的是物理主义和生物主义的影响。这两种方法差异很大,但都有简单化的倾向。因此,各种新学科间并没有出现共同的兴趣,它们永远也不交叉,T.勒克曼(1985)形容为"名副其实的平行线"。社会科学领域除马克思、W.旺特和W.洪堡特这些人以外,毫不重视语言。当然,语言学领域也多不大关心社会。

马克思并不是一个语言学家,但从他早期著作中可以看到他对语言问题的附带论述。从社会语言学的角度来看,这些论述具有重要的意义。洪堡特被认为是学术上的非主流人物,他有关语言的文章(例如其中一篇论及语言与其"民族特点")以及为自己论述卡韦语的著作所写的序言,显然符合"社会语言学"的精神。这些都发生在社会语言学问世之前。

在社会语言学的发展中要大提特提的是A.梅耶。他著名的论文《论词义的变化》明确地提出了语言和社会的关系。他说:

> 语言既以人类社会的存在为基本条件,同时又是人类社会存在的必不可少的工具,不停地使用……语言因而突出的是一种社会事实。(见T.勒克曼,1985)

索绪尔几乎同时提出了同样的观点。他说,语言是一种社会制度,不可能简单地化为心理环境或生理基础。语言仅以其相对独立的符号结构而区别于其他社会制度。

然而,索绪尔以后,从社会角度研究语言仍然没有引起足够的重视。这与当时的历史背景有关。我们知道,历史比较语言学的创立跟生物进化论的创立不仅时代相近,而且基本思想、研究方法和发现过程等方面，都惊人地相似：(1)生物进化论是从全世界各地搜集和整理动物标本开始的，历史比较语言学也是从世界各地搜集整理语言标本开始的；(2)生物进化论从大量现代生物的个体解剖和杂交实验以及大量古生物化石的对比材料中得到了证实，历史比较语言学也从大量现代语言的具体分析以及大量考古文献的对比材料中得到了全面的证实。学者们归纳、对比、分析，发现语言和生物界都有不断进化的历史。但是，历史比较语言学重于历时研究，忽视共时研究。更何况，语言是一种复杂的社会现象，不能简单地与自然界类比。在这种情况下，人们把注意力集中在语言结构本身，导致了结构主义语言学的产生。

结构主义语言学的产生在科学界引起了震动，文学、历史学、人类学都从它那里吸取了方法。由于结构主义语言学想在历史比较语言学上面建立一座新的与之有等同价值的大厦，人们为之而努力是不难理解的。

然而，结构主义语言学是有严重缺陷的。例如，结构主义语言学尤其是美国结构主义语言学非常强调共时描写。他们描写语言的历时或现状的各个方面。而这种描写是没有穷尽的，而且把共时和历时完全对立起来也是不妥的。刘丹青曾提到一个例子：在苏州话里，“车”说“车子”，但用车子去运东西，动词则用“车”，例如“我去车煤球”。这个“车”到底是从哪里来的，好像不能用纯共时的区分来说明。看来，名词双音化的速度要比动词快。(见郭伯康，1996)再以汉语的“把”字句为例。规则描述得很多，但操作起来还是有困难。我们描写出的许多规则没有用处。一个学汉语的外国人学了许多的规则仍免不了说错句子；而有些汉语很好的“老外”却说不出什么规则——但毫无疑问，后者是掌握了这些规则的。那么，是否有一种内在的东西在控制着人对语法规则的使用呢?20世纪50年代诞生的以乔姆斯基为代表的转换生成语言学带来了一场意义深远的革命。这场革命的意义在于,它改变了人们对语言的认识,是一场名副其实的"思想解放"运动。然而,乔姆斯基的理论后来也陷入了重重困境,因为它的随意性太强,而且语言的研究离社会也越来越远。

乔姆斯基以"纯"或"理想"的语言为对象,把这当作语言学的中心目的。他曾给语言下了一个"指导了整整一代的研究人员"(Bolinger,1993:551)的定义:

> 语言学理论主要研究纯一的言语社团中理想的说话人听话人,这些人精通自己的语言,而且不受与语法无关的其他条件的影响,如记忆限度、注意力分散、兴趣转移和实际运用语言知识时所犯的错误(包括偶然的错误或典型的错误)。

在中国,也有类似的观点。他们主张选最纯的语言作为研究对象。朱德熙(1986)主张要研究纯的汉语的语法。然而,语言渗透到人类生活的各种层次,它不是漂浮在大气层中与人类毫不相干的现象。如果非要说有的话,一定是虚构的。R.A.郝德森(1990:9-10)虚构过这样的一个世界:在这个世界里,有一个由某种自然疆界明确限定的社会,既不能出,也不能入;这个社会的所有成员必须全部使用同一种语言——他们认识同样的语言结构和单词,发出相同的语音,对语言中某一个单词的意义范围的理解也是相同的;这个社会的成员之间没有任何差别,因而其结果排除了语言变化,因为这样的变化在正常情况下包括最年老一代与最年轻一代之间的语言差异,这样,当前者全部死完后,只有后者所使用的语言形式继续存在;在这个社会里,环境对人们所讲的话,不论对其内容或是形式,都不产生任何影响,不存在任何选择不同种类的词汇变体的要求,也不存在某些词有不同的读音要求等;在这个虚构的社会里,社会的文化与该社会的语言(特别是其词汇)所能够表达的意义之间没有任何联系。应该说,为这一社会设计的蓝图是没有价值的。

还应提到的一点是,在语言研究的方法中,数学方法也占了一定的位置。人们曾对这样的方法抱了很大的希望。美国语言学家霍凯特(Charles F. Hockett)在语言数学的领域里做了许多工作。他在他的著作《语言、数学、语言学》的前言中说,他对模式化的方法已经完全失望了(特别是对乔姆斯基及其学派的那种模式化方法),"因为这些方法都基于这样一个前提,人类的语言是一个非常严格的系统,如数学语言、符号逻辑语言。但是,这个前提却与现实不符"。(转引自Ф.Л.费林,1988:152)

那么,真实的世界是什么样子呢?郝德森(1990)又为我们描述了一个真实而奇异的世界。

这个世界在亚马孙河的西北部地区。该地区一半在巴西境内,一半在哥伦比亚;大致与使用图卡诺语(Tukano)为交际语的那个地区一致。它地广人稀,面积相当于英格兰,而人口只有1万左右。居民大多数是土著印第安人,分为20多个部落,这些部落又组成5个部落群。在这个社会里,每一个部落都讲一种不同的语言,这些语言互相不能沟通,也非源于同一母语。语言成为区分不同部落的唯一标准。而且,这5个部落群实行族外通婚制,即男人不准与同一部落的女人结婚。我们可以看到这样一个事实:夫妻必定讲不同的语言。更有趣的是,这些部落实行的是婚后居住在夫家制,并且有一条规定:妻子不仅要住在丈夫长大的地方,而且在与子女讲话时还必须用丈夫的语言(通常被称为"父语婚姻")。这一规定的结果是:母亲不是把自己的语言教给孩子,而是把自己只不过像外国人一样所讲的一种语言教给孩子,正如不少英国人从那些来自国外的女保姆那里学会英语一样。因而,除了想象,几乎不可能把这些孩子的第一语言称为“母语”。没有关于他们的语言蜕化的报道,但有一点可以肯定,由于他们生活的大家庭的客观环境,这些孩子跟讲父亲的语言的人接触不会少。

从这个世界我们可以发现不少有趣的问题。例如,这个地区的部落是以语言来确定的,但是在一个讲X语言的部落里,约有1/4的人虽然标为说X语言,但X语言却不是她们的本族语,因为她们是来自其他部落的妇女。同样,约有1/4的X语言的使用者,是散居在其他部落里的已婚妇女。另一方面,如果假定同一个大家庭里的兄弟们无需在“另外”的同一个部落里择婚,在任何一个特定的大家庭里都可能有数种语言的本族语使用者。除了X语言的本族使用者外,还会有一些非本族人使用X语言。

我们也可以在我们的周围找到类似的例子,例如后面将要谈到的苏南地区的河南方言岛。

社会语言学在20世纪诞生不是偶然的。祝畹瑾(1992:1-4)指出,社会语言学的兴起是以下面三个方面的发展为前提的:(1)社会基础;(2)物质条件;(3)学术背景。我们认为,这三个条件当中,起到最大作用的可能还是(3)。第一个方面实际上早就存在,第二个物质条件也是次要的。中国20世纪20年代就已经开始了方言调查。录音机的出现也有了很长的时间。

一般认为,社会语言学作为一门独立的学科于20世纪60年代诞生在美国。早在1952年,赫兹勒(J. U. Hertzler)在美国中西部社会学学会上就明确提出要研究语言结构和社会结构的相互影响,研究语言行为和社会行为的相互关系。这种主张已是社会语言学的基本构想。1964 年,在美国社会学家和语言学家联合举行的一次学术讨论会上,正式提出并公认了"社会语言学"这个名称,归纳了社会语言学研究的几个重要方面:(1)言语交际双方的社会身份;(2)言语事件发生的社会环境;(3)社会方言的历时和共时分析;(4)说话者对不同言语行为的社会评价;(5)语言变异的程度;(6)社会语言学的实际应用。所有这些都标志着社会语言学的正式诞生。

并不是所有的人都同意这种观点。德舍里耶夫(1985)指出,以为社会语言学 20 世纪前半期首创于美国,然后再传播到其他国家的看法是不对的。以社会的(或社会学的)观点来进行对语言的研究(大致说来也就是研究语言和社会的相互关系),至少可以追溯到 19 世纪末到 20 世纪初的法国社会语言学派。萨默费特的著作中曾讲起这个法国学派的一些概念。拉法格对法国大革命时期法国语言历史发展的分析,采取了社会语言学的方法,顾及了广泛的文化、历史和哲学背景。遗憾的是,对这个法国语言学派在社会语言学研究中所起的作用,甚至有些法国学者也不肯给予应有的承认。社会语言学研究发展史上的第二个阶段是苏联在 20 世纪 20 年代进行的语言建设工作。语言建设工作是社会语言学的实际应用。苏联学者在理论和实践方面都作出了很多成绩。从 20 世纪 40 年代到 50 年代上半期,苏联语言学家对社会语言学的研究不如前一段那么关心,但研究并未停顿下来。

中国最早提出社会语言学的学者之一陈原指出,社会语言学发源比较早。自古以来,中外语文学家都曾讨论过古语与今语、文语与口语、标准语与方言在社会功能上的差别。欧洲 19 世纪初方言学家对于自己民族语言内部各种变体的调查,其实即是进行社会语言学的工作。20 世纪人类学家对语言与文化、语言与社团关系所做的调查,对近世社会语言学的研究也有启发。

我们认为,社会语言学的诞生和有没有社会语言学的研究是两回事。进行某一方面的研究并不等于建立了某一个学科。回顾一门学科的发展道路,于史于今都有重要的意义,但若只是为了争"初始权",则是没有什么意义的。我们今天讨论社会语言学的起源的目的在于如何吸取前人的经验,而不是其他。另一方面,我们也已经看到,现代社会语言学仍保持着对"语言和社会"关系问题的极大兴趣,但是,它却又与先辈有着本质的区别。现代社会语言学是一个跨学科的边缘学科,它吸收了语言学和社会学的最新成果,并把这两门学科有机地结合起来。它包含了一代又一代语言学家的艰苦探索。当然,理论和实践上完全统一的社会语言学还没有建立起来,这门发展中的学科也可能无法满足社会对它的要求,它也许会失败。但不管怎样,语言学又迈进了一个新的阶段。

二、 中国社会语言学产生的时代背景

回顾中国语言学的历史,可以发现一个令人深思的现象:就语言与社会的关系的研究而言,中国不比世界上任何一个国家晚;就提出的理论深度而言,中国人更是远远地走在前面。但把社会语言学作为一个学科提出来,中国却落在了西方国家的后面。这是为什么呢?

为了回答这个问题,我们有必要回顾一下中国现代语言学的发展。中国现代语言学始于《马氏文通》。关于《马氏文通》,学术界有不少争论,有褒也有贬,批评较多的是它的模仿方面,赞扬则基于它是中国第一本系统的语法学著作。然而人们对《马氏文通》的动机和效果注意得不多。据《马氏文通·后序》:马建忠把中国的教学方法跟西方教学方法作比较以后,认为中国由于不教语法,青少年学习语

文事倍功半，减少了学习科学的时间，影响了中国文化科学事业的发展。因此，他积十余年时间写了这部开创性的著作。马建忠的思路在某种意义上是正确的。因为学习文言也是另一种语码的学习，采用学习第二语言的一些方法，例如讲解一些必要的语法知识，告诉学习者一些基本规律，确实可以节省学习者的大量时间。当然，从今天的角度看，《马氏文通》在教学方面并没有达到预想的目标，这是社会和历史的局限所致，我们不能苛求马建忠用今天的语言教学理论去编写语法教材。另一方面，我们也应该看到，《马氏文通》也导致中国语言教学后来在某种程度上步入了误区，导致了"语法教学万能论"的产生，对中国语文教学产生了不可低估的副作用。

对中国现代语言学产生重大影响的还有索绪尔。索绪尔的语言观的核心是系统。在《普通语言学教程》中，系统的问题得到了比较详尽的说明，但他关于外部语言学的叙述同样应引起我们的注意。然而过去对索绪尔观点的介绍却主要集中在内部语言学方面，集中在结构系统本身。应该说，即使在今天，对汉语的结构进行深入的研究仍然是一项十分重要的任务，我们应该坚持不懈。但是，由于我们对索绪尔认识的片面性，也由于我们在理论方法上受美国描写语言学的影响，我们一直只把描写作为语言学的正宗；而当我们遇到困难的时候，又把账算在索绪尔头上。这是不公正的。反复阅读原著，我们就会从这些误区中走出来。当然，我们绝不是说索绪尔的理论是完美的。在研究中，我们越来越认识到索绪尔的局限性。例如，他把语言和言语对立起来，把共时和历时对立起来，就引起了许多问题。

我们对索绪尔认识的片面性是有社会原因的。刘丹青指出，由于政治上的原因，我们当初介绍索绪尔的语言学思想是偷偷摸摸进行的，这导致我们对索绪尔的理解是间接的，有一些介绍的文章或书也不一定提他的名字。国门打开后,大家又被一些新的热点所吸引,而索氏的观点则为人所忽视。以江苏省为例,省语言学会有800多名会员,但有多少人能比较全面地了解索绪尔?很多人关于索绪尔的知识是通过叶蜚声、徐通锵的《语言学纲要》得到的。(见郭伯康,1996)

另一方面,西方语言学是建立在印欧语研究基础上的,它的结论不见得适合汉语。汉语的特点是单音节语素,没有严格意义上的形态变化,在句法中语素的独立性较强;印欧语的特点是词的形态变化,词在句法中的独立性较弱。然而,从马建忠开始,模仿西方,成了中国现代语言学的一个模式。开始是《马氏文通》模仿拉丁"葛朗玛",后来是王力模仿"三品说",再往后则是"结构"或"转换生成"等等。其中大多数是搬一些西方理论、术语、概念和方法。虽然从一开始尤其是在文法革新讨论中已经有不少人注意到这一问题,但始终未能找出一个理想的解决方法。总的来说,20世纪初形成的中国现代语言学,在西方语言学,特别是结构主义语言学思想的影响下,取得了很大的成就,尤其是积累了大量的语言材料,为中国语言学的发展奠定了基础。但是,这一学术思想也带来只注重语言形式描写、只注重语言内部结构分析的片面做法,它不但影响了语言学与其他学科的相互联系,同时也使得语言学的实用价值大为降低。有人说从"通经致用的初衷"来看,中国语文学的"价值远远胜过现代舶来的语言学"。(游汝杰,1993:1)此说虽然不免偏颇,但也不乏深刻。的确,小学能够助人读古书、写古文,但现行的语法教学,对于读古文或写作今文几乎看不到什么作用。

我们曾把20世纪50年代和60年代的前半期看作中国语言学的"黄金时代"。(郭伯康,1994)现在看来,这个说法并不准确,因为从学术的角度来说，那个时候人们并不能在学术上畅所欲言。但那个时候中国语言学的地位却是令人所不可企及的。如果分析起来，大体上有以下几个原因：(1)政府的支持；(2)教育事业的需要；(3)苏联教育体制的影响。当然，这三个方面有时很难分开。以政府大力支持来说，显然就与教育的需求、苏联的影响分不开。中国共产党有重视语言文字工作的传统，(郭熙，1992a)加上建国初期，百废待兴，急需大批有文化的人才，而自己干部队伍的文化素质不高，中共领导人更不得不花费大量的精力去组织广大人民群众学习科学文化知识，要迅速地提高人们的科学文化水平，首先要解决读写问题。这就对语言工作者提出了很高的要求，因此也就形成了语言工作者的特殊地位。就《人民日报》连载吕叔湘、朱德熙的《语法修辞讲话》来说，在中国语言学史上恐怕就是空前绝后的。

20 世纪 50 年代开始的"苏化"为中国语言学提供了一个发展机遇。客观地说，苏联对中国语言学的影响具有双重性：一方面，共同的意识形态使得中国的新政府也十分重视语言问题，例如民族共同语和规范化问题的提出等都成了当时的热点，引起了语言学工作者的兴趣，促使人们以极大的热情投入到语言研究中。另一方面，苏联的经院式的教条学术作风也给中国的语言学带来了一些不良的影响；在这个方面，中国语言学所付出的代价也是极其沉重的。20 世纪 50 年代对中国语言学产生影响的还有教育方面的因素。由于苏联的影响，中国在教育方面也出现了一边倒的情况。从中小学到高等学校，都照搬苏联的模式，因此也就影响了中国的语言学。(郭熙，1996)

20 世纪 50 年代对中国语言学产生巨大影响的还有文字改革。汉字的改革是共和国的重大设想之一。不管当时所提的口号是否切合实际,也不管当时的所作所为有多少问题,它们对中国语言学的贡献都是不可磨灭的。首先,作为文字改革工作任务之一的“推普”大大推动了方言调查,这显然是语言的社会工程,应该属于社会语言学的范畴;而大规模的方言调查活动又把高等院校和其他语言研究机构紧密地联系在一起,从而培养了一支强大的语言文字研究队伍。现在看来,当时的大规模的运动虽然没有完全达到预想的目标,但其历史作用是不可磨灭的。有人不大瞧得起这方面的成就,认为有影响的“倒还是利玛窦的《西儒耳目资》(熙按:《西儒耳目资》的作者应为金尼阁,原文有误)以来的汉字拼音化运动,对普通话的教学工作有些助益”。(游汝杰,1993:2)我们不大赞同这种观点。但是,我们也必须承认,20世纪50年代的方言调查后来未能沿着自己的路走下去,教训是值得吸取的。其次,文字改革运动使得各级政府、社会各界、高等院校对语言教学给予了高度的重视,从而出版了相当一批语言和语言学教材。第三,取得了一批至今仍有很大价值的学术成果,为后来的语言学研究打下了一定的基础。

20世纪60年代中后期,中国语言学同其他学科一样,受到了史无前例的“文革”的冲击,跌入它的最低谷。

中国语言学的复苏始于1978年。它的显著标志是《中国语文》和其他一些语言学杂志的复刊。从那时到80年代中期,是中国语言学发展史上最为繁荣的时期。这一时期学术繁荣有几个重要标志:(1)召开了多种学术会议;(2)建立了一大批语言学学术团体和研究机构;(3)发表出版了大量的语言学论文和著作;(4)培养了一批新的学术骨干。

语言学在这一时期之所以如此繁荣,显然与当时的社会环境有关。首先,学术界在被压抑十年以后,重新得以恢复活动,这无疑振奋了广大语言学工作者的精神。其次,社会对科学文化也寄予了极大的关注。以出版业为例,由于"文革"造成了严重的"书荒",加上"文革"后的一个社会性的学科学文化的热潮在中国大地兴起,促进了出版业的发展,使得学术成果得以发表,这又反过来促进了学术研究的开展。第三,由于"文革"所造成的文化的断层急需补充一大批语言文字工作者,形成了高等学校、出版部门以及一些科研机构中对于语言文字工作者的需求,这也吸引了不少人从事语言文字工作。

那么,为什么50年代甚至60年代那么大规模的社会语言学的运动仍没能导致中国社会语言学的建立?是中国语言学家们忽略了语言与社会的研究吗?

20世纪80年代末再版的一本书引起了我们的注意,这就是罗常培的《语言与文化》。我们现在可以很骄傲地说,这是一本中国社会语言学的奠基之作。但是,这本书在中国的历史上曾经沉寂了几十年。

20世纪40年代,罗常培开始探讨语言与文化的关系。50年代初出版了《语言与文化》一书。他提出了一系列关于语言研究的观点,下面摘录其中的一段:

> 语言不是孤立的,而是和多方面联系的。任何社会现象都不能和别的现象绝缘,而独立存在或发展。各现象间必得彼此关联,交互影响,才能朝着一定的途径向前推进。语言既然是社会组织的产物,当然也不能超越这个规律。所以语言学的研究万不能抱残守缺地局限在语言本身的资料以内,必须要扩大研究范围,让语言现象跟其他社会现象和意识联系起来,才能格外发挥语言的功能,阐扬语言学的原理。(罗常培,1989:89)

就全书而论,罗常培有的观点显然受了马尔理论的影响,例如他提出应该把语言“看做社会意识形态的一种”(88页),但我们这里所引的这段话毫无疑问是正确的。遗憾的是,由于政治方面的影响,《语言与文化》这本书后来无人再提,就连罗先生论文集的编者在总结先生的成就时也未能提及。我们只是在初版40年后才能读到这本永载中国社会语言学史册的重要著作。作者在书中“自信对于建设中国新语言学的新路已经把路基初步地铺起来了”(95页),但后来人们却未能沿着这条路走下去,这不能不说是一件历史的憾事。

由于中国语言学没能适时地调整思路,从而陷入了一场危机。虽然一些语言学家不断地写文章说语言学是一门领先的科学,但是对于一般的人来说,仍然不知道它有什么用处。在大学里,学生对“现代汉语”这门课不感兴趣甚至很厌烦。(郭熙,1989)于是,改进教学内容、改善教学方法等成了不少语言学教师的工作重点。一批批有关的论文和新编的教材也应运而生。但是这一切似乎都显得无济于事,学生们对教师所付出的辛勤劳动表现出了一种冷漠的态度。不仅如此,形势似乎也变得更加严峻了,危机已经蔓延到了整个语言学科。不少人开始抱怨——抱怨市场经济大潮对语言学科的冲击,抱怨人们不重视语言学;抱怨的同时不乏哀叹——哀叹语言学走投无路;在这中间人们开始怀旧,他们怀念50年代语言学的显赫地位,也怀念70年代末80年代初中国语言学的再度兴盛、蒸蒸日上的局面。的确,与50年代的“黄金岁月”和70年代末80年代初的东山再起之势相比,当今的中国语言学真可谓一落千丈,步履维艰。有人用“门前冷落车马稀”来形容,(游汝杰,1993:2)这可以说是语言学危机的一个真实的写照。

正是在这样的情况下,中国语言学界开始思考如何摆脱困境。因为只有探求新的路子,语言学才能得以生存。一大批语言学家积极投身于对社会语言学的研究，试图由此探求一条新的出路。

与此同时，近百年中国语言学的研究也使得我们对语言学的研究对象有了一些直接或间接的观察与研究，加上国门开放和思想解放运动，使我们有可能学习国外20世纪60年代发展起来的社会语言学的理论和研究经验，敢于去碰过去的一些“禁区”，勇于对过去的做法进行反思，从而开始认识到过去的不少问题。例如，忽略了语言学的存在必须以社会的根本需求为前提，忽略了对语言理论的研究，忽略了语言研究的多元化等等。

于根元(1995:95)指出：“一门学科的发展，要有两个条件。一个是社会发展的需要，是外部条件。一个是及时满足社会发展的需要，是内部条件。内部条件的关键往往是研究者的素质的提高，而素质的提高主要是观念的更新。”这段话可以说是道破了个中真谛。中国社会语言学作为一门独立的学科在历尽磨难中终于具备了理论的和实践的条件。在这样的情况下，社会语言学的产生就毫不奇怪了。

三、中国社会语言学的发展和现状

尽管中国社会语言学起步较晚，但经过语言学工作者二十多年的努力，已经初具规模。

中国社会语言学的起始问题学术界尚无统一的说法。大体上可以分成三种：(1)陈原的《语言与社会生活——社会语言学札记》(三联书店，1980)[①]；(2)陈原的《社会语言学》(学林出版社，1983)；(3)1987年12月召开的首届社会语言学讨论会。三种说法各有道理。考虑到20世纪70年代末还有其他一些语言学家开始译介国外社会

① 此书1979年曾在香港出版，但对大陆影响不大。高一虹(1996)说是1982年，误。

语言学的研究成果,我们这里把陈原《语言与社会生活——社会语言学札记》一书(1980)的出版作为中国社会语言学的早期标志,因为这是我们看到的国内第一本书名中含有“社会语言学”而且又以汉语和中国社会的关系为研究对象的著作。

中国社会语言学20世纪80年代到90年代前期的研究状况,已经有学者进行过总结,例如高一虹(1996)、郭熙(1999)、周庆生(2000)等。上述文献中虽然各自的关注点有所不同,但都对中国社会语言学的发展进行了较为客观的描述。

中国社会语言学发展到21世纪初,大体上可以分为三个阶段。

1. 初创阶段(1979—1987):从自发到自觉[①]

一个学科的出现绝不是突然从天上掉下来的,一定是长时间学科积累的结果。中国现代历史上的许多语言运动,如20世纪初期的国语运动,20年代的白话文运动,30年代的大众语讨论以及北方拉丁化运动,50年代的推广普通话、现代汉语规范化等等,都可以算是社会语言学的工作。但是这些运动或工作可以说是自发的,而不是自觉的。70年代后期,随着“社会语言学”这个术语的出现,人们对社会语言学的研究从自发走向自觉。

这一阶段,中国社会语言学的成果主要表现在通论性的著作和理论的译介方面。前者除上述陈原的两本著作外,还有陈松岑的《社会语言学导论》(北京大学出版社,1985),游汝杰、周振鹤的《方言与中国文化》(上海人民出版社,1986)。许国璋早在70年代末开始引进社会语言学,有关论文后来收入《许国璋论语言》(外语教学与研究

---

① 应该说明的是,在所谓的自发阶段,也有自觉的大家。如罗常培20世纪50年代初就出版了《语言与文化》一书。

出版社,1991)。1980年到1982年,英国语言学家特鲁吉尔的《社会语言学导论》由林书武等翻译,在《国外语言学》连载。1987年北京大学出版社出版了祝畹瑾编的《社会语言学译文集》和苏联什维策尔的《现代社会语言学》(卫志强译)。此外,《国际社会科学杂志》1985年第5期(中文版)以"语言与交往:社会语言学研究个案与应用"的专刊形式,发表了一大批社会语言学的论文,很有指导意义。可惜因为发行上的原因,许多人没有看到。

这一时期有两大缺点:一是结合中国社会实际不够,二是对社会语言学的对象和范围的认识还相当模糊。例如有的学者把语言与思维的关系之类问题也列入社会语言学,这显然是不妥的。此外,受国外的影响,也有热衷于无谓的名分之争的现象。

2. 迅速发展阶段(1987—1993):从引进走向结合中国实际

1987年12月1日至5日,中国社会科学院语言文字应用研究所(今教育部语言文字应用研究所)在北京举办了首届社会语言学讨论会。会议展示了当时中国社会语言学的研究状况和水平,标志着中国社会语言学研究进入了一个火热的阶段,对推动中国的社会语言学研究具有重要意义。1988年8月,深圳教育学院深港语言研究所主办了首次"双语双方言"讨论会。1990年11月,中国社会科学院语言文字应用研究所和苏州大学在苏州召开了首届应用语言学讨论会,其中有不少论文也是关于社会语言学的。

这一时期出现了许多社会语言学的专题研究。著作有张清常的《胡同及其他——社会语言学的探索》(北京语言学院出版社,1990)、高天如的《中国现代语言计划的理论和实践》(复旦大学出版社,1993)等。论文数量很多,结集出版的有《双语双方言》(1—4集)(分别由中山大学出版社等出版)、《语言·社会·文化——首届社会语言学学术讨论会论文集》(语文出版社,1991)等等。

这个阶段继续出版了一批关于社会语言学的译介、概论性著作和教材。在译介国外社会语言学研究成果方面,除了《国外语言学》等杂志连续刊登译介文章(例如 Lesley Milroy 的《语言和社会网络》等)外,还出版了佐伊基的《社会语言学演讲录》(刘明霞等译,北京语言学院出版社,1989)、郝德森的《社会语言学》(丁信善译,中国社会科学出版社,1990)等的中译本。其中有的还不止一个中译本。著作方面主要有陈原的《社会语言学专题四讲》(语文出版社,1988)、《社会语言学论丛》(湖南出版社,1991)和《语言和人——应用社会语言学若干探索》(上海教育出版社,1992),陈建民的《语言文化社会新探》(上海教育出版社,1989),孙维张的《汉语社会语言学》(贵州人民出版社,1991)等等。教材方面主要有祝畹瑾的《社会语言学概论》(湖南教育出版社,1992)、王得杏的《社会语言学导论》(北京语言学院出版社,1992,英文版)、戴庆厦的《社会语言学教程》(中央民族学院出版社,1993)等等。

据粗略统计,此期出版的社会语言学方面的著作(含教材、译著和论文集)达60种以上,在各级各类刊物上发表的相关论文更是难以计算。一个学科热到这种程度,实在少见。

除此以外,不少学校逐步开设了社会语言学的课程,还有的学校开始招收以社会语言学为研究方向的硕士和博士研究生。国务院学位委员会也把社会语言学列为三级学科。

这一时期也有一些明显的不足。除了缺少理论概括和材料积累以外,方法的欠缺(如材料采集、材料分析的技巧,定量研究多于定性研究等)也是一个比较突出的现象。(高一虹,1996)

3. 稳定深入发展阶段(1994—　):从热潮走向冷静和成熟

20 世纪 80 年代末到 90 年代前半期,是中国社会语言学蓬勃发展的时期。然而,到了 1995 年以后,中国社会语言学研究却表现得相对冷清一些了。除了两年一次的"双语双方言"讨论会在主办者的不懈努力下继续照常召开以及应用语言学讨论会上还有人继续关注社会语言学问题外,从 1992 年到 2001 年,专门的社会语言学研讨会一次也没有举办。这方面的论文从数量上看也有所下降。以致有的朋友对中国社会语言学前途感到忧虑,甚至将其类比于日渐式微的"文化热",提出要重振中国社会语言学。

事实上,这一时期中国社会语言学不仅没有走下坡路,相反,它显得成熟起来。

一方面,学术界开始就中国社会语言学形成以来的研究成果进行梳理。在总结成果的同时也指出其不足,如高一虹(1996)就对中国社会语言学研究方法等提出了很有见地的意见。

另一方面,这一时期出版的新著大多都极其注意紧密结合中国社会实际。所讨论的问题无论是深度还是广度都超过了前两个时期。其中主要有陈保亚《论语言接触与语言联盟——汉越(侗台)语源关系的解释》(语文出版社,1996),徐大明、陶红印、谢天蔚《当代社会语言学》(中国社会科学出版社,1997),陈松岑《语言变异研究》(广东教育出版社,1999),郭熙《中国社会语言学》(南京大学出版社,1999),周庆生《语言与人类》(中央民族大学出版社,2000),邹嘉彦、游汝杰《汉语与华人社会》(复旦大学出版社、香港城市大学出版社,2001),汤志祥《当代汉语词语的共时状况及其嬗变——90 年代中国大陆、香港、台湾汉语词语现状研究》(复旦大学出版社,2001),袁焱《语言接触与语言演变》(民族出版社,2001),于根元《网络语言研究》

(中国经济出版社,2001),邢欣等《都市语言研究新视角》(北京广播学院出版社,2003),王立《汉语词的社会语言学研究》(商务印书馆,2003),赵蓉晖《语言与性别——口语的社会语言学研究》(上海外语教育出版社,2004)等等。此外,《双语双方言》继续按计划连续出版(5—6集)。其他论文集如陈恩泉主编的《双语双方言与现代中国》(北京语言与文化大学出版社,1999),李如龙主编的《东南亚华人语言研究》(北京语言与文化大学出版社,2000)等等,也为相关的研究打开了新的视野。

此外,这一时期还出版了一批社会语言学的英文原著,其中包括社会语言学的重要创始人拉波夫的语言学自选集(北京语言与文化大学出版社,2001)。这为中国社会语言学提供了理论"外援"。

当然,说这一时期社会语言学有过从"热"到"冷"的趋势也并非没有道理。20世纪80年代中后期,是中国语言学步履维艰的时期。(郭熙,1996)社会语言学的出现无疑给它以新的希望。它和文化热一样,成了学者们竞相追逐的目标。言必"文化"、言必"社会",成了一种时尚。90年代以后,随着认知语言学等的兴起和计算机科学对语言学成果的需求,回归本体又成了中国语言学的一个趋势。或许可以这样说,今天在社会语言学领域辛勤耕耘的人,大概是真认准了这条道路。

让人振奋的是,经过十多年的"沉寂"之后,从2001年起,中国社会语言学又出现了一番新的景象——

2001年,拉波夫等著名的社会语言学家应邀到中国讲学;2002年,首届中国社会语言学国际研讨会在北京举行;2003年,第二届中国社会语言学国际研讨会在澳门举行,同时还成立了中国社会语言学会,《中国社会语言学》杂志正式创刊;2004年,第三届中国社会语言学国际研讨会在南京大学举行，始于 1987 年的全国社会语言学学术研讨会也在中止了十多年后在北京举行第四届讨论会。

这一切都表明，中国社会语言学一个新的发展时期已经到来了。

四、中国社会语言学的特点

从研究内容来看，中国社会语言学表现出了一些特点。

1. 范围广泛

就研究范围而言，中国社会语言学几乎涉及了语言和社会相关的各个方面。就语言方面来说有语音、词汇、语法、语体、语篇、语域等等；在社会层次方面有性别、年龄、阶层、社群、职业等等；在语言生活方面有规范化、语言政策、语言心理、社会用语、广告、命名、翻译、身势、教学、法律、政治等等；在文化的各个部门有文学、艺术、音乐、戏剧、民俗、宗教、历史、地理等等；在语言研究者的领域方面有汉语理论、汉语方言、民族语言、外语、对外汉语等等。可以毫不夸张地说，社会中只要有用到语言的地方，都已经有人予以注意。它已覆盖一切可能的将语言与社会的文化背景联系起来的研究，真可谓是“多角度”“全方位”。（高一虹，1996）

2. 注重应用

中国社会语言学之所以得以快速发展，一个重要原因就是语言工作者力图改变以往在某种程度上忽略社会需求的现象。因此，中国社会语言学从一开始就非常重视应用研究，在过去的研究中，学者们在应用方面花了很大的气力，以至于如上所说，一些语言学者把社会语言学定义为应用学科，（陈章太，1991）还有的学者主张把社会语言学纳入广义的应用语言学。（于根元，2000）从已经发表的论著和许多学术会议提交的论文可以看出中国语言学者的这种追求——在这些论著中,语言规划、语言规范化、社会用语以及汉字的运用等问题占有相当大的比例,其中有的已经对国家的语言规划以及政策等产生了积极的影响。

3. 紧扣时代

由于社会语言学的主要研究对象是语言和社会的关系,所以,在中国的社会语言学研究中,学者们注意联系社会实际,尤其是当前的社会实际,进行了大量专题研究。例如"文革"语言的研究、新词语和流行语的研究、语言社会变异的研究、语言接触研究、交际中的语码转换研究、双语双方言的研究、语言规范化的研究、民谚民谣的研究、语言伦理的研究、媒体语言的研究、网络语言的研究等等。随着学科的深入和社会发展的需要,人们也正在开辟一些新的领域,例如语言消费的研究、各地华人社会汉语协调的研究等等。

从已经取得的研究成果方面来看,中国社会语言学在许多方面都有了令人瞩目的成就。下面主要按照1987年第一次社会语言学会议的议题略作说明。

(1) 社会语言学的性质、研究对象、范围和方法

关于学科的性质,我们前面已经进行了讨论,这里不一一赘述。一般来说,对学科性质的认识决定了对研究对象的认识。中国社会语言学界对研究对象大体上也可以据此分为两类:一种主张对象是语言和社会的关系,即研究语言和社会的共变;一种是认为应该通过社会来观察语言,即社会语言学的归宿仍然是语言。当然,对于社会语言学所说的语言也有不同的理解,有的区分语言和言语,有的则从整体进行考虑。

(2) 语言变异

语言变异是社会语言学的一个重要方面。这方面的研究最初只

出现在年龄、性别、阶层和职业等方面，例如胡明扬（1983）、沈炯（1989）、侯精一（1988）等等，后来又出现了对世界不同地区华人社会语言变异现象的关注。除了上面提到的邹嘉彦和游汝杰、汤志祥（2001）、李如龙等（2000）的专门性著作外，还有一大批专题论文，例如陆俭明等（1996）、周清海和萧国政（2000）、郭熙（2000）、徐大明（2001）等等。一些高校的学士和硕士论文也集中选择了一些相关题目，如王会俊的《新加坡华语"域化"现象研究》（硕士论文）、顾惠诗的《新加坡和中国大陆的小学语文课本比较》（学士论文）等，取得了一些相应的成果。有关机构还对有关课题予以立项资助。但总的来说，中国社会语言学对语言变异的研究还不够，尤其是变异的微观描写和分析方面还有许多工作要做。

(3) 双语、双方言问题

双语、双方言的研究在中国社会语言学研究中占有举足轻重的地位。除了上面提到的两年一次的"双语双方言"讨论会及其会后的论文集外，中国少数民族双语教学研究会编的《中国少数民族双语研究论集》（民族出版社，1990）、上面提到的《语言·社会·文化》等也发表了多篇相关论文。在双语方面，中国民族语言学界的贡献尤其突出。

(4) 言语交际

言语交际研究在中国社会语言学的发展中也起了重要作用。主要成果有：刘焕辉《言语交际学》（江西教育出版社，1986），姚亚平《人际关系语言学》（辽宁教育出版社，1988），刘焕辉、陈建民主编《言语交际与交际语言》（江西高校出版社，1993）等。这一方面的研究曾有所停滞。已经有学者注意到了这一点，组织召开了"言语学讨论会"，力图在这个领域有所突破。

(5) 语言与文化

由于割不断的关系,作为社会语言学传统研究内容的语言与文化的研究在过去的研究中可能成果最多,涉及面也最广,有关的评论和综述也很多,但这些多和文化语言学交叉。除了上面提到的一些相关著作外,这方面还有曲彦斌的《中国民俗语言学》(辽宁教育出版社,1989),邓炎昌、刘润清的《语言与文化》(1989),陈保亚的《语言文化论》(云南大学出版社,1993)等等。

还有两个方面有必要特别提及。它们没有被列入1987年的会议专题,但这些研究的意义和所取得的成就以及对中国社会的影响却非常值得我们注意。

一是语言状况研究。原来关心语言状况的只有民族语言学界。1994年,中国藏学出版社出版了中国社会科学院民族所语言室集体编纂的《中国少数民族语言使用情况》一书,第一次系统描写了中国少数民族语言的构成和使用情况。1998年,经国务院批准,国家语言文字使用情况调查在全国展开。这是中国社会语言学史上的一件大事。由于这是中国历史上第一次大规模的语言使用情况调查,在进行过程中遇到了一些问题和困难。但无论它有什么样的缺陷和不足,其意义都不可低估。

二是语言规划问题研究。中国历史上有多次语言规划,但是缺乏理论上的认识和指导。进入新时期以来,语言规划无论在理论上还是实践上都有大的进展。实践方面最具代表性的成果是《中华人民共和国国家通用语言文字法》的通过和实施,缺憾是对这个法律的实施情况和问题没有给予足够的重视。

五、 中国社会语言学的热点

毫无疑问，历史给了中国社会语言学机遇，同时也赋予它无法推脱的重任。中国社会语言学应该为中国语言学和中国社会的发展作出贡献。从这一点出发，今后一个时期里，以下几个方面将继续或应该成为热点并取得新的突破。

1. 学科建设

首先，是理论建设。

理论建设的一个焦点是中国社会语言学的范围、对象和方法问题。经过多年的努力，社会语言学和语用学、修辞学、文化语言学、民族语言学的关系好像清楚了一些，但它和其他学科尤其是应用语言学的交叉仍然非常明显。例如语言规划、语言教育等就跟这两个学科都有关系。但是可否就有关问题作出分工，使之各有侧重点？此外，如何使用科学可行的方法研究社会语言学？诸如此类的讨论都会对中国社会语言学体系的构建和发展产生积极的影响。

其次，是团队建设。

“我们不仅需要科学规范的社会语言学，尤其急需高质量的中国社会语言学。”(刘丹青，2001)而要做到这一点，就必须建设一支扎实的学科队伍。早期的社会语言学的研究曾经给人一个印象，它只是从语言的角度谈“一些社会上的事”(引自一位同仁给我的信)。一些人认为是做不好本体研究的人才来做社会语言学研究。随便谈谈的做法在初创阶段或许是不得已而为之，要使中国社会语言学上新台阶，必须做好学科建设研究。应该考虑设置系统的课程，编写适用的教材，建立必要的研究机构等。这也是今后一个时期中国社会语言学的重要任务。

2. 语言关系

语言关系的研究是迫切需要中国社会语言学关注的问题。其中又分为几个不同的方面。

首先,中国是一个多民族、多语言的国家,语言间关系的研究本来就是一件重要工作。随着中国经济的发展以及边境贸易关系的频增,少数民族语言也面临着机遇和挑战。处理好各民族语言之间的关系,保护民族语言,加快民族语言立法等都需要认真地进行研究。

其次,汉语内部方言分歧严重,直接影响到各方言区之间的语言沟通。随着普通话推广工作的深入开展,方言间的沟通问题在某种程度上取得了很大的进展,同时也出现了各地方言向普通话靠拢的现象。在这种情况下,如何处理好方言和普通话的关系,也摆在了社会语言学工作者面前。

第三,近年来全球一体化趋势不断升温,语言间的争夺战初露端倪。英语的扩张片刻没有停止,而汉语随着中国经济的崛起也正在走向世界。有人已经提出"英语的霸主地位还能维持多久"的问题。[①] 在中国国内,如何处理好汉语和英语及其他外语的关系,无疑是中国社会语言学的一个重要任务。例如,应不应该或能不能推行"汉英双语教育",是否能不分行业、不分需要开展全民性的英语教育?如何抓住社会机遇,扩大汉语和中国文化的传播和影响?类似这些问题都需要予以密切关注。

3. 语言的变化和变异

语言的变化和变异问题一直是社会语言学的核心内容。西方一

---

① [美]祁桦《英语的霸主地位还能维持多久》,见 1999 年 5 月 14 日《青年参考》第 6 版。

些语言学家似乎已经有把它等同于社会语言学的倾向。语言的变化是不可避免的,语言的变异是绝对的。新的语言形式不断出现,不同的社会群体、不同的交际环境等都会导致语言变异的产生。如何看待和处理这些现象?以非汉字词的使用为例,近年来,语言生活中使用非汉字词的情况越来越多,是把它看作“文化帝国主义”或“殖民主义”的结果,还是看成语言接触中互补的产物或其他?这些语言形式是否是汉语的?语言运用中出现这些语言形式会对汉语产生什么样的影响?社会大众对这些现象的心理感受如何?只有系统全面地对这些问题进行研究,我们才能得出正确的结论,进而促进汉语的发展。

4. 语言规划

如上所说,前一时期对语言规划的研究显得有些薄弱,而社会对语言规划的要求却越来越高。例如,中国新时期的语言规划的一大贡献是语言文字工作的立法,但随之而来的是,立法的后续研究能否跟上?再者,规模浩大的“全国语言文字使用情况调查”给我们提供了一批数据,从中发现不少问题,这些无疑将推动中国的语言规划的研究。但是我们的语言国情自此是否已经非常清楚,恐怕还需要进一步考虑。语言教育问题也应该列入重要的议事日程。我们正面临一个重要挑战——母语教育的时间越来越少;然而,我们的经济发展不应该以大量牺牲民族语言教育为代价,尽管一些代价是必须付出的。我们应该而且必须有切实可行的语言教育规划。还有一个与之类似的问题,随着对传统文化的关注,主张学好文言文的呼声也越来越高。由此而来的问题是,如何处理好现代白话和文言的关系,此外还有如何对待国民的语言权利、少数民族的语言立法以及国家通用语言文字的推广与经济发展、文化保护的关系问题等等。

总之,我们的语言和我们的生活一样有趣。社会离开了语言就无法正常活动,语言的使用者如果不能恰当地使用语言就不能得到很好的发展。有关语言的知识是深入了解社会活动和说话人行为的一把钥匙,而且是一把主要的钥匙。深入开展社会语言学的研究,前景广阔,任重道远。社会语言学论题很多,我们下面将会逐步论述。

第一章　社会语言学的基本概念

第一节　语言、方言和民族共同语

一、语言

语言是什么？这是多少年来哲学家、语言学家等孜孜不倦地追求探索的一个问题。尤其是语言的本质，引起了不少的讨论和争论。在绪论里我们曾说："语言是一个特定的社会的成员所说的话。"对于一般读者来说，这个定义浅显易懂，但是它也带来很多麻烦。因为社会是各种各样的，如双语的、多语的等等。有的人会使用不止一种语言。因此，社会语言学家也考虑是否可以根据地理给语言下定义等等。在更多的情况下，他们宁愿采用"言语社区"（speech community，又译"言语共同体""言语社团""言语集团"）、"语言集团"（linguistic group）这些概念，而有的则采用语码（code）这个术语。当然，这些概念或术语也不是没有问题的。例如"言语社区"依据什么划分？如何划分语码的层次？

不管社会语言学家们怎样看待语言，有一点可以肯定，他们说的"语言"大大不同于人们以往所理解的"语言"的概念。索绪尔区分了语言（langue）、言语（parole）和言语活动（langage），指出语言活动的社会方面只能作为社会成员之间约定俗成的东西而存在。可是，人们后来却完全忽略了社会生活。在相当长的时间里，人们倾向于把语言看作是同质系统（homogeneous system），把语言与社会的联系之类的因素都排除在语言以“外”的领域,认为它不属于语言系统的研究范围。在“乔姆斯基时代”,人们只研究“完全同质的言语社团中理想的说话者和听话者”的语言能力,从而把大批活生生的语言现象纳入运用(performance)而不去考虑。更有甚者,他们只在自己的研究室里同一两个发音人打交道,甚至连发音人都不要,专门靠自己对于语言的知识来展开研究工作。他们坚信对于一些语言事实的解释只能从另外一些语言事实中去寻找答案,而不能从语言以外的社会行为中去寻找。

这种同质的理论要求齐整性、对称性和规律性,害怕语言的变异性,因为变异会破坏结构的系统性。索绪尔虽然承认语言共时状态中存在着变异,但认为变化很小,不重要,因而可以忽略不计。另一方面,结构主义语言学方法的核心是替换(substitution),它想用替换的原则(分布)来控制语言中的变异,使之以变体的面目出现;但语言中的变异有多种形式,替换的原则无法分析各种变异。例如宁波方言中的“酒”就有多种不同的语言形式。(徐通锵,1991:272)这种变异给“同质”说带来了许多麻烦。要保证语言系统的纯一性和规律性,避免职能变异的干扰,就只能研究个人方言(idiolect)。此外,“同质”说只着眼于语言的共时状态,绝对排除历时的干扰。但是语言如何从一个共时态过渡到另一共时态呢?“同质”说不能帮助我们找到任何过渡的原因。这样,语言只能是一个僵化的系统,缺乏交际中运转着的语言的活生生的具体内容。我们需要在共时状态中找出引起变化的原因和演变的途径,把共时和历时联系起来,这就需要把语言的各种变异引入语言研究的领域,从中考察语言发展的机制并体察历史上已经发生的变化的特点。

在这种情况下,文莱奇(Uriel Weinreich)等语言学家提出语言是一个“有序的异质体”。(徐大明等,1997:69)这是一种新的理论模型。它认为语言不是一种同质的系统,而是一种有序异质的(orderly heterogeneous)结构。“有序异质”的核心是“有序”。语言中充斥着各种各样的变异,杂乱而无序,呈随机的分布。比方说,不同的人或同一个人在不同的时候发出的[ɑ]绝不会是相同的;一个南京人说普通话,也绝不会跟北京人说的是一个样子。“有序异质”理论的提出使得人们重新认识语言,对于正确认识许多语言现象具有重要的意义。

二、方言

方言是一种语言的变体。现在语言学界通常把方言分为两种:一种是地域方言,一种是社会方言。

1. 地域方言

一种语言的地域变体叫地域方言。汉语的方言就是汉语的地域变体。这是传统意义上的方言的概念。语言是历史的产物,现代的语言地理格局是由社会发展过程中的种种运动或事件造成的。在这当中,人口是方言扩散的一种最直接最重要的原因,关于这个问题方言地理学有大量的证据。方言学家们通常花很大的力气去寻找不同方言的分界,例如方言学家们尤其是方言地理学家们所刻意追求的任务之一就是画“同言线”。

同言线又叫“等言线”,是方言地图上的界线,用以表示某种方言特征的分布境界。例如,汉语方言地图上可以画出一条入声的界限:一边有入声,一边无入声。方言学曾经认为,可以对同言线作出一项非常重要的预见,即同言线不应当相交。这是一个等级十分严格的系统。根据这个系统,在两个变体之间,要么一个是另一个的祖先,要么是“姐妹”。但从方言的形成来看,显然不是这样。在很多情况下,我们似乎没有任何办法可以划分变体。

人们总是试图把语言和方言区别开来,问题在于采用什么样的标准。这是一个世界性的难题。有人指出,可以用互通性来确定是语言还是方言,这是靠不住的,例如荷兰语和高地德语之间存在着一连串相通的地方话,用纯学术的观点来看,可以把荷兰语和德语看成是包含有一连串相关方言的语言共同体。西班牙语和葡萄牙语的情况也有些类似,这两种语言的标准语的通话程度较高,可是人们仍把它们看成两种不同的语言。在中国,像广东话、客家话、闽南话和北京话等之间根本不能互通,我们仍认为它们是同一种语言。

事实上,人们在确定某种语言现象的性质和区分某些语言现象的界限的时候,除了考虑语言本身的因素外,还要考虑与语言有关的社会因素。于是就出现了两个标准:一是语言标准,一是社会标准。在许多情况下,语言标准和社会标准是统一的,即按语言标准的划分和以社会标准的划分是一致的;但在另一些情况下,由于语言和社会发展上的种种原因,语言特征和社会特征存在着矛盾,例如,民族界限与语言界限就不完全一致。有人认为语言和方言的区别在于:(1)语言的范围比方言大;(2)语言的声望比方言高。此外,还有一些人把有没有书写形式看成是重要的区别。罗·亨·罗宾斯(Robert Henry Robins,1986:69)提到“方言”这个词被用于指称以下三种情况:

(1) 不同的但说话者不经专门训练就能彼此听懂的几种语言形式;

(2) 在政治上统一的地区内通用的几种语言形式;

(3) 有共同的文字系统和书面古典作品的人们所说的几种言语

形式。

比较起来，罗宾斯的这种概括似乎更有说服力。的确，区分“语言”与“方言”，更多地取决于说这些话的人在文化上的认同。事实上，当我们用这两个术语时，已经体现了语言是社会文化的历史产物这一点。

方言与方言的划分也有同样的问题。例如，有人提出一些标准把一些方言区分开来，但是实际上存在不少的问题。就北方方言的划分来说，是否真的可以用古次浊入声字的分派作标准？游汝杰、周振鹤(1986)根据中国人文地理的特点，提出了一种以旧府为基本单位的历史地理分析法。这一方法比同言线法更加适用于历史上政区稳定的地区。

对于社会语言学来说，语言和方言没有实质上的区别。换句话说，“某语言”这一概念在社会语言学中没有任何作用。当然，社会语言学也关心方言问题，他们也使用方言学家们提供的大量资料，但他们更多的是从社会方面去找原因。

2. 社会方言

一种语言随社会阶级、性别、职业和年龄等社会范畴不同而出现的各种变体叫社会方言。由于这些因素，来自不同地区的同一社会群体的人们在语言上所表现出的相似性，较之来自同一地区的不同社会群体的人们在语言上所表现出的相似性要大得多。研究证明，在社会下层语言中的地理变异大大多于位居社会“顶层”的人。即使在中国这样的社会阶级并不十分分明的国家里，这个情况也比较突出，有时甚至达到一种惊人的程度。例如，在一些受过系统而良好的教育的人的语言里，很难找到明显的地域特征。英国的情况更为突出，但在美国和法国，情况却不一定是这样，这些国家“顶层的人们”

的发音或其他语言特征能表明其原籍所在地区。这可能与不同的国家在自由上的观念有关。比如说,美国人似乎更追求自由,因此语言使用比较自由。使人难以理解的是为什么等级分明的英国会和没有什么等级(不绝对)的中国有不少相似之处。分析起来,或许这与两国都极其重视标准语有关。在中国,能否讲好普通话成了一个人的地位的象征,即使是在过去,情况也是这样。文康的长篇小说《儿女英雄传》就反映出清代人随着说话人和会话场合的不同而出现差异。例如女性比男性、缺少教养的人比有教养的人、孩子比大人、兴奋的场合比不兴奋的场合,都更爱用接近口语和俗语的词句。书中描写的安老爷的家庭,是有来历的贵族家庭,特别是安老爷和他的儿子安公子,教养很好,品性上又很严谨,所以使用的语言也是间杂文语的上层语言。第34回有一段安公子参加乡试的情节。进贡院门的时候,他听到被派来监考的侍卫们在一旁闲谈,却一点也不明白他们所说的话:

> 公子候着前面搜检的这个当儿,见那班侍卫公彼此正谈得热闹,只听这个叫那个道:"喂,老塔呀,明儿咱们没事,是个便宜。我们东口外头新开了个羊肉馆儿,好齐整馅儿饼。明儿早起,咱们在那儿闹一壶罢。"那个……摇了摇头。这个又说:"放心哪,不吃你哟。"……他……说道:"不在那个,我明儿有差。"这个又问:"说不是三四该着呢吗。"他又道:"我们帮其实不去,这荡差使倒误不了。我们那个新章京来的噶,你有本事给他搁下,他在上头,就把你干下来了。"公子听了这话,一个字不懂。

侍卫负禁城守备之责,选八旗子弟中能者担任,无疑是有身份的,原文中也提到是"侍卫公",这显然是尊称。安公子听不懂那些侍卫们的话,并不是别的原因,而是安公子讲的是高级的官话,而侍卫

讲的是北京土话。(太田辰夫,1991:224)

由于发音和语言其他方面之间的区域差异和社会差异是不同的,因而一些语言学家把二者区分开,用口音(Accent)专指发音,用方言指包括发音在内的语言的各个方面。这是有一定的道理的,因为这样使我们能区分标准方言(或标准语言)和非标准方言(或非标准语言),并使我们能根据口音对发音作出各种不同的陈述。例如我们可以说,在中国有人使用着一种略带口音的普通话。

从社会语言学的角度来看,每个人都能用一种或两种以上的社会方言。社会方言可以指不同社会阶层的人使用的语言,也可以指同一个人在不同的社会人际关系中使用的语言。语言的社会意义可以从个人在不同的社会环境下语言的转换现象中看得很清楚。我们常能发现两个人在谈话时从普通话转到方言,或是从普通话的一种社会方言转到另外一种社会方言。在北京、上海和广州这样的大都市,就有各种各样的语言的转换。在很多情况下,语言的转换使用表现出相当复杂而微妙的社会心理。当然,很多时候当事人并不觉察这些变换(这也是十分值得注意的情况)。在描述语言这种社会行为时,不应该只是简单地指出语言变换的使用,更重要的是要解释为什么会发生这样的现象,它的必要与充分条件是什么。只有了解了语言蕴涵的社会意义,我们才可以大胆地说,语言实际上就是说话的那一时刻所牵涉到的整个社会行为的总和。脱离社会行为的约束,语言就谈不上是个有机体。(黄宣范,1976)

3. 地域方言、社会方言和民族共同语的关系

与地域方言相比,一些社会语言学家似乎更关心社会方言。其实,深入地进行社会语言学研究的时候,人们会发现,地域方言也应该是不可少的关注对象。因为地域方言、社会方言和共同语之间存在着相当复杂的关系。

汉语中“方言”这个词的意思有过几次变化。最早可以包括外族语,后来专指汉语的地域变体。例如,赵元任(1980:98)有这样一段话:

> 不过方言这个名词在广义上讲起来么,也当根本不同的语言讲,比方清末在北京有广方言馆,事实上就是教英国语言、德国语言、俄国语言、法国语言、日本语言,各处很不同的语言,根本不一定有关系的、历史上不一定同源的一些语言。

随着社会语言学的兴起,人们使用了“社会方言”这个概念,在客观上扩大了“方言”的含义,用它来统摄“地域方言”和“社会方言”。这就给人们一个错觉,地域方言和社会方言与民族共同语的关系是一样的,实际上某些社会方言与共同语的关系不同于地域方言。这主要表现在:

(1) 我们说某种地域方言(例如苏州话)是汉语的一种变体的时候,并没有说它是从汉语共同语里派生、衍生变出来的意思。相反,苏州话也好,广州话也好,它们与汉语共同语的关系是“姐妹”关系,而不是“父子”或“母女”关系。但汉语的一些社会方言例如秘密语却是从汉语中派生或衍生出来的,因此,它们与共同语是“父子”或“母子”关系。图1-1和图1-2反映了这两种不同的关系:

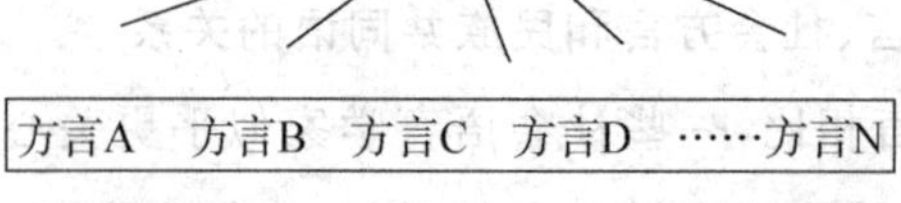

图1-1 共同语和地域方言的关系示意图

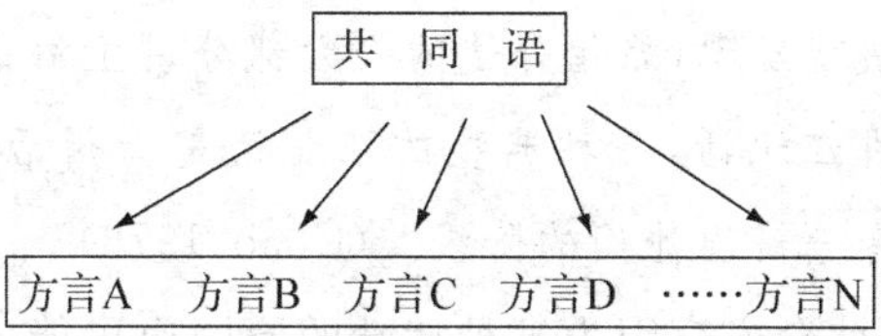

图 1-2　共同语和该社会的社会方言的关系示意图

从这两幅示意图可以看出，同样是汉语的变体，其方向是相反的。

(2) 地域方言常常有独立完整的语音系统，而社会方言一般没有独立的语音系统，也没有自己的基本词汇和语法结构。

(3) 地域方言通常是该地区全体成员都使用的交际工具，而社会方言只在所存在的行业或特定的集团内部使用。

(4) 一种地域方言可以成为该民族的共同语，甚至可以发展成为一种独立的语言，社会方言的发展前途却是非常有限的。

地域方言和社会方言之间也存在着某种联系。在一些情况下，地域方言可能成为社会方言。中国历史上就出现过这种情况，陈寅恪《东晋南朝之吴语》说：

> 东晋南朝官吏接士人则用北语，庶人则用吴语，是士人皆北语阶级，而庶人皆吴语阶级。

有人认为陈寅恪的划分不太准确，(颜逸明，1994:22)但陈所反映的现象应该是很能说明我们所讨论的问题的。

在现代社会里，这种现象主要出现在一些城市里。在这些地方，说地域方言的人和不说地域方言的人可能分属不同的社会阶层，尽管这种情况并不是绝对的。例如，知识分子的语言就容易超地域方言，也就是说，受过教育的人的语言差异要比没有受过教育的人的语言差异小。赵元任在他的《语言学自传》中有这样一段话：

我很快就发现,旅馆外边的人大部分讲上海话,而工人和黄包车夫则讲江北话,一种典型的江北话是扬州话。我通过他们不同的口音分辨出他们的阶级。(Chao,1976)

另一方面,社会方言因为某种特殊的原因也可能成为地域方言。这种情况比较少。例如在一些地方的"军话"。(参见本书第136页)因此,社会语言学除了关心社会方言以外,也关心地域方言,只不过关心的角度不同罢了。

三、语标、语言变素和语言变体

地域方言、社会方言等都能反映出人的群体特征。社会语言学关心所有对人有标记作用的语言或语言成分。这里所谓具有标记作用,指的是这些语言或语言成分可以表现人的社会特征、交际者之间的社会关系、交际情景、交际目的、语境、语言风格等。我们把具有标记作用的语言或语言成分叫做语标。语标是由其赖以存在的共同社会分布来确定的。社会语言学在很大程度上就是要找出不同社会群体的语标。语标可以是一种独立的语言,可以是一种方言,也可以是一种语言中的一些要素,诸如词汇、语音、语法等等。例如,19世纪沙皇俄国的宫廷贵族在宫廷贵族成员之间讲法语,对贵族阶层以外的人讲俄语。法语和俄语就是具有共同社会特征的人在共同的语境下对另外一些具有共同社会特征的人所使用的语标。又如,中国社会过去在官场上的人讲官话,回到家里讲自己的方言,这官话和方言也是语标,因为这是一种身份的标志。过去人们常常形容一些人通过卖弄语言而显示身份叫"撇洋腔",因为"洋腔"也是一种语标。小说《林海雪原》中杨子荣在威虎山上所说的黑话"蘑菇溜哪路"之类就是该地区土匪中所使用的语标。

为了方便，我们可以把最后一类语标，即表现在一种语言的语音、词汇、语法诸要素的语标称为语言变素。因为这些语言成分是随不同语域的变异而发生变化的。例如，汉语社会中女青年把舌面音发成舌尖音，就是语音变素。在一些人中，汉语的随称呼对象不同而称"你"和"您"则可以看作词汇变素。同一个句子不同的交际对象分别使用祈使句或其他句式属于语法变素。例如：如果是对下级，你可能说"你去处理一下"，而对上级，同样的意思，你可能会说"是不是您去处理一下"。

语言变素同社会变素有错综复杂的关系。社会语言学家试图揭示出二者之间的相互关系，并继续深入研究确定语言变素和它们出现的条件、说同一语言的人对这些语言变素的评价等问题。语言变素和语标着眼点不同。语言变素的着眼点是变异，而语标的着眼点是标记。当然，二者是密切相关的。

语标的标记作用主要有以下几种：

(1) 标志交际者的地位和交际者之间的关系，如汉语称呼词语的使用；

(2) 表达说话人的目的，例如句型结构和语调模式；

(3) 体现说话人与听话人之间的相互照顾，如某些插入语在话语中的使用；

(4) 表示所谈事物在谈话内容中的地位，如某些强调格式在谈话中的运用；

(5) 表示说话的语体；

(6) 体现话语的组织结构，如整段话语的音高变化，转入正式话题或转换话题时所使用的词语等。

从上面的讨论可以看出，作为语标，语言中的每一个句子或每一种表现手法都具有社会价值,因为它可能反映出谈话者与听话者之间的社会关系,可能反映出某个人属于何种语言集团。

社会语言学还常常使用语言变体这个术语,但人们所赋予它的含义不同。最广义的用法是把五花八门的语言表现形式统统包括进去,例如地域变体、社会变体、风格变体等等,一些人甚至用"语码"这一中立的名称,与之替换使用。(祝畹瑾,1992:19)我们认为,不应该把语码同语言变体等同起来。这样做的重要原因之一是任何一种语言或地域方言都有自己的结构系统,可以称为一种语码,而后者则是在同样的结构系统中出现一些语言或方言的变异形式,它们可以和所谓的标准形式替换使用。不管语码还是语言变体、语言变素,在涉及标记作用时都是语标。

区分语言变体的依据不是独特的结构系统,而是共同的社会分布。语言变体之间的界限是模糊的,不能截然分开。它们之间不存在固定的层次关系,因此,在一些语言变素方面是交叉的、重合的。语言变体有各种各样的来源,一般语言学的著作里都会讨论到诸如同化、异化、脱落、误用等等,但社会语言学更关心的是社会方面的因素。

四、 言语社区理论

前面已经提到言语社区,这是社会语言学的一个重要概念。早期的言语社区,指的是"一个讲同一种语言的人群"。一些社会语言学家对这个定义提出了批评,认为它是循环论证:在定义社区的时候用语言为标准,例如,英语社区由讲英语的人构成,华语社区由讲华语的人构成;而在定义语言的时候用社区,例如,英语社区使用的语言即英语,华人社区使用的语言即华语。布龙菲尔德(Bloomfield)认为,言语社区的基础是讲话人之间频繁的交际活动,其界限是由交际密度的减弱而自然形成的。美国社会语言学家甘柏兹(J. Gumperz,又译冈布兹)则进一步指出,言语社区是一个言语互动场所,社区成员不一定都讲同一种语言,但是每一个言语社区都有一套自己的交际规范。(徐大明,2004)

语言存在于语言运用之中。从语言使用的领域看,语言存在于领域语言之中,从言语社区的理论来看,语言是"社区语言"。可以存在没有标志性语言的社区,但不会存在没有社区依托的语言。语言赖以存在的基本单位就是言语社区。为了把抽象的言语社区的定义变得具有可操作性,徐大明(2004)就言语社区的界定提出了"社区第一""语言第二"的观点。他认为言语社区在很大程度上与一般意义上的社区是重合的,但不一定总是这样。确定言语社区可以通过客观性的标准来进行。人口聚集于某一地理范围、内部言语互动、认同和归属意识、共同的生活方式、共有的社区设施和财产等都是可以入手鉴定的要素。

以新加坡为例。新加坡华人社区(简称新加坡华社)是一个民族社区。一般认为,这是一个双语社区:一是华语,一是英语。按照言语社区理论,一个言语社区是一个有确定人口和确定活动地点、进行频繁言语互动的社会群体。从这一角度看,新加坡华社是基本符合言语社区的条件的。但是,徐大明(2004)通过对新加坡华人在不同交际场合使用不同语言的情况、新加坡华社对华语和英语的态度等的调查统计得出结论,认为新加坡华人社会并不是一个言语社区(着重号是引者加的)。徐的意思是,新加坡华社虽然在种族或民族上是一个社区,但在语言上却不止一个。这样就把按种族或民族限定的社区与言语社区区分开来了。当然,正如徐文所指出的,如果把新加坡华社划作两个言语社区，就需要进一步研究这两个社区的内部同一性如何，其认同的心理基础又是怎样产生的等等。

其实，像新加坡华社的语言情况还是相对简单的。正如前面所说，传统上语言学家对语言进行分类更多的还是依据社会的分类。不同社区的情况有所不同，有的社区情况更为复杂。是否一定要使用上面所说的标准也需要进一步研究。实证和量化是必要的，但是否所有的东西都可以量化？如果就解释力而言，甘柏兹的理论还可以解释下面的社区，但这个社区真要实证化的话，还不知道会出现什么样的结果。

我们下面要说的这个社区是马来西亚槟城。槟城(Pulau Pinang)也写作梹城，又称槟榔屿，是马来西亚13个行政州之一的槟州首府所在地。全岛面积约285平方公里，总人口55.29万人(2000年)，其中华人30.99万人，占总人口的56.06%；马来人18.97万人，占总人口的34.31%；印度人5.03万人，占总人口的10%；其他民族2 932人，占总人口的0.53%。[①] 槟州的最高行政长官由华人担任。

槟城是一个典型的多语社会。在这里，一般而言，语言有四种：(1)马来语，这是马来西亚的国语；(2)英语，是马来西亚的通用语；(3)华语，是这里华族(华人)的通用语；(4)泰米尔语，大多数新马印度人的母语。大多数槟城华人一般都懂两种以上的语言，受过教育的槟城华人则会四种话：(1)华语，这是一种明显带有当地口音的普

① 关于槟城的人口和面积国内以往的文献说法不一，这里引用的是槟州州议员李学德先生和马来西亚华语规范工作委员会主席杨欣儒先生向笔者提供的政府最新数据。另外，槟州的总人口为118.57万人，其中华人54.95万人，占46.34%；马来族50.63万人，占42.7%；印族12.48万人，占10.53%；其他民族5 024人，占0.4%。

通话域外变体;(2)英语,包括正宗英国英语和非正式“槟城英语”;(3)马来语,可以分为正宗马来语和巴刹马来语,后者是流通于集贸市场(即所谓“巴刹”)的族际通用语,其中混有汉语方言、英语乃至泰米尔语成分;(4)汉语方言,多为福建话,但已经形成了槟城特色,也有客家话等。面对不同的人,华人会运用不同的语言进行交谈。槟城华社在正式场合常使用三种语言,依次为:(1)华语(普通话);(2)英语;(3)马来语。后者使用极少。和马来西亚其他地区的华语一样,槟城的华语与普通话有明显的区别。我在任何一个地方讲普通话马上就会被当地人辨认出来自中国。日常生活中华人使用槟城福建话。槟城福建话可以称得上是一种属于本土的语言。它不同于中国大陆福建话的任何一种次方言,因为它不仅是多种福建话的融合,同时也从马来语、英语、汉语其他方言中吸收了不少成分。槟城福建话在巴刹非常流行。在华人家中、社团或宗祠,到处可以听到这种话。事实上,这种福建话已经成了槟城华人的标志,人们很容易通过它确定一个人是否来自槟城。但是,它或许不大适合表达科学术语等。一个正在讲槟城福建话的人在需要表达一些科学概念时,会很自然地转换成其他语言,通常是华语或英语。

槟城华人在语言使用上有不同的群体:(1)除了方言以外,也讲华语,以方言为主,这一类多为老一代的华人;(2)主要使用华语和方言,这一类多为中年人,也有许多青年人;(3)主要使用英语和国语(马来语),口语中也会使用华语和方言,这一类多为青年人;(4)只使用英语、马来语和福建话,不会华语,这一类各个年龄层都有。一些华人把不会华语的华人称为“香蕉人”,因为他们只有皮肤看起来像华人。

很少有华人会泰米尔语。这显然是因为该语言在当时是弱势语言。华社以外的成员也多少会用一些汉语的方言。例如,一些土生土长的马来人、印度人,也会讲汉语福建话和(或)简单的华语。我经常光顾的一位卖福建面的摊主不是华人,但他能讲一口流利的槟城福建话,还会跟我讲简单的华语。笔者在槟城期间访问过各界华人人士数十位(加上一起工作的华人同事可能会超过百人),绝大多数都是上面说的"四会",其中有的华语讲得相当标准。他们之间有时讲福建话,有时讲华语,但华人之间极少听到讲英语的。比较起来,年轻华人的华语讲得非常好,但也有英语词汇的掺杂。我们也注意到小贩以及工匠等所使用的语言。这些华人之间大多使用槟城福建话,但是也都会使用不同程度的华语。因此,言语社区的研究需要从不同的方面进行考察,这方面的研究也还很少。

近年来,围绕着言语社区问题的深入研究,"言语社区理论"这个概念已经被正式提到学术讨论中。该理论目前被认为是社会语言学的重要理论之一。它集中研究语言内部的差异性和同一性的对立统一关系,确定言语社区的同一性的实证基础及其差异特征之间的定量关系。这一理论的提倡者认为,言语社区要素可以转换为定量指标,用来进行言语社区的实体测定。它为语言学的发展提供了一条新的途径,即对语言使用者的组织系统进行研究。"言语社区理论一旦全面、成熟地发展起来,必然成为社会语言学的核心理论,而且也会在普通语言学理论中取得重要的地位"。(徐大明,2004)我们期待着这一理论取得更大的进展。

五、语言的传播

语言传播是个新的说法,直到今天在政治和社会语言学语汇系统中使用并不普遍。(Kleineidam,1992)这显然是因为政治上的原因。语言传播有两类:一类是语言的自然传播,一类是对某种语言有意识地进行传播。

1. 语言的自然传播

一个社会为了实现特定的交际功能而采用某种语言或语言变体,随着时间的推移,使用这种语言或语言变体的规模得以扩大,这种现象就是语言的传播。在一般情况下,任何一种语言,不是在传播,就是在缩小使用的范围。一种语言的传播常常导致别的语言缩小使用范围。传统上,人们一直认为世界的语言是从同一母语分化出来的。人们在描写变体间各种关系的时候使用的一种方便的方法就是谱系树。对历史语言学来说,谱系树模型的主要价值在于,它澄清了各种语言或语言变体间的历史关系,也说明了变体之间的等级关系,这种关系不分什么"语言"还是"方言"。实际上,在历时语言学中,把由拉丁语衍生出来的变体称为拉丁语"方言"是常见的事,尽管这些方言中包括诸如标准法语这样明显的"语言"。传统上人们也没有把语言和方言分清楚。扬雄《方言》中所说的方言并不都是方言。(鲁国尧,1994)但从社会语言学的角度来看,谱系树是没有什么意义的,因为它体现的是各种变体之间的理想的关系,尤其它没有考虑到一种变体能够影响另外一种变体。这种现象在极端情况下可能导致合并——一种变体衍生于两种独立的变体。

19世纪初有人发展了一种可以替换谱系树模型的理论,即"波浪"说。该理论建立在下述假设之上:语言的变化是从影响的不同中心向周围地区扩张的,如同向池中投一石子,波浪从石子落水处向外扩散。如果把两个或更多的石子投入池中,没有理由认为它们必须落在同一地点;可能有许多不同的影响中心,微波从这些中心向外扩展并相交。此外,这些中心可能因不同影响的强弱变化而随时变化。

每个中心代表一个不同的创新语项,“波浪”从该中心朝不同的方向往外扩展。这个理论显然比谱系理论进了一步。但是,这个类比也有问题。因为如果发源地的影响已经不再强烈到足以支撑波浪的话,那么波浪就要“冻结”并停止向外扩散。此外,一个语言形式要对人们产生影响,无须一定是创新的,因为它的影响取决于跟该语言形式有联系的那个群体的社会地位,而不是它的新颖程度。一个较新的语言形式在其扩散之后也可能被一个相对陈旧的形式所取代。例如,像“先生”这样的词,目前在很多情况下已经取代了“同志”,尽管后者事实上是一种创新。

郝德森(1990:55)提出,最好舍弃向池中投石的类比,把它比作长在田野上的不同种植物,每种都把种子散布在某一地区,向外扩展,这种类比也许用处更大。在这个类比中,每个不同的物种都表示一个语言形式,都拥有自己的种子散布速率;某一物种伸展的疆界表示同言线。不同物种将能在同一地点共存(这是对植物学一般规律的一种变通)。但是有必要指出,某些物种之间是互相竞争的,这与提供不同方式去表达相同的内容是一致的。这个类比的优点是,与每个语言形式相对的田野上物种的分布不必不断地变化,每个语言形式都可以在这个类比中表示出来,而不仅仅局限于那些创新的语言形式。

根据这种新的类比,通过语音变异或通过由外界引进而产生的语言创新是一个新物种,它可能有所发展,也可能没有新的发展。如果它有所发展,它就会扩展并取代它的一些或所有的竞争对手;反之,它就可能衰亡,或者被局限在一个很小的区域(即局限于一个很小的语言集团)。一个物种能否发展,取决于其代表力的强大程度,即取决于其语言集团的势力和影响,植物越大,种子越多,物种占领新地盘的可能性就越大。

社会语言学十分关心语言的传播。认清语言传播的原理对于预测和把握语言发展的方向有非常重要的意义。例如，在以色列，希伯来语的复兴固然与意识形态有密切的关系，但日益增多的犹太移民越来越频繁的交往，更需要有一种互通的交际语，而希伯来语正是适合于这一目的的自然媒介。在中国，新一轮的“推普”工作正在深入开展，对其发展趋势等也应该作出预测。

2. 对某种语言有意识的传播

这个意义上的语言传播通常被称为语言扩张。和语言扩张相比，语言传播的好处在于它是一个中性用语。第二次世界大战以来，一些老牌帝国主义国家，一天也没有放弃语言扩张。美国、英国、法国等政府对语言扩张可以说是不遗余力。这方面已有大量的文献（例如，罗伯特·菲利普森，2001；斯蒂芬·武尔姆，2001；斯坦利·利伯森，2001 等），这里不一一列举，而中国真正意义上的汉语传播工作近年来才刚刚开始。

语言的传播带来了语言竞争。语言竞争包括两个含义：一个是语言传播中的竞争，一个是语言接触中的竞争。如上所说，一种语言使用范围的扩大，会带来另一种语言使用范围的缩小。因此，语言的竞争历来存在。另一方面，就理论上来说，各种语言应当是平等的，但是，由于操不同语言的民族在人口、经济、文化、军事等方面的发展不平衡，语言之间事实上的不平等是客观存在的。许多语言只有很少的人在日常交际中使用，发挥的作用很小；有些语言成为国家、地区乃至世界的共同交际工具。甚至有的语言，例如英语，已经成了“超级语言”。英语在 1600 年前后还只是一个不为人注意的小语种，而拉丁语则是西方古代的“超级语言”，一直到中世纪，拉丁语都是欧洲西部的通用语。17世纪法语取代拉丁语成为外交用语。直到第一次世界大战结束时英语才有与法语一决雌雄的资格。(斯坦利·利伯森,2001)第二次世界大战之后,美国成为军事强国和技术盟主,使得英语超过法语成为外交、贸易、科技、教育的第一大语言。20世纪50年代以后,美国、英国倾力向世界推行英语,英语的势力急剧扩张。(罗伯特·菲利普森,2001)

语言不公平历来存在,但是到了20世纪末,竟然发展到了一些国际大语言之间也差别悬殊的地步。(李宇明,2003b)可以认为,一些语言之间的竞争已经进入了白热化状态。

邹嘉彦、游汝杰(2001)指出,在使用两种不同语言的民系生活在同一个社会或社区的情况下,会发生语言竞争,如香港的粤语和客家话;在他们不处于同一个社会或社区的情况下,也可能有语言竞争问题,如上海话和广东话。影响语言竞争力的因素很多。邹和游(2001)在讨论语言接触中的语言竞争时列举了以下几个方面:(1)政治竞争力,主要指政府的语言规划或语言政策有利于哪一种语言;(2)文化竞争力,指语言背后的文化是强势还是弱势;(3)经济竞争力,指民系经济地位的高低;(4)人口竞争力,指民系人口的多寡;(5)文字竞争力,指某一种语言有无文字,或文字化的程度如何。事实上,上述五种因素,有的只发生在国家内部。就国际范围来看,影响语言胜负的根本因素大概是(2)(3)和(4)。上海话形成过程中的竞争也很能说明问题。游汝杰(2004b)指出,现代上海方言是苏南及浙北吴语与本地吴语相交融、相混合的混合型方言。在它的形成过程中,以苏州话为代表的苏南吴语以它强劲的文化竞争力而成为上层方言,以宁波话为代表的浙北吴语则以它强劲的经济竞争力而成为上层方言。上海的外来人口虽然也有不少苏北人,但是他们既无文化竞争力，又无经济竞争力，加上他们所使用的江淮官话与吴语差别也比较大，所以苏北官话对上海话的形成不起作用。

在某种意义上说，汉语和英语的竞争已经开始。就目前情况看，汉语当然不是英语的对手。但是，我们也要看到，当今世界的主潮是语言文化多元化，政治经济多极化。随着中国综合国力的不断增强，国际形象和国际地位不断提升，汉语可能成为仅次于英语的强势语言，并在未来的国际生活中占有一个重要的位置。正因为如此，我们必须在语言竞争面前做好应对工作。

在语言竞争中，处于劣势的一方通常会采取一些措施来维持自己的语言或语言权利，这种行为可以称为语言维护。由于汉语历史悠久，使用人口众多，在相当长的时间里，人们并没有意识到汉语有维护的问题。人们关心最多的还只是"纯洁和健康"，并没有考虑到还有比"纯洁和健康"更为严重的生存问题。只是到了近年，在和英语日益加剧的竞争中，人们才逐步认识到这一点。李宇明(2003b)在分析了信息时代给汉语带来的挑战之后，明确提出汉语的"固本和优化"问题，这是中国语言学者也是中国政府官员第一次对汉语的生存问题表现出忧虑。而这种忧虑在海外华人社会中却是早已存在的了。新加坡和马来西亚的华社领袖、华教工作者和华文报章就此发表了大量的见解。据不完全统计，仅2000年到2002年的两年中，关心华语和华文的文章就有上百篇之多。

第二节 语言观和语言态度

一、语言观和语言应用观

不同的说话人之间在说话时存在着差异，导致这一现象出现的因素各种各样。但迄今为止，一个重要的社会因素似乎还没有引起人们足够的注意，这就是语言权威和语言使用者之间存在的种种矛盾。所谓语言权威，主要指控制着或促进语言运动的各种渠道的人，包括语法学家、词典编纂者、语言教师、书刊编辑、语言改革家和语言政策的制定者等等；所谓语言使用者是指使用该语言的人。

语言权威和语言使用者之间的矛盾主要表现在对语言使用的态度上。前者总是试图约束或控制后者对语言的运用。他们制定出各种标准要使用者遵循，目的是有利于语言使用者更好地完成交际活动；但使用者在不少情况下似乎并不领情，他们对各种用心良苦的规范表现出置之不理的态度。显然，这是二者不同的语言观所造成的。例如，前者更关注语言使用的规范和正确，他们认为，只有正确而规范地使用语言才能更好地完成语言交际活动；而后者则更注重实际使用中的简单和方便，希望冲破各种束缚。除此以外，语言使用者的教育程度、语言素养、社会群体要求等等也决定了他们不可能按照语言权威所设想的模式去使用语言。而更有意思的是，在语言发展的过程中，真正能左右语言的并不是语言权威，而是广大的语言使用者。

英国语言学家弗斯(J. R. Firth)认为：

> 语言的异质和不连贯性比我们大多数人所愿意承认的还要强。例如，人类有多少类型的行为系统，就有多少细类的语言，也就有多少种社会态度，分别和各种专门的语言相联系。一个人的身份各种各样，有时，他可能是个乡巴佬，有时，则以所谓教养的[1]人的身份出现。(转引自 Bolinger，1993：774)

---

① 译文中“教养的”前面疑有漏字，似应为“有教养的”。

另一方面，决定语言应用观的因素绝不只是语言观。例如，语言学家常常忽略社会政治、经济、文化对语言使用方面的影响。语言的使用者在使用或放弃一种语言的时候，很多情况下并非考虑语言本身，而是考虑语言的政治、经济和文化价值。经济价值上面已经说过。再举一个文化和政治的例子。东南亚一些国家的华人为什么非常重视汉语的学习？因为在他们看来，如果连中国话都不会说，以后还能以什么来维系华人社会呢？这显然是文化的力量。而对于政治家来说，语言也常常是他们进行政治斗争的工具。吴元华(2004:12－13)就指出，在新加坡，"华语文虽然不是行政语文，至今却仍然是政党争取选票的'政治语文'(language of politics)"。他援引了李光耀的话："在华族人口占大多数的新加坡，任何令他们感觉会丧失本身的语言与文化的言论，必然会引起爆炸性与骚乱的局面。……(因为)你(政治人物)若这么做，必然会在下一次的选举中落选。"1991年全国大选过后，李光耀指出，能说华语仍然有助候选人争取选票，因此他鼓励部长们都像他一样勤学华语。

近年来中国语文生活发生了不少变化，出现了一些超规范现象，人们对此有不同的观点，这反映了人们不同的语言观和语言应用观。这些观点归纳起来有以下几种：

1. 无所谓型

这是社会上的一种比较流行的看法。这些人大有语文生活与己无关的心态。他们"任凭风浪起，稳坐钓鱼船"。他们坚信语言是一种交际工具，是社会约定俗成的产物，所以没有必要对语言进行干预。

2. 纯洁型

这一类型的人多是语文工作者，也有社会上其他一些对语言文字工作十分关注的人。他们把维护祖国语言的“纯洁和健康”,维护汉字的规范化作为自己的神圣职责。为了完成这一神圣的使命,他们付出了大量的心血和劳动,有的甚至四处奔走。例如江苏省常州市的李延良先生为了宣传汉字的规范化,成立了一个咨询机构,他还骑自行车到各地进行宣传;辽宁省锦州市的许正元先生,更是成了全国“挑错大王”。

3. 调和解释型

持这一态度的多为语言工作者。这里用“调和型”没有任何色彩,只是说明他们持一种客观冷静的态度。他们认为,规范是相对的,规范应该有层次,(于根元,1996a)对一种语言现象应该“走着瞧”“等等看”,(邢福义,1989)应该树立动态的规范观。(易洪川,1992)有人还指出应该区别语言的规范和言语的规范。(周一农,1996)这些学者中不少试图从各种角度对各种所谓的不规范现象或所谓反语法现象作出更深层次上的探索。他们以科学的态度来探讨语言的规范问题,而且试图对语言中一些长期争论不休的问题作出令人信服的解释。邢福义(1996)对“您们”的研究就是一个典型的例子。这种研究不仅有利于对汉语规范的认识,也有利于揭示汉语的一些本质问题。这些人在目前还是语文工作者中的少数。

4. 求异型

这是对多年形成的新八股的反动。支持者多为青年一代,主要由大学生和其他“新一代的文化人”组成。他们讨厌把语言框起来,希望得到更多的自由,希望语言新奇和多变。因此,他们对当前语言的状况持肯定态度。在我们的调查中,“不必要的浪费”“毫无根据的捏造”“亲自到会”之类也得到越来越多的认可。有意思的是,笔者把有关的句子给某重点大学中文系一年级的学生去讨论,他们几乎百分之百地认为是不好的，而同样的语言材料给同系的高年级学生去讨论，结论则完全相反。

5. 实用主义型

实用主义型也在语文工作者内部。他们也试图对所谓的不规范现象进行肯定，不过他们更多的只是停留在例句堆砌上，以例句的多寡来证明句子的合法性，它的实质仍是“例不十，法不立”。

上述几种类型是我们从报刊杂志反映的语文应用观以及小范围的调查、讨论中得出的，未能进行定量分析，但我们相信，这不会影响我们的结论。

二、标准语

郝德森(1990)说“标准语”是“唯一可以算得上是‘真正的语言’”。每一个国家都提倡标准语。标准语的确切含义是什么？为什么要提倡标准语？为什么标准语可以处于一种优先的地位？就其原则而论，标准语发展和逐渐取得优势的基础是经济和社会的一体化进程，而它在最终将达到国家范围内的一体化。标准语和社会有一种特殊的关系，它是社会直接并有意地干预语言的结果。然而，如果我们把这一干预放在人类使用语言以来的历史背景里考察的话，可能会发现它是不正常的。因为我们总是把正常的语言发展方式看作是相当任意的，它大大低于说话人能够意识到的程度。更有意思的是我们对历史上的所谓不规范或不标准总是持一种肯定的态度，而对现实的所谓不规范持否定的态度。(郭伯康，1996)

作为中国社会标准语的现代汉语普通话是在北方话的基础上发展起来的。它“在方言之中，又在方言之上”。(李荣，1989)中国历史上的标准语是一种在很大程度上只用于书面交往的语言，它不同于一般老百姓所说的话。它的社会基础非常窄,只包括那些有缘受到相应教育的人。因此,标准语从一开始就有高人一等的优越地位。在我国的历史上,有机会受到书面语教育的人非常少,由此可以想象得到书面语的局限性。也正是这个原因,在中国历史上读书人很受尊重。他们对语言文字的掌握也就成了他们的资本,以至于鲁迅笔下穷困潦倒的孔乙己以自己知道"回"字的四种写法而自豪。

标准语的发展与社会的发展有密切的关系。在社会发展中,人们注意到要使标准语更好地与之相适应。除了书面语以外,社会也要求在口语中尽可能地推广使用标准语。例如,限制区域性的特殊用语。人们期待这种共同交际语的广泛使用。然而,也正是这一结果,使人们确立了共同语的信条:既然语言都是可以满足交际需要的,那么,采用什么语言则可以是随意的。很显然,这些观点忽略了语言的其他方面。在典型的情况下,说非标准语言的人有时或许更占优势:他可以听得懂标准语,但不一定相反。

标准语是社会历史发展的产物,是历史上多种社会力量促成的。人们选择某一种语言形式来使用,取决于多种多样的因素,它常常是一代又一代人为解决社会交往问题而努力的结果。这些历史的力量对人的影响很大,尤其是在价值评判方面。我们认为任何一个社会都应该为推广标准语而努力,但是我们也应该清除不能适应社会发展需要的传统观念。此外,我们在充分认识到标准语的意义的同时,也不能忽略非标准语在社会交际中的特殊作用。这是社会语言学家在语言观上与传统语言权威们的观念一个最大的不同。

随着社会的发展和人们认识的改变,文化多元论已经在世界范围内得到越来越多的承认,不同的社会环境中的言语交际也正在出现多元化。在这种情况下，许多语言权威似乎已经无能为力，而他们的许多努力也显得黯然失色。为了推行标准语，语言权威和政府不得不采用行政措施。这些必然会导致一些社会矛盾。世界上为此发生冲突的并不少见。中国在解决这个问题上采取了正确的方针，始终坚持群众路线，这就缓和了语言权威和语言使用者之间的矛盾。更重要的是，中国的语言权威从一开始就代表了广大语言使用者的利益。他们提出的"我手写我口"所反映的正是广大使用者的呼声。但在这些语言权威之前，在久远的社会发展进程中，语言精英和语言使用者之间的鸿沟不断加深，以至于随着社会发展而形成了言文完全分离的状况。导致这一后果的因素是明显的：前者之所以强调"文"，是为了显示自己的身份，后者则把语言看作是一种交际工具。

推广标准语的目的是促使交际语的一体化。但因为一些原因，一些语言或方言会受到特别的推崇。例如在上海，上海话就受到特别的尊敬；而在全国范围内，粤语在一段时间内似乎也曾受到前所未有的尊崇。这样看来，汉语规范化过程中出现了两个相反的情况：一个是语言走向统一的趋势，但这个趋势的群众基础还比较薄弱，只能逐步地占领阵地；另一个则是各种各样的变异，它们的特点是大众化、用途广，可以适应各种需要，但不一定能适应整个社会的需要。例如，粤语有自身的使用对象，尽管它也得到了一些人的青睐，但它的流通则受到了限制。在很多情况下人们仍得使用普通话，至少是带有方言特点的普通话。标准语的进一步发展与社会的发展十分密切。重要的问题是，要使标准语更好地适应书面交际中新出现的各种情境的需要。社会的发展同时也要求口语中尽可能地推广和使用标准语，为了做到这一点，有关部门甚至还采取了一些措施，例如限制方言词语、书面语口语化、冲淡书面语和口语的界限、扩大和加强标准语的社会基础等等。

三、语言态度

过去的几十年里,语言学家大量地研究了世界上的语言。研究表明,从语言本身的角度看无法说哪一种语言优于另一种,因为所有的语言都复杂又自成系统,而且在表达能力方面也没有什么不同。它们都能很好地为交际服务,用一种语言可以表达的,用另一种语言也可以表达。每一种语言都可以满足说这种语言的人的需要。如果需要发生了变化,语言也会随着它变化。换句话说,没有所谓低级的或所谓原始的语言。

然而,这一结论跟人们通常的直感有很大的差别。人们通常会有一种价值观,认为语言有优劣之分。例如人们说一种语言比另一种语言好听,同样,也会认为一种方言比另一种方言好听。《孟子·滕文公上》记载:楚人许行向滕文公游说,主张回到他们向往的初民社会。孟子知道后斥责许行,说他是“南蛮鴃舌之人”。“南蛮”是北方人对南方人的贬称,“鴃”是伯劳鸟。孟子的意思是说许行这个人说话像鸟叫,不知道说的是些什么。把别人说话看作鸟叫,说话人的态度是很明显的。就是今天,北方人说南方话“蛮”,而南方人则说北方话“侉”。某种话“好听”“软”“硬”“土”“可笑”等等的说法几乎人人都遇到过。

我们应当承认语言之间有差异,但是差异并不能表明好坏。语言间的差异仅在于你不得不说什么,而不在于你的语言比别的语言高级。例如,如果你讲的是英语,那么,当你讲到不只一件东西时,就得用复数形式;如果你说的是汉语,就没有这个要求。英语的动词有时态的变化，汉语没有；汉语有大量的量词，英语没有。我们不能据此判定汉语比英语好还是英语比汉语好。然而语言好坏的价值观念却根深蒂固地存在于人们的脑子里。那么，这种观念是从哪里来的呢？

事实上，这种观念不是来自语言，它是社会态度的体现。语标这一概念已经表明，语言在某种意义上是人们身份和地位的象征。人们的身份和地位不同，就会有不同的社会价值观。表面上是对语言的评判，而实际上是建立在社会和文化价值基础上的评判。这种价值观或语言应用观与社会文化的关系远远超过了语言本身。在任何一个社会里，不同群体的人用不同的标准进行评判，某些群体比另一些群体更有地位，他们的语言或方言如发音也就有了更高的地位。另一方面，情感成分也常常起着重要的作用，这就是所谓的语言感情。比如一个城里人会说某一方言“土气”，而说这种方言的人会把像城里人那样说话叫做“撇洋腔”。据说有人在上海做过调查，一些年轻恋人的婚姻常常会因为对方的家里人说苏北话而告吹，理由是苏北话太“土”。事实上并非如此，这是苏北人在上海的地位所造成的。游汝杰(2004b)指出，今天的上海人的主要来源有二：一是江苏籍，一是浙江籍。江苏籍以苏州、无锡和常州人为主，浙江籍以宁波人为主。在旧上海的苏南人和浙江人多为富人，而苏北人则多是卖苦力的，这种地位上的差异是相当明显的。因此，我们说这里作为评判标准的，不是所说的话，而是说话的人。

人们的语言态度存在差异，即使是同一语言使用者内部也不统一。例如，那些语言权威本身也是语言的使用者，他们的态度可能就不同于广大的使用者。而这些差异是各种社会因素综合作用的结果。例如，社会发展、文化背景、年龄、性别、社会群体的紧密程度等等都会影响到语言态度。我们曾在苏南地区河南方言岛群中的4个村镇以“你是否愿意保持说河南话”为题进行过调查，表1-1所反映的就是不同年龄、性别的群体的河南人语言态度的差异。

表1-1　四村镇语言态度调查表

被调查人来源	第一组（1949年以前）						第二组（1950—1978年）						第三组（1978年以后）					
	男：9人			女：6人			男：9人			女：6人			男：9人			女：6人		
	Y	N	F	Y	N	F	Y	N	F	Y	N	F	Y	N	F	Y	N	F
句容市唐陵村	7	1	1	5	0	1	5	2	2	3	2	1	4	4	1	3	1	2
句容市天王镇	6	1	2	4	0	2	5	1	3	3	1	2	4	3	2	2	3	1
溧阳市上兴镇	8	0	1	5	1	0	7	1	1	5	0	1	6	2	1	3	2	1
宜兴市茶亭村	8	1	0	5	0	1	7	2	0	4	1	1	6	1	2	4	1	1

说明：（1）Y代表肯定，N代表否定，F代表无所谓或不知道如何回答；
（2）表中的数字代表持有关态度的人数。

从表1-1可以看出：第一组的被调查者基本上希望保持自己的语言不变，而且这一组中男女在语言态度上没有什么差别；第二组语言态度已经有了比较明显的变化，男女的态度也有了分化的迹象；第三组的数据表明，河南人的年轻一代已经开始准备向新的交际语言迈进了。

第一组中男性持肯定态度的人基本上是众口一词：“不说河南话，还算么是（什么）河南人嗑（嘛）！”第二组中持肯定态度的人多数则说，如果不说河南话就会不好意思，有一种“转大、文乎（指故意摆架子）”的感觉；少数认为说河南话亲切，韵味足，好听。第三组持肯定态度的人中有的认为说河南话省力，不像当地人说话那么累；有的则认为不应该在乡亲们面前“撇洋腔”。几乎所有回答不应该说河南话的人都认为河南话太“土”，不好听；也有的认为社会进步了，应该说全社会一样的话,那样交际起来就方便了。说无所谓的人中有不少认为说什么话是自己的事,别人不必“没事找事”,也有的认为“人要到哪坡儿说哪坡儿(到哪儿说哪儿),犯不到(着)为这事不睡瞌睡(睡觉)”。

调查的结果表明,导致他们不同语言态度的因素是多方面的。除了河南人的数量及所处的环境以外,最重要的可能还是社会政治、经济地位,“抱团”(凝聚力)的需求,社会交际的需求。当地人自己也认识到了这一点。宜兴市张渚也是河南人比较集中的地区之一。在有近4万人口的张渚镇,你可以听到各种方言,这些都表明了他们的语言身份。镇教育办公室的卢南良先生认为,语言态度直接影响人们对方言的使用,因此也就会影响到语言的变化。当地河南人的文化心理,决定了他们对自己方言的维护。他举例说,如果一个人当兵复员回来,不讲家乡话,别人就会说:“你当了几天兵,舌头就歪了嘛!”

同时,社会的交融也迫使人们的语言态度发生改变。例如,苏南的河南人原来不与当地人通婚,这有利于保留自己的方言;但随着社会的发展,土客通婚等,家庭语言发生变化的机会大大增加了。有时,这种语言的改变甚至是被迫进行的。例如,在句容南部的一个土著略占优势的村子里,有一蒋姓家庭,是说当地话的当地人。作为一家之主的公公很坚决地要求说河南话的儿媳改说当地话,其孙子也因说河南话而受到爷爷的严厉斥责。这种家庭语言冲突的唯一结果就是主导方言取代弱势方言——准确地说是地位处于劣势的方言。

总的说来,苏南地区的河南人的语言态度已经而且正在发生明显的变化,这种态度的变化与所在的环境、使用的人数、使用者的性别都有一定的关系。以唐陵为例,尽管这里的居民说的是公认的河南话,而且不乏地道的河南话的使用者,但他们的语言态度发生变化还是比较早的。

说某种话的人的语言态度会影响到该语言的发展变化。研究表明,很多说话人对自己所持语言的最普遍的态度是自信,认为自己所说的某种与别人有差异的语言是最正确最优美的,这会使该语言得到保持。也有些社区的人认为他们说话的方式与别人的差异是难听的、不正确的。这一现象被称为"语言不安全感"。拉波夫对纽约、麦考雷(Macaulay)对格拉斯哥和马易平(Magnus)对南京的调查,都发现了这种语言不安全感。(马易平,1997)据马易平(1997)的调查,南京居民普遍带有这种特点。在他调查的53位南京居民中,30人是南京籍贯,其余23人为他籍。被调查人中,只有5人认为南京话好听,而有38人认为南京话难听。语言的不安全感会导致该语言的变化。鲍明炜(1980)曾指出,南京话的发展趋势是向普通话靠拢。我们认为,同其他方言相比,南京话能够比较快地向普通话靠拢可能就与南京人的语言态度有关。我们对苏南地区河南方言岛群研究的结果和上述文献的报道是吻合的。调查表明,随着社会一体化的进程,苏南河南人的语言态度已经而且正在进一步发生分化:老一代移民曾以自己原来的语言来维持移民的内聚力,如果他们内部的人改说别的话就会受到指责,这一代人对非河南话的抵触是公开的;接下来的一代对非河南话也是一种抵制的态度,但是这一代更多的是一种心理上的抵抗而不一定在言谈中表现出来;新生代的情况则完全不同了,他们已经觉得自己的话"土",在有意识地学习普通话或附近中心城镇的方言。他们的这些态度和相应的各组语言使用情况的调查结果也是一致的。

潘家懿(2001)讨论了行将消亡的饶平柘林港的疍家粤语方言

岛。他提出的问题是：粤语是广东境内汉语言的“大哥大”，是具有影响力的强势方言，但饶平柘林港的疍家粤语行将灭亡；而粤东沿海的另一个方言岛——陆丰坎石潭的军话方言岛却长期存在。后者和前者一样都只有三四百人，都受到粤东闽语（福佬话）的重重包围。为什么会有这样的结果？他的研究表明，导致前者行将灭亡的就是使用者对自己母语方言的厌恶和严重排斥。

总起来说，语言态度对语言发展和变化有着重要的影响。因此，社会语言学在预测语言发展的时候，应该对使用者的语言态度进行调查。

语言态度是一个十分复杂的问题，也是一个难以调查的项目。例如 Kubler（1985，见廖秋忠[1992]）对台湾 200 名 50 岁以下的人做了语言使用和语言态度的问卷调查，只回收了 127 张，其中大多数是 18 岁至 25 岁之间的大学生和研究生。其他的人至少也有大学的学历。作者特意指出，这些被调查人并不一定有代表性，他们所回答的问题也不一定是按实际情况来回答的。尽管如此，作者认为，调查的结果还是可以大体上反映出来一些情况的。这次被调查人中台湾籍的有 58 人，大陆籍的 69 人。对语言态度的调查结果是：(1)结婚后有一半台湾籍人打算与配偶交谈时只用国语，另一半打算国语与闽南话都用，但大部分人打算与子女交谈时二者都用；而大部分大陆籍的打算只用国语与配偶和子女交谈。(2)对于电台的方言节目，大部分人希望维持现状，但也有些台湾籍的希望增加而另一些人希望减少。这两种人在各自的人口中各占 31%。希望减少方言节目的台湾籍人与希望增加的大陆籍人分别占各自人口的 15%和 14%。

但也有例外的情况。最典型的是对苏州话的评价，按照马易平(1997)的调查，在 106 个有评价的调查人中几乎所有人对苏州话的评价都是“软”。从调查的数据来看，苏州话与南京话相反，是好听的典型——只有2人认为难听。除了同一语言使用者之外，其他的语言使用者也有各自的差异。

四、语言冲突和语言同化

陈原(1988:38-40)曾这样阐述东西方文化、行为习惯、心理特征的巨大差异：

> 社会习惯是广义的文化中的一个组成部分。……西方的人习惯看重目前，东方人的习惯看重未来即理想境界。……做学术报告时东西方人也有不同的习惯，所以也使用了完全不同的言词。东方人做学术报告开头总是说，这个问题我研究得不透，只讲一点粗浅的意见，可能完全不对。西方人听了觉得很奇怪，既然还没有研究透，为什么你发表了；既然自知粗浅，为什么不把它修饰好了再讲；既然认为不对，为什么还要拿出来。按西方习惯，报告人应当说，这个报告我研究了三年，花了我全部精力，我以为是发前人未发的，大家如有不同的意见，请提出来商讨。东方人听了觉得西方人太自满、自傲，自以为了不起，其实西方人不以为是自高自大，反以为是实事求是。这种习惯不是一天形成的，而是几百年几千年深入人心的某些信条、某些礼仪、某些习俗、某些思想逐渐养成的。不能说哪一种习惯是绝对好的，另一种是绝对坏的。当然，习惯是会随着社会条件的变动而改变的，随之而来的是语言的改变——其中最敏感的是语汇的改变。

在言语交际的过程中，这种不同文化所形成的差异有可能导致交际中的一些冲突。随着对外交流的增加，中国人的表达方式也有所变化。例如,中国传统社会中对别人赞扬的回答应该是“哪里哪里”,如果一个人对别人的赞扬说“谢谢”就会使人觉得这个人骄傲,但在今天的中国社会里,说“谢谢”的情况已经不少。据调查,这多发生在受过高等教育的人的交际活动中。由于各自社会的不同,我们在英语教学中告诉学生受到夸奖时要说“Thank you”,而我们在对外汉语教学中,则要告诉学生,要说“哪里哪里”。这样做的结果是,社会交往中开始出现二者并用的情况。

在不少情况下,出现的问题与其说是语言的冲突,不如说是政治的冲突。以移民为例。每一个移民团体都得与语言上的轻视态度作一番较量。随着该团体的被同化,问题也就结束了。但是对于其他言语社团,这一问题作为阶级的标志可能会仍然存在。在我们看到的有关移民语言或方言的材料中,无一例外地看到移民以自己的语言或方言作为内聚力的维系物。例如,在加拿大,说法语的人说要打倒英语,他们要求在他们的国立学校里只用法语。但与此同时,法国的布列塔尼人却反对学习法语。在比利时,佛莱芒人大叫大嚷地反对布鲁塞尔地区任何削弱荷兰语的做法。威尔士的民族主义者把威尔士马路上的英语涂掉。(克特·W.巴克,1986)2010年6月起,比利时因为语言问题导致出现了535天的无政府状态。在东北非的苏丹,独立后政府支持恢复阿拉伯语。近年来,随着推行阿拉伯化的进程,会说英语的人越来越少。全世界的犹太人一致反对苏联政府拒绝出版犹太语作品,反对强行关闭用犹太语教学的学校和用犹太语演出的剧院。欧盟在语言问题上也曾发生过不少争吵,法国在语言问题上不肯让步。

在语言使用中还有一些情况值得注意,在一种文化中是很好的东西,在另一种文化中可能有极大的问题。就好像某种食物对一个民族来说是美味,而对另一个民族却是毒药一样。例如,20世纪60年代中期,美国通用汽车公司在墨西哥投放了一批汽车,取名为Chevroleat Nova,卖不动,因为Nova在西班牙语中是“跑不动”的意思。(王献忠,1991)1985年3月30日,一贯与中国友好的埃及政府突然查抄中国出口的布鞋,原因是布鞋后跟上的防滑纹与阿拉伯文的“真主”字样相近。(引文同上)

一些社会学家认为,语言在文化同化中起着非常重要的作用。同化总是从模仿行为和学习语言开始的,但是如果只有行为的模仿而没有语言的沟通,是不可能完成同化的。语言是同化的重要工具,也是同化完成的一个重要标志。思维方式支配行为方式,先有思想上的同化才有行为上的同化,而思想是离不开语言的。语言起着沟通两种文化的桥梁的作用,没有这个桥梁,就不会接受异族文化,当然也就谈不上同化。(张克荣,1988:147)

语言同化有两类:一是强迫同化,一是自愿同化。帝国主义和殖民主义为了维护自己的殖民统治,采取了许多强制性的同化政策,而殖民地人民则进行反同化的斗争。例如,1895年,中日甲午战争以后,清政府把台湾割让给日本,从此日本对台湾实行了长达半个世纪的殖民统治。在此期间,日本政府对台湾实行了强制性的语言同化政策。据张振兴(1991)的研究,日本统治者强制同化措施的一个直接结果是台湾会日语的人迅速增加,但是与此同时,更加引起社会语言学家注意的是,日本占领者的语言同化政策却产生了跟他们本来愿望完全相反的结果:(1)台湾话,主要是台湾闽南话在日本得到广泛的传播,扩大了台湾话的交际范围和影响;(2)由于日本人训练使用台湾话的需要,所以对台湾话(主要也是指台湾闽南话)的记录和整理花了很大的气力,不但丰富了台湾话的书面语料,同时也大大提高了台湾话的研究水平。研究表明，日本占领台湾50年，台湾闽南话跟福建南部闽南话没有很大的差别。日本帝国主义的语言同化政策并没能达到他们妄图消灭台湾话的目的。张振兴(1991)这样描述台湾光复后的情况：

> 1945年日本无条件投降，台湾回到祖国怀抱之后，整个台湾上下一个最强烈的反应就是：城镇通衢以至山村间巷，到处都是"大声叫喊"台湾话，商店招牌，公文标语顷刻之间都变成汉文书写，几乎听不到日语的说话声，看不到日语的假名文字。日本占领者半个世纪的苦心经营顷刻之间化为乌有，这种情景让战后不久重返台湾观光的日本记者惊叹不已，觉得"简直不可思议"。

张振兴(1991)分析了台湾话之所以在同化与反同化的斗争中胜利的原因。在我们看来，以下三个方面可能是重要的：(1)台湾人民具有强烈的反抗异族入侵的民族感情。在长达半个世纪的时间里，台湾人民反抗日本占领者的武装斗争和政治斗争始终没有停止过。对语言政策的反抗，是整个斗争的一个重要组成部分；(2)五四运动前后的白话文运动对台湾的影响。这个运动在台湾唤起了知识分子的民族主义情绪，他们把这个运动看成是建设新的台湾文化的起点，与占领者的同化政策进行了针锋相对的斗争，这对台湾话的发展起了重要作用；(3)与任何一种语言和方言一样，台湾话作为汉语的一种方言，本身就有一种相对的稳定性。它不会因为外来的人为因素而被消灭、被同化。但是它可以在自己的结构许可的情况下吸收外来语的成分以丰富自己、发展自己。

马来西亚华人社会为坚持华文教育也进行了不懈的斗争。马来西亚的华文教育始于1819年。(陆庭谕，1981)一百多年来，经历了许多波折。目前已经形成了小学、中学和学院的华文教育体系，这是马来西亚华人为母语的保持努力奋斗的结果。本书后面将会逐步加以介绍。

对语言冲突的另一种反应是顺从或顺应。有不少人在经过抵抗以后不得不走这条路。方言向普通话靠拢可以说就是一个真实的写照。处于劣势的方言或语言的持有者的命运大概总是如此。

第三节　社会语言学的类别

社会语言学涉及许多方面,不同的社会语言学家在社会语言学研究中选择了自己的侧重点,因而也就形成了社会语言学的各种不同的分支。

一、理论社会语言学和应用社会语言学

理论社会语言学着重阐述社会语言学的语言观,明确它的研究对象、方法,确定它的专门概念和术语,分析它在现代科学和语言诸学科中的地位,例如苏联学者什维策尔的《现代社会语言学》。

应用社会语言学着重研究社会对语言功能和发展的有意识的干预,语言的行业分化和各学科的术语系统,双语和多语的交际与教育、翻译问题,语言与文化的关系等。

二、宏观社会语言学和微观社会语言学

宏观社会语言学研究语言和社会的各个方面。例如,研究言语社区、多语制、语言态度、语言选择、语言规划和标准化、语言和文化等等问题。这一方面可用社会科学家的研究成果来说明。社会科学家认为,语言资料对于进一步理解和解释某些社会现象非常重要。

但是，他们从事研究的理论框架和语言学的框架有很大的不同。他们想要阐明的不是语言学的问题，而是广义的社会学的问题。他们的概念结构和研究方法来自传统的社会学。

微观社会语言学主要研究语言事件、语言功能、语言变异、语用、语篇分析、社会结构等的差异怎样引起语言结构的差异等等。

三、共时社会语言学和历时社会语言学

前者研究不同的社会政治、经济、文化条件下某个具体的现代语言的各种变体及其功能，各种变体间的相互关系，当代国际通用语言在国际生活中的社会功能等问题。

后者主要研究语言社会功能的发展和变化，各种社会因素对语言发展的影响，各语言间在发展过程中的相互影响和作用，预测语言内部结构的发展演变，并在此基础上对语言的发展进行规划。语言发展的预测主要包括预测语言社会功能的发展、语言结构的发展、个别语言的存亡、人类当代语言生活发展的基本道路和各种语言间的相互作用的趋势。

四、描写社会语言学和动态社会语言学

前者的首要任务是识别各种语言集团——这些集团都具有使用某种语言的共同方法，或者在许多成员是操双语的集团里识别两种或多种语言的使用方法。它的另一任务是描写语言集团内被普遍承认的一种或几种语言的社会结构——谁在什么时候为什么目的，用什么样的语言变体，对谁讲什么话。社会集团成员在语言用法和语言行为方面的表现不总是相同的，这是描写社会语言学的一个基本发现。描写社会语言学研究具有同一个语言库的人采用某一种变体

及另一种变体的系统变化性质。传统语言学是重视描写的,但它只限于对语言系统本身的描写。而社会语言学的对象比描写语言本身要广泛得多,它还包括作为语言的组成成分的语言的社会职能,社会对语言的影响以及语言对社会的影响。

动态社会语言学力求解释一个语言集团长时期内在语言选择和使用方面的变化。研究已经证明,如果不同语言集团的成员之间广泛接触,那么,每个语言集团的语言库都可能会出现变化。例如大部分移居苏南的河南移民受到了讲当地话的人的很大影响,在工作和教育范围里受到的影响尤其大。从现在看到的资料,移居苏南的外地人,例如温州人、广西人,乃至苏北人等,他们中的大多数经过一代或两三代之后,就忘掉了自己先辈的语言。

五、一般社会语言学和个别社会语言学

对人类语言与社会的普遍关系进行研究的是一般社会语言学;研究某一具体语言与其所处社会的关系的社会语言学可以称为个别或具体社会语言学。

中国社会语言学是关于中国的语言和中国社会之间关系的一门学科,从这个意义上说,它属于个别社会语言学的范畴。然而,说中国社会语言学是一门个别社会语言学,绝不是说它只属于中国。不能把一般和个别对立起来,没有个别的社会语言学,就没有一般的社会语言学。

另一方面,中国社会语言学还应该包括另一层含义,即中国学者关于"社会语言学"的研究。当然,中国社会语言学以研究中国社会和中国境内语言(汉语、少数民族语言等)之间的共变关系为要务,但不意味着中国的社会语言学者就可以对国外的语言及其社会的关系

毫不关心。作为一个学科，中国学者当然也要研究中国以外的语言问题。事实上，中国社会语言学必然要跨出国门，一是它要与国际社会语言学接轨，为国际社会语言学作出自己的贡献；二是中国的语言和社会也不是封闭的，既有语言的“输出”——如汉语在海外，又有语言的“输入”，如外语的学习。

按照这样的思路，国外学者对中国语言问题的研究是中国社会语言学，中国学者对国外语言问题的研究也是中国社会语言学。从后一角度看，中国社会语言学也可以是一般社会语言学。

看来比较理想的是不拘泥于“一般”还是“个别”，而把“中国社会语言学”纳入世界社会语言学的范畴，并让它表现出中国的特色来。而从学科发展的角度看，中国社会语言学的重要使命就是中国学者如何利用中国特有的社会资源和语言资源，为世界社会语言学作出自己的贡献。

实际上，上面的分类只是一种大体说明，并不严格，有的界限很难划分。而还要说明的是，由于社会语言学是新学科，再加上社会语言学者出身于不同的学科，他们的学术背景和兴趣自然不同，研究的侧重点也不一样，方法上也有各自的特点。例如，在英国，学者把社会语言学分为五种类型：(1)语言学的社会语言学；(2)民族学的社会语言学；(3)社会学的社会语言学；(4)社会心理学的社会语言学；(5)语用学的社会语言学。虽然分类方法有些差异，但总体目标是一致的。

第四节 中国的语言国情和中国社会语言学的任务

一、中国的语言国情

由于社会语言学所研究的是社会和语言之间的关系，因此不同国家的社会语言学有鲜明的共性。然而,每个国家又都有不同的语言国情,例如,不同的语言状况以及有关的不同的社会情况,不同的历史和文化背景,不同的民族心理,不同的社会习俗等等,因此每个具体的社会语言学都有自己的个性。共性包含个性,个性体现共性。(陈建民、陈章太,1988)如果说普通语言学要注重共性研究(朱晓农,1989)的话,那么社会语言学则更应注重个性。例如,西方社会语言学跟西方的社会、历史、文化相结合,它自然不同于苏联的社会语言学;而西方和苏联的社会语言学又自然不同于中国的社会语言学。苏联国家的性质决定了他们对宏观社会语言学的关心;而美国社会的分化导致了美国社会对微观社会语言学的关心。

中国社会语言学的目标和任务也应该基于中国的语言国情。到目前为止,中国的语言国情尚缺乏系统的研究。但经过一代又一代学者的努力,我们可以大体上看到它的一些特点。

中国语言国情的特点首先表现在语言集团的复杂性上。中国是一个多民族、多语言、方言分歧严重的国家,这一点人们早就认识到了。然而,中国语言集团间的复杂关系才刚刚引起学术界的真正关注。例如,随着现代化社会的建设,社会的分层越来越明显。在城市,正出现越来越多的行业;在农村,每天可以一起闲谈的生产队生活早已成为历史,祖祖辈辈拴在家乡土地上的农民开始走四方,成为打工族等等。这些都在促使社会形成一个又一个新的语言集团。人们在交往中出现问题的机会也越来越多,这就给社会的正常运行带来一些困难。据《金陵晚报》1998 年 8 月 1 日报道,一福建人因方言不同,怀疑其妻(四川人)一家密谋要杀死他,于是就杀死了妻子及其娘家人共四口。当然,这只是一个极端的例子,但在社会中因为语言差异出现的问题绝不是少数,有的甚至还在进一步发展。语言学家不仅要发现各种各样的语言现象，研究它们的作用、起因，还要和其他专家一道，努力解决由此引起的问题。另一方面，西方的语言如印欧语系基本上可以说是从同一母语分化出来的，而汉语的情况好像不同。汉语的词汇、语法、语音等都可以看到语言融合的迹象。

中国语言国情的另一个特点是具有重文轻语的传统。汉语社会很早就产生了统一的书面语，而汉字在维护统一的书面语上功不可没。由于汉语书面语的特殊地位，导致了人们尊崇书面语而忽视“活”的口语。书面语的“高级形式”成了竞相追逐的目标，人们对书面语的要求也特别高，对书面语的不规范历来都是不可容忍的。只是到了五四时代，在社会一再的冲击下，文言的一统才被打破。然而具有讽刺意味的是，中国口语标准语的最终形成并加以推广还是受书面语改革的启发。

中国语言国情的第三个特点是中国人在语言上有追求统一的传统。我们都清楚地知道孔子多么重视正名，孟子多么关心怎样用齐国有教养的人的语言去教楚人。秦始皇的“书同文”，北魏的汉化、公元 601 年成书的《切韵》、1007 年的《广韵》和 1324 年的《中原音韵》等等也都是这种追求的表现。一些非主流方言出现大量的文白异读也是该方言的使用者出于特定目的向统一靠拢的表现。

中国语言国情的第四个特点是中国素有把语言作为社会现象来研究的传统。远在古代人们就注意到语言和社会的关系，从理论和实践方面对语言的存在与变化进行了探讨，并取得了一定的成果。春秋战国时“名”与“实”的讨论就是典型的例子。例如墨子说：“有文实也，而后谓之；无文实也，则无谓也。”（《经说》下）荀子说：“名无固宜，约之以命，约定俗成谓之宜，异于约则谓之不宜。”（《正名》）在这里，荀子第一次阐明了语言的社会本质。汉朝的王充把语言现象的变化归结为"古今言殊，四方谈异"一句话。扬雄的《方言》在实践上证实了因地域和古今的不同而称说有别，解释了方言纷繁变化的现象，他采用通语和方言比较的方法，使得那些难懂的四方异语都成为可以理解的东西。扬雄死后300年，东晋郭璞给《方言》作注，他注意到通语在300年的发展过程中，又不断从各地方言吸收有益的成分。到了明代，陈第提出了"时有古今，地有南北，字有更革，音有转移"的观点，进一步阐明了语言文字变化的情况和原因。在现代社会，罗常培的《语言与文化》可以说是中国文化语言学和社会语言学的经典著作。

中国语言国情的第五个特点是语言规划取得了阶段性成功。中国20世纪50年代提出了语文工作的三大任务——文字改革、推广普通话、推行汉语拼音方案，并就少数民族文字的创制、改革和语言文字的使用制定了政策。人们试图通过这些实现全社会的文化素质的提高，而要实现这一目标，一个重要的途径就是教育。因此，从幼儿园到小学、中学，语言学习一直是学校课程的主要部分，尤其是在中小学，要教会学生流利地说普通话、熟练地阅读、通顺地写作。为了提高教学效果，政府组织语言工作者开展了一系列的工作，比如制定汉语拼音方案、寻找方言和普通话的对应规律等等。国家还为一些少数民族地区制定或改革了文字。此外，设法提高识字水平也花去了许多语言学家的精力。这些方面都已取得了令人鼓舞的成果。

应该指出的是，建立中国社会语言学，从社会的角度研究语言，并不排斥也不应该排斥对语言本体的研究。在不少方面，社会语言学是想解决本体研究所不能解决的问题。目前一些学者为了强调社会语言学或文化语言学研究的重要性，往往全盘否定以往的研究，这不是一种科学的态度。

二、中国社会语言学的目标和任务

在上面讨论的基础上，我们可以考虑中国社会语言学的任务了。概括说来，中国社会语言学有两个重要使命：(1)描写、解释语言变异的各种现象及其原因，为不同时期的语言政策制定提供依据，解决中国社会语言生活中的各种问题；(2)充分利用中国特有的社会资源和语言资源，为世界社会语言学作出自己的贡献。

下面围绕上述目标和任务，参照当前国内外的一些成果，列出一些课题，供读者参考。

(1) 语言和方言人口统计

(2) 集团双语、多语、多方言现象

(3) 语言规划、发展、规范化

(4) 语言的混合

(5) 对语言的非标准变体的描写

(6) 中介语

(7) 语言的人种史

(8) 语域和领域语言

(9) 语音、词汇和语法变化的社会因素

(10) 语言和社会、文化、政治、经济等的关系

(11) 社会语言学的方法和儿童语言发展

(12) 语言体系的功能理论

(13) 语言的相对性

(14) 语言的变异

(15) 语言的环境

(16) 言语社区调查和言语社区理论

(17) 口语研究

(18) 话语理论

(19) 秘密语

(20) 詈语

(21) 流行语

(22) 语言的独立和经济发展的关系

(23) 汉语的传播和维护

(24) 民族语言的保持和失却

上面的题目既有宏观的,也有微观的。应该注意的是,语言研究要注意语言和社会的关系,重视社会对语言的影响,但是语言和社会毕竟是两回事,仅仅研究社会差异所引起的语言差异是不够的,更重要的是研究社会差异怎样引起语言内部系统的变化从而导致语言的变化。例如"朋友""爱人"的演化是一个现象,但它们是怎样演变的还没有认真研究。又如中古以后汉语北方话入声消失的根本原因是社会的融合,但是这种融合是怎样影响语言内部的各种变化的还不清楚。例如,为什么有的地方古入声消失而有的地方古入声不消失可以从社会的发展变化中去找原因,但是同样是入声消失,为什么不同地方的入声在消失时所分派的调类有不同?这些问题还有待深入地研究。

三、 社会语言学的面向社会

社会需求是语言研究的出发点也是语言研究的归宿。从索绪尔的为语言而研究语言到布拉格学派的为人类的语言、就人类的语言研究人类的语言,始终都有研究角度的问题。强调面向社会的社会语言学研究,并不是要把不同角度的社会语言学研究对立起来,也不是要否定一般的社会语言学研究的重要性，更不是要建立一个新的学科，而只是一个研究的侧重点。一般的语言学研究需要多样性，社会语言学研究也需要多样性。然而，在当今中国强调面向社会的社会语言学似乎显得非常迫切。

理想中的面向社会的社会语言学的核心是要探讨我们社会中面临的语言问题，为社会提供相关的高质量的语言服务。这意味着它要关心社会、关注社会、关注语言的使用者；也意味着我们的研究要为社会的需要、人的需要而展开。而要做到这一点，我们就需要了解我们的语言国情，需要研究社会有什么需求。

中国语言学界素有面向社会开展研究工作的学术传统。在语言规划问题上，语言权威和语言使用者之间的鸿沟是世界性的；但在中国现代语文运动历史上，它却是个例外——他们二者之间的和谐相处堪称楷模。赵元任、王力、吕叔湘、黎锦熙、魏建功、朱德熙，等等，无一不在面向社会大众方面作出了贡献，而他们的业绩也得到了社会的回报。

忘了面向社会，工作就失去了方向，语言规划也就失去了目标。20世纪50年代在中国大陆谈规划和21世纪面向汉语走向世界谈规划，应该有较大的区别；在封闭的中国谈语文教育和开放的中国谈语文教育，也应该有很大的不同。面向社会，我们就必须清楚有哪些社会问题需要去解决。就目前情况看，面向社会的社会语言学有许多热点。例如：政治生活中的语言，主体性和多样性，规范的价值，话语权，海外华语，濒危语言，国人语言态度，双语教学问题以及带来的结果或后果，汉语的国际传播，向社会发布语言状况报告等等。

面向社会的社会语言学研究正好处在应用语言学和社会语言学的交叉点上。例如，语言规划既涉及社会语言学，也涉及应用语言学。这就需要既懂社会语言学,又懂应用语言学的人才。社会语言学和应用语言学在中国都是相对新的学科,团队组成也相对年轻。这些学者有热情、有责任感,精力充沛,容易掌握现代的科技手段和调研方法,适于开展田野作业;他们思想开放,没有框框,勇于创新;此外,他们中还有不少来自外语界,外语水平好,便于了解外国的语言国情、语言政策和策略。我们应该给他们提供更多的发展空间,有意识地培养一支面向社会研究的团队也有利于人才的培养。我们希望越来越多的学者尤其是年轻学者积极投入面向社会的社会语言学研究。中国社会语言学应该而且可以为国家,同时也为社会语言学的发展作出自己的贡献。

第二章　社会变迁和汉语的发展

第一节　社会变迁与语言变化的关系

如前所说，社会语言学的研究可以是静态的，也可以是动态的。社会总是在发展、前进、变化的，这是一条亘古不变的真理。社会的变化常常引起语言的变化，这也是一条定律。因此，当我们进行语言的动态研究时，必须考虑到社会的变化。但是，社会的变化有不同的类型，语言是否也会随不同的社会变化类型而发生不同类型的变化？这是社会语言学所应该关心和回答的问题。

一、社会变迁的概念

社会学家把凡是社会制度（包括社会的根本制度和各种具体的社会制度）、社会结构、社会组织、人口、人的环境以及道德、法律、哲学、宗教、文学艺术、风俗习惯、时尚等一切社会现象的突发的、急剧的变化，或演进的、缓慢的变化，都叫做社会的变迁。（张克荣，1988：90）

社会变迁是一种客观存在的普遍现象，作为一个自然的历史过程，它有自己的内在规律，而不以人的意志为转移。语言学家们也认识到，语言不是唯一运动着的事物。有时候语言好像静止不动，但这是相对的。既然世界一直在运动，社会一直在运动，语言就不可能不运动。人创造了社会，但是人却不能随心所欲地创造历史；同样，人创造了语言,但人也不能随心所欲地创造、使用或取消一种语言。语言的维持或消失往往受到社会的、自然的、政治的诸多因素的制约。例如,有的人生活在远离城市或经济不发达的地区,他们的生活、医疗和受教育的水平受到很大的限制;自然灾害、疾病等又常常为他们带来沉重的灾难。这就会造成一些人种的消失,而人种的消失必然导致语言的消失。在世界历史上,由于种族歧视引起的语言消失现象也有不少例子。1940年摩尔多瓦新共和国(La Nouvelle République Moldave)时期,罗马尼亚语受到了边境暴乱的影响。当罗马尼亚将一部分地区割让给苏联后,苏联当局就宣布罗马尼亚文学语言为资产阶级语言,并把这种语言的书籍付之一炬。尽管摩尔多瓦人当时已有自己创制的语言,但是他们正式使用的语言却是俄语。(李秀琴,1992)在现代中国历史上,由于语言政策正确,没有出现这样的情况。

另一方面,有些濒临消失的语言,由于政局的变迁而得以复兴。例如,希伯来语的使用曾长期局限于犹太人阅读经书和犹太教活动中,但以色列建国以后,希伯来语又重新大放异彩。在另一大陆,西班牙的加泰罗尼亚语,也经历过同样暗淡的时光。从佛朗哥政权统治时期开始,加泰罗尼亚语一直遭到排斥,后来由于卡洛斯政权采取了一系列重大的措施,这种语言才成为罗曼语中发展最迅速、恢复最快的语言。

社会变迁的概念不同于社会进步和社会发展的概念。在社会学家那里,进步、发展都不是中性的概念。社会学家试图使用一些中性概念,社会变迁一词的使用就反映出他们试图作出一种客观的评价,因为在社会学家那里,停滞、倒退也是社会变迁。

社会变迁有两个大的方面:一是社会组织的变迁;一是文化模式

的变迁。不管哪一种变迁都可能与语言有关系。以社会组织变迁来说，它必然要引起社会关系的变化和人们的重新组合，而这又必然引起人们的社会行为发生变迁，进而导致社会制度变迁。显而易见，所有这些变迁必然要影响到语言。

社会变迁往往意味着新事物的诞生和旧事物的消亡。任何社会的群体、社会组织、经济结构、政治结构和社会制度等都处在各自的产生、发展、衰亡的过程中，语言也是如此。当社会上的一些事物出现或消逝的时候，语言常常会作出相应的反应。

社会变迁的性质各异，情况复杂，形式多样。正如社会学并不关心社会变迁的所有方面一样，社会语言学并非对所有的社会变迁都表现出自己的兴趣。社会语言学所关心的只是与语言变迁有关的方面，或者关心语言对社会变迁有影响的方面。但是，并非社会学不关心的问题社会语言学都不关心。例如，社会学一般不关心社会形态的变迁，但是，社会语言学对此绝不会漠不关心，因为政治对语言从来就不是漠不关心的。

研究政治变迁在语言演变中的作用是社会语言学的一个重要组成部分。政治对语言的影响有许多方面，这里从两个方面加以说明。一是政治决策加速一种语言的消亡。中国南北朝时期，魏孝文帝在494年率领鲜卑贵族、文武百官及兵士20万，连同家属和奴隶约百万人，自平城迁都洛阳。由于这个处于统治地位的政治集团无论在人口上还是在生产力方面均处于劣势，所以，为了稳定其政权，魏孝文帝大力推行汉化政策，采取一系列措施促进民族融合。在语言方面，他禁止在朝廷上说鲜卑语。30岁以下诸官，如犯禁一律革官；30岁以上各人，准许从缓改变。鲜卑人被迫“说汉正音”。前后不过30年的时间内，统治族就被融合进被统治族中去了。有一部分鲜卑人，在政治上对抗魏孝文帝,有意保持鲜卑习俗,提倡说鲜卑语,但不久被消灭,从此鲜卑语便基本上灭绝了。当然,鲜卑语消亡从根本上来说是先进文化和落后文化较量的结果,但政治上的推进无疑起到了重要的作用。

二是政治势力的变化会影响到语言的地位。以香港为例。在《南京条约》签订前,香港居民使用的是本地语——汉语中的粤方言。条约签订后的近百年中,统治者不遗余力地推行语言同化政策,使得汉语的地位在香港大大低于英语。随着《南京条约》期限的临近,中国国力的增强和祖国统一政策的实施,在香港居民的强烈要求下,港英当局在1974年宣布中文和英文具有同等地位,但在具体实施中仍是以英语为主。1990年4月4日中国人大通过的《中华人民共和国香港特别行政区基本法》规定:"香港特别行政区的行政机关、立法机关和司法机关,除使用中文外,还可使用英文,英文也是正式语文。"这就是说,从1997年7月1日中国收回香港那一天起,中文地位上升到主要地位,英文则下降到辅助地位。(姚喜明、王胜利,2000)

社会变迁对语言的影响也是在一定范围内进行的。社会发生变迁,语言也会发生变迁,但语言的变迁不一定会和社会的变迁同步。一般说来,社会变迁有两种类型,一种是突变,一种是渐变。对此我们可以从社会变迁的两种不同的类型与语言变迁的关系加以论证。

二、社会的突变、渐变及其与语言变化的关系

所谓社会的突变,实际上主要是指社会形态的突变。社会的其他方面,基本上都是渐变。社会语言学的初步研究表明,社会的突变不会必然地导致语言的突变。1911年,由辛亥革命引起的社会突变没有使汉语发生突变;1949年中华人民共和国成立,中国又一次发

生突变,汉语也没有发生突变;50 年代,西藏和平解放,西藏从农奴社会跨越到社会主义社会,藏语也没有发生突变。赵元任(Chao,1976:144－145)有一段很有意思的描述。1973 年,他在离开大陆 35 年以后第一次回来,使他感到安慰而同时又有点失望的是,汉语的变化比他所预期的要小得多。汉语出现了许多新的复合词,他们来自古代汉语的黏着语素,而人们不去考虑这些词的响亮和方便的方面,例如用"浴巾"代替"澡布",尽管"澡布"要比"浴巾"响亮。由于受到外语的影响,语法方面出现了自动地在表示过去事件的词语后用"了",而且外语词序排列方式出现在文章的标题上,但是这些特征在日常对话中没有听到,而只是在印刷品中。语音方面的变化也很小,只是在读书音和说话有区别的时候用读书音多一些。

社会的突变不会导致语言的突变,这是语言的性质所决定的。语言的多重功能以及其获得方式决定了语言不能也不可能发生突变。说语言不会因社会的突变而突变,并不是说语言在社会的突变中无动于衷。事实上,在社会的突变中语言也常常发生较大的变化。例如,辛亥革命后不到 10 年,中国就发生了五四运动,而这场运动对汉语书面语的变革起了巨大的作用;其间和以后的国语语音标准的确定,也可以说是语言制度的一种变化。Bolinger(1993:628)就曾指出,物质世界的变化可能是突然性的,语义的反映可能同样突然,因而语义的变化比任何其他方面的变化更难预料。

不同时代的社会突变对人的影响在程度上是不同的。在人类社会历史上,发生过无数次社会突变。这些突变当然都会对人产生影响,也会对语言产生影响。但是,进入现代社会,社会变迁出现了新的特点。其中之一就是社会突变或急剧变化的现象出现的频率在加快,而且这种变迁对人、对社会的各方面的影响也在加大;此外,在现代的社会变迁中人为的因素也增加了。这在语言方面表现得相当突出。例如,一个封建皇帝,他无论如何也做不到一夜之间使一个新名词风靡全国;而现代社会,一个新的语言现象很快就会通过现代化的通信手段和现代社会的组织机构得到普及。

社会发展或变迁的速度会影响到语言变化和发展的速度。上海话几百年的历史发展就是典型的例子。忻平(1996:497)曾指出,在不同的历史发展阶段,上海方言变化的速率是不一样的,其更新发展的程度也不相同。从1291年上海设县到1843年上海开埠的500余年中,上海话变化很小,变化速度也很慢,而从1850年到20世纪90年代的150年里,上海话变化颇大,速度也很快。这150年又可以分为3个阶段:(1)1850—1920年;(2)20世纪20—40年代;(3)20世纪50—90年代前。在这3个阶段中,以第二阶段的发展最为迅速。

社会的渐变是绝对的。语言也在社会的渐变中不断发展。社会有各种制度,凡制度都有其相对的稳定性,即所谓制度的惰性。任何制度一经确定,就会在一定的阶段保持相对稳定;否则,制度就不能发挥应有的作用。语言更是这样,以至于社会制度改变了,相应的语言结构并不发生改变。例如,在中国历史上,汉语曾把妇女的附属地位固定了下来。一个突出的例子是,在所有的序列中,无论是词,还是短语,女性总在男性之后。例如"男女、父母、夫妻、兄嫂、男人和女人、父亲和母亲、爸爸和妈妈、爷爷和奶奶、丈夫和妻子、哥哥和嫂嫂"等等。这种情况直到今天仍然保持着,尽管社会已经发生了变化。

三、社会变迁的原因及其对语言的影响

社会变迁的根本原因是什么?这是社会学家、政治学家、历史学家等常常关心的、也是他们难以统一看法的问题。对于研究一般语

言学的学者来说，他们也关心类似的问题：语言发展变化的根本原因是什么？然而，对于社会语言学来说，我们更关心的是社会变迁的一些具体原因，因为正是这些非常具体的社会原因引起了语言的变化。

社会学家认为，社会变迁的具体原因通常有以下几个方面：(1)地理；(2)人口；(3)文化；(4)社会矛盾。这 4 个方面都是社会语言学所关心的。自然地形和河流会使人形成不同的社会群落，它们往往影响人们的交往，从而导致方言差异的形成；地震、水灾、旱灾都会引起人口的迁徙而把一种语言从一个地方带往另一个地方；某种语言的使用人口增加会使得这一语言得以扩张，而人口的不断减少会使该语言走向消亡；文化的传播会扩大一种语言的影响，也会使一种语言自身发生变化；社会矛盾会导致社会冲突，进而影响到语言本身。

除去社会自身的运动发展，上面说到的因素可以归结为两点：(1)社会的分隔；(2)社会的接触。隔离会带来语言集团之间的分化，反过来，接触则会导致更多的语言上的相似。（C.恩伯、M.恩伯，1988：130）汉语的发展过程充分证明了这一点。例如，研究中国语言的人常常都会意识到一个突出的问题，这就是中国南北方的汉语有着不同的特点。北方虽然广大，但语言几乎是一致的；而南方虽小，方言却十分复杂。有人把这归结为“北车南船”，这就反映了分隔对语言的影响。这还可以从另一个角度看：北方的接触要比南方的接触更多。

总的来说，语言发展的历史也是人类社会发展史的一部分。历史时期不同，社会条件不同，对语言产生影响的原因也不会相同。在历史上，战争、侵略和强权曾对语言的发展起过很大的作用；而在现代语言的发展中，这种作用已远小于科技、文化、经济和传媒的影响了。

第二节　社会文化接触和汉语的发展

汉族在中华民族中是主体民族,汉语也因此有了一种特殊的地位。尽管如此,由于各个民族并没有始终独立自生、一成不变的文化,社会文化间必然要发生接触,而文化的接触必然导致语言的接触,因此汉语在其发展中必然要受到其他社会文化和语言的影响。我们过去讨论汉语发展的时候,常常立足于汉语本身,例如,只是简单地说,现代汉语是在宋元白话的基础上发展起来的,而忽略了在它的发展过程中其他民族文化和语言的影响。因此,无法对一些语言现象作出令人信服的解释。事实上,在长期的发展过程中,汉语的各个要素都受到了其他民族语言的影响,其中,语音和语法方面的影响较小,词汇方面的影响较大。因为"在语言接触中,语音和语法的民族性比较强,不大容易受到影响,词汇是比较敏感的部分,比较容易体现出语言与文化的共变关系"。(袁焱,2001:197)

一、语音

现代汉语的形成经历了漫长的历史时期。唐朝末年以后,中国的政治中心由西向东迁移。宋朝建都于今天的开封。12世纪到14世纪,中国从北部开始逐步陷于外族统治,先是女真族,后是蒙古族。这两朝阿尔泰君主的首都都在今天的北京附近。这样,反映这个新的政治现实的共同语便应运而生,这个新的共同语以东北部方言为基础,跟后唐的西北方言有很大不同。就在外族统治的金、元时期,一种新的几乎全用口语的白话文学兴起了。那时,曲、散曲的押韵都根据口语音,而过去的诗、词押韵所依据的则是以前的读书音标准。

在14世纪早期，周德清编了一本《中原音韵》。从汉语音韵历史看，《中原音韵》反映的是近代的语音。《切韵》时代的浊塞音和浊塞擦音都演变为清塞音和清塞擦音，其演变方式也像现代多数北方方言一样，平声读送气，仄声读不送气。还有一点也和北方话一致，即入声已消失。现代北方话和《中原音韵》之间最大的不同之处，大概要算-m尾韵和-n尾韵的分合，《中原音韵》保留-m尾韵，现代北方话-m尾、-n尾合并为-n尾韵。这就带来一个问题：是什么导致了这几百年中汉语的发展和变化？

从目前的研究结果看，汉语语音的诸要素中声母和韵母受到外族语言的影响可能较少，但在声调方面受到的影响比较明显。例如，汉语在13、14世纪以前一直是有入声的，但是到了元代，人们发现，入声消失了。这是为什么？单单从语言自身的变化很难得出结论。如果我们考虑到社会的变化因素，问题似乎就好解释一些了。北方汉语一直接触的是阿尔泰语，“而且我们今天称之为使用汉语北方话的人还是那些进入中原地区的阿尔泰各族的后裔。那些具有不同语言背景的阿尔泰各族为了入侵中国北部而建立其王朝，接受了当时通行的某种汉语方言。他们为了保持统一，不得不在不同种族的社会中使用某种共同语。于是北方话就在这些北方人中成为最适合的共同语而发展起来”。(桥本万太郎，1988:263)这种推测的一个旁证是汉语语音系统的简化。这种系统简化可能就是语言融合的结果。我们可以设想一下外国人学汉语的中介语。这种中介语的特点是系统简单，而所谓的系统简单主要表现在语音和语法方面。以北方话的声调为例，“因为音节声调较易变化(这暗示其保留的古老特征痕迹少于音段)，在北方汉语的发展过程中，阿尔泰各族接受北方汉语但对其语音系统有所修改这个事实，可作为对这种特殊现象的一种解释”。(桥本万太郎,1988:265)这同我们的看法是一致的。在今天的汉语乌鲁木齐方言里,只有阴平、阳平和去声三个声调,这显然也跟当地的阿尔泰语系的各种语言有关。关于这一点的旁证是,中国南部的少数民族语言和邻国的民族语言大多数有声调且比较复杂,而中国南方的方言声调也比较复杂。此外,西北一些方言中也还有两个声调的情况。雒鹏(1999)报告说,兰州红古话只有两个单字调,即“平去声调”和“上声调”。“平去声调”相当于北京话的阴平、阳平、去声,“上声调”相当于北京话的上声。但报告没有提供更详尽的背景资料,该方言的两个声调是如何来的,尚不得知。

二、词汇

汉语中大量的外民族词语给我们提供了考察语言如何受到民族文化交流影响的例子。有人把这些外来词看成是“异文化的使者”,(史有为,1991b)有一定的道理,但可能是颠倒了文化接触和语言接触的关系。在我们看来,文化的接触应该先于至少说是同时于语言接触,而不大可能出现语言接触先于文化接触的情况。语言的融合是在文化融合的过程中实现的,而且后者往往对前者起着推动作用。

人们也把外来词称为借词或贷词。我们认为“借”的说法不能准确地反映事实。在汉语里,“借”意味着“借用”,但是汉语当中的外来词实际上已经成为汉语词汇的一个组成部分了。

目前学术界对外来词有两种不同的理解。

狭义的外来词的一个共同点是至少有一个音节是音译的。汉语中,这种外来词的造词方式大致有以下几种:(1)音译——词的所有音节都是音译的,如雷达(radar)、吉普(jeep)、米(metre)等;(2)半音半意译——部分音节音译,部分音节意译,如单宁酸(又译丹宁酸,

tannic acid)、新德里(New Deli)等;(3)音译加注释——除了音译,再加一个单音节的汉语语素,以说明事物的类别。这一类词比较多,如啤酒(beer)、摩托车(motor)、霓虹灯(neon)、保龄球(bowling)、基督教(Christianity)、酒吧(bar)、爵士乐(jazz)、鲨鱼(shark)等;(4)音译兼意译——选择音译的音节时也照顾到词义,如俱乐部(club)、引得(index)、维他命(vitamin,现译为维生素)、基因(gene)、乌托邦(Utopia)、幽默(humor)、柠檬(lemon)等。最后一例是用文字表示意义,即用木字旁暗示所指是植物。

近年来,我们的语言生活中出现了许多字母词(有人称为借形词)。所谓字母词是汉语运用中使用的部分或全部由字母构成的词,字母词中字母部分多源于外文(主要是英文),如 B 超、阿 Q、维生素 A、卡拉 OK、三 K 党、3C 革命、CT、WTO 等。它们也是语言接触的产物。这些词中,比较特殊的是卡拉 OK,它的前一半是日语音译,意思是"空",后半是英语 orchestra(乐队)的音译,整个词的意思是"无人乐队"。字母词的使用并非始于今日,很早以前就有所谓"大众哲学 ABC",红军时期就有了所谓"AB 团"了。

广义的外来词除了包括各种狭义的外来词外,还包括意译词。意译词有两种类型:一是整体意译,如 telescope 译为望远镜;二是字译,如 television 译为电视。我们认为这些意译词都是汉语词汇库的新成员。有些译名看来很奇怪,但仔细分析以后,会发现有内在的规律,有着自身的社会背景。例如用"葡萄牙"译 Portugal 的过程就很有意思。周振鹤指出,葡萄牙本是与中国最早发生关系的西方国家,明朝人称其为佛朗机,清朝官方曾称其为大西洋国。但这都不是其国名的汉语音译。最早音译其国名的是意大利传教士利玛窦绘制的《坤舆万国全图》,译作波尔杜葛尔,时在明代万历年间,这个译音是很准确的。250年后,山西人徐继畬编写了《瀛寰志略》一书,在此译名下附注了曾经出现过的其他几种译法,如:波尔都欺、博尔都噶亚、葡萄驾等。这些译语的读音相去甚远,何以竟用来翻译同一个地名?原来,徐氏在厦门结识了美国人雅裨理,对他带来的世界地图极感兴趣,并问其各国之名,记录下来,这就成了日后编纂《瀛寰志略》的最初稿本。雅裨理氏长期住在厦门,讲的是闽南话。而上述葡萄牙的几种译名,如果用闽南话来读,差不多都与闽南音的葡萄牙相近。而比较波尔杜葛尔与葡萄牙两种写法,后者显然省事易读,前者遂被摒弃不用。①

外来词进入汉语还要经历"汉化"的过程。所谓汉化是说外来词要适应汉语自身的特点。例如早时曾有人把社会主义(socialism)译作"索西亚利士谟"、社会学(sociology)译为"索西亚罗齐依"等等,它们如同"德谟克拉西""赛恩斯"等一样后来被意译词所代替。又如"丹麦"(Denmark)一词的翻译,除了熟悉相关方言或从事汉语研究的人,大概很少有人明白为什么译成"丹麦"而不译成"登马克"或"丹马克"呢?

上面说的情况不包括来自日语的词。从日语借入的词情况比较特殊。按照借入的方法,汉语从日语借词主要有以下几种:(1)日本音译外来词,但用汉字书写(日本人叫嵌字),例如:瓦斯(gas)、混凝土(concrete)、浪漫(romantic)、米(metro,法语)。(2)日本意译外来语,用汉字书写,只有训读(日本语固有的词汇读法),没有音读(日译汉字的读法)。这一部分词在日语中只是极少数,例如:手续、立场、出口、广场。(3)日本意译外来语,用汉字书写,用音读,不用训读。

① 见1998年2月28日《文汇读书周报》。

这一部分词在日语中是多数，例如：绝对—相对、积极—消极、主观—客观、理性—感性、优点—缺点、方程式、归纳法。(4)原为日语词汇，借为汉语词汇后，意义与原义不同，例如：劳动者（日语指产业工人，汉语指劳动人民）；辩护士（日语指律师，汉语泛指辩护者[①]）。(5)本为古汉语词汇，日文借用意译外来语，又为汉语吸收，古今义不同。例如：组织[②]、杂志[③]、劳动[④]、社会[⑤]。(6)汉字字形系日本人所造，后为汉语吸收，例如：腺、癌、吨。

这里顺便提一下另一种语言现象。日本侵华期间，出现了诸如"米希米希"、"死拉死拉"、"新交新交"等表达方法，这些词语既不是汉语的，也不是日语的。由于文学作品和电影中广为使用，使中国人认为是日语，而日本人则认为是汉语。这些词语产生的背景有待进一步研究。

有人把冠以"胡、番、西、洋"等字的词也看作外来词（游汝杰，1993）。其实，这些词是用汉语构词材料构成的，不宜看作外来词。这样的词今天还可以找到。例如：美元、美式、美援、美军，等等。但从社会语言学的角度来看，这一类词因为有来源标记，贮存着事物传播的历史，有助于我们对社会文化交流历史的认识。再如："胡"字东汉以后开始指北方边地和西域的少数民族。后来以"胡"为首组成的词用来指来自西北民族的事物。《后汉书·五行志》载："灵帝好胡

① "辩护"的解释见《现代汉语词典》(2002)：为了保护别人或自己，提出理由、事实来说明某种见解或行为是正确合理的，或是错误的程度不如别人说的那么严重。

② 古汉语的意思是"纺织"。《辽史·食货志》："树桑麻，习组织。"

③ 王念孙有《读书杂志》。

④ 本义为"运动"。《三国志·华佗传》："人体欲得劳动。"

⑤ 本义为"集会"。《世说新语·德行上》："邻里修社会。"

服、胡帐、胡床、胡坐、胡饭、胡空侯、胡笛、胡舞。”此类词还有胡葱(大葱)、胡麻、胡茄、胡琴(今已成为“国乐”,并派生出二胡、四胡、京胡、板胡、坠胡等等)、胡鼓、胡饼、胡旋舞(唐代由西域传入)、胡豆(蚕豆)、胡菜(油菜)、胡萝卜等。

“番”字唐代常指藏族,宋代起始指西南少数民族,后来也泛指一切外国。如番户(清代指西南少数民族编入汉户籍者)、番僧(明代多指康藏喇嘛)。现代汉语中以番字冠首的词多见于吴方言和闽方言。如番人、番女、番钿、番椒、番薯、番人芋、番菜等等。“红毛番”是指荷兰人,用于闽南方言。

“西”字在明代耶稣会士入华后指欧美,如西点、西餐、西瓜、西装、西服、西红柿、西学、西医、西药、西历、西元等。

“洋”字打头的词出现得较晚,近代以后多指欧美,也泛指外国,如洋葱、洋白菜、洋娃娃、洋蜡、洋烟、洋房、洋枪、洋钱、洋学堂、洋线、洋布、洋灰、洋油、洋火、洋钉、洋人等。

鸦片战争以后,人们常用“广”字泛指从欧美输入的新事物,因为许多舶来品都是经由广州输入内地的,所以内地方言多用“广”字冠首的词来表示这类事物。例如“广货”(百货,用于吴语区和西南官话区、中原官话区)、“广针”(别针,用于云南)、“广线”(轴线,用于武汉)、“广疮”(梅毒类性病,从外国传入,先流行于广州,主要用于西南官话区)、“广锁”(片簧锁,用于西南官话区)、“广货店”(指文具店,用于湘语的吉首话;又指百货店,用于吴语区和西南官话区、中原官话区)。

另外还有像“旗袍”“羌笛(今已不说)”“吕宋烟”“吕宋帽”等等也反映了这些事物的来源。

获得茅盾文学奖的长篇小说《穆斯林的葬礼》(霍达著)中记录了

不少阿拉伯语词汇，这是中国穆斯林至今仍在使用的阿拉伯语词汇。例如：耶梯目(孤儿)、巴巴(对老者、学者的尊称)、埋体(遗体)、务斯里(洗礼)、安拉胡艾克拜尔(真主至大)、者那则(葬礼)、榜答(晨礼)、虎伏滩(宵礼)、撇什尼(晌礼)、沙目(昏礼)、代净(用手摸一摸地上的土，凭着信仰模拟洗浴的动作摸脸、搓手)、朵斯提(朋友、同胞、兄弟)、按赛俩目而来坤(求真主赐给您安宁，即您好，问候语)、吾而来坤闷赛俩目(求真主也赐给您安宁，回敬时用语)、底盖尔(晡礼)。当然，中国穆斯林所用的阿拉伯词语远不止这些。

回族在形成共同语的时候，无疑也为汉语的发展和丰富作出了贡献。除了他们自身仍使用的一些阿拉伯词语外，他们自造的一些词已进入了汉语。例如：清真、得济、奴婢、托靠、参悟等。我小的时候常听大人说“交炮”(意谓“枪毙”)一词，一直不得其解，后据卢甲文(1992)介绍，这是阿拉伯语词。现在随着普通话的影响，这个词在我的老家可能已经很少有人说了。一些年龄大的人在骂人时还会说：咋不交炮你！

有的外来词已经在汉语中扎下了根。与原来语言的意义有了差异。例如“喳”在蒙古语和满语中都表示应诺，并无贬义，也没有身份限制。但在汉语文学作品里却用它表示奴才对主子的应诺，一写成“喳”就显得格外低三下四。(张清常，1978)

三、语法

在语言三要素中，语法最稳定，受别的语言的影响相对要小一些。同词汇和语音一样，在语言接触的过程中汉语语法系统也受到了别的语言的影响。典型的例子是五四以来的所谓“欧化”语法形式的出现。如长定语、长状语等附加成分的使用，句法成分的共用和新兴的词缀、准词缀的大量使用等等。王力在《汉语史稿》、赵元任在《中国话的文法》中都对此进行过分析和讨论。在中国不同的社会历史时期,语法所受的影响也有不同,例如,20世纪50年代汉语语法受到了俄语的影响,但改革开放以来,再次受到英语的影响。《新民晚报》1998年3月16日刊载了署名流沙河的一篇短文。文章批评"作为公安部门,对于盗版行为,必须予以打击"类的句子是"滥俗不堪的欧化中国话",作者建议,不要用英语方式造句,应该用纯正的中国话说成:"公安部门必须打击盗版行为。"文章说:

> 译英文的偷懒,见句首有as便译成"作为",见句中有for便译成"对于",见英语常有弱化动词的句式,例如不直接说beat(打击)而说give a beating(予以打击),便照搬进汉语来。日久天长,我们便有了"作为——于——予——"的造句公式。邯郸学步,失其故技,匍匐而归,庄周早笑过了。

我们不一定能全部接受这一段评论,但其中所反映的句式的形成过程还是符合事实的。

一段时间以来,学术界关注外来语对汉语语法方面的影响的多了起来。不少学者就语言借用对现代汉语(包括一些方言,如粤语)语法方面造成的影响作了大胆的假设和分析。例如,谢耀基分析了现代汉语的欧化语法现象,指出现代汉语的多种构词方式中,以附加法(即词缀法)受到的影响最为显著;刘英凯更进一步认为,当代汉语日益风行的词缀化倾向是英语日益鲜明的词缀化倾向所致。(吴东英,2001)吴东英(2001)用历史语言学、社会语言学的理论和分析方法检讨了英语借词对现代汉语词法的影响。她指出汉语词缀化是自身发展的自然趋势,英语借词只是为现代汉语提供了一些新的词缀,加速了词缀化的发展。这些讨论都是非常有益的。和词汇互相影响一样，汉语语法对其他民族语言也产生了影响，例如，一些少数民族语言增加了新的语序。如名词修饰名词时，壮语固有语序是名词定语在名词中心语之后（房＋草），因受汉语影响增加了名词定语在名词中心语之前（中国＋人民）的新语序。有的语言固有的语序是动词在句子末尾，如“我舞跳”“他办法想”，因受汉语语序的影响，有的改为动词在名词前，成为“我跳舞”“他想办法”，如土家语。（陈章太，2002）

在分析其他民族文化对汉语的影响的时候，我们想讨论一下20世纪80年代比较热闹的一个话题。从80年代起中国有人开始以“颜色”来区分文化。他们把文化分成两类：一是所谓“黄色文化”，一是所谓“蓝色文化”。黄色文化就是我们曾经说过的农耕型文化，而蓝色文化说穿了只不过是所谓游牧文化或海洋文化。两种不同的文化，形成了各自的思维模式和心理特征。在不同基础上发展起来的这两种文化必然会发生冲突，这具体表现在政治、经济等各个方面。就理论上说，它们也必然会对语言产生一定的影响。我们在大量的材料中看到了这些影响。但是，也有人陷入了机械主义的泥坑，他们试图用“颜色”来区别一切。有人认为正是所谓的“黄色文化”导致了汉语的所谓保守性，甚至还举出许多具体例子来说明。事实上，“颜色”并不能完全反映语言的变化和发展。按照他们的理论，广东、上海、福建都是沿海省市，在中国最具有“蓝色”的特点，但正如我们已经知道的那样，这些地方在语言上过去是相当排外的。与此相反，中国的北方是典型的“黄色”文化，但是，在这片极为广袤的“黄土地”上，语言的广泛统一，不能不让人感到惊奇。从语言的历史里，我们可以看出，这块土地上的语言所经历的变化是巨大的。汉语中大量的外来词、外来句式乃至语音的影响我们在前面都已经看到了。

两种文化的相遇常常导致语言的变化。这一相遇不一定是暴力的,它可以是合作性质的。这些合作必然要成为语言变化的力量。再回到回族形成的问题上,如果没有汉语作为各个不同来源的回族的共同语,回回作为一个民族是不可能形成的。而回族采用汉语作为共同语,又反过来丰富了汉语的词汇。例如,他们把不少经常用语转用到汉语中,而这些特殊用语的保留,又对增强民族感情、培养民族自我意识及认同感起了很大的作用。(许宪隆,1989)

文化的差异会影响语言,但绝不能机械地把二者等同起来。特殊的文化背景可能影响到人的心理和有关方面,但不一定必然地影响到所有的方面。这也许可以说是语言作为一种特殊的社会现象的旁证。这也说明社会语言学不同于其他与社会有关的边缘学科。

当然,在社会文化交流中,其他语言也要借用汉语的词语。据介绍,泰语从汉语中的借用词汇量估计在30%左右;菲律宾他加禄语词汇中,约有2%可能来自汉语。这些词语分别借自汉语的官话和闽、粤的各种方言如闽南话、潮州话、海南话等。它们十分明确地记录了中国移民的来源和流向以及文化交流的媒介和方式。(邢福义等,1990:200)

中国各少数民族语言都借用了不少汉语词汇。中华人民共和国成立后,由于汉族和少数民族的密切接触,大量的汉语词汇进入民族语言。以阿昌语为例。20世纪50年代以前阿昌语也吸收了一些汉语借词,但数量不大。50年代以后,阿昌语接受汉语借词出现过两个高峰。一是50年代初开始的一段时间,大量涉及政治、经济、文化的词语进入阿昌语,如“人民、国家、民主、政府、政策、政治、经济、文化、主席、总理、部长、干部、主任、县长、教育、学校、中学、小学、大学、校长、算术、地理、历史、医院、法院、发展、提高”等。第二次高峰是20

世纪 80 年代以后，除了表示各种新事物、新概念、新现象的词语如“计算机、电脑、改革、开放、责任制、卡拉 OK、复印机、奥运会、歌星”等以外，一些表示抽象概念的汉语词如“幸福、魅力、精神、忠诚、福气、天真”等，表示句法结构和句子语气的词语，如“就、又、也、对于、比、更、为了、倒”等也进入阿昌语。甚至一些汉语的熟语，如“种瓜得瓜，种豆得豆”等也被阿昌语整体借入。（戴庆厦、袁焱，2004）

第三节　现代中国社会分化和当代汉语的形成

上面讨论了社会文化交流对汉语和其他一些语言的影响，下面再来看看社会分化对汉语的影响。

进入 20 世纪 80 年代中期，人们普遍认识到海峡两岸汉语存在着不小的差异。这也引起了不少语言学家的注意，不断有研究这些差异的著述问世。已有的著述中多有这样的观点，即认为海峡两岸汉语的差异始于 1949 年——因为从这一年起，两岸中断了公开的和通畅的语言交流渠道，导致汉语在两个相互封闭的社会里随着不同的政治、经济、文化、心理的发展而发展。（邱质朴，1990）这种推论在一般情况下是无可争辩的。然而，中国特有的历史状况却使这一本应具有普遍意义的推论黯然失色：事实上，两岸汉语差异的形成有其深刻的历史背景，它们各有自己的“源头”。

一、政治分裂与汉语分化

五四新文化运动使得汉语书面语由文言改为白话。但由于种种原因，白话文的脚跟并未站稳。在这种情况下，中国历史上又发生了一个重大事件，这就是 1927 年国共第一次合作的破裂。这一事件对中国历史影响之大已有历史学家和社会现实作了说明,而它对现代汉语后几十年发展的影响似乎还未引起人们的注意。其实,正是这次国共合作的破裂为汉语后来的逐步分化播下了一颗无形的种子。

那么,为什么国共合作的破裂会导致如此的后果呢?这一分化的种子从何而来呢?要回答这个问题,我们还必须回到中国当时特定的社会环境中去。

我们知道,五四新文化运动虽然动摇了文言文的统治地位,但在实际语言运用中仍然拖着一条尾巴。在对它是割还是留的问题上,中国共产党人明确表明了割的立场,其中明确提出自己主张的共产党代表人物是瞿秋白和毛泽东。1932年6月,鉴于文言文的"回潮"及"新文言"的产生,瞿秋白以宋阳为笔名在《文学月报》创刊号上发表《大众文艺问题》一文,认为当时的那种白话跟人民大众的口语相距太远,实际上已经成了一种新文言。他主张再来一次"文学革命"。这次"文学革命"不仅要肃清文言的余孽,推翻当时的这种新文言,而且要严格地反对旧小说的白话,一切都用中国人的话来写,尤其是"新兴阶级的普通话"和"当地的主要方言"等等,瞿秋白自己就曾用上海方言进行写作。瞿秋白提出的问题在当时的思想界引起了很大的反响,从而开始了"大众语讨论"。

这次"大众语讨论"的实质是五四文白之争的继续,它狠狠批评了当时的不健康现象,提醒写作时要面向人民大众。但是,这次讨论所涉及的许多理论和实践问题在当时的历史条件下都没能得到解决。正因为如此,即使是在"大众语讨论"之后,国统区的报刊也没有废掉半文不白的语言。据说只有上海一家叫《立报》的小报,曾做过一些用白话写新闻的试验,可是也没有坚持下去。(郑之东,1980:135)

如果说瞿秋白的语言观更多的还只能在理论上加以表现的话，毛泽东则是一位理论提倡与实践贯彻的统一者。毛泽东曾主编过《湘江评论》，用的全是白话，但限于当时的情况至多只能是“独行其是”。后来国共合作的破裂，却给了毛泽东大力实施自己的语言才能、贯彻自己的语言主张的机会。

“四·一二”事变后，共产党开始组织自己的武装力量，并发动了一次次的武装暴动，建立了一个个“红色政权”。其中最大的，当是1931年8月在江西瑞金建立的中华苏维埃临时政府。一个个“红色政权”的建立，使得中共有了一个个控制区——革命根据地，因而也就有可能去实践自己的语言主张。应该说，国共两方在语言运用上的差异最初表现在书面语的使用上。下面两段话都产生于1927年国共合作破裂后，它们分别来自两党的最高指挥部：

> (1) 本政府今后当恪遵总理建国大纲、建国方略中之计划，权衡情势，次第实施，期使训政期内之民生问题，获得相当之解决……吾国政治恶劣，强半由于官吏贪污，贿赂公行……①
>
> (2) 我们应当将工人阶级的先锋——共产党，组织得更好，扩大到工农群众之中去，吸取一切优秀的革命分子。我们的党——中国共产党，应当更加和工农群众密切联系，努力地反对国民党军阀的统治，反对一切军阀及帝国主义。②

这两段引文表明，国共两党在文告语言的运用上迥然有异。前者近乎文言，后者则是地道的白话。可以这样认为，共产党人更乐意

---

①《南京国民政府成立宣言》，1927年9月20日。见《中国现代史资料选辑》第3册第10页。中国人民大学出版社，1988年。

②《中国共产党反对军阀斗争的宣言》，1927年10月23日。见《中国现代史资料选辑》第3册第167页。

采用五四倡导的白话，而国统区则相对更乐意采用"文"些的书面语。他们各自的传统深深地影响了以后几十年的语言运用。在今天的海峡两岸，我们只要浏览一下报章，就不难发现各自传统的烙印。例如(1)中的"情势"一词台湾今天仍在频频使用，而大陆几乎看不到了。

不仅如此。国共两党除在书面语运用上出现差异之外，其他方面也随着武装割据力量的加强出现了差异。而这些差异之形成，与中国共产党人开展革命宣传及同时对人民的文化教育是分不开的。在我们看到的史料中，一些为共产党所专用的词语在当时的根据地使用频率已经相当高。例如：解放、阶级斗争、AB团、红军、苏维埃等。这些词语之所以在当时的根据地广为流传，并能为广大群众所接受，我们看看下面的一些资料就一目了然了。

第一，报刊的种类及印数。据不完全统计，从1930年到1933年，共产党办的报刊有61种。其中红军最早的机关报《红星报》在根据地时期的发行量为17 300份(毛泽东，1983a:34)，苏区中央报《斗争报》印数达27 100份，而《红色中华》则高达45 000份，《青年实话》也达28 000份。(马宇平等，1989:439)这些报刊均用通俗语言来写，主要是宣传革命。例如《红星报》发表过这样一篇通讯：

> 遵义之战王家烈险些被我活捉，幸得快脚逃跑，连鸦片枪和大衣都抛掉了。他的队伍第一、第五、第六、第八、第九、第十五等六个团和特务营，全被红军消灭驱散。王家烈逃到贵阳之后，就打电报向蒋介石叫救命，电报里说，遵义之战损失极大，子弹用光了，伙食都没有了，军心涣散，快快送钱送子弹来，否则士兵没有饭吃就要造反了。(梁家禄等，1984:326)

第二，文化教育组织。据不完全统计，1933年赣、闽、粤苏区有小学3 052所，学生89 710人；补习夜校6 462所，学生94 517人；识字组 32 888 个，组员 155 371 人。其中的兴国县 1933 年扫盲统计中识字小组成员就达 22 519 人。另有俱乐部 16 562 个，工作员达 49 688人。（马宇平等，1989：440）

此外，“红军中以师为单位设俱乐部，以连为单位设列宁室”“列宁室是单位进行政治教育、文化教育、体育、娱乐各项工作最基本的一个组织。”①

第三，文化教育的内容。无论是地方还是军队，在教育中都贯彻下述原则，即反对帝国主义基督教育、国民党文化教育、复古教育和私塾教育。下面是当时教育中的一些课文，足见中共语言运用观贯彻的情况。

(1) 赣西南政府出版的《工农三字经》写道：

天地间，人最灵，创造者，工农兵。工人们，劳不停，苦做工，晨到昏。赚红利，厂主吞。农人苦，写不清，租税重，难生存。此等事，最不平，无可忍，团结心，入共党，组红军，打土豪，除劣绅，毙军阀，莫容情，阶级敌，一扫清。革命事，功业成，享极乐，歌太平。

(2) 瑞京（今瑞金）、长汀少先队模范营的识字课本内容有：

游击战术要努力来学习，扰敌人后方，破坏敌人交通，截断敌人辎重，军事上要保守秘密。

射击、散会、前进、冲锋、刺杀要学好，准备缴获敌人大批子弹和枪炮。

尽管如此，国统区和根据地的语言差别不能被认为是汉语已经分化。这一观点基于下述理由：第一，书面语的差别只是语体的差

---

①《老解放区教育资料》，教育科学出版社，1981 年，第 175 页。

别，而且这些差别并非处处都是分明的——事实上，国统区也有白话，而共产党人也有用半文不白的语言的；第二，两个地区并非出现大量的专用词语和特殊句式；第三，苏区一则地盘小，再则也不稳定，在语言上不可能同国统区抗衡。尤其是随着红军第五次反“围剿”失败而撤出，只剩下30 000人，中共领导的“语言区”也就“消失”了。

如果说五四文白之争的尾巴还只是给汉语后来的分化留下了一个诱因，而苏区的建立已埋下了汉语分化的种子的话，那么，中共延安根据地的建立以至整个解放区的扩大和蓬勃发展则使得汉语的分化日趋明显了。

从解放区的角度看，以中共延安整风为标志，解放区开始形成一种可以称得上是标准化的革命工作语言。语言问题在整个延安整风运动中之所以受到空前重视，是因为语言被当作宣传的媒介，被当作表现思想作风的重要工具。这次运动在理论上取得了成功，它解决了五四及“大众语讨论”两次语言运动中没能解决的问题。例如，怎样对待汉语？应该用什么样的语言进行革命工作？应当向谁学习语言？应该怎样提高语言能力，以便更准确地传递信息、表达思想等等。

跟国统区相比，解放区在用语上主要有以下几个特征：

1. 政治、军事等术语社会化。例如矛盾、斗争、阶级、党外布尔什维克、战线、战斗、突击队、苏维埃、官僚资本主义、资产阶级等等。

2. 表达通俗化。报纸、刊物、广播和书籍所使用的语言都采用通俗的语言形式，一部分方言土语或一般群众口头上用的词语都堂堂正正地进入正式的言语活动中，如搞、小青年、整等。

3. 个别词语运用范围扩大化。例如“抓”本义是指用指甲轻刮、用手或爪取物、逮捕、捉拿等，解放区又用于指加强领导，或特指着重、主管或负责某方面的工作，如“抓好这一工作”。“爱人”也是一个典型的例子。“爱人”一词是新文化运动中出现的，原指情人、恋人。起初，结了婚的人不再称“爱人”，而称“先生、太太、妻子、夫人”；解放区则用“爱人”指丈夫或妻子。据陈建民(1997)考察，“爱人”的这一用法早在二三十年代就已经出现，并流行于革命根据地和解放区。

4. 借词苏俄化。例如“苏维埃、布尔什维克、客里空、孟什维克、乌拉”等。

此外，有些习惯搭配，最初人们不习惯接受，但久而久之，即被社会认可，如“严重的任务”就是如此；也有的是表明特有事物的新词语，如“整风、两忆三查、党八股”等。

不难发现，上述几点大都跟红军时期有某种“血缘”关系。我们说红军时期埋下了一颗无形的种子看来一点也不过分。历史和现实、理论和实践都告诉我们，汉语在解放区的变异有其深刻的社会政治、经济和文化背景，有一定的必然性。

首先，中国共产党人认为，中国革命的目的是推翻帝国主义、封建主义、官僚资本主义三座大山，建立无产阶级专政，而要想使革命获得成功，就必须发动和依靠广大工农群众，就必须给他们讲他们之所以受压迫、受剥削的道理。因此，中国共产党人想方设法宣传革命的理论，这样做的一个很自然的结果就是一批政治术语来到寻常百姓中间。另一方面，以毛泽东为代表的共产党人认为，中国革命必须走武装夺取政权的道路，必须开展人民战争，这样，军事术语也就自然而然地来到了百姓中间，而“军民大生产”则又把军事术语由专用推向一般，“战线”的无所不在，就与此有关。打开任何一本反映革命战争时期的小说，我们差不多都能找出这样的例证：目不识丁的普通农民常常可以说出成串的政治军事等术语。可见影响之大。

其次，和其他一些有远见的革命宣传家一样，中国共产党十分重视语言运用在宣传中的作用，他们确信只有用工农大众接受的语言进行宣传才能起到最佳效果。的确，中国的工农大众在政治上受压迫，经济上受剥削，文化教育就更谈不上了。在这种情况下，中国共产党人选择了切实可行的方法。早在1931年苏区普遍创办《时事简报》时，毛泽东就指出：

> 地方的《时事简报》要完全用本地话，从别处报纸抄下来的那些文字不通俗的新闻，要把原文完全改变，红军《时事简报》不会写本地的土话，也要用十分浅白的普通话。（毛泽东，1983b：29）

延安整风时，毛泽东又在《反对党八股》的报告中援引季米特洛夫的话，提示大家改正那种说人们听不懂的话，写人们看不懂的文章的毛病：

> 我们每一个人，都应当切实领会下面这条起码的规则，把它当作定律，当作布尔什维克的定律：当你写东西或讲话的时候，始终要想到使每个普通工人都懂得，都相信你的号召，都决心跟着你走，要想到你究竟为什么人写东西，向什么人讲话。（毛泽东，1967a）

为了做到通俗化，毛泽东还提出要向人民群众学习语言。解放区语言的通俗化，自然与此有关。

我们也应该看到解放区语言通俗化的另一因素。与国民党的各级官员相比，当时共产党的各级干部的文化素质不高。这就是说，客观条件也决定了共产党人使用语言要"俗"(或曰"土")一些。当然，共产党人中也有不少"文化人"，但毛泽东觉得他们的语言有"学生腔"，要他们与工农群众相结合，学习人民群众的语言，以便与普通民众沟通。有的干部文化素质较低，写文章常有语病，所以，作为最高决策人的毛泽东，就一次又一次地提出要花大气力学好语言。

第四，国家关系也是解放区语言变异的因素。由于中共和苏共的特殊关系以及对美国等西方国家的敌视，解放区从俄语当中借了一些词，而对英语中的一些词采取了排斥的态度。例如“拜拜”在国统区大量使用，而解放区则不便使用。

第五，个人对语言的使用也因个人的特殊地位对解放区的语言产生影响。中国革命的特定历史条件形成了领袖人物的特殊地位，他们的一些用法也就流行开来。前面提到过“抓”，它的词义发展可以算是一个典型的例子。毛泽东(1967b)在谈到工作方法时说：

> 要“抓紧”，就是说党委对于主要工作不但一定要“抓”，而且一定要“抓紧”。什么东西只有抓得很紧，毫不放松，才能抓住。抓而不紧，等于不抓。伸着巴掌，当然什么也抓不住，就是把手握起来，但是不握紧，样子像抓，还是抓不住东西。我们有些同志，也抓主要工作，但是抓而不紧，所以工作还是不能做好。不抓不行，抓而不紧也不行。

这段一连用了14个“抓”字的论述对后来的影响很大，“抓”字意义的扩大也就不难理解了。

当然，个人的影响毕竟是有限的。例如毛泽东在另一篇文章中或许是出于结构整齐的考虑，曾用了“宣传群众、组织群众、武装群众”的排偶句式，尽管该文在过去的几十年中曾被反复诵读，但除“文革”时期外，“宣传群众”最终未能被沿用下来。(史有为，1991a)

与此同时，国统区在语言运用上也有自己的特点。

在政治上，出于反共、防共的需要，国民党当局对报刊的语言使用增加了一定的限制，从1941年到1945年，国民党军事委员会检查局接到出版物审查的200多种指示，“这些指示甚至对报刊所使用的名词都作了具体规定。如'抗日政权'、'国共合作'、'解放'、'三民主义为中国之必须'、'争取民主'、'抗日统一战线'、'各阶层人民'、'新文学'等一律被当作'谬误名词',不准使用"。(梁家禄等,1984:484)

在文化方面,国统区在报刊上大多数仍采用文言或半文言的语体,以追求所谓高雅的风格,而这种对"雅"的追求的风气仍在今天的台湾延续。亓婷婷(1990)在讨论台湾地区流行新词与社会心理的关系时还这样说:

> ……许多大陆流行的词语也出现在台湾报章的"大陆版"上,令在台湾生长的人感到好奇……如"抓"、"搞"这两个语意粗鄙的动词,使用范围相当广泛,从抽象的权柄、劳动,到具体实物,都可一贯使用,如"抓生产"、"搞研究",我们看到流行新词在破坏传统语言甚至社会结构。(着重号是引者加的)

国统区语言的"雅化"与国民党各级军政人员的阶级地位、群众观点以及受教育的程度有关。从中央到地方的军政人员大都因其特有的家庭条件受过某种教育,而传统的语文教育则养成了他们更注重"规范"和"高雅"的习性。当今的文艺作品中,国民党的官员讲起话来大都是文绉绉的,这虽不免有公式化、脸谱化的倾向,但也不能不承认它们确实在一定程度上反映了当时的实际情况。

在外来词的使用上,国统区也跟解放区形成了鲜明的对照。如上所述,解放区从俄语中借了一些词,而国统区则因政治、经济、文化等原因从英语中借词。

总之,国统区和解放区的各自背景,决定了汉语的两种变体的形成。

二、大陆与台湾汉语的分化

大陆与台湾地区汉语的差异也是典型的例子。郭熙(1989)讨论了大陆与台港地区词汇差异的各个方面,尤其是对这些词语从内部结构和原因方面进行了大量的分析。①大陆与台湾地区汉语有差异的词汇可以分为对应性的和非对应性的两类。对应性的词汇是指相同或相近的概念在大陆和台湾地区分别出现不同的词汇形式(即异形同义),可以称为对应词。例如(以下各组中斜线前的为大陆用词,斜线后的为台湾地区用词,下同):

宇宙飞船/太空船　退伍/退役　响应/回响　分清/厘清　立体声/身历声　形势/情势

不过,这也不排除某一地区一些词语混用的情况。例如,台港地区就有"退伍"和"退役"并用的情况。但就整个情况而言,这种情况并不是很多。

非对应词是指在大陆或台湾地区一方使用而另一方无对应词的词。例如:

大陆专用的:

大团结　学习班　待业　知青　松绑　共建　文山会海　红眼病　样板戏

台湾地区用的:

新台币　毛片　自由社会　建政　作秀②

---

① 香港和台湾地区的汉语也有不少差异,但与大陆相比,港台二者之间的差异要小一些。另外,为了说明社会分化对语言造成的影响,这里讨论的大陆与台湾地区汉语之间的差异主要是20世纪80年代中期以前的。近年来,随着香港的回归和海峡两岸交流的增加,大量的台湾地区词语也进入了祖国大陆。

② 这个词现在大陆也流行了。

无论是对应性的还是非对应性的,都反映出社会分化对词汇的影响。例如,在对应性词汇方面,台湾地区词汇之所以与大陆不同,是因为它们有不同的来源。

第一,它们更多地沿用古语词,这些词大陆人不用,认为它们是"死掉"的部分。例如大陆用"阻滞"而台湾地区用"滞碍";大陆用"多少"而台湾地区用"几许"。

第二,方言的吸收渠道不同。由于汉语规范化的提倡,大陆在吸收北方话以外的方言词时,十分注重适用和需要的原则,因而未造成多少对应词。而台港地区的情况有所不同,在那里,大量的方言词涌入了报刊,而且流传很广。例如:

木薯/树薯　渔民/讨海人　闽南话/台语　(大陆与台湾的对应词)

已经/经已　手表/腕表　过去/过往　(大陆与香港的对应词)

第三,吸收外来词的方式不同。大陆地区采用意译的词台港地区常用音译,例如:

laser/激光/镭射(台)　　taxi/出租汽车/的士(港)　　store/商店/士多(港)

即便采用同一翻译方式,译出的词也有不同。例如:

plastics/塑料/塑胶　　aids/艾滋病/爱死病　　chocolate/巧克力/朱古力

在台湾还有一个有趣的现象,外语中的短语译为汉语时采用半音半意的方法,成了大陆人无论如何也猜不出的"怪词"。例如上面举到的"作秀"(又作"做秀",意为"表演")就是由英语的make show转来的。

第四，汉语原有某词，而大陆和台湾地区后来根据各自的需要另外造出新词。例如建国前通行的“戏子”“邮差(信差)”“迪化”“归绥”“镇南关”，大陆以“演员”“邮递员(投递员)”“乌鲁木齐”“呼和浩特”和“睦南关”取代，而台湾大多仍用原名。另一方面，“戏子”“活动”在台湾则让位于“艺员”和“运作”了。当然，过了十年以后，“运作”之类也开始在大陆地区“运作”了。大陆“紧张”的“短缺”义的产生则是另一个例子。

总的来说，对应词的出现有多方源头，它与社会的密切关系是显而易见的。

如果说对应性词汇涉及语言内部的各个方面人们还可以理解的话，非对应词汇则更多的是社会原因所造成的，而且在不少情况下人们不知所云。例如，对于台湾人来说，他们可能很少会想到“大团结”是面值为十元的人民币，即便知道，他们也很难想象这两者有什么关系。“工读生”一词，也很难让台湾人把它同犯罪的青少年联系起来。至于像“学习班”“样板戏”等的特定含义他们就更难理解了。事实上，即使是一些专家，也对这些词产生了误解。例如台湾“教育部”组织重编的《国语辞典·大陆地区常用词语汇释》就把“样板戏”解释为：

> 模仿元杂剧中“折子戏”的演出形式，只演一出戏的片断，场次、演员少，布景道具简单，适合“业余文宣队”上山下乡演出的宣传性戏剧。(该书第 17 页)

除词汇以外，海峡两岸在语音和语法上也有差异。例如大陆“推普”中十分强调的轻声在台湾的“国语”里就很少听到。

特定的政治背景常常直接影响词语的使用。这可以从词典释义的变化反映出来，我们可以拿“孝”字为例。请看《新华字典》的几个

版本的解释:

1962年:孝,敬爱父母。

1971年:孝,封建伦理道德之一,指对父母尽心奉养并顺从。

1980年:孝,儒家宣扬的反动说教。

1990年:孝,旧指对父母无条件地顺从;现指尊敬、奉养父母。

2004年:孝,指尊敬、奉养父母。

吴淮南(1991)在谈到语感的社会性时指出,语感的社会性决定于语言的社会性。语言反映社会生活,语感也透露出人生的阅历和社会的经验。由于语感有社会生活的背景,有时词语的作用甚至会引起政治的争执和麻烦。《人民日报》(1986年2月24日)援引台湾《自立晚报》的消息,台湾国民党当局曾经指示各级党部和有关单位,称呼无党籍人士不能使用"党外"字眼,"以免凸现其成为'团体'的象征意义"。一些党外人士强烈反对,认为是当局"心理不健全"的表现。显然,这是特定的社会政治形势使"党外"这个字眼带有特别的象征意义。

第四节　从"文革"语言看社会政治运动对语言的影响

社会政治运动对语言的影响有时是巨大的。中国现代的革命者们是通过武装手段夺取政权的,他们在武装斗争方面积累了丰富的经验,也把这些经验的语言记录带入了国家建设中。戴昭铭(1996:172)提到"文革"和"文革"前几年出现了"军事用语普泛化"。的确,从国家建设的过程中许多词语的使用都可以看出军事斗争经验的影响。我们曾指出解放区汉语政治军事术语的平常化，(郭熙，1992)而这些实际上一直影响到后来。下面一些词语都曾经流行一时，有的至今仍在使用：

战线　突击　围攻　进攻　打击　打歼灭战　大兵团作战　打土围子　打退右派的猖狂进攻　指挥　突破　标兵　拼搏　冲锋　冲刺　宣战　开火　开战　打开市场　冲出亚洲　冲向世界　打破封锁　冲破封锁　扫黄打非　围剿　上马　下马

然而，对汉语的影响达到登峰造极地步的还非"文革"莫属。

一、"文革"语言的特征

"文革"是在中国社会政治生活极不正常的情况下发生的。不正常的政治社会环境造成了人的思想混乱。因此有人认为"文革"语言的一个特点是混乱。其实，"文革"中语言运用有两个极端：一是空前的"统一"，一是空前的混乱。而这都与当时的社会环境密切相关。

1. 空前的"统一"

"舆论一律"是"文革"的最大特点。当时的情况是"小报抄大报，大报抄梁效""最新指示传达不过夜""理解的要执行，不理解或暂时不理解的也要执行""一句顶一万句""句句照办"。语言自然也是千篇一律，到处是套话、废话，"帮八股"盛行。全国到处都流行起"文革"语言。对此，段连成(1988)有一段精彩的描述：

在其控制或影响下，1966年下半年短短的几个月内，所有报纸、电台、电视和幸而未被关闭的刊物，都腔调突变，狂热起来。流行起一种"文化大革命语言"，也可以称之为"红卫兵语言"，其特征是真真假假的激情，极度夸张的用词，套话连篇，谩骂成风。

下面的一段话是从当时的报纸上摘录下来的，与同期的其他新闻作品相比，它的时代印迹并不算特别突出，但稍知这些历史的人，一下子就能判断出它出现的年代：

> 火光就是命令！四连指战员高声朗读毛主席的“全心全意为人民服务，就是这个连队的唯一的宗旨”的教导……立即行动，向火场飞奔。
>
> ……火烤得他们疼痛难忍，烟呛得他们透不出气。王幼康提高了嗓音，用毛主席教导鼓舞大家：“发扬勇敢战斗，不怕牺牲，不怕疲劳和连续作战（即在短时期内不休息地连打几仗）的作风。”在毛泽东思想的指挥下，大家迎着烈火英勇战斗。①

在今天的人们看来，这段话是可笑的。但是，在“文革”中，比这更可笑的比比皆是。有人形容当时的文章是“文章一大抄，市报抄省报，省报抄梁效，不管谈什么，全是一个调”，结构是“开头形势戴帽，接着批判开道，其次要表决心，结尾高呼口号”，在选题上“题目要大，上纲要高，用字要狠，感情要少”。（于根元，1996a：144）

2. 空前的混乱

说“文革”语言是“空前的统一”是从宏观上看的。在这“统一”的后面所掩盖的是语言的大混乱。因为一场大的社会动乱，很难保证语言不受影响。

“文革”中语言的混乱可以从语言交往和语言要素的变异等不同的方面来看。从人际交往来看，传统的问候招呼和称谓形式都随着“文革”的极“左”和形而上学盛行而异化。例如，我到现在都清楚地记得“文革”中流行过的打招呼形式：

---

①《光明日报》，1968年11月19日。

甲：为人民服务，我要买盒烟。

乙：要斗私批修，什么烟？

甲：革命无罪，一号烟。

乙：造反有理，两毛钱一盒。

甲：一不怕苦，这是钱。

乙：二不怕死，找你三毛。

没有经过那场“史无前例的文化大革命”的人一定会把这当作天方夜谭，而经历过的人看到这些时，一定会引起很多回忆。

“文革”中的语言逻辑混乱的例子更是俯拾即是。下面的句子都是“文革”中流行的：

宁要社会主义的草，不要资本主义的苗/宁要社会主义的低速度，不要资本主义的高速度/宁要社会主义的晚点，不要资本主义的正点/宁要社会主义的贫穷，不要资本主义的富裕/知识越多越反动/老子革命儿好汉，老子反动儿混蛋/最最最最敬爱的伟大领袖/心中最红最红的红太阳/形势大好，不是小好/成绩最大最大最大，损失最小最小最小

谩骂成风是“文革”语言的又一真实写照。例如：

砸烂×××的狗头/砸个稀巴烂/要是不革命滚他妈的蛋/火烧×××/炮轰×××/油炸×××/油煎×××/绞死×××/批倒批臭，批成一堆臭狗屎/把×××打翻在地，再踏上一只脚，叫他永世不得翻身/敌人不投降，就叫他灭亡

我记得非常清楚，当时有一段谩骂“保皇派”的顺口溜式口号：保皇有罪，罪该万死，死了不埋，不埋喂狗，狗都不吃。

只是口头上骂或写出来骂还不过瘾，为了做到真正打翻在地，还要把人的名字倒过来写，以示把某人打倒，翻不过身来。

二、"文革"语言与社会生活

研究"文革"的语言是社会语言学的一项重要工作。"文革"语言给社会语言学的研究留下了大量资料,是观察当时社会的一面镜子。从"文革"用语可以看出当时的社会风貌。例如,"文革"的主要内容之一就是"斗争",大量词语反映出当时对人的摧残和迫害:

斗 斗斗斗 批 狠斗 狠批 游斗 揪斗 文斗 武斗 斗倒 斗臭 斗垮 游街 示众 坐飞机 喷气式 戴高帽子 挂牌 关牛棚 斩黑手 剃阴阳头 火烧 炮打 炮轰 油煎 油炸 砸烂 绞死 打倒 专政队 学习班 文攻武卫 一打三反 抓五一六 上纲上线 无限上纲 刺刀见红 大批判开路 阶级斗争一抓就灵 阶级斗争新动向 上管改 斗批改 清理阶级队伍

下面的词语则反映了整个社会政治生活的混乱:

造反 夺权 乱中夺权 多中心论 多中心即无中心论 打倒一切 怀疑一切 全面专政 上挂下连 站队 打砸抢 对着干 狠斗私字一闪念 反潮流 上管改 斗私批修 无政府主义 站队站错了,一切都错了 站队站错了,站过来就是了

也有的词语反映出当时组织上的混乱,例如:

战斗队 专政队 文攻武卫队 造反团 造反兵团 造反司令部 抓革命促生产一线指挥部 民兵掌总 三支两军 支左 工宣队 贫宣队 军宣队 军管会 军管组

下面的词语反映出整个社会生活处于不正常状态:

军训 军管 学军 拉练 大串连 上山下乡 开门办学 早请示,晚汇报 突出政治 天天读 急用先学,立竿见影 雷

打不动　学用结合　忠不忠见行动

周有光(1995:97)提到,据抽样统计,“文革”期间10篇《人民日报》社论,“批”字出现140次,“斗”字出现231次;“文革”前10篇《人民日报》社论中,“批”字只出现1次,“斗”字只出现88次;“文革”过后,这两个字的出现频率又大大下降。

“文革”中社会生活的不正常还表现在登峰造极的语言迷信方面。我们在第六章另行讨论。

第五节　社会人口变动对语言的影响

一、人口变动与中国地域方言的形成

人口的变动是社会变迁的一个具体因素。在中国历史上,战争、自然灾害是人口流动的一个主要原因。中国的南方原本是“百越”,但是经过一个又一个历史阶段,逐步地与中国北方实现了一体化。这对语言产生了巨大的影响。

人们过去曾把汉语分成八大方言区,即北方方言、吴方言、闽南方言、闽北方言、赣方言、粤方言、客家方言、湘方言,后来又把闽南方言和闽北方言合并为闽方言,成为七大方言区。中国社会科学院组织编制的《中国语言地图集》,根据前人的研究和新近的调查,把现代汉语分成官话、晋语、吴语、徽语、赣语、湘语、闽语、粤语、平话、客家话等10个方言区。

这些方言的形成跟社会的一体化有很大的关系。汉语方言的最早形成与氏族部落有关。秦统一中国显然对汉语方言的发展也有影响。在汉语方言的发展中,上古是一个重要阶段。总的来说,上古汉语是以黄河中游为中心的,但吴方言、粤方言、湘方言也可能已经在

东南地区形成了。这些方言的使用者来源并不一致,但在汉人与汉人、汉人与外族人的长期接触过程中,发生语言的相互影响和融合,逐渐地形成上述方言。例如,湘语的前身就是今天湖南、湖北和长江中游南岸一带的古楚语。又例如,春秋战国时,越灭吴,楚又灭越,政治疆界的变化也就影响了方言由分而合。这也就解释了为什么今天的吴语和湘语会有一些共同点。中古是汉语方言发展的又一重要时期。与之相关的重大事件是“五胡乱华”。五胡语本身并没有给汉语带来太大的影响,因为汉族人口众多并且文化发达。但“五胡乱华”引起的移民却对汉语内部方言的形成有一定的影响。客家方言、闽方言萌芽于这一时期就是这种影响的表露。

中国现在有许多方言岛。它们源于历史上的移民潮。关于方言岛,学术界目前还没有统一的定义。一般认为,历史上操相同或相近方言的一部分人迁入操另一种方言的人的地盘,他们所带来的方言在新居地方言的包围下,犹如大海中的一个孤岛,故称方言岛。广东、福建的客家话就是方言岛。杭州是一个“官话”方言岛。南平的“土官话”是闽方言中的北方方言岛;长乐洋屿的“京都话”,是闽方言中的北方方言岛;海南省儋县等地的“军话”是客家话和闽方言中的北方方言岛;中山沙溪的“隆都话”是粤方言中的闽方言岛;江苏南部有温州方言岛、湖北方言岛和河南方言岛等。此外,福建、浙江畲族居民说的客家话,四川境内成都、新津、隆昌、宜宾、广安、仪陇、达县、西昌等20多个市县局部地区居民说客家话,浙江舟山、嵊泗部分居民说闽方言,这些都是方言岛。就连北方的河南西峡寨根乡、西坪乡、桑坪乡也有一个以江淮方言为主的方言岛。持这种方言的人来自安徽的太湖、潜山和桐城。西峡人听不懂他们的话,称他们为“蛮子”，他们会说西峡话，称西峡人为胎子[tʻai^{45} tsɿ]。①

人口的移动会影响到语言变化的速度。和忻平(1996)不同，游汝杰(2004)把上海开埠至今150多年的发展史分为4个历史时期：第一期，19世纪后半期至20世纪20年代；第二期，老上海话时期，20世纪20年代至40年代；第三期，现代上海话，20世纪50年代至80年代；第四期，当代上海话，20世纪90年代至今。第一期和第二期内，上海话内部差异很大，尚未形成一个内部一致的具有明显方言特征的音系。1950年以后，由于实行了新的人口政策，只有较多的人迁出，而不再有大批移民迁入，人口的流动性也大为减弱，人口的构成也趋于稳定，上海方言这一时期是稳定的。至于第四期的特点，游文认为，是青少年受普通话的强劲影响，使得音系进一步简化，出现一批新的文读音，吸收更多的普通话词汇和句法结构。我们觉得单一从普通话影响的角度说第四期的变化可能是不够的，它可能也与这一时期上海人口的变动有关。

考虑人口的移动对于我们确定一种语言或方言的发展方向具有重要意义。例如，谈到语言和方言发展的时候人们通常的一种观点是农村向城镇靠拢，小城镇向中心城镇靠拢，中心城镇向大城市靠拢，但蔡国璐(1995)指出丹阳的新派方言的形成和发展是受了农村及郊区的影响，这跟一般所说的语言逐步向中心城市靠拢是不相符合的，其原因主要是大量农村及郊区人口涌入城区，而在城区机关工作的人员及小学教师多数是农村人，他们的语言影响是很大的。另一方面，我们过去常常孤立地考虑语言的变化，其实，所谓语言的变化在很大程度上是使用语言的人的变化。

---

①《南阳地区志》，河南人民出版社，1994年。

下面介绍两个方言岛。

二、“军话”方言岛[①]

“军话”是中国南方某些地区含有官话成分的混合型汉语方言。由于流行范围小,使用人少,而且处于周围其他优势方言的包围之中,因此语言学界称它为官话方言岛或“军话方言岛”。军话在其流行区域内除了称“军话”之外,还有“军声”“军家话”和“军”的叫法。如海南儋县的“军话”、福建武平的“军家话”和“龙吟堂军”等等。

军话是明代初期“卫所”军制的直接产物。据《明史》记载,洪武帝朱元璋取得帝位后,一方面为了抵御倭寇,平剿盗匪,另一方面为了军队自养,对元朝的军事体制进行了改革:“自军师达于郡县,皆立卫所。”(《明史·兵制》)

卫所中军队来源不同,有从征的,有归附的,也有谪发的,他们籍贯各异,族姓复杂。以福建武平千户所为例,明代调进该军所的军卒中有35个族姓。他们分别来自江西、安徽、浙江、山东、湖北、福建等。

这些操着不同方言土语、来自不同籍贯的士卒集中在一起,就不可能只讲自己的方言,只能用当时较通行的官话、确切地说是南方官话或“蓝青官话”进行交流。“军话”的得名以及官话作为明代卫所建立时期的通用语,正是这种原因造成的。

不同地区的军话有自己的特点,但是也有其共性:(1)军话都分布在汉语双方言或多方言区;(2)讲军话的人都具有双方言或多方言的语言理解能力和表达能力。

---

① 本小节部分内容参潘家懿(1998)。

在海丰捷胜镇内，一些老军户的后代至今仍在用军话念祭词。

王群生(1992)指出湖北荆州城曾经有"西边腔"和"东边腔"之分，前者是当地的方言，后者是清代康熙年间驻防荆州的旗人所说的语言。这实际上也是军话方言岛。辛亥革命以后，"东边腔"因社会原因而发生重大变化，1949年以后便消亡了。

三、苏南地区的河南方言岛

苏南地区的河南方言岛里的客边人操河南口音，行河南风俗，或与当地人杂居，或自成村落，不少方面都与当地人迥异。这个方言岛的形成可以追溯到19世纪。

19世纪中期到20世纪初，苏南地区陆续迁入大批外地移民，这批移民的主体是河南人。他们大多来自河南东南部的光山、罗山、商城等地。光山等地旧时属光州，是一灾荒频繁的地区。自清咸丰三年(1853)起，河南大部多次发生旱涝相间的特大自然灾害，颗粒无收，人们以树叶草皮果腹，随之近乎草尽树绝。求生的本能迫使他们以"一副箩担"[①]离家出走。他们也跟以往的河南人一样，出门向南，漫无目的地流浪漂泊。

就在河南人辗转流离之时，苏南地区也在发生几乎是空前的劫难。太平天国和清军的拉锯战，使得当地天无宁日，地无净土，民不聊生，生灵涂炭。以句容为例。据清光绪年续撰《句容县志》记载："自咸丰十年兵燹后，县之南乡户口凋零，不及平时十之二三，田地山场大半荒弃。"

不仅句容，再往南的溧阳等地也是一片凄凉。修于光绪十一年

① 《上兴镇志》，1987年版，第18页。

的溧阳上兴慕义祠的募建《缘引》对当时的境况有这样的描述：

> 曾试登高四望，见夫屋舍荒凉，人烟俱寂，道路荆棘，亭台瓦砾，时而鸦雀不闻，狐兔成群，……向者连年兵燹，家屋摧毁，既染瘴疠，更迫饥寒，尸填沟壕，骨暴沙滩，生灵百万，一梦邯郸，见者泪下，闻者心酸。其有道途辽远，不辨乡关，九原路杳，哭断刀环；更有子孙烟灭，求食维艰，生而穷饿，死亦贫鳏。①

这种情况给南下的河南人一个安身的机会。“光绪十四年，荆豫客民来开辟殆尽”。荆，即楚国；豫，即河南。可见，当时这“山场大半”的占据者均为移民。

河南人移入苏南也经历了艰难的过程。且不说途中拖家带口的颠沛流离之苦，单就寻一块儿落脚的土地所历尽的辛酸，也足以使他们的后代不寒而栗。移民之初，尽管当时大片土地荒芜，但当地人并不肯让出分毫，因此当时土客之间矛盾极其尖锐，械斗时有发生，以至于官府出面干预，公开驱逐。当然，此举并非仅苏南独有，也并非始于此时，浙江、安徽早已有相同的事情发生。但事情的结局似乎相差无几：各地最后均给河南客民们以合法的地位。

河南人大量流入苏南，其地位得以合法化得力于太平天国后清政府“修农利，安流徙”的善后政略。据文献记载，在当时清政府的授意下，各主要荒废区先后拟定出垦荒章程，设立“劝农局”“招垦局”之类的机构招引垦荒，“客籍农民迁入垦荒者，接踵而至”。江苏省之江宁府属各县早在同治四年就大量招引客民移垦，句容县“自行开垦而后，客民携耒耜来收塍……有喧宾夺主情形”。(行龙，1992)到19世纪80年代，客民已超过土著，总数达数十万之多。按照行龙(1992)

---

①《上兴镇志》，1987年版，第116页。

的研究，光绪中后期，外地客民仍陆续前来苏南。据我们的调查，这里的外地客民大多是河南人，而移民的运动，则一直延续到清末民初。例如，句容县后白镇李家桥的黄仁进老人，我们前往调查时98岁（1993），就是在宣统二年（1910）来此地定居的。他家所在的油坊村（以前叫黄家油坊，是以他们的姓氏命名的）几乎都是他的后代。又如丹阳市埤城镇土库楼的张夫毛老人，我们前往调查时88岁（1989），就是在民国初年移居此地的。

一百多年来，河南人在苏南地区垦荒造田，种稻植桑，畜牧养蚕，繁衍生息。据初步调查，随着岁月的推移，时光的流转，在苏南的河南人的数量已达20多万。

尽管河南人到苏南已一百多年，但由于他们居住得相对集中，加之他们为抵御当地人的排斥而增强内聚力，在语言和文化方面至今仍保留着不少自己的特点。

对于河南人来说，语言作为文化的一个重要组成部分保留最为完整。在各个方言岛内部，几乎无一例外地保留着河南话。它无疑成为辨别河南人的一个最重要的标志。在大一点的岛内，河南人说河南话，当地人也说河南话。以句容县磨盘、袁巷两个乡为例。在这两个乡里，河南话是它们的共同语（在乡级大会上也如此）。当地人除了在自己家里说当地话（一种与吴语相近的方言）之外，均讲河南话，可见河南话的影响之深。即使是文化教育部门——例如学校——人们也几乎清一色地使用河南话。笔者在调查过程中去了一些中小学校，还有目的地听了一些课，发现除一些青年教师在课堂上使用或多或少带有河南口音的普通话以外，大多仍使用河南话。

事实上，如前所说，苏南河南人的河南话并不是中原话。加之他们长时间与当地人接触，在语音、词汇、语法等方面均形成了自己的特色。例如,在语音上,大多只有4个声调,f—h不分(例如"婚=分"),n—l不分(例如"南=兰"),中古部分合口字今无介音(例如"短=胆")。在词汇方面,有不少特有的词语,如"下雨"叫"落水"或"落雨","父亲"叫"老头儿"或"老头子","表叔"叫"表大爷","什么"叫"么事","这里"叫"这坡儿"。在语法方面,有一些独特的句式和表达方法,其中尤以语气词为突出。由于河南人在来源、移居地域及人数多寡等方面均有不同,其内部在语言上自然也存在一些差异,但是他们都认为自己说的是河南话。

苏南地区的河南方言岛有几种不同的类型:

(一)掺杂型——一些河南人来苏南后跟当地人或其他移民杂居,但仍保留一些河南风俗等,还可以表明是河南人。例如句容磨盘乡的俞巷就是一个河南、湖北、广西、湖南、山东以及苏北等地移民杂处的移民岛。

(二)孤岛型——一些河南人居住得相对集中,他们周围是本地人或其他移民,犹如大海中的一个岛屿。岛有大有小,移民岛也是如此。例如句容的磨盘、袁巷两乡就是一个较大的河南移民岛,这里的河南人有3万多,而丹阳埤城的白龙寺、东白龙寺两村则相对较小,目前总共只有400多人。

(三)群岛型——一个个彼此互相联系的移民岛就构成了移民群岛。例如宜兴的善卷,溧阳的上兴、上沛,溧水的白马、共和、东屏,句容的磨盘、袁巷就可以总称为河南移民群岛。移民岛和方言岛有密切的关系,但是并不完全一致。其间的重要差别就是着眼点不一样。移民岛着眼于来源,方言岛则着眼于现时以及岛内人所操的语言。河南方言岛的河南人说河南话,但不等于说河南话的都是河南人,也不是所有的河南人都说河南话。例如在丹阳市有不少河南人,但除老年人外，几乎已无人说河南话，而在磨盘等地的一些村子里，本地人也说河南话。我们在这里不以移民岛而以方言岛作为讨论对象，因为当初的移民已经不存在，特别是一些掺杂型分布的河南人已经被当地人或其他移民所同化。但是，由于这些移民的后代仍然保留祖上的大量传统，而其中最突出的就是语言，因此就总体而言，二者仍有不少重合的地方。

方言岛并非苏南所独有，苏南也并非只有河南方言岛。随着研究的深入，不断有这方面的新成果问世。面对这些独特的文化现象和千姿百态的语言景观，社会语言学工作者应该认识到它将是一种多么引人入胜的事业。另一方面，随着现代化社会的出现，中国社会将发生翻天覆地的变化，处于各地的方言岛也将逐步被吞蚀，因此，我们应该以抢救性的态度来对待这一具有多方面历史及现时意义的、亟待进一步开垦的学术园地。

第三章　语言的社会变异

第一节　社会范畴

一、社会范畴与语言集团

我们已经说过，语言是全民的交际工具，而不同的语言集团在语言上是有自己的特色的。这种特色可以称为语言的集团性或集团特点。问题在于，这些特点是怎么来的？社会语言学试图从社会中去找原因。社会是由人组成的，社会的范畴是社会中人的范畴。然而，有的社会范畴可以形成语言集团，有的却不能。就理论上说，可以形成语言集团的社会范畴跟社会语言学有关，相反的则无关。人们在研究中逐步发现，要说明语言和各种范畴的诸要素（如数据、变数等）之间的关系比原来预料的要困难得多。例如，确立语言形式和社会集团之间的关系就不是一件易事。究竟哪些社会集团与语言的各种特殊性及不同的说话方式确实有关系呢？为了达到这个目的，社会语言学从社会交际出发对人进行分类。现有的研究表明，影响汉语的社会范畴主要是民族、地域、性别、年龄等。此外，不同的语言环境也会导致语言运用上不同的特点。

语言集团的语言特色在很大程度上与群体意识有关。民族内部所使用的语言，关系相对密切的团体，例如某些学校和学院、某些技术行业，半秘密的或秘密的社团等等所用的特殊的俚语和行话，都可以形成自己的"语体"。与这些团体有关的个人在适当的场合使用的俚语和行话，有助于给自己人一种团体团结的强烈感觉，并且把自己跟“外人”区别开来。（罗宾斯，1986：62）例如，中国的回族在汉语使用中，保留和积淀了大量的波斯、阿拉伯用语，这些特殊用语的保留，对增强民族感情，培养回族人对阿拉伯语的感情起了重要作用，也形成了语言集团特征。不过这些阿拉伯语的使用并非因为它是穆斯林的母语，而是因为它是回族所信仰的伊斯兰教的经典——《古兰经》的语言。“小儿锦”[①]过去在阿訇和回族群众中的流传和使用，就是最明显的例证。（许宪隆，1989）

由于社会分化而产生的语言现象可以分为几种不同的类型。

（1）某一范畴或集团的人有目的地使用某种语言或方言

这主要表现在对某种语码的使用上。前面提到的某一社会集团采用不同的独立的语言就属于这种类型。例如，诺曼征服者在英国使用的法语，这时语言的使用是有阶级性的。中国的所谓“蓝青官话”和“女国音”，虽然没有所谓的阶级性，但是其集团性是显而易见的。

（2）创造专门语言

一些特殊的社会集团出于某种目的，创造出某种“语言”，除了该集团的成员，别人无法理解或使用。例如秘密社会的秘密语。

（3）全民共同语的分化

这是指全民语在年龄、性别、行业等方面形成的自身特征。任何社会结构都是在特定的条件下形成的，语言的社会分化也通过不同

① 回族长期以来使用汉文，在宗教活动上也使用阿拉伯文。过去在不识汉字的回族人中间，特别是阿訇们常使用阿拉伯文字母来拼写各自的汉语方言。这种记录汉语的阿拉伯文字母叫做“小儿锦”，也称“小经”。

的方式进行。全民语没有阶级性的观点对于清楚地解释许多语言学问题是有益的,例如,它有助于语言学家弄清楚语言中哪些跟社会有关,哪些跟社会无关;但是,它也使得人们忽略了语言的社会分化问题。既然语言是社会现象,它就不可能对它所服务的社会的内部分化置若罔闻。随着语言研究的深入,人们开始注意到社会分化在语言中的各种反映,重新认识了语言的社会变异和语言的全民性的关系。

不能把社会结构机械地搬来套用到语言结构中。语言的社会分化与语言的全民性共存,并与之保持着复杂的关系。它总是在全民语言的基础上进行,通过语词、语义、句法、语音、修辞等来实现。在中国汉语社会里发生的一系列的语言分化都是以汉语全民语为基础的。语言在其发展过程中反映社会的变化,但是,这种变化在语言中的反映是要同它所固有的结构特征相适应的。从这一角度来看,语言发展中的现象是受某种语言结构制约的。例如,前面已指出,汉语的语音对外来语就有制约作用。

社会语言学的研究表明,在语言交际的过程中,出现了两个相反的趋势:一是交际形式的统一化、标准化;一是专门化和个体化。这两者提供了语言变异赖以发展和起作用的框架。统一化、标准化是因为它对交际起到了组织共同生活的作用,采用相同的表达方式有助于团结复杂多样的社团,诸如职业、帮会、民族群体或其他因历史和文化等因素组成的社团。或许正因为如此,人们对交际手段一致性的重视程度远远高于单纯的互相理解。另一方面,专门化、个体化产生于发展交际的需求、社会的分工及其他活动中,也产生于在特定情景中出现的可以得到实际好处的交际方式,其中包括形成文字材料的原则以及特定的语标。

美国社会语言学家甘柏兹(1985)对“言语库”(repertoire,又译“语库”)进行了认真观察。他认为,言语库是该语言集团在社会交互作用的过程中所使用的全部语言形式的总和。他提出必须区分两种变异:(1)个人间(或方言间)的变异,它取决于各种社会地域方言使用者之间的差别;(2)个人内部的变异,它说明个人的言语行为依赖于社会情境的特点。

每个人在学习和掌握语言的时候都经历过各种各样的变异过程。每个人的语言也都会与周围人有着细微的差异。然而,这种个体差异往往出现在一定区域内。例如,在新一代中,就可能有共同的趋向。我们把新一代的语言变异看得非常重要,可以把它看成是研究语言变异的出发点。

语言的社会变异会影响到全社会的语言。我们在讨论社会分化对语言的影响时常提到的一些集团术语的平常化就是典型的例子。即使是今天,这种现象依然存在。例如股市中股民使用的语言已经被移用到日常生活中了,像“解套”寓指“离婚”、“套牢”寓指“结婚”就是一些有趣的例子。当然,社会集团分化中所创造出来的语言成分,一般也都是用基本的语言材料构成的,例如“股民、烟民、网民”等等。

总起来说,在语言的使用过程中,伴随着旧的变异的消失,也会出现新的变异。变异约定俗成,被人们所接受、应用、推广,进入全民语言,语言的变化就显示出来了。

下面我们将举例性地提出一些目前被认为对语言有影响的社会范畴。随着研究的深入,人们或许能发现一些会影响到语言的新的社会范畴,或许也会发现我们所说的一些所谓社会范畴对语言根本就没有影响,或至少说没有大的影响。

二、民族

不同的民族用不同的语言，这是带有普遍性的规律。因此人们说语言是一个民族的象征，也是维系一个民族的工具。无数的例子可以证明语言维持内聚力的作用。

过去我们认为只要是在同一个社会里，语言就不应该有什么差别。但随着社会一体化的进程，尤其是不同民族的人长期处于同一语言社区的情况下，民族间也有了语言的变异问题。据胡明扬(1983)对北京话使用情况的调查，北京不同民族的人在汉语使用上就有一些差别。例如，有一项关于说不说叹词"呀[ia]"的调查，汉族人说"呀"的占29%，满族人占6%，而回族人则占80%。北京城里最大的一处民族聚居区是牛街。从元代开始牛街一带就有回族定居，现在牛街住户里有很多就是祖祖辈辈住在那里的。牛街的北京话有一些特点，最突出的是把"您"说成[$nɤ^{35}$]。不过，年轻人这样说的已经越来越少了。

汉语成为民族共同语是回族形成的重要标志之一。(邱树森，1996:380)然而，尽管回族以汉语为共同语，在使用上却还有不少差异。那些仅为回族人民所使用的一些特殊词语或许正反映了民族这一社会范畴的影响。在历史上，特别是回族形成的初期，外来语曾经在回族先民的生活中占据着相当重要的地位。由于宗教及其他因素，这些外来语中的某些词汇一直沿用至今。这些特殊词语一般说来有两大类：一类是非汉语来源的汉语词，像"加玛勒"(俊美)、"因散"(人类)、"顿亚"(世界)等等，这些不全是宗教用语，也有日常用语；还有一类是汉语来源的汉语词，但现在只在回族人民中经常使用，如"无常"(去世)、"教门"(虔诚)等。还有一些使用差异缺乏足够的研究，尚不清楚其具体原因。

三、地域

不同的地域会形成不同的社会集团，不同的社会集团就会出现差异。为什么会出现这种差异？人们试图作出各种解释。一个比较有说服力而且得到许多人认可的说法是：接触得少。正如我们前面所讨论过的那样，例如，人们有不同的历史来源，然后各自为政；或在人口迁徙中把一种话带到一个新的地区；或者是有自然的分隔，如山川河流。虽说现代社会里人际交往已经大大地增加，但各个地域的差异似乎还在一代一代地传下去。当然，接触多了，说话自然会趋向一致；反过来，不常接触，说话就可能出现差异。居住地域上的不同就这样导致了语言上的差别；而且，在各个地域里还会再分成不同的社会集团。

人们常常根据居住区域来划分类别，这种划分和语言的划分并不一致，然而，人们平时很少意识到这一点。例如，昆明在中国西南部，但它的语言却是北方话。我们曾就这一问题在大学生中进行测试，很多人，包括一些大学里学习过“现代汉语”课程的人都不认为“昆明话属于北方话”。

在讨论地域问题的时候不可能不涉及城市乃至乡村的差异。在中国，方言学的研究已经取得了相当惊人的成果。语言学家试图根据每个城市、集镇、乡村的典型讲话人画出各地的方言地图。这个工程已经进行了几十年（从赵元任开始）。研究表明，住在城市内的居民的语言特征相似的程度要大于农村。对此可以有不同的推测：一是城市人口移动频繁，住在一个大城市里的人要改变他们的住处一般是搬到另一个大城市里，而不是搬到农村；二是一个城市的人与另一个城市的人接触远比与周围乡村的人接触多。比如,对于那些专业人员或经商者来说,他们的职业使他们必须与其他城市的同行接触,而不必跟周围的乡村人打交道;三是城市人特殊的文化教育条件使得他们同时向标准语靠拢的速度要大于农村——例外的是体力劳动者,他们所接触的是同一工厂的体力劳动者或他们的邻居,一般不与另一个城市的工人往来,因此语言差异要大于所谓的"白领阶层"。验证这些说法正确与否,就要调查城市与乡村的阶级和各种职业,这是可能的,但还没有开始做。

语言的区域性差异还表现在跨境跨国语言上。祖国大陆和台湾、香港、澳门,以及新加坡、马来西亚等地,都出现了汉语的变异形式。我们将会在本书第九章就域内外汉语的相关问题展开进一步的讨论。

四、年龄

大人与小孩因发音器官不同会导致在说话上有些差别,这是人所共知的。社会语言学所关心的是不同年龄者之间跟生理变化无关的差异。孩子到了一定的年龄,跟大人的接触减少,和伙伴们一起玩耍成了他们重要的社交活动,结果,孩子们表现出了与其父母及其他成年人不同的语言特征。最明显的差异是词汇方面。孩子们有一套属于自己的词汇,这些词汇大多是口语词,而成年人则不用它们。成年人也有自己的俚语,也有一些在某种场合使用的特殊词汇,如,正式的和非正式的变体。语法方面也是如此。我们可以在汉语中找到大量的例子。例如小孩子常常说"汪汪""凳凳"之类。小孩子还会出现错误的类推,例如他们说"我不吃了饭了"。有人调查说,不同集团的人使用某些词的频率不同,而不是绝对使用或绝对不用某些词。

(佐伊基,1989)社会语言学中所谈的多数实例是有关语言特征的使用频率与不同集团间的差异。

一种方言或语言的内部差别中年龄差异是比较明显的。刘丹青(1995:4-5)指出,南京话内部诸差别中,年龄的差别最为突出。语音方面,差别遍及多数韵母,部分声母,个别声调及半数连读变调和几乎全部儿化韵母。有音值的不同,又有音类分合的差别。差别之大,足以令不明背景的人听起来像是不同的方言。刘丹青把这些有差别的人分为四派(考虑到地区差别):最老派——城南 80 岁以上的老者;老派——55 岁到 80 岁之间的城南方言;新派——25 岁到 55 岁之间的城南方言;最新派——25 岁以下城南人的方言,城北中年以下及外来居民改说南京话的也接近这一派。中小学生基本通行这种口音。

北京不同年龄层 w/v 的选择差异(如把"王"读为 wang 还是 vang)可以说是一个典型的例子。青年人作为一个交际集团,往往有表明集团特征的语音特点。而这种特殊的语音,不一定代表整个社会语音演变的方向。随着年龄的增长,人们进入高一层次的时候,有可能放弃原有集团的特征,接受另一集团的特征。这时,年龄层特征不变,经历各年龄层的人却在改变各自的语言经验。(沈炯,1989)

五、性别

世界上大多数国家男女性别的比例是 105∶100,中国为 105.20∶100(2010)。表现在性别方面的差别相当广泛。社会语言学不关心像声带的差异等引起的男女在语音上的不同等等。社会语言学只关心由于社会因素而引起的性别上的语言差异。最典型的是所谓的"女国音"。它最早是女青年中存在的一种语音现象,即把北京话中的[tɕi]、[tɕ'i]、[ɕi]读成[tsi]、[ts'i]、[si],例如,把"坚"[tɕiæn^{55}]读成[tsiæn^{55}],把“学”[ɕye^{35}]读成[sye^{35}]等等。最早注意到这一现象并且称为“女国音”的是黎锦熙。几十年后的今天,“女国音”已经成了一个全国现象。沈锡伦(1995:173)说它影响到12岁以下的男孩子,成年男性不受影响。据我们的观察,情况似乎并非如此。一些成年男性,甚至有的著名男播音员,也在使用这种语音,以致人们称之为“娘娘腔”。当然,这可能反映了性别间差异的缩小,也可能有别的因素。据笔者近年的观察,“女国音”的势头似乎已经很难遏止。

事实上,除了所谓“女国音”之外,在音位方面,男女之间也存在着差别。赵元任(1928)指出,吴语苏州方言中[au]韵字(好、俏),女子多用[ä],男子用近[ä]略偏后的音。

女性和男性之间在语言运用上还存在着其他一些差别。据沈炯(1989)的调查,上面提到的北京人对w/v的使用情况里,女性的v型比例数高于男性。根据统计学的分析,差别也十分明显。城区12词的统计材料中,中年女性的比例(70.40%)远远超过中年男性(44.91%)。老年及青年女性则略低于同龄男性的v型比例数。女性中,青年的比例数最高,为81.48%(青年男性为83.65%),老年的比例数最低,为39.39%(老年男性为43.29%)。超过半数的中年女性跟青年人的v型倾向一致。女性对语言演变所起的作用相当复杂,这里只指出女性与青年人有相似性,依此来说明她们同样对语言演变有推动作用。这一般都跟就业有关,为怕人笑话自己“土气”就努力接受新的语音习惯,男性很少会有这样的经历。男女都在顺应社会的压力改进语音,但似乎女性对此更敏感、更积极。(沈炯,1989)

在书面语方面,一些学者所发现的“女书”是典型的例子。所谓“女书”是一种专供女人使用的文字。近年来在这方面的研究取得了一定的学术成果。这种妇女专用文字,是在湖南省江永县发掘出来的，当地称之为“女书”或“女字”，而称方块汉字为“男字”。这套文字是从近20万字的女书原件中整理出来的，约1 000多个汉字，代表当地土话的300多个音节。其中，源于方块汉字而改造的女字占80%，暂时还不明白来历的占20%弱。学术界把女书看作方块汉字的变异。与汉字所不同的是，女书不是表意文字，而是一种单音节表音文字。很久以来，当地农家妇女多用七言诗形式将自己的苦难身世、结交姐妹的情谊、祈祷祝福、乡间逸事、历史事件、唱本故事等写在自制的扇面、手帕、布面本或纸片上。她们常常聚集在一起，边做女红边“读纸读扇”，形成一种独特的女书歌堂文化。女书作品以诉苦为主，在她们中间流传，也有一些向大众公开，在婚嫁仪式上唱读，表达妇女的心声。女书濒临失传，国内外学者正在深入考察研究。（赵丽明、宫哲兵，1990）

在词语使用方面男女也有差异。曹志耘（1987）对口述实录文学《北京人》中语气词的使用频率进行过量化研究，在篇幅字数基本相等的男女话语材料中，他发现女性在疑问句和祈使句中使用“吗、呢、吧、啊”等语气词的频率均高于男性，前者平均句次比为72%∶33%，后者句次比为48%∶28.5%。

男女之间语言上差异的形成原因是什么目前还缺乏深入细致的研究。但有一点是比较明确的：男女之间社会地位的差异越大、越固定，男女语言上的差异就越大。这有点类似于阶级差异和阶级变体之间的关系。另一方面，社会对女性使用语言的要求也是不同的。在旧中国，人们对妇女的言语、行为都有一些不同于男子的要求。总的来说是要文雅一些，不许讲某些粗俗的词语，声音要低柔，语气要谦恭、委婉等等。事实上，即使是今天，人们仍然有这样的观念。例如陈章太（1991）就曾非常气愤地写道：

> 说到骂人,过去习惯上认为骂人不好,即使忍不住要骂人,也是比较克制的,骂人话不是太脏太难听。如今社会风气不好,吵起架来,总是挑最脏最狠最难听最刺耳的话来骂,级别至少升了一二级。这种骂人的升级,还表现在有些妇女竟然常用男人常用的"国骂"来骂男人。这实在太不像话!(着重号是引者加的)

这或许就是语言使用中的性别不对称现象的一种表现。有人把性别不对称称为性别歧视。西方的女权主义者提出了生物性别(sex)和社会性别(gender)的概念,后一概念被用来指社会文化因素而导致的性别模式。有学者提出,生物性别和社会性别基本一致,但不完全相等,但同时也认为很难把二者截然分开,因此只是在特别需要强调社会文化内涵时才直接使用"社会性别"这个提法。(赵蓉晖,2003:58)在我们看来,社会语言学所讨论的性别上的语言差异,就是社会性别所造成的。

从语言发展变化的角度看,女性的语言的变化速度相对要快一些。我们在对苏南地区的河南方言岛群的研究中得出了和其他的方言或社会语言学工作者大体一致的结论。但是,苏南地区河南话中女性词汇的变化较快可能更多的是跟她们所处的环境有关,这与胡明扬(1988)对"女国音"情况的分析并不一定相同。这不是她们对美的追求所出现的。我们在考虑苏南地区河南人的情况时,注意到这样一个事实:当一个出生在说此地话的家庭的女性嫁入说河南话的家庭(或出生在说河南话的家庭而嫁入一个说此地话的家庭)时,不可避免地要发生双言现象(diglossia)。这是语言接触所引起的变化。它是她们对男人、家庭乃至社会的依从所造成的。在文化欠发达的地区尤其如此。她们的语言态度是重要的,但是更重要的是她们的地位。我们在河南方言岛的调查中发现,一些地方的土著居民,对河南人(至少说是语言上)仍存在某种程度的歧视。女性在不少情况下还得屈服于来自某一方面的压力。如我们前面提到过的公公强迫儿媳改用他自己的方言就是一例。

顺便说一下,从这一点出发,我们或许可以认为"女国音"是现代女性对既定的规范的"反叛"心理所造成的,女性对语言变异的追求并不一定必然是"爱美"。爱美是人的天性,难道欠发达地区的女性不爱美吗?为什么只有城市的女性才出现对规范的偏离呢?

六、职业和社会阶层

前面说过,语言具有阶级特征和语言的全民性不是对立的。语言的全民性指的是语言属于整个社会的全体成员,而不为哪一个阶级所独有。这是前提,在这个前提下才出现语言的阶级特征的问题,因为不同的阶级在使用全民语言的时候总是要把自己的意志,如意识、爱好、偏见,甚至一些特殊的语言结构强加给全民语言。但这毕竟是有限度的,一旦这种现象超出了全民所能接受的范围,就会受到大家(包括这个阶级的内部成员)的抵制和反对。我们后面将会看到,在中国社会里,即使是阶级色彩分明的新闻语言,也要受制于语言的基本结构。

要研究中国社会各阶层语言的差异,就要对社会进行分层。然而,划分社会阶层是一个十分复杂的问题。有些社会分层的方法对于社会研究来说可能是十分有效的,但是与语言的关系可能并不十分密切。在西方资本主义国家,阶级分化分明,因此在阶级划分上比较容易。例如,德国社会学家马克斯·韦伯(Max Weber)把社会分为六层:

上上阶级　老财团

下上阶级　新财团

上中阶级　医生、教授、律师、商人、管理人员——高等白领阶层

下中阶级　秘书、职员——普通白领

上下阶级　技术工人

下下阶级　普通体力劳动者

英国语言学家特鲁吉尔(P. Trugill)把社会分为五层：

中中级阶层

下中级阶层

上工人阶层

中工人阶层

下工人阶层

中国的情况显然跟西方不同。在中国大陆，由于特定的历史背景，现在一般不用“阶级”这个词，这是一个政治概念。从这个角度说，在历史上，在中国的其他地区，阶级是分明的。例如，1949年以前的中国就有地主阶级、资产阶级、无产阶级等，在今天的港台地区，仍然有资产阶级和无产阶级的存在。从社会语言学的角度看，在今天的中国大陆，商品经济的发展导致社会层次发生了变化。尽管中国社会阶层发生分化后的范畴如何确定还是一个悬而未决的问题，但一个多元的社会分层已经出现却是一个无可争辩的事实。大众传媒中“工薪阶层”“职业女性”等词的频频出现就是明证。(郭熙，1998a)

2002年，中国社会科学院公布了一项研究报告，该报告以职业分类为基础，以组织资源、经济资源和文化资源的占有状况为标准划分当代中国社会阶层结构的基本形态，它由十个社会阶层和五种社会地位等级组成。这十个社会阶层是：国家与社会管理者阶层、经理

人员阶层、私营企业主阶层、专业技术人员阶层、办事人员阶层、个体工商户阶层、商业服务业员工阶层、产业工人阶层、农业劳动者阶层和城乡无业、失业、半失业者阶层。[1] 具体情况见下图 3-1。

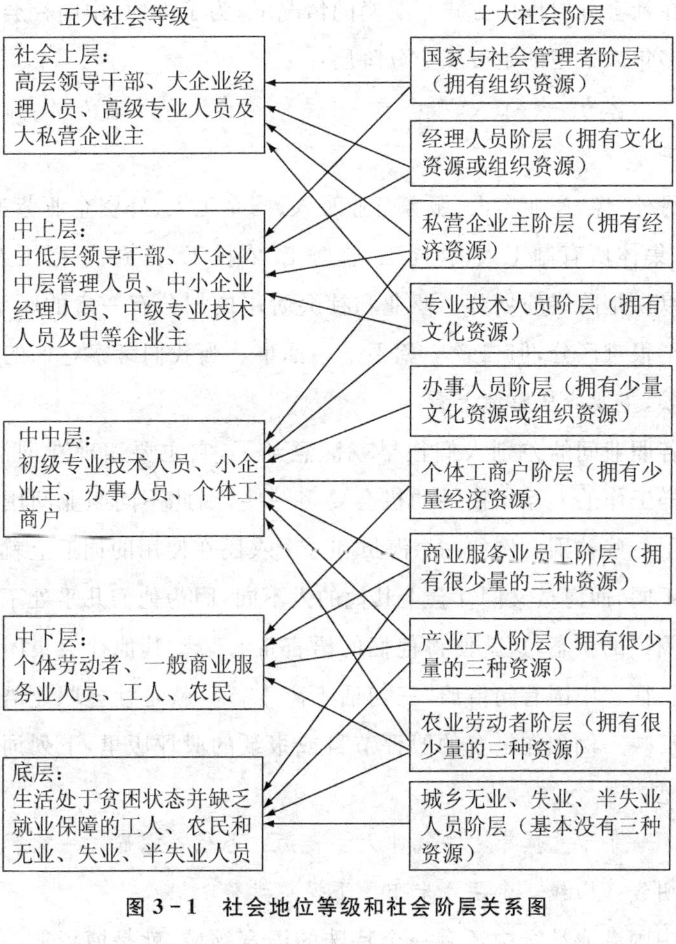

图 3-1　社会地位等级和社会阶层关系图

---

① 资料来源见 2002 年 2 月 4 日中国网。

这样划分出来的社会阶层和语言之间会有什么样的关系，尚未见相关的报告。研究起来在操作上也还有一定的难度，我们正在探索中。

在社会分层操作方式不明确的情况下，为了方便，中国社会语言学界多年来采用的是按职业分阶层：

体力——工人、服务员、农民 脑力——管理人员、知识分子

另外，像“产业工人、服务行业工人、国企工人、外资企业劳工、个体户、集体所有制工人、合同工、临时工、农民工、盲流、下岗工人”等都可以说是阶层的划分。职业和社会阶层的划分有一定的联系，有时甚至很难区分，但二者毕竟不是一回事。当我们考察它们的关系的时候，主要应从整体上看。

各职业间的差别人们很早就注意到了，它主要表现在词汇上。做同样工作的人互相接触的机会要多一些，因此不同职业间用词上出现了一些差别。例如一个海员和一个农民在使用的词汇上就有明显的不同，而海员又同社会上其他的人不同，因为他们几乎处于一个与世隔绝的状态，这就使得他们的语言带有某些其他社会集团所没有的特征。中国有句俗谚“三句话不离本行”，就是社会职业语言的一个反映。例如在电台的股评节目或报纸的股评版里，下列词语比比皆是：

牛市 熊市 牛气冲天 震荡 下行 探底 一路飘红 阴线 阳线 走阴 走阳 下探 盘整

中国港澳社会中还有一个特殊的语言领域，就是博彩业。所谓博彩业，就是赌博业。“博彩业”这个名称本身就很值得研究。在中国社会中，赌博大概一直是为人所嗤之以鼻的，所以赌博就成了娱乐

业博彩业(宁可说“博”也不说“赌”),赌场或赌窟名曰娱乐公司。(程祥徽,1998)邵朝阳(1998)对港澳的博彩业进行了深入的研究,总结出了博彩业用语的特点和来源,有沿用的(例如“牌九、麻雀”);也有从政治和社会生活中转换的(例如“下野”指赌场中的庄荷犯错误后被停替并降为服务员,“上岸”指赢了足够的钱);还有创新的(例如“去马”是赛马赛狗中的行话,指全力争取胜利)。他还就博彩业用语对港澳社会流通语的影响进行了探讨。例如,“一拖二”本来是赛马场上的一种投注方式,现在指情场上的脚踏两只船;牌九中的“至尊”现在被加以“最为尊贵的”高雅之义,完全脱去了赌博的俗气。语言和社会的互动在这个领域得到了很好的体现。

近年来人们还非常关注互联网上的语言。“网民”们在语言上已经形成了自己的一些特点。例如,他们把“东西”叫“东东”,把“新手”叫“菜鸟”,把“版主”叫“斑竹”等等。这或许是为了给如痴如迷的“网民”生活增加一些变化吧。

第二节　政治语言和社会流行语

政治语言是指社会政治生活中所使用的语言。政治语言大体可以分为两类:(1)政令语言;(2)政论语言。

一、政令语言

政令语言指体现权力意志的、具备指令功能和执行功能的话语。政令语言主要有两种类型:(1)命令或禁律,通常以祈使句的形式发布;(2)公报、决议、政策、法律、规章等等,它们记载和表述关于国家管理的系统性意见,其中既使用祈使句式,也使用陈述句,有时甚至以陈述句为主。有的政令语言并不使用祈使句,但具有整饬思想、规范行为的作用,可以说文件的整体就像一个大祈使句。(戴昭铭,1996:163)

左右政令语言的是政治。在第二章,我们已经谈到了政治对语言消亡和语言地位的影响。外部的政治因素也会影响到词语的使用。例如“毛泽东思想”这个术语是在延安时代产生的,然而,建国后在出版《毛泽东选集》时,毛泽东删去了附录的《关于若干历史问题的决议》中的“毛泽东思想”。按照胡乔木(1994:328-329)的解释,毛泽东在建国前就萌生了不用“毛泽东思想”这个概念的想法,这是因为苏共对这个提法不感兴趣。在苏联报刊上绝对不提“毛泽东思想”,凡是中共文件中提了的,它在发表时都给删掉。既然苏共是如此态度,而中国革命又离不开苏联的帮助,为了顾大局,不仅《关于若干历史问题的决议》将“毛泽东思想”删去,而且1956年“八大”也不提了。直到60年代初,中苏两党开始论战,中共中央才又恢复“毛泽东思想”的提法。

还有一个例子是上面提到的《关于若干历史问题的决议》正式发表时对用语和文字的一些改动。如将“苏维埃运动”改为“红军运动”,将“苏区”改为“根据地”,将“暴动”改为“起义”,以及将“与”改为“和”等等。此外,原来的《决议》中的左倾路线的“左”没有引号,这次修改一律改为“左”倾路线。此后,中共的文献就沿用了这个用法。[①]政治的影响也会导致一些词的意义的反向。例如,作为思想路线的“左”在传统上一直是“激进、冒险”的代名词,而“右”则是“保守”的代

① “文革”结束后有一个时期也曾把批判“文革”“极‘左’”中“左”的引号去掉,不久又恢复了。

名词。因此王明、瞿秋白的错误是“左”，而陈独秀等则是“右”。改革开放以来，情况有了变化。邓小平南巡讲话中的“防右反左”的含义很明确：“左”意味着僵化、保守，“右”则意味着“西化”。但社会上一些人却因“左”的含义的变化，把“右”当成了所谓思想解放的代名词。这样一下子把整个词义都颠倒过来了。

政令语言在社会政治运作中起着至关重要的作用。戴昭铭(1996：163)认为政令语言有两个基本特征：(1)权威的语气；(2)严谨的措辞。从一般意义上说，这一概括是正确的，可惜许多问题作者还没有分析到，例如模棱两可的语言和政治套话等。此外，这一概括忽略了政令语言的社会时代背景。任何政令语言都是特定的时代、特定的历史条件下的产物，它的权威性、严谨性可能要受到有关社会因素的制约。

在中国社会里，政令语言常常直接影响到社会语言的使用。它意味着一个词语可以突然产生而风靡全国，而一个极为走红的词也可能突然消亡，只有把它当作历史的陈迹时才会提及。1976 年的中国，一夜之间就出现了“中国的纳吉”，也是在一夜之间，再也听不到“按既定方针办”的所谓“临终嘱咐”了。

另一方面，政令语言也可能会出现一些“内外有别”的情况。例如，“文革”中，“党内最大的走资本主义道路的当权派”“党内头号走资本主义道路的当权派”“中国的赫鲁晓夫”“那个叛徒、内奸、工贼”等等，谁都知道所指，但直到中共八届十二中全会公报发表，才正式点出刘少奇的名字。其后，对陈伯达用“刘少奇一类政治骗子”，对林彪用“刘少奇一类骗子”等等均与此相仿。

与政令语言可以挂上钩的大概还有所谓“官腔”。政令语言应该是指书面上的，而“官腔”则是口头上的。陈章太(2002)认为，“官腔”

主要是国家与社会管理者阶层中一部分官僚主义者的阶层方言特点。据他初步观察,"官腔"有以下主要特点:(1)内容一般比较空泛,缺乏针对性,多说空话、套话;(2)语调长短高低不匀,常带有高音、强音,拉长语调,拿腔拿调;语速一般较慢,语气比较生硬、平淡;(3)有一套适时、专用的词语,而一般词语比较贫乏,语义比较含混,常用"好好想想、研究研究、考虑考虑"及"吧、嘛"等语气词;(4)语法上爱用命令句。

二、社会流行语

如果说政治对语言的影响是来自上层官方的话,社会流行语则是来自下层民间。流行语指的是某个时期在某些人中广泛流行的语言形式。它可以分为两类,一类以词语形式出现,另一类则以谚谣的形式出现。它有明显的时代和地域特征。流行语的生命通常比较短,一般是几年、十几年,最多几十年。例如,20世纪60年代在北京青少年中流行的"老K"称"父亲",后来就消失了。有的虽仍然使用,但却进入了全民语汇,不再为流行的群体所独专。例如北京青少年中曾经流行的"棒"和"帅",现在已成了全国通用的词语。

1. 民谚民谣

最有代表性的社会流行语是民谚民谣。民谚民谣,自古就有,有的世代相传。如"辅车相依,唇亡齿寒、桃李不言,下自成蹊、三个臭皮匠,抵个诸葛亮"等古代谚语和歌谣至今还有着很强的生命力。

民谚民谣的产生大多有其深刻的社会背景,是社会生活的一种反映。它也是时代的印记,印记着社会生活繁衍不息的变迁;它是社会变革的数据库,记录着历史变革中巨大或琐细的内容。在语言方面,民谚民谣具有明显的中国特色:语句通俗简练,结构相对稳定,同时，由于大多谚谣押韵，传诵起来上口动听。因此它也是中国社会语言学所应重视的材料。在《红楼梦》第四回中就有这样的谚谣：

贾不假，白玉为堂金作马。

阿房宫，三百里，住不下金陵一个史。

东海缺少白玉床，龙王来请金陵王。

丰年好大雪，珍珠如土金如铁。

当今，社会上涌现出并大量流传着新的民谚民谣，"触动着千万人的心灵，引起人们的赞扬、深思、警策或共鸣。搜集、整理、记录和研究这些民谚民谣，是语文工作者的一份职责"。(蒋荫楠，1994)

下面是从《读书》杂志 1996 年第 2 期上摘下的几个例子：

一类人是公仆，高高在上享清福。二类人作官倒，投机倒把有人保。三类人搞承包，吃喝嫖赌全报销。四类人来租赁，坐在家里拿利润。五类人大盖帽，吃了原告吃被告。六类人手术刀，腰里揣满红纸包。七类人当演员，扭扭屁股就赚钱。八类人搞宣传，隔三岔五解个馋。九类人为教员，山珍海味认不全。十类人主人翁，老老实实学雷锋。

机关大院人鬼不分。国营商店真假不分。光荣榜上好坏不分。

上级吃下级，一级吃一级，一吃到底。下级哄上级，一级哄一级，一哄到顶。

说你行，你就行，不行也行。说不行，就不行，行也不行。

2. 青少年流行语

流行语最容易在青少年中出现。这大概源于青少年追求时髦，乐于创造，喜欢标新立异；同时，他们交际面广，交往频繁，生活、工作和学习的压力大，容易产生群体认同价值的交际符号。流行语会随着时间的推移而消失，这是因为语言的变化是使用语言的人的变化，比如由当时的青少年变成了中年和老年人，那么他们当年的语言集团也就解体了，尽管他们还理解或偶尔使用他们用过的流行语，但这毕竟成了明日黄花，风光不再。

青少年流行语的内容比较广泛。下面举一些20世纪90年代在大学生中流行的一些词语，并试图作些解释。我们可以从中看出一代大学生的所思所想。

铁托——铁了心考托福。因与前南斯拉夫总统的中文译名相同，故以此名取得诙谐效果。

TDK——TOFEL，DANCE，KISS三词首字母的合写，与日本的TDK录音磁带同型。

这是借用已有的词取得特别的效果。

麻派——麻将派，指沉湎于打麻将的大学生。

麻疯病——即麻派。

托派——托福派，指沉湎于考托福的学生。

舞派——跳舞派，指沉湎于跳舞的学生。

捧场——上课。"上课"是给老师捧场，故名。

泡妞——与女孩子厮混。

上班——同恋人约会。因每日时间长且有规律而名。

二硫碘化钾——KISS的变称。硫代S，碘代I，钾代K。

九三学社——指9点起床，3点睡觉者。

从目前搜集到的大学生流行语的内容来看，一些大学生意志消沉，这是值得有关部门关注的。大学生的流行语还有歌谣等不同的形式。蒋荫楠(1994)举过一个大学生中流行的中西合璧式的流行歌谣：

本人今年刚 twenty，有幸进入 university，考试只要能sixty，没钱只管求 daddy，生活本来就 dry，何必整天去 busy，大学生活不 happy，不如赶快找 lady，将来生个胖 baby。

这首歌谣音韵和谐，悦耳顺口。它反映和讽刺了少数大学生的一种不求上进的心态。

中学生也有自己的流行语。下面的一段文字摘自 1996 年 11 月 21 日《金陵晚报》发表的一篇署名短文《中学生会说……》（作者：12 中高一二班徐文婷）：

发现同学干坏事时，中学生会对他说："你真欠揍。"看见有人穿了件特别的衣服，中学生会说："真靓啊！啊！啊！"走路累了时，中学生会说："11 路，到站啦！"老师布置作业太多时，中学生会说："Oh，Dear！"考试前一天，中学生会说"小 Kiss[①] 啦！"考试结束后，中学生会说："大考大玩啦！"拿到考卷时，中学生会说："息啦！"高兴时，中学生会说："耶！"愤怒时，中学生会说："抄[②]！"难过时，中学生会说："安拉！"惊奇时中学生会说："哇塞！"

可以看出，这一段所反映的心态与大学生是完全不同的。

儿童也有自己的时髦语言。童心是一面玲珑剔透的镜子，童年流行语的变迁真实地反映了社会的变化。1998 年 8 月 5 日《金陵晚报》第 3 版刊载了一篇题为《孩子们的时髦话》的专题调查。调查采用抽样方式，在南京市城东地区进行入户调查，调查各个年龄段的居民 300 人。下面摘录其中一小节《童年的时髦语言》：

---

① Kiss，实际上应是 case。

② 实际上应是"操"。

40年代的人:无。

50年代的人:为共产主义奋斗终生;为革命而学习。

60年代的人:革命战士最听党的话;听毛主席话,跟党走;到祖国最需要的地方去;好好学习,天天向上;上山下乡干革命;做革命事业的接班人;下定决心,不怕牺牲,排除万难,去争取胜利。

70年代的人:为人民服务;革命;毛主席教导我们;没事儿。

80年代的人:好极了;烦死了。

90年代的人:有没有搞错;你搞笑;我要告诉老师;站一边去,看我的;哇塞。

流行语流行的范围是不同的。有的比较广,有的则比较窄。目前青少年中有一个比较流行的词是"酷"。这是一个外来流行词。

流行语的来源是多方面的。总的来说,它们还是在原有的语言材料的基础上构成的。他们所使用的手段包括原词语的引申(如"上班"),现有词语的缩略(如"铁托"),方言(如"息")等等。有一份学生作业记录了一个小群体词"L"的诞生与发展过程:

我们寝室8个人,算个小群体,这个小群体里有些特定的用语,我们内部的人彼此心照不宣,不了解内情的人往往形成错误的理解或根本不明白是什么意思。比如:"L",这是个英文字母,在我们寝室里却频繁出现,是一个特定的用语……最初我们寝室中几个人一起评论某人时,说此人比较"流里流气",小A则将其简化为比较"流"一个字,后来又根据其拼音"liu"改称"L"(英文读音),这样"L"这个词就形成了。后来在运用的过程中又产生了变异。寝室中哪一个人说了一句特别幽默的话或干了什么比较莽撞的事,大家就会说她真"L"。8个人中小B用"L"这个词最多,所以大家干脆把小B叫做"L","L"成为她的代号。

于是小B也这样来称呼别人。所以,“L”成为寝室中大家之间的昵称,从最初的意思“流里流气”,变为幽默而亲热的称呼。“L”就这样形成了。

贾鲁生的长篇报告文学《黑话》所反映的实际上是社会的流行语。社会流行语是社会语言学研究的重要材料,对认识语言的发展也有重要的意义。例如,一些社会流行语就可能进入全民语,成为全民语丰富和发展的源泉,“棒”的广泛使用就是一个例子。

第三节 秘密语

一、 秘密语的性质和作用

秘密语又称隐语,是一种典型而又特殊的社会方言,是共同语小范围的变异,是人为复杂化了的语言变体。它在语音和语法系统上基本上承袭共同语,词汇则偏离了共同语的词汇系统,几乎所有的隐语在词汇上都表现出自己的特色。当然它们在语音上也有一些特点,但都没有超越共同语的语音系统。以徽宗语为例。徽宗语是北京、天津一带的盲艺人和迷信职业者中流行的一种秘密语,通常称为“切口”,俗称“瞎子话”。因传说是宋徽宗发明的,所以又名“徽宗语”。说这样的话主要是为了保密,因为迷信职业的好多话不便让外人知道。

从广义的角度看,秘密语也是一种行业语,它与狭义的行业语有一个共同点,即行外人听不懂行内人的话。二者的不同在于:行业语不为人们听懂是因为人们不干那一行的事,而不同社团出现秘密语则是故意不让别人懂,以此来掩饰自己。

不同的时代有不同的秘密语。比较起来,传统社会中的秘密语在种类和数量上都是相当多的。这有许多原因,除了上面所说的迷信职业等以外,主要的是封建专制统治造成了许多"非法"的社会领域,使得处于这些社会中的人有必要创制自己的秘密语,以防备该社会以外的人员,例如政治秘密语就是其中的一种。

还有人用秘密语是通过语言找乐的。汉族社会和其他民族一样,也会以语言来开心。中学生中常常会流行一些别人听不懂的话多半就是为了取乐。

除了取乐子的秘密语以外,传统上对秘密语所持的态度是否定的。或许这就是为什么人们又称之为"黑话"。陈原(1983:166)说:

> 特定社会集团在一定语境下使用的黑话,虽然是有声语言,但是同这个社会全体成员习惯使用的交际工具——全民语言——完全不同;因此,这些黑话虽则是言语,其实却等于非语言符号。

很明显,陈原把秘密语看成非语言符号是不妥的。秘密语使用的范围虽然有限,但却具有语言符号的所有特征,它可以自足地应用于特定的社团或特定的语言环境,具有一定的系统性,而且可以进行自我调节,不断地运动,时而从共同语中析出,时而又回归到主流语言。至于一些不使用语言手段的秘密语,自然另当别论,不应该在我们讨论的范围。

二、秘密语的类型和语言特点

秘密语可以从不同的角度进行分类。按领域分,最典型的是江湖秘密语,其次还有行业秘密语、政治秘密语、军事秘密语等。比较起来最引人注目的是江湖秘密语和黑社会秘密语,人们通常又把这一类秘密语称为"黑话"。

潘家懿(1991)从秘密语的使用对象和所起的作用把秘密语分成两类:一类是指那些专门以危害公众利益、制造社会动乱为目的的黑社会集团所创造和使用的秘密语;一类是某些行业集团或社会团体为谋求自身的某种利益或满足某种特殊的需要而创造出来的秘密语。这种分类表面看起来是科学的,因为它区分了不同性质的秘密语。显然,前一种秘密语是反动的、消极的,而后一种是进步的、积极的。但是,如何确定积极还是消极已经脱离了语言的本身,更多的是社会方面的评价。例如,我们把共产党地下党的秘密语看作是进步的、积极的,但当时的国民党政府则把它看成是"匪语"。

目前学术界研究得较多的是江湖秘密语和一些行业秘密语。从这些秘密语中,可以看出秘密语的一般特点。

我们在第一章已经指出,社会方言、地域方言与共同语的关系是不同的。汉语社会的秘密语作为一种社会方言跟共同语更是处于一种特别的关系之中。

在语言形式上,汉语社会的秘密语采用的是汉语的语音系统。至于采用哪种系统(例如是普通话,还是一种或几种方言),取决于该社团的活动范围。例如,对于江湖秘密语来说,由于走江湖的人的流动性,他们所使用的基本是带有一些方音的"普通话"的语音系统。而不同地区的行业秘密语所用的是当地"主流社会"所使用的语音系统。

在语法方面,秘密语可以说是完全采用了民族共同语的语法系统。从词类看,秘密语与民族共同语所不同的主要集中在名词上,少数是动词和形容词。作为构成语法结构所必备的功能词——虚词,几乎找不到。这就决定了秘密语不可能因语法手段的改变而影响到语义的表达。有人指出哥老会秘密语中有通过语法手段造成意义改变的,例如,“插柳上山”指从小老幺提升上去,“上山插柳”则是越过小老幺提升;袍哥升堂叫“翻山越岭”,而袍哥降堂则叫“越岭翻山”。(王慧,1997)其实,这种语序手段还是共同语的,因此也不能说是秘密语的特点。

秘密语与其“母语”之间最有差别的是词汇。这是它之所以可以成为秘密语的关键所在。

三、 秘密语的构成手段

细说起来,构成秘密语的手段很多。但由于秘密语与其“母语”的特殊关系,秘密语在词汇构造方面基本用的是汉语常用的手段。本书的重点不在秘密语的构成,所以下面仅略举几例供参考。

在目前看到的秘密语中,语音手段使用的频率是最高的。其原因可能正如赵元任(1931:313)所说:“全部说话都能改变的,大概都是利用音的变化。一种语言的音素无论怎么繁复,比起词类来总是少好些倍;论语音上辨得出的音素一个语言至多不过有百把来个;论音韵上的音类或音位,至多不过几十个。所以只要对于音上有了一定的改变法,就可以把随便什么话机械地一改就全成了秘密语了。”

上面提到,秘密语传统上又叫“切口”,也有人称之为“反切语”。因为民间用反切这种手法构成秘密语历史长久,流行的范围也比较广。所谓反切,本来是一种注音方法。它是用两个汉字注出另一个汉字的读音。例如,《广韵》“冬,都宗切”就是用“都宗”为“冬”注音。反切的基本原理是上字与被切字的声母相同,下字与被切字的韵母和声调相同。

据调查,中国很多地方如北京、广州、上海、苏州、无锡、常州、辽宁、河南等地都有反切式的秘密语。例如,北京的秘密语中把“走”叫

做“宰狗”，上海的秘密语中把“动”叫“邓弄”等。（曲彦斌，1990：46）

1973年，我在高中读书，不知道怎么会在学校流行起来一套秘密语，我到现在仍然可以流利地使用。这种话构成的基本方法就是反切。当然，那时候并不知道“反切”为何物。这种秘密语的结构方法是把一个音节分成两个音节，其中第一个音节是原来音节的重复，然后一律在原来音节的韵母前面嵌入[l]，声调仍念原来的。例如：“国家”说成[ckuə cluə ctɕia clia]。

当然，秘密语的构成还用到其他很多的手段，例如谐音、同音等。另外，文字方面用拆字，语法方面用倒序，修辞方面用比喻、摹绘等等。

总之，秘密语源于共同语，依赖于共同语。秘密语也会进入到一般的交际领域。现代汉语词汇中的不少通用词都是来自秘密语。例如“绑票、出血、杀风景”等等。邵朝阳（1998）的研究中也列举了港澳博彩业隐语对港澳社会流通语的影响。社会语言学对秘密语的关注在于秘密语对社会文化的反映。

第四节　语域：以新闻语言为例

能反映中国社会特点的还有新闻语言。真实的语言存在于一定的语言环境之中。不同的语境实际代表着不同的交际领域或社会领域。对不同交际领域或社会领域的语言进行研究，有人称为“领域语言研究”。（李宇明、周建民，2004）从这个意义上说，新闻语言就是一种领域语言。目前，领域语言研究已经在中国正式拉开帷幕。作为新闻信息载体的汉语新闻语言，是随着新闻事业的产生和发展而逐渐形成的语域（register）——语言的领域变体。显然，这种领域变体不同于地域变体(方言)和其他一些社会变体。

在以往的文献中,一些学者或多或少、直接或间接地报告了对新闻语言的认识。但在我们看来,这些研究似乎没有抓住新闻语言的本质。(郭熙,1991)我们认为,对新闻语言的研究应该从社会的角度尤其是语言进入新闻语域的变异与反变异的过程来进行。和其他语域的情况一样,语言进入新闻语域的过程中,由于社会的多种因素,出现了变异与反变异的矛盾。在这一对矛盾中,双方(即语域和原语言)都在竭力维持自己的特质。结果是,变体既有原语言的特色,又有不同于原语言的地方。新闻语言正是语言进入新闻语域后的变异与反变异的统一体。这些统一体的双重性构成了新闻语言的基本特征。

一、 时代性与继承性共存

所谓时代性,是指不同时期里新闻语言总带有该时期的印迹。

新闻语言的时代性,是新闻的属性所决定的。因为新闻是最近发生的事实的报道,它最先反映社会上发生的事情,当社会上出现一件新事物、一种新观念、一种新行为等时,人们总要赋予它一个称谓,而新闻报道就及时地把这些新事物、新观念、新行为等的名称记录下来,广泛传播。如果在某一时期内,这些事物是人们社会、政治、经济、文化生活的主要组成部分,那么它们就经常在新闻作品中出现。

新闻语言的时代性主要表现在词汇方面。例如"文革"中就有一大批足以反映这时期的政治生活的词语。如:

拉练　三支两军　红宝书　对着干　早请示　晚汇报　语录歌　倒旗　红海洋　忠字舞　天天读　黑六论　三忠于　四无限

中共十一届三中全会以后，随着改革开放的进行，又有一批新词语涌入新闻作品。如：

个体户 万元户 离休 责任制 查处 松绑 五讲四美 共建 两个文明 倒爷 大款 网民 酷

新闻语言的时代性也表现在句法结构及句式的选用上。例如在"文革"时期，"最最最"式的副词重叠、"高举、紧跟、大好"之类的套话就充斥于报刊、广播之中。

就在新闻语言明显地表现出时代性的同时，新闻语言也表现出了语言的继承性。所谓继承性，是指不同时期的新闻语言仍然要受到稳定的语言系统的制约。这也可以从两方面进行考察：第一，在用语方面，基本词汇表现出了顽强的生命力。不管社会政治经济形势发生多么大的变化，也不管"红色"的还是"黑色"的、时髦的还是陈旧的语汇如何疯狂地在新闻语言中相搏，它都默默地、冷静地应付着面前的一切，恪尽职守地充当着传递新闻的铺路石；第二，在句法方面，基本的句法结构的稳定性仍居于统治地位，它把那些颇具"时代性"的组合毫不留情地抛到了一边，那些"最最最"之类的结构虽然显赫一时，最终却未能逃脱消亡的命运。（郭熙，1991）

二、客观性和主观性共存

新闻记者在报道事实时常采用不带主观评价（即所谓"中性"）的语言，这就形成了新闻语言的客观性。

新闻语言之所以具有客观性主要取决于两个方面：一是新闻传播的社会性，它决定了新闻记者必须以客观的态度去报道事实；二是语言本身的全民性，它决定了记者必须使用能为全社会所接受的语言去传递信息。正因为这两个方面同时在起作用,新闻语言常常表现出一副"客观"的面孔,以致使人认为它是新闻语言的特征之一。然而我们应该看到,新闻语言在"客观"的背后却掩藏着强烈的主观色彩。这里所说的主观色彩,是指新闻语言的使用者在新闻传播中常常通过所使用的语言流露出的个人或集团对所发生的事实的倾向或态度。

新闻语言具有主观性并不难理解,因为新闻作为舆论工具,它必然要为操纵者服务,也就必然要流露出新闻报道者的思想倾向。人们可以看到,即便是那些自称最为客观的新闻记者,也常常把倾向性诉诸笔端。新闻语言的主观性主要表现在以下几个方面:(1)选用有感情色彩的词语,如"出笼"和"出台";(2)运用修饰性词语;(3)选用适当的传情方式;(4)选用积极的修辞手法。

新闻语言的阶级方言色彩比较明显,这显然是新闻语言的主观性所造成的。对此我们只要比较一下同一则西方电讯在大陆和台湾的不同译文或不同提法就清楚了。(郭熙,1989)

不能把新闻语言的主观性等同于阶级性,阶级性只是主观性的一种表现形式。新闻语言的主观性是永远存在的。在阶级社会里,它可以表现为阶级的对立,而无阶级社会也仍有好与坏、美与丑的对立。

三、多变性与模式性共存

我们把新闻语言经常处于变动之中的现象称为多变性。新闻语言的多变性主要表现在词汇方面。一般说来,在语言的诸要素中,词汇是变得最快的一个部分,词汇本身的多变性,再加上新闻本身的多变性,无疑使新闻语言的词汇变化走在最前列。梁晓声的小说《张六指“革命”》开头的一段话或许可以作为一个旁证：

> 自从“万元户”这个新名词儿在《人民日报》上出现，各省、市、县乃至公社的油印小报，便争先恐后，纷纷大举宣传起地盘内的“万元户”来。[1]

前面在谈到新闻语言的时代性的时候，我们曾举了不同时期的新词的例子，这些也足以印证新闻语言的多变性。

新闻语言的多变性还表现在词语运用的广泛性方面。新闻工作涉及社会的方方面面，所以词汇量大、范围广，如专业术语、方言、惯用语、流行语乃至民谚民谣等，可以说是无所不有，这就使新闻词汇显得富于变化。此外，在新闻词汇中，缩略语无疑有着重要的地位，它也体现了新闻语言的多变性。对此，笔者另有专论。（郭熙，1989）

正如新闻语言具有时代性的同时也具有继承性一样，新闻语言在具有多变性的同时也具有稳定性。它的稳定性主要体现在基本词汇及古语词的使用方面。

如果说新闻语言中词汇的相对稳定性还不是其主要特征的话，那么，新闻语言的模式性则与多变性形成了鲜明的对照。

新闻语言的模式性主要表现在语言结构上，这里所说的语言结构不同于具有稳定性的语法结构。我们把它定义为某一语言变体所具有的常为人套用的语言模式。它不仅包括一些套用的句子格式或套话，如“文章认为……、文章指出……、到了非……不可的时候了、形势大好，不是小好”等，也指句段组织的程式化。下面是从报纸上抄录的一个例子：

---

①《新华文摘》，1983年第11期，第114页。

万能表

在……以来的大好形势下,在……会议精神的鼓舞下,……厂党委认真贯彻执行……精神,组织党委一班人围绕……专题,反复认真学习了……文件。通过学习,深刻认识到……的重要性,进一步明确了开展……的重要意义,从而大大增强了贯彻执行……的自觉性。在提高认识的基础上,他们针对本单位……的特点,狠抓了……的工作,做到了……,从而有力地推动了厂里的生产。到……为止,全厂已经超额完成……计划的百分之……,总产值达……,比去年同时期增长百分之……。群众高兴地说:……。目前,……厂的干部群众正在成绩面前找差距,力争为……做出新的贡献。①

新闻语言模式化的形成有多种原因,其中主要的有两点:一是作者语言材料的积累差,只好用那些陈词滥调,如某电视台在一条关于该省举行运动会开幕式的电视新闻里竟先后6次使用"多好看啊"来描述场景;另一个原因是新闻事实或内容少,只好以空洞的语言的堆砌来支撑。英国语文学家G. L. 布鲁克(1985)曾指出:

新闻语言中充满陈词滥调,因为报纸题材的很大部分是新闻工作者不太感兴趣的反复出现的材料。新闻工作者以前曾经上百次地描述过类似的事件,因此,他用了以前曾经用过上百次的词语,根本意识不到这些词语已经变得多么俗套。

四、规范性与多误性并存

讲究语言的规范在新闻事业中占有重要的地位。绝大多数的新

①《报刊文摘》,1985年5月14日。

闻工作者都把语言规范化作为自己的一项重要职责。一些新闻单位也在这方面狠下了功夫。由于层层把关,新闻语言在规范化方面起到了很好的带头作用。正因为如此,不少语言工作者在研究语言现象或编纂词典时都从报刊上选取语料。

然而,人们又常常发现新闻语言中有许多错误。因此,新闻语言这个词儿在西方含有贬义,就好像“外交语言”含有贬义一样。有的学者认为,这是不足为怪的,因为“在报纸上可以发现许多好文章,但这些种类的好文章跟其他种类的好文章本质上没有什么区别”,新闻语言的“最明显的特点是它的缺点”。(G.L.布鲁克,1985)在中国“新闻语言”这个词没有什么贬义,但语言错误确实是常见的。

导致新闻语言多误性的因素也是多方面的。首先,新闻要“抢”。绝大多数新闻都要在很有限的时间内完成。很多记者都有这样的亲身经历:他们的很多稿子从立意、谋篇乃至成文、修改都是在采访返回驻地的车上进行的。时间的紧迫性无疑给记者在语言上的推敲带来了困难。其次,记者已经意识到了新闻语言的模式化的不良后果,而自己所报道的题材大多数又是自己乃至读者所不太感兴趣的反复出现的材料,想依赖表达上的“创新”去“以文取胜”“以新奇取胜”等,这样的一个后果是常常造出一些谁也不懂的词或拗口的句子。第三,一些记者和编辑自身驾驭语言的能力较差,导致大批的语言错误从自己的眼皮子底下溜走。第四,由于经济利益的驱使,工作不认真,敷衍了事。新闻语言中的错误有很多类型,不少人都对此进行过分析,这里不再赘述。

五、 准确性与模糊性共存

已往的文献多把准确性或精确性当作新闻语言的特征。在我们看来,事实未必如此简单。

新闻语言的确有准确性的一面,这显然是新闻的特质所决定的。因为真实是新闻的生命,而语言准确是保证新闻真实必不可少的条件。例如,新华社1980年1月2日所发的《福建省在沿海开放了20个港口》稿中,把"开辟20个港口作为鲜活、应市商品运往港澳的物资起运点"错报道为"开放了20个港口"(标题也有类似的错误)。(林枫,1986)开辟物资起运点,是中国内部的事务,而"开放"港口,则含有准许外国人到那里去的意思了。这就是由于语言运用不准确而导致的新闻失实。

正因为如此,新闻界十分强调语言准确,我们也的确看到不少语言准确的新闻作品。然而,细究起来,人们通常所说的"准确性"或"精确性"是一个含糊的概念。它至少包含三层意思:第一,它指作者运用语言描述事实的准确无误,尤其是指运用词语所表达的概念的准确,如上面所举例中"开辟"是准确的,用"开放"是不准确的;第二,它指作品的语言无生造词语,无语法错误,符合逻辑等,例如说"做出……成绩"是准确的,而说"做出……结果"是不准确的;第三,它指表达手段运用得恰当,例如在报道一些涉及机密或其他不宜全部公开的新闻时,用一些模棱两可的词语等。可以看出,上述第一方面确属语言准确问题,第二方面属于语言规范问题,而第三方面具有两面性:一方面属于"准确"——恰到好处,而另一方面则又表现出模糊性。事实上,新闻语言中准确与模糊的共存构成了新闻语言的又一特征。很明显,新闻语言的模糊性也是新闻特质所决定的:第一,新闻传播要受到新闻政策的限制，在对一些涉及机密的事实、事件等进行报道时不得不采取模糊的说法，如“最近”“某地”“某部”等等；第二，为一些提供消息来源的人保密而采用一些模糊说法，如“据一位不愿透露姓名的权威人士说”“一位大学生来信说”等等；第三，消息来源无确切根据，只好用模糊语言，如“据传”“据报道”等等；第四，一些对事不对人的批评性新闻运用模糊语言，如用“某些人”“一些单位”等；第五，客观事物本身的复杂性也决定了一些模糊概念，因此在有关新闻中也只好使用模糊语言；第六，政治和外交斗争也可能故意使用一些模糊语言。在政治斗争方面，例如上面提到的“文革”中的“党内最大的走资本主义道路的当权派”；外交方面，如“健康原因”等等。

应该把新闻语言的模糊性同新闻语言的含混区别开来。模糊是人们有意识而为之或不得已而为之的，含混则是指那些本来可以说清楚且应该说清楚但作者由于水平所限或疏忽而造成的词不达意、语言混乱。前者是必需的，而后者则是应克服的。

六、书卷气和口语化共存

书卷气存在于新闻语言中是一个客观事实。新闻语言的书卷气显然与新闻脱窠于公文有关。新闻事业史告诉我们，最早的新闻作品与公文毫无二致。尽管汉语书面语后来发生了从文言到白话的革命，其间新闻界又走在了前列，但是，由于主观和客观的因素，新闻语言没有也不可能完全摆脱书卷气。第一，新闻语言有正式和非正式之别，为了表现出典雅庄重的风格，新闻作品往往采用一些书面语词或句式；第二，由于表述的需要，新闻作品不得不采用一些多修饰限定成分的语句，而这些显然也是书面语的特点；第三，新闻传播赖以存在的媒体限制,如报纸的标题或电视新闻的字幕受到空间的限制,把“乘飞机到达北京”说成“飞抵北京”,“打电报慰问”说成“电慰”,这也使新闻语言带上了书卷色彩。

从新闻事业的发展可以看到,在新闻传播事业中,广播电台较晚,电视台则更晚,但是,广播电视事业的兴起和发展却使新闻语言向口语化方向迈出了革命性的一步。

如前所说,中国传统的新闻语言是文言,尽管后来逐步改用白话,但是仍有许多书面语词,甚至是文白相杂。因此,一些稿子在广播上播出后听众听不懂。为了避免这一矛盾,广播新闻就多采用口语形式。另一方面,即使是报纸,如果都用书面语,也影响传播效果。郑之东(1980)曾批评建国初期报纸上一些口语性较差的新闻说:“读报组、广播电台直接拿新闻来读,很多读者还是不懂;好些障碍不出在内容上,倒是出在语文上。”正因为如此,新闻界的不少志士仁人都为新闻语言的口语化作出了不懈的努力。同其他一些语域相比,新闻语言的口语性已经明显地表现出来了。

第四章　语码

第一节　多重语码:现代社会的必然

社会语言学家把任何一种语言或它的变体都看成是一种语码。这个术语的优越性在于它是中性的。像语言、方言、标准语、混合语、克里奥尔等等容易引起情感问题,有时人们也使用变体这个概念,但是又容易被理解成从属于某种更标准的语言,所以也不能算是中性的。与此相反,语码可以指任何一种用来交际的符号系统,甚至可以用来指只供自己使用的一种秘密的符号系统。因此,语码是一个非常容易让人接受的概念。本章将使用语码这个概念来重新认识交际中的一些问题。例如,为什么人们会放弃一种语码而改用另一种语码?为什么在某种情况下选择一种语码而不用另一种语码?为什么人们能够在特定的情况下进行从一种语码到另一种语码的转换?是什么引起了从一种语码到另一种语码的转换?为什么人们偶尔宁可使用一种由另外两种语码混合而成的语码呢?

一、双语和双方言:现代社会的特点

关于双语和双方言,学术界有不同的界定。一是角度或关注点不同,例如有从民族学角度定义的,也有从语言学的角度定义的;(瞿霭堂,2000)二是如前所说,语言和方言本身的界限也难确定。因此,想给出一个让各个领域都能接受的定义可能有一定的困难,但这并

不妨碍我们承认双语和双方言现象的客观存在。我们这里不准备就双语双方言的定义展开讨论,而是在瞿霭堂(2000)讨论的基础上,给双语和双方言现象作出一个综合的界定:双语或双方言现象是一定的言语社区具有使用两种或两种以上的语言或方言的能力,以及在同一交际过程中同时使用两种或两种以上语言或方言的社会现象。

世界上有些国家官方规定它们有两种或两种以上的官方语言,这就是所谓双语或多语国家,例如加拿大和比利时就是双语国家;在新加坡,英语、华语、泰米尔语、马来语都是官方语言,这是一个多语国家。中国法律规定汉语普通话和规范汉字是国家的通用语言文字,不是双语国家;但在少数民族地区,少数民族有使用和发展自己语言文字的权利,因此,在这些地区或其他一些特别的地方,就可能是双语或多语地区。双语现象和双语制不是一回事,后者是指一个国家或地区的一种语言制度。我们下面会讨论双语制问题。

首先应该把集团双语或多语与个人双语或多语区别开来。任何一个社区,不论官方是否规定双语或多语,只要其内部成员在日常生活中通常用两种或两种以上的语言,都可以称为双语或多语社区。这些语言的使用者可以称为操双语或操多语者,例如景颇族使用景颇语和载瓦语,裕固族使用东部裕固语和西部裕固语,瑶族使用勉语、布努语、拉珈语三种语言,我们就可以说他们是双语或多语民族,这些民族所在的地区就可以叫双语或多语地区。中国双语区不少,例如西藏、新疆、东北的延边等地都是。当然,这并不是说在这些地区所有的人都是双语或多语者。

一个人或一个社会不只使用同一种方言,这就是所谓的双方言或多方言。操双言或多言是中国社会的一个普遍现象。无论是历史还是当今都是如此。孔子弟子三千,来自四方,操各种方言。孔子的教学语言是什么？他周游列国，四处讲演，使用的语言是什么？是所谓“雅言”，可见孔子不只使用一种语言或方言。战国时，苏秦、张仪游说六国，他们可能也不只是一种语言或方言的使用者。西汉时扬雄记录齐鲁燕赵、荆楚吴越各地方言，由此可以推断当时的首都一定是多语或多方言的社会。唐代的长安、宋代的汴梁、南宋的临安、元朝的大都，语言社会也都会相当复杂。有人不同意双言或双方言的提法，主要是基于语言和方言的界限难以划分；但实际上，一旦我们认可了某种语码是语言或方言，用双言这个概念有时似乎还更方便一些。

双语和双方言现象是社会交往扩大的必然结果。国际间的交往要求越来越多的人变成双语者。第二次世界大战后，有 100 多个殖民地获得独立。他们一方面要建立自己国家的标准语，以此维系国家和民族的统一；另一方面，他们也要使用外语，保持同外界的接触。前者用于日常生活，后者用于国际事务。进入近代社会尤其是近几十年以来，中国社会的大变革接连不断，双语和双方言现象也就越来越突出。

戴庆厦、何俊芳(1997)讨论了新时期少数民族双语变化的特点。

一是发展速度加快，普及率提高。主要表现为：(1)使用双语的人数、兼通第二语言——汉语的人数有了大量增长；(2)在操双语的水平上，各民族中都出现了更多的水平较高、能熟练地使用两种语言的平衡双语人。

二是有些地区更加重视汉语学习，双语状况在向第二语言——汉语一端倾斜。这种现象，在南方一些少数民族中较为明显，如壮族地区，许多家长不愿自己的孩子进入壮文学校，而想方设法进汉文学校，因为他们认为学会汉语有利于将来选择职业。另据我们调查，西北和东北的少数民族也有家长不愿孩子进入民族语言学校,而要进入汉文学校的情况。

三是双语发展的不平衡性在有些民族之间、有些地区之间甚至同一民族内部的不同团体之间比过去加大了。这主要是因为经济文化发展不平衡的加大造成的。戴庆厦、何俊芳(1997)根据抽样调查推算,在新疆的维吾尔族中约有5.7万人懂汉语,只占维吾尔族人口的0.9%,其中包括大多数只会说一些日常用语的。而羌、京、裕固、保安、锡伯等地处杂居的民族中80%以上的人能使用双语。再如广西龙胜各族自治县的侗族也处于杂居地区,95%左右的人能使用本民族语,90%以上的人懂或略懂汉语;该地区的壮族和瑶族懂两种语言的比例也分别在90%以上。金秀瑶族自治县的瑶族通双语的人几乎达100%。

四是少数民族聚居地区双语的发展缓慢性特点仍得到了保持。

他们还分析了导致上述四个特点的原因,其中主要有:(1)民族地区双语教育的全面实施;(2)民族地区广播电视的普及;(3)少数民族人口流动性的增强及人口城市化过程的加快;(4)族际婚姻的增多;(5)各民族之间文化趋同引起的人们语言使用观念的变化。以上这些原因相互关联、相互制约。由于各种条件的制约,同一原因可能会对不同民族的双语变化起到不同的作用,因此应当客观地看待这些因素,不能绝对化。

潘家懿(1989)研究了广东汕尾市的情况。汕尾市原来是一个只有5万人口的普通城镇,5%的粤西籍渔民说白话,其他居民都讲闽南话。改革开放以后,汕尾镇人口迅速增加到10多万人,改为汕尾市。由于与穗、港、深交往密切,汕尾市在几年间就成了一个闽南话和白话并用的双言社会。

中国20世纪50年代起推广全国通用的普通话，形成了许多人在家或在同乡面前讲方言，在外讲普通话的局面。由于交际的需要，有的人掌握不止一种方言，成了地地道道的"多言者"。

澳门土生葡人是又一个例子。所谓土生葡人，是指生活在澳门的一个"克里奥尔"(Creole)族群，人种上有中葡两国血统或是在澳门的葡萄牙人和中国人通婚生下的后代。有些长期在葡国人圈子中生活、精通葡萄牙语但无葡萄牙血统的人也自称土生葡人。土生葡人在语言上的特征是通晓葡汉两种口语，不少是严格意义上的双语人。土生葡人虽然具有先天的双重身份，但他们的价值取向一直是葡萄牙文化，自称是葡萄牙人。而中国人和本土葡萄牙人则都认为他们是外国人。黄翊(2003)通过对他们的语言习惯的分析，说明了这些双语人不仅掌握两种不同的语言，而且在语言的背后还有双文化的背景。她发现，在受调查的具有阅读习惯的土生葡人中，阅读中文书刊的(185人)比阅读葡文书刊的人数(97人)多出将近一倍。当然，这里说的中文书刊是比较浅显的杂志等。

总的来说，如果我们像上面说的那样，把各种不同的语言变体都看成语码，那么我们将发现随着社会的各种分化，越来越多的人成为多语码者。我们正处于一个多语码的时代。

二、走向统一：双语、双方言发展的结果之一

尽管我们已经指出多重语码是现代社会交往中的必然现象，但也应该看到，随着社会交往的扩大，双语的结果可能是多种多样的。历史上的双语或多语更多情况下是最终发展成为单语，即形成一种民族共同语。从今天的情况看，双言变成单言也不完全是一种梦想。

一个重要的途径当然是语言的接触。如果使用各种语言或方言

的人密切相处在一起,必须相互交流,但是各个团体又互不相让,结果就出现一种共同语言形式,它可能不是任何人的本族语,也可能是其中的一种语言。在语言融合过程中,人数多、文化先进的民族的语言文字始终处于有利的一方。但多语演变为单语的过程,不是短时间内可以完成的,而常常要经历一个较长的历史时期,例如几十年乃至几百年的双语或多语的过渡,最后实现语言的统一。

以中国的回族为例。回族的先民,无论是唐宋时代到中国侨居或定居的阿拉伯、波斯番客,还是元明时期东迁的"西域回回",初至中国,他们的语言很庞杂,有讲阿拉伯语的,有讲波斯语的,也有讲突厥语的。特别是元代初期大批东迁的"西域回回",他们多是操突厥语的各族人。此外,回族先民还有其他来源,例如南洋穆斯林,中国境内的土著民族(包括少数民族和汉族)等。内蒙古地区称回民为"Hotun",它是"和田"的古音,说明内蒙古一部分回族很可能是古代"畏兀儿"人。由此可见回族来源的复杂。许宪隆(1989)认为,就语言而论,回族先民至少使用过以下多种语言:阿拉伯语,波斯语,中亚各国语,马来语,中国境内各民族语,例如黎语、壮语、傣语、藏语,汉语就更不用说了。他从《海南甘蔗蒲氏家谱》中发现,蒲氏家族中所娶之妇女多为陈、黄等姓,均属广东之黎族大姓;其他如青海卡力岗藏回、云南傣回等。这种称呼本身,就很能说明不同民族在血缘及语言上的杂糅性。他由此认为,回回先民所使用的语言,既有汉藏语系,也有南岛、阿尔泰语系。

事实上,由于伊斯兰文化的长期熏陶,波斯语和阿拉伯语在中亚地区使用相当普遍。刚刚东迁时,他们以波斯语和阿拉伯语作为交际工具,他们中大部分人又兼通阿拉伯文。随着历史的发展,回回人居住日益分散,同其他民族尤其是汉民族的交往日益增多,形成了极其密切的互相依存的关系。由于生产和生活的需要,回回人使用汉语的机会增多,他们对汉语由生疏而逐渐熟悉,由部分人首先使用发展到普遍的运用。在元代,蒙古统治者对少数民族学习汉语言文字采取了鼓励的政策。在科举方面将色目人和蒙古人同列一榜,将北方汉人和南方人另列一榜。如果色目人和蒙古人愿意参加汉人的考试,中选者则加一等注受。这无疑刺激了回回等少数民族学习汉语的积极性。他们踊跃应试,从而出现了一些达官显贵和汉学大师、汉字书法家等。在元代后期,这些民族仍然是同时使用外来语和汉语的多语者。当时的情况是,在回回内部,人们讲阿拉伯语或突厥语、波斯语,而在公共场所讲汉语。这种现象到明初得到了改变。当时由于统治当局采取民族同化政策,下令禁胡语、胡姓、胡服、胡饰,并不许各族人自相嫁娶,强迫少数民族(主要是移居内地的色目人和蒙古人)改变自己的风俗习惯,从而加速了来源不同的回回人由双语转为单一的汉语的过程。这一进程大致于明朝中期完成,也就是说,到了这一时期,汉语为回回所普遍使用,成了回回的民族共同语,这是回回第一次有自己的共同语。与此相反,阿拉伯语、波斯语和突厥语处于次要的地位。其中,阿拉伯语和波斯语由于其宗教的地位,在宗教场合如清真寺、婚礼、葬礼等继续使用,保留下来了一些。这种保留只是在词汇方面(而且是音译词),多数人已不能在日常生活中使用了。据泉州《丁氏族谱》记载,嘉靖十五年(1536)泉州的回回人已不懂《古兰经》,需要将《哈题卜雅纳》译成汉文才行。万历三十七年(1609)的《重修清净寺碑记》也说道:"(《古兰经》)为经汉译""民可使由,不可使知",所以一些回回学者开始学习阿拉伯文和波斯文,翻译一些伊斯兰教的典籍。(邱树森,1996:381-382)

语言的融合是与民族的融合密切相关的,或者说是同步的。因此,汉语之作为共同语,也就标志着回族的形成。当然,从这一点来看,回族的形成在全国的时间是不一样的。东南沿海曾是海外穆斯林的活跃地区,在元代就已基本上成为回族的一部分;而元代自中亚各地迁至西北的穆斯林要晚一些,大约在明前期或中期。同样,就回回先民在语言上逐渐汉化的过程来说,不同来源的回回先民是在不同时期内完成的。

某种语言的地位的吸引力所引起人们普遍的效仿似乎同样值得注意。在双语和双言社会中,一种语言和方言可能被认为是高级的,而另一种语言或方言可能被认为是低级的。持这一观点的不只是普通的语言使用者,就连一些有影响的语言学家也在做这样的宣传。这样做的结果是,全社会都在自觉或不自觉地向社会推荐的语言靠拢。例如,普通话和方言并存是双言现象,但二者最后的统一并不是互相靠拢,而是一种方言向另一种方言靠拢。因为"不论是何种原因,只要是某一语言被看作社会和文化地位优越的语言,那么操这一语言的人并无学习被视为劣等语言的迫切之感,虽然他们也会放下架子偶尔拣起一两个词用用,省得麻烦自己去造新词了"。(Bolinger,1993:630)

三、在发展中维持:双语和双言的结果之二

双语的类型和使用程度反映社会的性质和组织。在双语社会里,用一种语言表现一套行为、态度和价值,用另一种语言表现另一套行为、态度和价值。它们相辅相成,各有自己的作用。在当代中国社会,绝大多数少数民族都已经形成双语社会。这些双语将会如何发展?是否还会重演历史,以一种语言取代另一种语言?有人对此表示担心。但一些双语的个案研究表明双语发展会出现与历史不同

的情况。孙宏开(1991)在对羌族的双语制研究之后认为,双语社会将不以一种语言代替另一种语言为其变化的模式,而是以双语分工或双语并存并用为其变化的主要模式。因为中国的民族语文政策的基本内容是保证中国各少数民族都有使用和发展自己语言文字的自由。

羌族分布在中国四川省阿坝藏族自治州的茂汶羌族自治县和甘孜藏族自治州的丹巴等地,处于四川盆地的西北边缘山区。多数羌族与汉族混杂居住,少数与藏族交错居住。人口 30.61 万(2000),95%以上的羌族人都使用羌汉双语。羌族的双语制经历了三个阶段:(1)单语向双语过渡阶段;(2)进入双语制阶段;(3)完成双语制阶段。其中第三阶段(从清中叶到解放前夕)是羌族社会汉化速度最快,双语制形成的主要时期。研究表明,羌族双语制是和羌族社会的变革同时发生的,其中有自然原因,也有被迫的因素。它的形成是随着操双语人数不断增加而逐步完成的,经历了漫长的历史过程。除了社会因素外,羌族双语制的形成还有自身的原因:羌语方言土语差别大,没有形成羌族共同语,不同土语的羌族很难用羌语沟通。此外,他们没有自己的书面语。

正如上面已经指出的那样,双语地区和个人操双语是不同的概念。就目前看到的情况而言,社会上只有一部分人——一般说来是无权无势的少数人口——被迫使用一种以上的语言来扮演某一角色,这是双语制更为常见的现象。多数人使用的语言带有强制性,常得到法律的支持。有人过分地强调政治的力量,例如 Bolinger (1993:545)说,如果少数人口执掌政权,或者拥有外表的规模以及内部的力量来维系种族的同一性,那么该社团可以无限期地保持双语状态,乃至重新确立本族语言。这一结论似乎不适合中国社会。

四、中国的双语制和双语、双言现状

双语制指的是一个国家或地区实行的语言兼用制度。中国是一个大国,地域辽阔,人口众多。56个民族使用大约80种不同的语言。其中回族、满族、畲族也都使用汉语。除汉族、满族、回族使用汉语外,[①]其他53个少数民族都有自己的语言,有的民族甚至同时使用两三种语言。汉族所用的汉语有七大方言(《中国语言地图集》列分为十大方言)。因此语言现象特别复杂。中国的双语现象历史悠久,但作为一种语言制度或语言政策,却是在中华人民共和国成立以后,在反复实践并吸取世界上许多多民族国家的经验的基础上逐步形成和完善起来的。

一个国家或地区是否实行双语制,主要取决于该国或该地区语言使用的现状和功能。就目前的情况看,中国民族地区的双语制具有如下的客观基础:首先,中国许多少数民族语言将继续成为本民族的主要交际工具,有些语种甚至起着地区性族际语的作用,如新疆的维吾尔语,内蒙古的蒙古语,西藏、青海的藏语,广西的壮语等,它们不仅是本民族内部的主要交际工具,也是该自治区(省)内各族人民之间的族际语;其次,少数民族语言文字是普及和发展民族教育,开发少数民族智力,提高少数民族科学文化水平的工具;第三,许多少数民族文字记载了相关民族悠久的历史和灿烂的文化,在发掘、整理和继承各民族优秀文化遗产方面有重要的作用。

---

① 满族中会满语的人已经极少。据报告,在中国1 000万满族人口中,会说满语的仅有黑龙江省齐齐哈尔市三家子满族村的一些老人,且已不足百人。见中国教育和科研计算机网,2002年5月30日。

余惠邦(1997)总结了中国双语制的基本内容,它可以概括为以下几个方面:(1)民族自治地方在执行职务的时候,使用当地通用的一种或者几种语言文字,同时使用几种通用的语言文字执行职务的,可以以实行区域自治的民族的语言文字为主;(2)各民族公民都有用本民族语言文字进行诉讼的权利;(3)民族自治地方根据国家的教育方针,自主地发展民族教育,招收少数民族学生为主的学校,有条件的应当采用少数民族文字的课本,并用少数民族语言讲课,小学高年级或者中学设汉文课程,推广全国通用的普通话;(4)民族自治地方收集、整理、翻译和出版民族书籍,办好少数民族语言文字的广播、电视和报刊,加强少数民族语言文字电影、电视片的摄制和对其他语种电影、电视片的译制工作;(5)民族自治地方的自治机关教育和鼓励各民族干部互相学习彼此的语言文字。这些规定既体现了汉语普通话作为全国通用语和族际语的地位,又充分保障了各民族使用和发展自己的语言文字的平等权利。中国双语制主要适用于各少数民族地区,它的特点是地区双语制或多语制,其主要类型是民汉双语制。

中国目前双语双方言情况大体上有以下几种类型。[①]

1. 双语的类型

(1) 普通话和民族语并存型

既使用少数民族语言,又使用普通话,这是十分普遍的现象。这种类型几乎流行于所有的民族地区,如内蒙古、新疆、西藏、云南、贵州、广西等地。这些地区几乎都有不少人兼通普通话,即使是人口较少、地处边远地区的少数民族如鄂伦春族、赫哲族、羌族、保安族、锡伯族、普米族、基诺族,也有不少人兼通普通话。

---

① 以下关于双语、双方言的部分内容参陈章太(2002)。

(2) 民族语与方言并存型

既使用少数民族语言,又使用汉语方言。这也是比较普遍的现象。这种类型主要分布在汉族与少数民族毗邻或杂居的地区,如内蒙古、新疆、西藏、青海、宁夏、四川、云南、贵州、广西、海南等地。地处东北地区的少数民族,不少人兼通汉语东北方言,如朝鲜族、鄂伦春族、赫哲族等;地处西北地区的少数民族,不少人兼通汉语西北官话,如维吾尔族、哈萨克族、塔吉克族、土族、裕固族等;地处西南地区的少数民族,不少人兼通汉语西南官话,如部分藏族、壮族、苗族、白族、傣族、纳西族、侗族、土家族等;蒙古族有的人兼通汉语晋方言,有的人兼通东北方言,有的人兼通西北官话;高山族有的人兼通闽南话、客家话。

(3) 民族语言和民族语言并存

既使用一种少数民族语言,又兼通其他少数民族语言。一般是弱势语言兼通强势语言,少数是强势语言兼通弱势语言。如内蒙古地区的鄂温克族兼通蒙古语,又有部分人兼通达斡尔语;新疆地区的少数民族一般人兼通维吾尔语或哈萨克语;广西地区的瑶族、毛南族等一般人兼通壮语;西藏地区的珞巴族、门巴族有的人兼通藏语。

(4) 普通话、汉语方言和少数民族语言并存

既使用普通话或汉语方言,又兼通当地的少数民族语言。这在民族聚居区和民族杂居区都存在。如新疆地区的汉族干部和居民,不少人兼通维吾尔语或哈萨克语;内蒙古地区的部分汉族居民兼通蒙古语;延边地区的部分汉族居民兼通朝鲜语;西藏地区的部分汉族干部和居民兼通藏语;广西地区的部分汉族干部和居民兼通壮语。

(5) 汉语和外语并存型

典型的例子是香港和澳门。在香港的语文生活中，以广东话为基础的“中文”和英语都是社会的通用语。澳门的土生葡人多为汉葡双语者。除了上面所说的情况外，在大陆地区，也有所谓汉语与外国语并存型以及民族语与外国语并存型。这主要是指在一些涉外场合人们同时使用汉语（民族语）和外语。以媒体为例。根据苏金智(2000)的研究，中国境内对外广播部门和新华社使用38种外语，外交部在对外交往中使用的语种大概有30种以上。社会应用的语种以英文为主。目前大城市公共场合使用的外语主要有英语、法语、俄语、日语、朝鲜语、意大利语、德语、阿拉伯语等。中国大陆这种汉语和外语并存是否属于双语还值得进一步讨论。

2. 汉语双方言类型

(1) 方言和普通话并存型

既使用地域方言，又说标准语——普通话，这是最为普遍的现象。从东部到西部，从城市到乡村，全国几乎都是这种情况，只不过各地会说普通话的人口比例有多有少而已。上文提到，一般情况是大中城市会说普通话的人比小城镇多，小城镇比乡村多；经济、文化发达地区比经济、文化发展滞后地区普通话普及率要高。

(2) 不同方言并存型

既使用母语方言，又会说其他地域方言。分布在全国大部地区。它又分为基础方言的次方言和次方言之间、基础方言和非基础方言之间、非基础方言和非基础方言之间等情况。这里所说的基础方言，是指汉民族共同语的基础方言，即官话方言或北方方言，以北京话为代表，包括华北官话、东北官话、西北官话、西南官话、中原官话和江淮官话等。这方面在不同地区有不同的情况。广东的闽方言区、客家话区，一般既使用母语闽方言、客家话，又会说粤方言，广东的汕尾市就是一个闽南话和白话并用的双言社会;桂北平话区居民既使用母语平话,又会说西南官话;粤北平话区居民既使用母语平话,又会说粤方言;湘西某些地区居民,既使用湘方言,又会说西南官话。

(3) 多方言型

既使用母语方言,又会说普通话,还会说其他方言。这就是所谓多方言现象。如深圳市就是一个多方言的典型城市,既使用普通话,又说粤方言、客家话和闽方言等;汕头地区既使用闽方言,又说粤方言,也会说普通话;福建的莆田地区,既使用母语莆仙话,又会说普通话,还会说闽南话和福州话;福建漳州、龙岩地区的部分地方,既使用闽南话,也说客家话、普通话。至于像方言岛那样的地区,更可能有多种方言并存,例如江苏句容市磨盘乡的余巷,就有7种方言之多。

陈章太(2002)还谈到一类"双方言"情况:既使用普通话或母语方言,又会说某种社会方言,如北京的"酷一族""打工族""单身贵族"以及"网迷"等。我们认为社会方言似乎还不宜列入双方言的范围。因为如果这样的话,几乎所有的人都可以归入一个社会集团。当然,他所说的几个群体在社会方言上可能更突出一些。

上面根据民族语言和方言的一些研究成果勾勒出了中国双语和双方言的大体情况。严格说来,中国的语言状况并不十分清楚。20世纪50年代进行了民族语言调查,取得了不少成就,现在40多年过去了,情况是什么样子,有待进一步研究。方言的研究进行得不少,但从深入方面看,还远远不够。

第二节　语码的选择:社会的和个人的

由于有的社会是双语或双言的,社会和个人常常会对语码进行选择。所谓语码的选择可以指一个多语码的社会对语码的选择和确定,也可以指个人在社会交际中对语码的选择。

一、社会对语码的选择

社会对语码的选择属于语言规划(详见本书第七章)的范畴,它的目的是确立一种标准语或官方语言。选择什么样的语码对于一个社会来说常常是非常重要的。一个社会通常选择一种或一种以上比较重要的语言或方言作为标准语码。它可以是一种现存的变体,通常是在重要的政治或商业中心所使用的变体,如汉语的标准语;也可以是数种变体的混合语,例如非洲的斯瓦希里语;在一些情况下,被选定的变体甚至是根本没有人把它当作母语使用的语言,例如以色列的古希伯来语和印度尼西亚的巴哈萨印度尼西亚语。有人指出,标准语这一概念不太严谨,这是有道理的。(郝德森,1990:43)问题是,如果一个社会没有标准语的话,必然会引起不少的麻烦。对于社会语言学家来说,标准语也是一种变体,不过,自从赋予语言的某种变体作为标准语,它就同时被赋予了"高级语言"的地位,而其他的变体就成了低级的了。标准语的形成常经过以下的过程。

1. 选择

我们前面已经说过,世界上各种各样的语码都可以完整地传达人们的思想,不论是大语种像汉语、英语,还是小语种像非洲的丁甲语,都没有高低好坏之分。任何语言的地方变体和它们的共同语之间,也没有高低优劣之分。选择某一种语言作为某种语言的共同语的基础或者用它作为该语言的标准语,并不意味着它比其他的变体高级,而是从历史、现实、各种变体的影响的大小及人们的普遍心理倾向等因素来确定的。在现代社会里,选择标准语是一项非常慎重的工作,稍有不慎就有可能引发社会政治问题。因为被选定的变体必定会赢得声望,而已经使用该变体的人将分享这种声望。在一些国家和地区选用何种语码作为标准语也常常导致冲突。现代中国的标准语的确定也不是一帆风顺的。详细情况参见本书第七章。

2. 规定

为了保存标准语,使该变体"固定下来",政府采取许多措施,尤其是在青少年身上花了很大气力。为了使每一个人对于什么是正确的有一致的看法,国家的某种机构,例如社会科学院,一定要编写出词典和语法书。受教育的人必须学习使用国家规定出来的正确的形式。这个过程占去儿童学校生活的大量时间。从表面上说,让每一个人都掌握标准语是公平的,通过它可以让所有的人得到受同等教育的权利。但实际上情况可能要复杂得多。有些人在掌握标准语的过程中付出了沉重的代价,而有的人则因为投对了胎,免去了这一"磨难"。其实还不仅是在校的儿童,一些从业人员也遇到了同样的问题。例如,为了推广普通话,国家语言文字工作委员会(简称国家语委)、国家教育委员会(简称国家教委)和广播电影电视部(简称广电部)1994年联合下文,规定1946年1月1日以后出生的某些工作岗位上的人要进行普通话的测试。一些地方为了减少自己方言区的人的"磨难",不得不对中央的规定"偷工减料",如江苏省根据本省的实际情况制定了所谓分两步走的办法，实际上把中央有关部委规定的年龄界限改为1957年7月1日以后。

除了说话以外，汉字的写法等也有很多的规范，这也占去了学习者的大量时间。有意思的是，人们对历史上的不规范常常持肯定的态度，但对于今天的不规范则相反。政治家们和语言学家们在这些问题上也有不同的意见。以书写汉字为例。既然简化汉字已经成了国家的法定文字，那么，所有的人就应该遵守。但在实践上，这是相当困难的。

政府及有关部门的书面文件也必须使用选定的变体。例如，法律文件，各种教育和科学文献，当然还有文学作品等。还要制定一些新的规约，如公文和书信的格式、标点符号甚至于阿拉伯数字的运用等等。

3. 推广和接受

选择和规定下来的标准语成为统一国家的一种强大力量，有人还把它作为国家和民族独立的象征。或许正是这种作用使得各国都努力发展一种标准语言。

就原则而论，标准语的发展和逐渐取得优势，其根基在于社会或经济的一体化进程，并最后达到国家范围内的一体化的高度。它不是某一地域的语言直线发展的结果，而是在同化与混合的过程中融合了各种成分形成的；它是一种在很大程度上只用于书面交往的语言。发展着的标准语并非一开始就为人们广泛使用，它的社会基础非常窄，只包括那些需要以标准化形式交换意见的、或有缘受到相应教育的人。例如中国古代有条件读书的人，才有可能学会“雅言”。因此，标准语从一开始就有高人一等的优越地位，不同于一般老百姓所说的话。

在推广标准语的过程中,人们也常常自相矛盾。一方面,社会应鼓励各种各样的语言,提倡民族平等,强调和保证每一个民族都有使用自己语言文字的权利;也不提倡禁绝和消灭方言。这是社会活动所需要,也是社会语言学家所支持的。社会语言学家强调,每一种语码都有自己的功能,每种语码都应该有同样的权利受到足够的重视。另一方面,人们认为,社会中的每一个人都有自己的权利,但他们要得到同样的权利,就必须掌握标准语。例如,如果不能掌握标准语,在历史上,他们就不能中科举;在现阶段,他们的升学就会遇到困难。要很好地解决这些问题,在一定时期内双语和双言政策是必要的。香港就是一个例子。当然,上面所说的这种语言的民主在实际操作上有时是很困难的,因此也常常引起争议。就以世界上"最讲民主"的美国来说,到现在似乎也没有承认黑人英语的地位。在奥克兰,黑人认为自己说的是一种语言,而白人和进入上流社会的黑人则认为黑人英语不是一种语言,而是他们说错了的语言。在英国,甚至到现在,社会晋升只对那些能讲上层阶级英语的人才有可能。所以,语言变成了另一个领域。这个领域里的自动的、没经过有意识考虑的语言选择是有疑问的。科学家对这类问题的解释和得出的结论意义深远和出人意料。(克特·W.巴克,1986:349)

比较起来,中国推广标准语是成功的,其中原因之一是中国较好地解决了"语言权威们"和语言使用者之间的矛盾。语言权威们和语言使用者之间鸿沟的日益加深是世界性的,在中国历史上也是如此。然而,现代中国社会的语言权威们恰恰是大众化的积极鼓吹者。当然,随着社会的发展,一些语言权威随着地位的改变开始"异化",但值得庆幸的是,中国大部分语言权威在不断发展的语言面前保持了清醒的头脑。

推行一种标准语，必须有社会基础。从台湾光复后的“国语化”到今天中国大陆的“推普”，每次取得成果都源于有强大的社会基础。以在台湾推广标准语为例。台湾曾被日本占领达50年之久，受过日语教育的大约占全台人数的一半，日语家庭2 000多户；闽南话一向是台湾的优势方言，其次是客家话，此外还有外省人的各种方言及山地语等。针对这一情况，有关当局采取行政措施，在全台推行国语。1949年国民党退居台湾后仍不间断地推行，使国语成了社会通用语。

当时的行政措施的收效得益于它顺应了社会的需求。据有关资料介绍，光复后的1946年5月，国语还没有普及，学校教师仍用当地的方言（闽南话）教学，客家学生听不懂，感到很痛苦，希望当局能妥善解决。当时当局的对策是：一面调查收容客家子弟之学校分布情形与数量，一面加强国语训练，并增聘通晓客家语言之教师分配各校任教，以资补救。（徐曼华，1995）

此后不久，国民党即退居台湾，而这前后移居台湾的外省人数以百万计。这对当时的人际交往，政府政令的传递都很不利。因此，当时的政府利用台湾人民迫切学说国语的愿望，从当时的实际出发，有准备地而又适时地采取措施是正确的。如果没有社会的需求，单靠行政措施是不能成功的。强迫地推行一种语言不是一件容易的事。1988年8月，在深圳举行的首届“双语双方言”学术讨论会上，当时在美国夏威夷大学执教的郑良伟谈及台湾推行国语付出了很大代价。他并没有说明“代价”的所指。我们当时猜想是在语言政策的执行中强制性过分，导致了一些矛盾。后来也有文献谈到有的学生因讲母语而受罚，伤害了他的自尊心，有的学生学会了国语在家里无法与长辈沟通等等。（徐曼华，1995）既然语言政策带有强制性，就必然会引起一些矛盾,因此,在制定和执行语言政策的过程中,特别要考虑到接受者的相关方面。最近几年我们开始重新思考这个“代价”,发现由于当初没有处理好政策问题,现在已经被一些人所利用,成了一个政治问题。

前些年,台湾的一些当政者在文化、教育领域偷偷推行一系列的“去中国化”政策。起先是遮遮掩掩,后来又悄悄通令各级学校,废止已经实施数十年的“‘国语’推行办法”,改称“国语”为“华语”,宣布包括国语、“闽南语”、“客家语”和多种山地语在内的14种语言为同等的“官方语言”(或称“国家语言”)。事实上,台湾当局教育部门的所谓“国语会”的行动早在2003年2月12日就开始了。他们当时非常低调,并未在当局的有关网站上公布这项信息,而只是悄悄地行文通知各级学校。“国语会”说,如果独尊“国语”,会对其他语言造成不公平。台湾媒体评论指出,这一做法等于宣告“国语”不再是岛内共通语言。[1] 台湾当局的这种做法其实已经有一段时间了。在很长一段时间里,台湾一些人想通过修改中小学教材,确立所谓“台语”的“母语”地位,试图把“台语”变为“国语”。他们所谓的“母语”或“台语”,实际上就是闽南话或福佬话。台湾有些人说台湾闽南话不是福建闽南话的分支,与福建闽南话大不相同,应高于福建闽南话而叫“台语”。陈水扁任台北市市长时,该市教育当局催生“母语教材”,就是为培植“台独思想”而发起的语言文化活动。[2]台湾当局还要把所谓“台语”确定为“第二官方语言”,并决定采用所谓“通用拼音”以替代汉语拼音等等。这再次印证了语言问题绝对不是纯粹

① 见2003年3月8日人民网。
② 张克辉《警惕台湾有人利用语言文化分裂祖国》,2000年10月17日人民网。

的语言问题。[①]

二、个人对语码的选择

语码的挑选也可以指一个多语码的个人在具体的交际活动中根据自己的实际需要进行的语码调整或转换，我们通常称之为语码的转换。如果说社会对于语码的选择是对语码使用的一种有意识的干预的话，个人对语码的选择有时候则显得更复杂一些，因为除了有目的的语码转换之外，还有不少人的语码是在不知不觉中进行的。有时候语码的转换是强制的，在应该转换的情况下不转换可能会引起严重的后果。关于个人语码转换的动机和条件，我们将在第四节里专门讨论。

谈到个人对语码的选择，或许有必要提及“母语”及相关概念。关于母语，学术界尚有不同看法。《现代汉语词典》(2002:901)给母语的定义是：一个人最初学会的一种语言。在一般情况下是本民族的标准语或某一方言。联合国教科文组织 1951 年在对相关术语进行界定时，把母语和“本族语”视为同一概念，认为母语或本族语是指“人在幼年时习得的语言，通常是思维和交际的自然工具”。[②] 李宇明(2003)则通过对单一语言群体、双语社会、双语家庭、语言转用和语言死亡等多种复杂情况的考察，认为母语是个民族领域的概念，反映的是个人或民族成员对民族语言和民族文化的认同，它直接指向民族共同

---

① 本书第 1 版(1999)第 144 到 145 页曾有以下一段文字：“顺便提一下，最近在台湾也出现了另外一种值得注意的倾向。台湾一些‘母语’的提倡者，近年来展开了一连串的活动。所谓的‘母语’或‘台语’，是指台湾本土的语言，包括福佬话、客家话、台湾土著语言。这可能也是‘台独’活动的一个组成部分。”今天看来，我们当初的预测是正确的。

② 联合国教科文组织(1953)《本地语在教育中的应用：联合国教科文组织 1951 年专家会议报告》，见周庆生主编《国外语言政策与语言规划教程》，语文出版社，2001 年。

语。母语不取决于语言获得顺序,甚至也不取决于语言的是否获得。从社会语言学的角度看,我们同意李宇明(2003)的看法,即第一语言不等于母语,不决定母语。第一语言和母语之间是交叉关系。

第一语言是从语言获得的顺序着眼的。一般说来,在自然状态下不经过刻意学习而获得的语言就是第一语言。所以,第一语言是个人的。按照上面的说法,第一语言可能是母语也可能不是母语。从这个角度出发,对于成人来说,每一个人都有选择自己语码的自由,而对于儿童来说,选择何种语码接受教育,则应该由其抚养者来决定。

三、社会选择和个人选择的关系

社会对语码的选择会影响个人对语码的选择。当社会把一种语码作为标准语来推广时,除了强烈抵制的情况发生,这个社会的个人会在特定的条件下主动地选用该语码。同样,社会是由个人组成的,个人对语码的选择会影响到整个社会对语码的选择。一种新语码的使用一开始可能只有少数人,但随着社会各种情况的发展和变化,这种开始有少数人使用的语码会逐步地为更多的人所接受,成为自发的“标准”。陈保亚(1996)对云南地区少数民族双语变化的研究(回归、选择、正迁移、负迁移)就说明了这种情况。

从研究的角度来说,社会选择和个人选择也是有区别的:前者是宏观社会语言学所关心的,而后者是微观社会语言学所关心的。

第三节 语码的混合、混用和转用

一、语码的混合

语码的混合有两种情况:皮钦(Pidgin)和克里奥尔。中国语言学界通常把前者称为“洋泾浜”，把后者称为“混合语”。(叶蜚声、徐通锵，1991:243)我们把这二者统称为混合语(lingua franca)。皮钦和克里奥尔有一个共同点：它们都是操不同语言的人由于基本的交际需要而被迫找出的一种共有的交际系统。它们是语言发展历程中两个不容忽视的阶段。皮钦的特点是语法结构大大简化，没有性、数、格等变化，没有曲折、派生等词形，说话人利用有限的词语和简单的语法结构来进行交际。皮钦的产生和发展与社会变迁密切相关。17—19世纪中国的皮钦(即洋泾浜)随着社会的变化逐渐消失，而世界上有些皮钦则稳定下来，词汇和语法手段不断丰富，不断扩大使用范围和表达功能，并作为母语传给下一代，成了所谓“克里奥尔”。

由于语码概念的引入，我们还可以进一步把使用两种不同方言的人由于交际需要而形成的一种共有的交际系统称为语码混合。事实上，凡是操几种不同的语言或方言的人生活在同一区域，由于交往密切，往往会自然地采用其中的一种语言或方言作为彼此的共同交际工具，并且使这种语言发生类似皮钦的变化，这些变化的语言都可以称为混合语。例如在中国从宁夏经陇东、青海、川西到云南、贵州，是汉语和少数民族语言相互接触比较集中的地区，人称“语言走廊”，这条走廊中流行的所谓“土汉语”就是这种类型的混合语。(叶蜚声、徐通锵，1991:247)

二、语码的混用

所谓语码的混用是指在使用一种语码时，由于特定的原因，大量混合使用另一种语码要素的情况。语码的混用与语码的混合不同。因为语码混用的出现不是不同语码使用者为交际的需要而构成共有的交际系统。有的学者把一些语码混用的现象也当作语码混合来看待。据师为公(1996,页12)引周振鹤文,清末小说家李伯元《南亭四话》有《别琴竹枝词》,其中"别琴"即pidgin(洋泾浜)的音译。该则笔记共有竹枝词七首。其中两首为:

清晨相见谷猫迎(good morning),好度由途(how do you do)叙阔情。

若不从中肆鬼汁(squeeze),如何密四(mister)叫先生。

行看么二打温多(one two),每道花烟勿劳窝(flower)。

欣说长三郎的里(long three),不知戏倌叫如何。

周文说:"此竹枝词原为杨勋(少坪)所作,有百首之多,登在《申报》上,杨是上海广方言馆学生,长于英语,曾著有《英字指南》,是清末学习英语的教本,……其别琴竹枝词著于上一世纪七十年代,对当时洋泾浜英语的语音语法作了忠实的记录,于研究中英语言接触颇有参考价值。"我们认为上面所提到的现象实际上是语码的混用,而不是语码的混合。

语码的混用可能有两种原因,一是客观上的,一是主观上的。前者主要反映在双语或双言社会;后者可能出现在双语或双言社会,也可能出现在单语或单言社会。

香港曾作为英国的殖民地百余年,上流社会的语文生活是双语。但在一般社会生活圈子里,出现更多的是"语码的混用"。长期的殖民地生活,使得香港的汉语形成了自己的特点。孔玫(1991)曾引用这样的例子来说明香港话:

在香港,有人拶住士的上的士,到咗士多买多士(拿着拐棍上出租汽车,到了小店买面包)。

短短一句话,不乏夸张但的确高度概括出了香港汉语的特点:方言混用外来语。在这个只有8个词的句子里,有4个外来词——士的(英,stick,拐棍)、的士(英,taxi,出租汽车)、士多(英,store,商店)、多士(英,toast,吐司面包);方言词2个——搒、咗;普通话词语2个——上、买。

汉语里混用英语是香港语言使用的一个突出特点。有人把这称为"中英夹杂现象"。(孔玫,1991)很多受过一定教育的年轻人,在说话或写文章时,习惯在汉语的句子中加上英文词。这已经形成一种风气,更厉害的是使用英文短语,或在整个篇章、语段里使用完整的英语句子。例如:某著名演员说"为了这张大碟的面世,我都把电影的期hold(推迟)着";另一位节目主持人说:"我喜欢每段日子都很neat(有条理)";香港两份很有影响的报纸上也有这样的句子:"波格是网球场上著名的冷血杀手,想不到cool(冷静)如波格也会冲动至仰药自杀""香港第一个夹band(组乐队)热潮,早于十多二十年前出现"。

这种语码混用现象引起了香港一些人士的关注。据孔玫(1991)引香港《学生时代》杂志对中学生进行的一项调查结果,被调查对象中,65%的人承认有此习惯,而且他们认为这是一种很普遍的现象,其他35%的人虽无此习惯,但也承认这种现象很普遍。出现这种现象的原因有三:(1)少数人认为,懂英文才有派头,所以说话夹杂英语;(2)很多人是英文学校毕业的,对一些字眼,不知用中文如何表达,只好用英文代替;(3)传媒的影响,如电视,它丰富了现代人的生活语言,影响了不同年龄的人,像"阿Sir""写份report来""大家happy一下"之类的语句频繁在电视节目中出现,直接影响了整个社会的语言。至于中英文夹杂现象对香港语文的影响,被调查人中10%的人认为影响不大,觉得在香港这个中西大熔炉中出现这种现象是正常的;5%的人认为影响极小;又有5%的人赞成这种现象,他们认为,香港人是无根的,既不英也不中,干脆利用这个机会创立一种属于香港人的地方语言,世代相传,成为一种香港语言;而55%的人认为这种现象产生了不良影响,导致这一代人中英文程度皆下降,不能用单一的语言来表达自己的思想;另有25%的人认为这种现象影响极坏,会使香港语文程度低落,最后导致全面崩溃。从整体上看,反对这一现象的人占80%。

当然,因为香港的"中文"深受粤语影响,因此上引例句出现方言词并不奇怪。随着香港的回归,普通话作为汉语的标准语将会在香港得到认可和推广。事实上,香港"普通话热"已经出现,而且带动了大陆普通话的推广工作。我们相信,香港语码混用的情况会随着英国殖民统治的结束而结束,最终走向单一语码。

在一些情况下,单语社会里的一些人也会操不同的语码。钱锺书《围城》第三章中有这样一段:

> 到了张家,张先生热闹地欢迎道:"Hello,Doctor方,好久不见!"张先生跟外国人来往惯了,说话有个特征——也许在洋行、青年会、扶轮社等圈子里,这并没有什么奇特——喜欢中国话里夹无谓的英文字。他并无中文难达的新意,需要借英文来讲;所以他说话里嵌的英文字,还比不得嘴里嵌的金牙,因为金牙不仅妆点,尚可使用,只好比牙缝里嵌的肉屑,表示饭菜吃得好,此外全无用处。他仿美国人读音,惟妙惟肖,也许鼻音学得太过火了,不像美国人,而像伤风塞鼻子的中国人。他说"Very well"二字,声音活像小洋狗在咕噜——"vurry wul"。可惜罗马人无此耳福,否则决不单说R是鼻音的狗字母。当时张先生跟鸿渐拉手,问他是不是天天"Go down town"。鸿渐寒暄已毕,瞧玻璃橱里都是碗、瓶、碟子,便说:"张先生喜欢收藏瓷器?"

"Sure! Have a look see!"张先生打开橱门，请鸿渐赏鉴。鸿渐拿了几件，看都是"成化"、"宣德"、"康熙"，也不识真假，只好说："这东西很值钱罢？"

"Sure! 值不少钱呢，Plenty of dough。并且这东西不比书画。买书画买了假的，一文不值，只等于 waste paper。瓷器假的，至少还可以盛饭。我有时请外国 friends 吃饭，就用那个康熙窑'油底蓝五彩'大盘做 salad dish，他们都觉得古色古香，菜的味道也有点 old-time。"

方鸿渐道："张先生眼光一定好，不会买假东西。"

张先生大笑道："我不懂什么年代花纹，事情忙，也没工夫翻书研究。可是我有 hunch；看见一件东西，忽然 What d'you call 灵机一动，买来准 O.K.。他们古董掮客都佩服我，我常对他们说：'不用拿假货来 fool 我。O yeah，我姓张的不是 sucker，休想骗我！'"关上橱门，又说："咦，headache——"便捺电铃叫用人。

连骂人都可能使用混用语码。《围城》第八章中写方鸿渐：

这种同情比笑骂还难受，客人一转背，鸿渐咬牙来个中西合璧的咒骂："To Hell 滚你妈的蛋！"

总的来说，语码混用有两种：一种是不得已而为之，一种则是为了把语码当作一种语标。前些年粤语在北上过程中，也混用在北方话中。这显然属于后者。

三、语码转用

如上所述，一个多语码的社会最终会出现一些语码混合的情况。其结果可能是一种语码代替另一种语码，这就是所谓的语码转用；也可能是在相当的一个时期里并存，这就是所谓语言联盟。当前汉语社会语码使用总特征是混合,而在其他民族的社会里则更多地表现为联盟。(陈保亚,1996)语码转用(code shift)和语码的转换(code switching)不是一回事。我们把一个言语社区(可以是语言的也可以是方言的)或该言语社区的一部分人放弃使用母语(或母语方言)而转用另一语言(或方言)的现象称为语码转用。语言学界过去有语言替换(changement de language,梅耶用语,见戴庆厦、王远新,1987)、语言转用(高名凯用语,见戴庆厦、王远新,1987)、语言转移[①](language shift,廖秋忠,1992:389)等说法,都与我们所说的这两个概念有关系,但涵义有所不同。我们从社会语言学的角度出发,把双语或双言社会变成单语或单言社会中的语码替代称为语码转用,把随社会领域或角色的变化而发生的从一种语码换为另一种语码的情况称为语码转换。语码转用和语码转换有密切的联系。语码转换是语码转用必不可少的中间环节,几乎所有的语码转用都有语码转换的阶段。语码转用是历时社会语言学所关心的,而语码转换是共时社会语言学所关心的。

语码转用是语言发展中一种带普遍性的现象。世界上许多民族在长期的历史发展过程中,都或多或少地出现过这种现象。我们前面提到的回回民族由原来的突厥语、波斯语和阿拉伯语转换为汉语就是典型的例子。中国目前的语码转用主要有三种类型:(1)民族语转为汉语。阿昌族语言兼用中的语码转用就是典型的例子。袁焱(2001)以阿昌语为个案对语言接触与语言演变问题进行了深入的研

---

① 从廖秋忠的介绍看,Cornelius C. Kubler 的"语言转移"含有我们所说的语码转用和语码转换的两层含义。因此我们可以从中看到语码转用和语码转换的密切关系。我们把二者区分开来的目的在于它可以反映出这一变化的过程。

究。陇川户撒阿昌族民族乡是保留阿昌语较完好的地区，那里的阿昌族都能很好地使用本民族语言，但同时也都兼用一种或一种以上其他民族的语言。在10岁以上的阿昌族中，很难找到只会说阿昌语的单语人。然而，这里的双语人，经历了双语类型的转换。原来这里是兼用傣语为主，现在转成了兼用汉语为主；（袁焱，2001：127）（2）一种民族语转为另一种民族语。例如乌孜别克族和塔塔尔族一部分人转用维吾尔语，一部分人转用哈萨克语；（3）汉语转为民族语。戴庆厦、王远新（1987）指出，中国各少数民族自治区域里或多或少都有汉族转用民族语言的。

从转用的程度和范围来看，语码转用又可以分为三种：（1）整体转用，即一个民族整体上转用另一民族的语言，例如上面提到的回回民族在整体上转用汉语；（2）主体转用，即一个民族在总体上转用另一个民族的语言。例如满族现有1 000多万人口（2000年），使用满语的只有极少数人，大多数的满族人都已转用汉语，这个过程经历了300年左右的时间。土家族有200多万人口，使用土家语的只有几千人，其余都已转用汉语。畲族有30多万人口，使用畲语的只有1 000多人，其余都已转用汉语的客家话；（3）局部转用，指一个民族某个地区的全部或一部分人转用其他语言，而其他地区则主要使用本族语或操双语。例如维吾尔族大部分都使用维吾尔语，而湖南桃园、常德的维吾尔族则都已经转用汉语了。（戴庆厦、王远新，1987）

导致语码转用的因素很多，主要有民族关系的改变、民族的迁徙、民族的融合等等，但最根本的原因还是社会环境的变化。戴庆厦、王远新（1987）对此有深入的讨论。袁焱（2001）的个案研究表明，无论阿昌族当初兼用傣语还是今天兼用汉语，都是与社会的需求分不开的。更值得注意的是，袁焱的研究还反映了另外一个事实，即语码的转用并不都是缓慢的过程,仅经历三四代人就会发生根本性变化。一个民族生存的社会和生活条件一旦发生翻天覆地的变化,这一变化就会加速语言的变化。(袁焱,2001:155)在总结阿昌语的双语类型出现重大转型给人的启示的时候,戴庆厦、袁焱(2004)更明确地提出:双语类型会随着社会特点的变化而出现转型,而且有可能在较短的时间里发生重大变化;阿昌族双语类型转换的主要原因是语言外部的社会因素;双语类型的变换,是就群体而言的,而不是个人双语类型的变换;双语类型的转换必然伴随着阿昌语结构特点的变化。

语码的转用还表现在从一种方言向另一种方言的转用。鲍明炜(1980)报告了60年来南京方音向普通话靠拢的情况。他发现,60年来,由于南京人口的变动,带来了南京方音的变化。南京人口增加的主要来源是苏北和皖北,南京居民中,世代居住在南京的只占一小部分,因而南京话首先向苏北话和皖北话靠拢。建国以后,由于大力推广普通话,南京话又以较快的速度向普通话靠拢,新南京话保留了旧南京话声韵调的主要部分,按照向普通话靠拢的要求,抛弃了方言性强的一部分。例如尖团合并,全读团音,[i]分化出[y]等,而其他的则仍保留,如n、l不分,前后鼻音不分等。

我们在对苏南地区河南方言岛的研究中也发现了类似的情况。在句容市磨盘乡,由于河南人占多数,当地人先向河南话靠拢,然后向普通话靠拢。而在丹阳埤城的河南方言岛里,则是河南话向埤城话靠拢。

我们上面讨论问题时总想把各种界限划清楚。实际上,在现实社会中,常常会有各种情况交织在一起的现象。以我国少数民族语言比较集中的新疆为例。新疆自古就是多民族、多语言、多文字的地区。现有47个民族,总人口2 181.33万(2010年,下同)。新疆有13

个世居民族：维吾尔、汉、哈萨克、回、柯尔克孜、蒙古、锡伯、塔吉克、满、乌孜别克、俄罗斯、达斡尔、塔塔尔。其中维吾尔族人口 983.18 万，汉族人口 874.61 万，哈萨克族人口 151.05 万，回族人口 95.30 万，柯尔克孜族人口 18.64 万，蒙古族人口 18.10 万，锡伯族人口 4.32万，乌孜别克族人口 1.69 万，俄罗斯族人口 1.16 万人，达斡尔族人口 0.68 万人，塔塔尔族人口 0.49 万人，人口数上百万者只有 3 个民族。[1] 这些民族语言中，使用频率较高、范围较广的语言有汉语、维吾尔语、哈萨克语，其他语言在自治州、自治县或更小的范围内使用，有的语言甚至只是家庭生活语言，有的语言已经走向消亡，如前面谈到过的塔塔尔语。此外，新疆还有艾努语、土尔克语、图瓦语、托茂语。艾努人数量少，属于维吾尔人中的特殊语言群体，虽分布在 20 多个县、市的居住点，但语言维吾尔化，仅在少数家庭和语言群体内部使用艾努语。土尔克语人群在新疆是大分散的小聚居形式，与世居民族世代杂居，该语言使用范围较小，属家庭型语言，对外使用哈萨克语、柯尔克孜语、维吾尔语或汉语。图瓦人属于新疆蒙古族中的特殊语言群体，因图瓦语使用人口少，图瓦人长期杂居于阿勒泰地区的蒙古人和哈萨克人中，所以对外交际多用蒙古语和哈萨克语，家庭内部使用图瓦语。托茂语使用人数少，是新疆回族中的特殊语言群体，他们与其他民族杂居，能流利地用杂居民族的语言与对方交谈。现在他们大部分使用汉语言文字，青少年就读于汉族学校，文化活动、对外书信联系使用汉语言文字。（高莉琴，2003）

---

① 新疆维吾尔自治区人民政府驻北京办事处官网：www.xjzjb.gov.cn。

第四节 语码的转换

出于研究兴趣的不同,一些社会语言学家似乎更关心语码的转换。

对于社会语言学来说,不同的语码有不同的功能负荷,语言的交际作用和社会价值并非到处都一样,在不同社会的交际系统内言语行为具有不同的功能负荷。语言中每一句话或每一种表现手法都具有社会价值,它可以反映出说话人和听话人之间的社会关系。一个正常的人,一个正常的语言集团所使用的全部语言手段不会仅仅限于一种单一的代码,不会是千篇一律、毫无变化的,人总是随着交际环境的变化转换语码。只要张嘴,就得选择一种特定的语码,这是无法避免的。人所能做的,是可以"自愿"地从一种语码转换为另一种,但这种自愿的转换说话人却未必能左右得了。这就是说,语码的转换表现为相当复杂而微妙的社会行为,而这种行为有时候连说话人自己也不觉察。或许只有第二语言的初学者、语言障碍者和小孩子是例外。

影响语码转换的因素多种多样,例如社会领域、社会角色关系、语言忠诚、语言优越感或卑下感等等。下面以社会领域和角色为例作些说明。

一、社会领域和语码的选择

社会领域对于语码的选择的影响是很大的。在一般情况下,一种语码同另一种语码的冲突并不严重,但有的情况下它又可导致各种问题。例如:张先生是北京人,他的太太徐是上海人。一天,徐的同学王先生从上海来北京出差,顺便看看老同学。张不在场时,老同学之间就讲起了上海话，而每当张先生在场，徐、王二人就要讲普通话。这种语码的转换就是很自然的。台湾电影《推手》中有一个情节反映了因语码造成的冲突：北京的朱老先生赴美住在自己含辛茹苦培养成人的儿子那里，儿媳是美国人，不会汉语，朱老先生不会英语。三人在一起谈话时，儿子同老子讲汉语，就冷落了妻子，而同妻子讲英语又冷落了老子。再加上各自文化上的差异而导致的误会，从而演出了一幕幕悲喜剧。

一些系统的研究也证明了社会领域的这种影响。吴硕官(1991)对吉林省延边朝鲜族自治州的延吉市家庭、友谊、教育、公共和工作五个领域里汉语和朝鲜语两种语码的选择情况进行了研究，发现朝鲜语与家庭领域的关系最密切，其次是友谊、教育领域，而汉语主要和工作、公共两个领域相联系。具体地说来，家庭成员之间、朋友之间、师生之间经常使用的是朝鲜语；工作关系、在公共场所同陌生人进行交际经常使用的是汉语。下面表 4－1 是全体被调查对象在不同领域中的平均得分表(统计中设选择汉语或朝鲜语各为 1 分，两种语言都选各得 0.5 分)：

表 4－1

	家庭	友谊	教育	公共	工作	平均
朝鲜语	0.97	0.76	0.65	0.42	0.27	0.62
汉语	0.03	0.24	0.35	0.58	0.73	0.38
标准差	0.01	0.03	0.14	0.15	0.11	0.09

资料来源：吴硕官(1991)。

据廖秋忠(1992)介绍，美国学者 Cornelius C. Kubler(1985)发现台湾国语与闽南话混用的状况，特别是发生语言转移的地方及其原因。他发现这两种语言(变体)的转移经常发生在简短的回答和短语里,在谈到某人时,以他所说的语言(变体)来说出他的名字,或者当需要澄清所说的词语时。他还指出了语言不发生转移的一些情况,如语言转移有的不出现在句中,而且在话题连贯的局部语篇中也基本上不发生语言转移。此外,一旦语言发生了转移,有继续使用转移后的语言的倾向。

二、 社会角色与语码转换

人生活在社会中,与社会中其他人存在着种种关系。在社会这一网络结构中,每个人都占据着一定的位置,但每个人在社会网络中的位置并不是固定不变的。人在不同的场合往往处于不同的位置,扮演着不同的角色,与其他人形成一定的角色关系。例如,师生关系、父子关系、领导与被领导的关系、夫妻关系、买卖关系等。尽管人与人之间的关系是各种各样的,但从普遍的意义上看可以分为两种:(1)同等关系,也可以称为一致关系;(2)非同等关系,也可以称权势关系或上下关系。这些关系可以是由某种固有的、先天遗传的因素所造成的,也可以是后天所获得的某种特征形成的。不同语言中使用语码的同等关系和非同等关系可能是不一样的。

语码转换是说话人对具体环境及对说话人态度转变的一种标志和象征,因此是调整角色关系的一个重要手段。我们实际上已经谈到,大多数人不需要被告知跟熟人说话应使用随便的语体。它是与交流场合相联系的一个语码,并不专属某一具体的言语社团。可能很少有人把一个家庭当成一个社团。然而,一个显而易见的事实是,家中的语言与对陌生人所使用的语言是不一样的,就好像方言和标准语的差别一样。

国外一些语言学家把这种语码分为正式体和亲昵体,并由上而下分出若干层次：(1)演说体或冰冷体，(2)慎重体或正式体，(3)商议体，(4)随便体，(5)亲昵体。演说体为职业演说家使用，属于矜持的公开演讲形式。慎重体用于听众过多而不能与说话人进行有效交谈的场合。演说体和慎重体往往都是个人长篇发言，不过慎重体并不是经过润色加工的艺术形式。商议体则是典型的对话，按其所处水平，遣词造句仍需认真斟酌，多数商业交易的进行都利用这一语域。随便体暗示没有任何社交障碍——比如同学之间的关系。亲昵体则增加了一层亲属关系或挚友的关系。(Bolinger，1993：537)这样，除了纯属语言的因素以外，语码的使用还表现出了其他方面，例如尊重、恭敬或是歧视、跛扈等等。

三、语码转换作为一种策略和手段

因为语码与社会角色的关系，所以在不少的情况下，说话人出于某种目的选择一种语码而不用另一种语码。过去有个说法是“什么人说什么话”，自然有其道理；但我们千万不能把某人使用某种语码同这个人的社会阶级对应起来，因为还有语码使用上的“假冒”。杨子荣上威虎山说“黑话”，但杨子荣并不是土匪。社会上的俗谚“见人说人话，见鬼说鬼话”就是这种现象的典型概括。钱锺书《围城》中常常涉及语码的选择问题，下面是第三章的两段描写：

> 方鸿渐回家路上，早有了给苏小姐那封信的腹稿，他觉得用文言比较妥当，词意简约含混，是文过饰非轻描淡写的好工具。吃过晚饭，他起了草，同时惊骇自己撒谎的本领会变得这样伟大，怕这玩笑开得太大了，写了半封信又搁下笔。但想到唐小姐会欣赏，会了解，这谎话要博她一笑，他又欣然续写下去，里面说什么：“昨天承示扇头一诗，适意有所激，见名章隽句，竟出诸伧

夫俗吏之手,惊极而恨,遂厚诬以必有蓝本,一时取快,心实未安。叨大知爱,或勿深责。”

……

那天晚上方鸿渐就把信稿子录出来,附在一封短信里,寄给唐小姐。他恨不能用英文写信,因为文言信的语气太生分,白话信的语气容易变成讨人厌的亲热;只有英文信容许他坦白地写“我的亲爱的唐小姐”、“你的极虔诚的方鸿渐”。这些西文书函的平常称呼在中文里就刺眼肉麻。他深知自己写的英文富有英国人言论自由和美国人宣言独立的精神,不受文法拘束的,不然真想仗外国文来跟唐小姐亲爱,正像政治犯躲在外国租界里活动。

霍达的小说《穆斯林的葬礼》中也有一段非常精彩的描述。来自上海的大学生谢秋思出身于资产阶级家庭,为了和同是上海人的班主任楚雁潮显示出同乡关系,常常有意识地用上海话,但楚雁潮则一直用普通话以保持距离:

谢秋思的目光只盯着备斋,直到他(楚雁潮)出现在眼前,才惊奇地叫了起来:“哦,楚老师!侬从啥地方来?我一直以为侬嘞浪屋里厢……”

“从你们宿舍来,想找你谈谈。”楚雁潮说。

“我就是嘞浪格达等侬啊!”谢秋思眼里闪着泪花,“楚老师,我,我……”

楚雁潮显然是没有这样的概念的。作者写道:

集聚得太多的委屈、压抑得太久的情感,就等着向他倾诉,他终于来了!但他没有走近她,在距离两步远的地方停下了,温和地微笑着说:“不要哭,一个大学生了嘛,已经不是小孩子了!”

……

楚老师的回答似乎是肯定的:没有!

羞涩、懊恼烧红了她的面颊,对一个少女来说,没有什么比爱情上的碰壁更难堪的了。小小的年级,她已经两次失误:先是爱上了不值得爱的人,后是爱上了根本不爱她的人!她是自爱的,现在应该退却了,退到和别的同学"一样"。……那么,她自己的爱情道路就封死了吗?也许楚老师是在舆论的压力下不得不说违心的话,不得不把心中的那扇门暂时封闭,她为什么不再撞击一下呢?把它撞开!

"楚老师,我知道——"谢秋思不再使用上海方言,为的是使自己显得更稳重、更"书生气",也就更靠近楚老师的气质,但下面要说的话却又有意地和他拉开了距离,"您对学生是一视同仁的,特别是像我这样的出生在'资产阶级'家庭的人,也没有嫌弃——"(第 511 - 513 页)

四、局限语码和复杂语码问题

西方社会语言学中有一个比较流行的局限语码和复杂语码理论。我们已经知道,社会语言学的诞生与要求解决许多实际问题有密切的关系。第二次世界大战以后,许多民族摆脱了殖民统治,社会生活发生了很大的变化;而许多新独立国家的社会经济改革和社会结构的变更也激发了人们对科技革命的向往等等。由此带来了许多语言问题,引起了人们的关注,社会语言学试图在这方面显示出自己的能力。这直接迎合了语言学应该成为有用的学科的观点。因此,一些社会语言学家开始了这方面的研究。英国社会学家巴兹尔·伯恩斯坦(Basil Bernstein)从 1958 年开始研究伦敦少年的语言。他后来发表了一系列的研究成果,其中涉及语言与语言结构、阶级与社会结构、语言结构与社会结构的对应关系及学校教学和语言教育等重要问题。他制定了一套术语并用到研究中,这些术语在他自己和其他语言学家的论著里不断得到进一步阐述、修正和改造,成为新的理论和方法的依据。

伯恩斯坦的实验是这样的。他选择在社会阶层上处于两极的两组人。一组是61名住在伦敦不同地区的15—18岁的青少年,他们都是通信员或邮递员,均未受过中等教育。他们每周一次不工作,必须去专门学校接受普通的非生产教育。伯恩斯坦认为,这一组人相当于工人阶级,特别相当于下层工人阶级,与这一阶层相当的还有乡村或农村阶层。另一组是伦敦6所最大的享有特权的人住读的公学(public school)中的45名相同年龄层的青少年。他们的特点是渴望知识,并对各门课程有兴趣。他认为这一组相当于英国的中产阶级。

伯恩斯坦的研究结论是,下层阶级和中层阶级的青少年在语言能力和语言的掌握方面,即在语言行为的规范和语言代码的掌握方面存在着很大的差异。所谓的复杂语码(elaborated code)和局限语码(restricted code)所反映的就是它们之间的差别。伯恩斯坦认为,这两种语码在语言上的差别可以预测说话人将选择哪些结构成分来组织自己的话语,或预测这些话语意义的程度的不同。使用复杂语码时,说话者能从相当多的可替换语言手段中进行选择,因此,预测说话者将选择哪些语言结构成分的可能性很小。使用局限语码时,可供选择的这类变体或可替换手段的数量十分有限,因此,预测说话者将选择哪些成分的可能性就大。总的说来,根据这一观点,复杂语码的特点是句子结构比较完整和复杂,使用多种不同的句子联系和组织手段(如连词、词序等)以及介词等。复杂语码在词汇和语义方面也较多样，其话语总的说来具有更为概括和抽象的性质。局限语码则相反，其特点是句子简短，句法上往往不完善，较少使用介词、连词和从句，词汇量较少，话语内容具体，陈述直截了当。

复杂语码和局限语码是相互补充的，复杂语码是局限语码经补充和扩展后形成的。这就是说，复杂语码包含使用句法上有限的和语义上具体的语言手段，但局限语码不包含使用句法上复杂的和语义上多样、抽象的语言手段。局限语码可以产生在社会的任何场合，只要它被相应的社会环境所使用。伯恩斯坦还区分出一种局限语码的纯粹形式。例如交际中的各种礼仪形式，它的特点是使用十分有限的和严格规定的语言手段，如表示礼节的套话、签订协议时的谈话、各种宗教仪式上的用语、宴会上的祝词等等。

掌握复杂语码的人也能换用局限语码，这也属于语码转换，但只掌握局限语码的人却没有这种能力。他指出，这不是个别现象，在英国有 29％的人没有这种语码转换的能力，他们的地位是下层工人和乡村的农民。

局限语码和复杂语码的差别是结构成分不同。因此，说话者实际掌握哪种语码就成为判别其阶层属性的根据。中国对社会分层中的语码问题缺乏足够的研究，现在我们还不能从中国的事实来讨论伯恩斯坦的结论是否切合中国的实际，但是，一个显而易见的相反的事实是，有时我们也无法使用普通话这种“复杂语码”准确地翻译某一方言。

由于社会教育中使用的是“复杂语码”，所以，操局限语码的孩子在受教育的过程中会受到影响。伯恩斯坦认为，社会阶级和两种语码系统是有关系的。儿童的语码倾向可能完全是由社会结构的属性决定的。可以预料在中产阶级及其附属阶层中生活的儿童会拥有复杂和局限两种语码,而在工人阶级的某些阶层,特别是下层工人阶级中生活的儿童则只有一种局限语码。随着儿童学龄的增加,如果他想取得成功的话,拥有或至少是朝着复杂语码发展对他就是至关重要的。如果只是从这个角度来看,伯恩斯坦是正确的,因为几乎所有的社会都存在类似的情况。非标准语区的人的方言母语有可能影响到自己的教育。例如中国少数民族考生考大学时,尽管国家已经在各个方面充分地给予了照顾,但同内地相比的话,显然要受到一些影响。各方言区的考生遇到汉语拼音题目的话也处于劣势。再以全国范围内的普通话水平测试工作来说,方言区的教师为取得晋升资格就得付出远远超过北方话区教师的劳动。

但是,我们必须看到,伯恩斯坦在此基础上进而提出的对这些孩子的语言教育的补偿的观点却是本末倒置了。他忽略了语言的这种差异的根源是社会的两极分化,我们应该通过解决两极分化问题来解决语言的差异,而不是通过语言教育来提高这些下层社会的孩子的地位。因此,语言学家虽然能在使用语言方面帮助人们"提高社会等级",但是也许最好还是去致力于缩小社会等级间的差别程度,这种差别是许多现代社会所必然出现的。在谈到这个问题时,不由使人想到了在中国历史上曾经出现的教育救国的观点。发展教育固然对提高国民素质有重要的作用,但它并不能彻底从社会根源上解决这个问题。例如,20世纪50年代我们轰轰烈烈的"推普"并未能很好地开展,而现在随着改革开放,中国的"推普"工作已经取得了很大的成绩。这可以说是复杂语码取代局限语码的一个典范。

伯恩斯坦的理论也受到了一些人的批评和责难。其中苏联学者A. И. Домащнев(1988:157)的批评最为严厉:这种理论虽然还未完全过时,但已成为现代资产阶级社会语言学彻底失败的见证。我们

认为 А. И. Домащнев 的话说过头了。作为社会语言学研究的创始者，伯恩斯坦提出的理论无疑就社会语言学的研究为社会服务开了一条可喜的路子，而他所做的深入细致的研究，为社会语言学的发展积累了丰富的经验，为社会语言学的理论建设立下了不可磨灭的功劳。例如后来拉波夫(1985)提出的非常有见地的见解就是在前人研究的基础上发展起来的。

拉波夫也承认语言结构和社会结构之间的原则区别及相互制约作用。但他认为，无论哪一种语言集团，在实现其交际作用时，不同的变体(即伯恩斯坦的语码)的功能价值是相同的，社会有能力为表达同一事物而选择不同的语言手段。他说，这些社会里的社会语言学研究似乎只是一种旨在证明不幸的贫困者在语言能力上的缺陷，从而帮助他们把语言能力提高到有教养的富有阶层水平的慈善事业。拉波夫的话无疑是正确的。任何一种语码都可以是等价的，但是，从使用的范围和交际来看，语码还是有不同的使用域的，有的语码使用范围广，有的语码使用范围窄，它们的差别是存在的，否则，我们就无法解释为什么在很多情况下会发生语码转换。况且，在当今的社会条件下，尤其是中国现有的条件下，完全取消贫富差别是不可能的，想取消不同地区的贫富差别也是不可能的，而对于提高语言教育来说，其扶贫作用也不可忽视。也正因为如此，语码的研究应当是社会语言学的一个重头戏。

第五章　汉语和中国社会结构

第一节　语言对社会结构的反映

一、语言行为和社会规范

社会集团之间存在着文化差异，这些文化差异可以在语言中反映出来。科德(S. Pit Corder，1983：52)指出，同一社团的成员具有共同的政治信仰和伦理信仰，在很大程度上，他们用同样的方式来解释世界，划分客观现象的类别以及赋予这种分类以意义。各个社团有其共同的历史；对什么是重要的，什么是不重要的，具有共同的观点，并有共同的价值观念系统，他们对为人处世、衣着饮食、婚丧嫁娶、宗教礼拜、教育下一代等等，都有一致的是非标准。这一切构成他们的文化。同样，中国社会结构的许多特点也都会在汉语中反映出来。

从索绪尔开始，人们已经认识到语言是一种社会制度。制度是为了适应一定的环境，满足人们的需要而建立起来的。但是语言这种社会制度显然不同于别的社会制度，它是一种经验制度。尽管如此，随着社会环境和人们需要的变化，语言制度也必然会发生一些变化。例如，社会的发展中，人们对一些社会规范有了不同的认识，就使得语言在使用方面发生一些变化。

在社会结构的发展中，最突出的是社会阶级结构、职业结构和性别结构的变化。社会阶级结构处于不断地变化中。中国的阶级结构在建国前后发生了人所共知的根本性变化，它对语言也有一定的影响。如前所说，尽管我们过去非常强调语言的全民性，但是我们已经清清楚楚地看到现代汉语随着社会结构的变化所出现的各种各样的差异。

在一个社会里，有一套维持社会秩序的工具，这就是社会规范，也是一种社会制度。一个人在社会化的过程中，必须进行社会规范的学习，必须遵守这些社会制度。它通过社会各种形式的教育与社会舆论的力量，使人逐步形成一种信念、习惯、传统，用来约束人们的行为，调整个人与社会、个人与个人、团体与团体之间的社会关系。

社会规范也可以说是人们办事的规则和方式，不是行为的内容。规范可以分为两种：一种是技术规范，解决人与物之间的关系，如安全制度、操作规程——这与语言无关；另一种是社会规范，调整人与人、人与社会、团体与团体之间的关系——在这中间，语言起着至关重要的作用。

任何社会规范都具有历史性，在阶级社会里又具有阶级性；永恒不变的、适用于一切时代、一切社会、一切阶级的社会规范是不存在的。

语言规范显然是社会规范的一个组成部分，在人与人、人与社会的关系中，人应该遵守必要社会用语规范。例如，称呼、打招呼、问候等等，都体现出人的社会行为规范。

语言规范大体上可以分为两类：一种是语言行为的规范；一种是语言结构的规范。人们对前者比较重视，因为它是社群规范的重要组成部分，渗透着某一社群的人的观念意识、价值心理，反映该社群的生活习惯和特殊要求。例如，一个人如果在称呼上使用错误，就会影响到自己的形象。在同一社群中，人们选用的变体应该为该社会所认同,否则也会为社会所不容。

语言的规范与语言的教育有关。上海苏北籍女作家蒋丽萍曾对童年时居住在苏北人聚集区的情况有如下一段描写:

> 西新街里……男女一见面,当头一句就是“死鬼哎……!”不管是开心还是怒骂,那里的人都喜欢冲口一句“勒你个妈妈!”(忻平,1996:258)

在现代中国社会里,语言的文明化问题近年来引起了人们的关注。许惟贤把文明化看作是语文现代化的一个方面,(郭伯康,1996)杜永道(1996)也从语言社会生活现代化的角度把它和规范化看作是不可偏缺的车之两轮、鸟之双翼。

我们认为,所谓的语言文明化主要是指行业工作用语和社会生活用语的文明化,实际上也就是指人使用语言时遵守社会规范。这里有两层意思,一是语言规范的本身,一是在社会交际中语言行为的规范。它涉及社会的各个方面,对社会有极其重要的作用。改革开放以来,由于社会生活的变迁,固有的和外来的多元文化的交汇以及市场经济的迅猛发展,上述两大类的语言文明教育一时尚未获得显著发展,语言文明相对社会的发展来说,有所滞后。在这种情况下,许多有识之士表现出了对这一问题的极大关注。人们迫切希望把语言文明教育提到议事日程上来。正确地开展语言文明教育,有利于化解交际中的人际摩擦,创设良好的社会交际氛围;有助于树立互助互谅的人际关系,促进社会风气的扭转。

语言文明教育是全国各条战线的事,是精神文明建设的一项基础性工程,它影响到13亿人的社会生活。因此也应该把语言文明教育纳入语言的社会工程领域。这要靠社会的许多部门齐抓共管,必要时还要采取一些措施。

语言文明教育中有不少亟待解决的问题。例如,语言文明教育的"标"和"本"的关系。从语言形式和思想意识两者的关系来看,语言文明教育是"治标",但应当充分认识到它对"治本"的反作用。杜永道对礼貌语言的作用的认识对人不无启发:

> 在亿万人的日常生活中,礼貌语言的作用之大往往超出一般人的估计。当人与人之间发生这样或那样的摩擦时,礼貌、谦让的语言会如熏风般暖人心扉,将龃龉化为乌有,令睚眦变成笑靥。[①]

语言文明教育的模式化和语言文明的多样化的关系也是需要认真思考的问题。规定一些文明礼貌用语,对社会的语言文明有促进作用。但是,这可能也会带来另一个问题,就是使得文明的语言成为僵化的"八股"。因此,语言文明教育不是规定几句文明用语,也不是只规定几句"忌语"。

从根本上说,语言文明教育是一种素质教育。目前可以对文明语言作出一些规定,但不能把这些规定看成是解决文明语言的灵丹妙药,它只是我们当前形势下的一种补救措施。要实现社会风气的根本好转,还得通过全社会广泛、长期的教育。

二、 等级制和词语的排列

中国传统上是一个提倡尊卑有序的社会,因此它必然强调"内外有别""亲疏有别""长幼有序"。这种等级层次在汉语结构上得到了一定程度的反映。"君臣、男女、父母、夫妻、父子、子女、公婆、婆媳、长幼、兄弟、兄嫂、姐妹、官兵、师生、师徒、内外、上下、中外、主仆、升

① 见 1995 年 9 月 19 日《人民日报》。

降、文武、亲疏、尊卑、贵贱、雅俗、善恶、好恶”等，其所以不能颠倒次序，就跟区别尊卑有序的观念有关。然而，这种观念并不因旧的社会制度的消亡而消亡。1949年以后出现的“党政、干群、干警、军民、指战员、上下级、左中右、领导与群众、从中央到地方、上行下效、上访下调、上梁不正下梁歪”等也都把尊者放在前面，而把卑者放在后面。关于行业的排列次序也很能说明问题。1949年以前的行业顺序是：农工商—士农工商—农工商兵，1949年以后的排列顺序是：工农商学兵—工农兵学商。

这种观念甚至在方位词的顺序上也有所反映。例如“东—西—南—北”所反映的就是我们的社会对方位所划分的等级。这一顺序还影响到进一步的组合：有“东”就把“东”放在前面，例如“东西、东南、东北”；无“东”就是“西”在前面，例如“西南、西北”；无“东”无“西”就是“南”在前面，因此它只有一个机会即“南北”。而“北”只好甘居最后。不过，近年由于其他特殊的原因，“北”得以偶尔有机会居于“南”的前面，例如报刊上关于朝鲜问题的报道会提到“北南双方”，这是因为“亲疏关系”在起作用。看来在一些情况下，“亲疏关系”是可以超越“方位关系”的。

在无等级差别的词语组合上，并列短语内部在次序上一般比较自由，例如“江苏和浙江”“小李和小王”可以分别说成“浙江和江苏”“小王和小李”。但如果有顺序要求，也必须按特定的顺序。今天，人们强调了排名的平等，在一些正式会议上，人们开始用姓氏笔画来排列人的名单。对于一个开列一连串名单的广告来说，也常常标出“排名不分先后”。

三、尊称、谦称、爱称和贬称背后的社会等级

马季、姜昆和大山等人曾说过一个相声，涉及中国的称谓问题。当外国人（大山）听说“哥儿们”是表示人与人之间的亲密关系的称谓时，就称自己的老师马季为“哥儿们”，从而引出一阵笑声。之所以引人发笑，就是因为使用不得体。

称谓是人与人之间关系的反映。汉语可能是世界上称谓最丰富的语言之一，汉语复杂的称谓系统反映了中国传统社会的等级结构。

1. 尊称

汉语的称呼是很有讲究的。汉语有尊称，但是没有像日语、藏语、朝鲜语那样的敬语。吕叔湘（1954：50）指出：

> 中国旧社会的习惯，社会地位较低的对于社会地位较高的，如卑幼对尊长，仆人对主人，平民对官长，穷人对阔人，是不能用普通第一第二身指称词的，得用尊称和谦称。

现代中国社会的情况虽然发生了一些变化，但旧伦理的影响依然存在。目前中国大陆普遍以官衔称人就是过去等级制的残存。在以官衔称人方面，突出的现象是除了中央最高层以外，均是遇“副”省略。20世纪50—60年代曾经提倡干部同群众实行“三同”（同吃同住同劳动），称呼好像还真的实行过平等，记得我小时候公社书记、社长到我们村，村里人都是以“老×”相称的。1978年召开的中共十一届三中全会明确规定党内一律称“同志”，可见后来称呼问题的严重。然而，中央虽三令五申，但除了正式场合，情况并无大的改观。师为公（1996：268）指出：“此风除与官本位思想、官吏权力过分集中、缺乏有力监督等相关外，也与汉语词汇中表敬词语大面积萎缩、百姓无合适措辞有关。”

名字的称呼也可反映出中国的尊称。中国人称人名为名字,因为从前的人名包括名和字两个部分。在旧时代,一个知识分子必须有名和字。字是一个人的社会身份的标志。有人指出:“字是周代的产物。周人以避讳来敬事神明,既讳名不称,须命字来代替,这才是加字的主要原因。”(萧遥天,1987:93)《礼·檀弓》:“人年二十,有为人父之道,朋友等类,不可复呼其名,故冠而加字。”在过去的社会里,只有父母对子女,君主对臣下,或上辈对下辈才可以称名;反之,则要称字,以表示敬意。本人自称名表示谦虚。古人自我介绍或介绍别人时,要名、字并提,若不知道对方的字则会给交际带来一定的困难。今人直称其名也受到各种限制。在一些等级分明的社会群体里,需要规定一些相应的称呼。1990年颁发的《中国人民解放军内务条例》对称呼就有如下的规定:

> 军人之间通常称职务,或姓加职务,或职务加同志或姓名加同志。首长和上级对部属和下级以及同级间的称呼,可以称姓名或姓名加同志。在公共场所不知道对方职务时,可称军衔加同志或同志。

如同语言使用的其他方面的差异一样,中共内部在使用名字表示敬意方面也有自己的特点。据介绍,在革命根据地,党内的人均是互相称呼名字的。这里面显然是有社会原因的,如前所说,当时的革命者有相当数量是没有受过教育的人,他们当中有不少没有字。彼此称名是一件自然的事。而革命的领导者号召密切地联系群众,称呼显然也是一个方面。因此他们首先要起到表率作用。毛泽东等领导人都是有名有字的知识分子,但他们也彼此称名。如毛泽东称呼周围的人,一般均称像“恩来、少奇、弼时”等,有时也加“同志”二字。周恩来等称毛泽东则加上“同志”二字,或直接称呼“主席”。但中共领导人对党外人士则仍遵照传统，见面时称字。例如对李宗仁面称“德邻先生”，对张治中面称“文白先生”。（郑宝倩，1993：104）当然，今天，人们已经很少称字了。近年来中国汉语社会中重名现象越来越严重，对此人们提出了许多方案，有人主张恢复字，这是值得考虑的。

人们在不同的场合、对不同的对象、怀着不同的目的，可能会使用不同的称谓。通过对这些方面的研究可以看出人与人之间的关系，分析出人的各种心理状态。例如，不同的人对同一个人使用不同的称谓是很自然的，同一个人随着地位的变化改变对同一个人的称谓也是正常的，但也有的情况下同一个人对同一个人随交际目的的不同而采用不同的称谓。

“同志”曾经是个用途极广的称谓形式，应该是一种尊称。“南京到北京，‘同志’是官称”的俗谚曾流行过相当长的一个时期。在那个时期里，“同志”曾经是一个极其神圣的称呼。那时，它几乎取代了所有的社会称谓。但是，由于那个荒唐的年代，人们逐渐厌恶它了。那种当面称“同志”而背后大打出手的行径给人留下的是不堪回首的岁月。或许正是这个原因，虽有人一再呼吁，以至于中央电视台和中央人民广播电台对听众和观众的称谓几经改动，但“同志”作为社会称谓始终难以再展雄风。研究表明它的使用正在萎缩，但也有人提出这个称谓在相当一个时期内还将继续被使用。（王洁，1999）同样是时代的因素，“师傅”后来取代了“同志”。曾经有一个时期，“师傅”的使用范围很广。现在看来，“师傅”不久也将成为一个历史的陈迹。“老师”本来只用于学校，但是现在已经泛化，许多与教师职业无关的人也被尊称为老师。“老板”是冬眠近40年以后又重新起用的称谓形式，但其内涵已部分发生变化，例如可以称直接领导人、导师等。

或许它反映了人与人之间社会关系的新变化。

在交际中,越是亲近的人,称呼越随便,反之则要用敬称。《金瓶梅》第一回写潘金莲欲勾引武松,极尽殷勤之能事,自称为"奴",对武松称"叔叔",共有12次之多。武松不为所动。潘金莲第二次陪武松饮酒时,又用言语挑逗武松,先是将"奴"改"我",接下来又称武松为"你",意在通过称谓调整两人的关系。这与语码转换中通过转换语码调整关系可谓异曲同工。

钱锺书《围城》中唐小姐和方鸿渐之间的称呼几经变化,也反映了人际关系的变化。开始,唐小姐称方为"方先生",但后来彼此直接称"你",表明关系的变化。再往后,出现了这样的情况:

> 当夜刮大风,天明小雨接大雨,一脉相延,到下午没停过。鸿渐冒雨到唐家,小姐居然在家;他微觉女用人的态度有些异常,没去理会。一见唐小姐,便知道她今天非常矜持,毫无平时的笑容,出来时手里拿个大纸包。他勇气全漏泄了,说:"我来过两次,你都不在家,礼拜一的信收到没有?"
>
> "收到了。方先生,"——鸿渐听她恢复最初的称呼,气都不敢透——"方先生听说礼拜二也来过,为什么不进来,我那天倒在家。"
>
> "唐小姐,"——也还她原来的称呼——"怎么知道我礼拜二来过?"

这意味着什么,自然不需要再多说了。

2. 谦称

与敬称相对的是谦称。上面已经谈到传统中国社会中对别人称自己的名,这就是一种谦称。郭兵正(1997)提到招呼中的自谦原则是贬已。对中国人来说,贬己就意味着尊人。

通过自谦达到表示尊敬的目的不限于上层社会，它也普及到了民间，它们一起构成了中华民族礼仪之邦的风俗特点。中国的古训是"满招损，谦受益"，而自谦是西方文化所难以理解的。

汉语传统上有许多谦词，例如名词有"寡人、孤、臣、弟子、妾、奴、在下、小可、不才、晚生、弟"等等，副词如"敢、请、窃、猥"等；形容词如"愚、贱、鄙、卑、敝、老、拙、贫"等等。用上面提到的这些词可以构成许多词语表示自谦，例如"愚"有"愚见、愚弟、愚兄、愚言"，"敝"有"敝人、敝舍、敝校"，"贱"有"贱内、贱室、贱荆"等等。

现代中国的自谦发生了较大的变化，这应该归于社会的变化。例如，随着五四对封建礼教的批判和妇女的解放，对妻子的贱称已经完全淘汰。在其他方面，自谦的使用情况发展不平衡。一是祖国大陆地区与港台及海外华人区有不同，一是大陆不同阶层的人有不同。总的来说，在中国大陆地区自谦词语的使用远远少于海外港台和海外华人区，这与大陆几十年所经历的社会变革、思想解放以及社会的发展有密切的关系。在大陆地区用自谦的主要是知识阶层。例如"拙作、愚见、愚弟"等，而在其他阶层，这些均已放弃。对此社会上的看法不一，有人认为这是社会进步的表现，也有人认为这违背了我们的优秀传统。对中国社会自谦词语使用的态度目前还缺乏足够的调查和分析。

3. 爱称

爱称是表示喜爱亲昵的称呼。中国社会中可以用各种方式表示爱称。它的构成方式非常丰富，具有独特的社会文化内涵。爱称也有背称和面称两类。就面称来说，主要有以下几种：(1)单称名，例如称李红梅为"红梅"或"梅"；(2)称小名，例如"小顺子"；(3)称姓，例如"林"；(4)以詈代爱，如"小笨蛋"；(5)单名重叠，如称"张珊"为"珊珊”;(6)代称,如“喂、嘿、心肝、宝贝”等。在上面提到的几种类型中,可以明显地看出中国社会文化的影响。例如,汉语中的爱称主要表现在长辈对晚辈、上级对下级等,而晚辈对长辈、下级对上级的爱称几乎完全处于缺位状态。这也是中国社会中长幼有序、等级分明所造成的。再如,汉语爱称中像“心肝、宝贝”之类在用于情人时,多指男性对女性的称呼,而不具有可逆性,这或许反映出了男人视女性为玩物的潜意识。至于以“喂、嘿”来作为夫妻的对称,或者称对方为“该死的”等等或许反映出了在“男女授受不亲”的社会下只能以简单而又隐晦的方式表达真实情感的无可奈何。

4. 贬称

贬称是对被称对象的歧视性称谓。谦称也通过贬己来实现,但谦称是自称,贬称则是他称。贬称有面称,也有背称,其中以背称居多。贬称可以说是贬义词的一种,但社会语言学所关心的贬称是和社会因素有关的,例如因社会地位、职业或地域优越感而对不具有该优越地位的人的称呼,这是语言歧视的表现。忻平(1996:253-254)在分析20—30年代上海人的性格特征时,提到上海人的地域优越感之强居全国第一,由此产生的褊狭意识典型地体现在对“外地人”的态度上。所谓“外地人”是上海人对内地人的一种概称,它已略去中性的本义而带有明显的贬义,就像18、19世纪巴黎人将其他地区的法国人一律呼之为“外省人”一样,一种明显的贵族式优越感溢于言表。与“外地人”相连的另一种称呼是“乡下人”“乡巴佬”“土包子”等。这种地域优越感,是现代都市与传统农村因发展上的距离而在称呼上表现出来的人格心理落差,“外地人”等于“乡下人”,而“乡下人”等于落后人——未开化的传统人。淳朴木讷的“外地人”“乡下人”来到上海后,往往被变幻莫测、五彩缤纷的上海生活搞得头晕目眩，半天反应不过来，这就为精明善变的上海人看不惯了，生活中的歧视俯拾即是，上海说书、独角戏及报章小说中，多可见或听到诸如以“小苏州白相大世界——昏头陆冲”“乡下人进西餐馆——勿会拿刀叉”“外地人乘电车——勿买票”之类的歇后语为主题的作品。外乡人的方言土音、外地人的笨拙、外地人的生活方式落后等都可以成为上海人骄傲的资本。“阿木三”“阿土生”“猪头三”这样的詈语也常被冠在他们头上。在整个20世纪上海方言中最粗鄙的咒骂之一就是称某人为“江北猪猡”。

称谓的色彩也会发生变化。例如“小姐”一词。从新中国初期至“文革”期间20多年，因“左”的意识形态操纵，“小姐”一词被定位在剥削阶级范畴，被冰封多年。到20世纪七八十年代，改革开放春风吹遍大地，也吹活了“小姐”。当时，被称为“小姐”者无不觉得声声入耳，比之“同志”“师傅”之类，“小姐”暗示了尊贵、年轻、精致、时髦。在《国家公务员手册》中，小姐还被列为公务员的指定礼貌用语。《国家公务员手册》称呼礼仪一节关于性别称呼，有如下描述：

> 对于从事商界、服务性行业的人，一般约定俗成地按性别的不同分别称呼“小姐”、“女士”或“先生”，“小姐”是称未婚女性，“女士”是称已婚女性。

然而，近年来情况发生了变化，“小姐”一词在社会上有些变味，似乎有点专指“性工作者”。以致报刊上常有称人“小姐”遭白眼的报道。更有甚者，又有新的消息：

> 近日，北京市丰台区右安门街道的工作人员不能再对流动人口使用“小姐”等歧视性或容易产生歧义的称呼，否则，“劣迹”会被纳入年度工作考核中。这是该街道外管站更名后首次作出

的一项新规定。[①]

我们无法对这一规定的正确与否作出评价,但它至少说明“小姐”称谓色彩的变化已经是相当严重了,同时,它也提醒我们恰当地使用称谓在社会交际中的重要性。

敬称、谦称和贬称之间的关系是值得注意的。如上所说,中国社会的特点是人高我低,在交往中采取的是贬抑自己、褒扬别人的礼貌态度。礼貌语言的使用可以缩小交际双方的距离。人们通常会借用亲属称谓,或者以亲属称谓为基础造出含有亲属称谓语素的类亲属称谓来称呼非亲属。由于建立这种“亲属关系”,就成了亲戚,甚至成了一家人,成了弟兄,双方的距离就拉近了。

四、从社会称谓缺位现象看社会文化背景对语言的影响

中国的社会称谓概言之有五:(1)姓名;(2)类亲属称呼;(3)身份;(4)通用称呼;(5)其他。社会语言学比较关心的是(2)(3)(4)三种情况。这三种称谓中,(2)反映了亲属本位,以亲属相称,以缩小距离;(3)反映的主要是“官本位”,遇官称衔,以示恭敬;(4)反映了社会的时尚,表现出说话人的追求。这些都证明了中国社会对称谓的影响。与亲属称谓相比,社会称谓更表现出其社会特征,尤其是时代特征。

社会结构对称谓的影响是多方面的。这里以当前社会称谓的缺位现象来作些分析。目前社会称谓的缺位中最明显的有以下几个方面:

---

① 见2004年6月7日《京华时报》。

1. 与“先生”和“小姐”相关的称谓的缺位

这两个社会称谓目前比较流行。不少人似乎觉得“先生”是与“小姐”相对的,其实不然。“先生”有不少的义项,目前比较流行的有三:(1)对男性的泛称;(2)知识界对有一定学术水平者的尊称;(3)丈夫。由于“先生”一词可以作为男性的泛称,所以在“大社会”中对男性的称谓困难不大。“小姐”却不然。它只是女性称谓的一部分。我们的社会没有接受与女性相应的“大社会”泛称。这就形成了“小姐”以外女性称谓的缺位。一位对汉语颇精通的外国人在去商店买东西时遇到了称谓问题:男的可以称“先生”,年轻女性可以叫“小姐”,但那些年龄大的女营业员呢?他知道中国人此时可以用“同志”,但他是用不得的。对个体或私营业主来说,现在一个比较流行的称谓是“老板”,但是在国有商店里,这显然行不通(南京的中学生现在对社会上经营人员的普遍性称呼是“老板”,但在调查中他们也认为在大商店里用“老板”不合适)。

另一方面,“先生”的称谓在小社会里也有一些麻烦。以知识界为例。年轻人称年长者为“先生”顺理成章,但是年长者对年轻者呢?除了非常正式的场合,他们一般不用大社会的“先生”,而选择“同志”这个在不少人看来是过了时的社会称谓。大量的长者为年轻人的著作所作的序(或所题的词)证明了这一点。有人觉得老年人过于钟情“同志”,其实这些老年人也是不得已而为之。最近有人谈到香港人也用“同志”一词,认为是受了大陆政治文化的影响。另一些人不同意这一看法,认为香港人用的是“同志”最早的意义。我觉得这里很难就这个问题的是非作出结论,但有一点可以肯定:这说明香港人也遇到了大社会的称谓问题。

2. 女师傅、女老师配偶的称谓的缺位

在汉语社会里,人们通常对老师或师傅的妻子尊称为“师母”。但是,如果老师或师傅是女的,对她的丈夫就无法称呼了。几乎不会听到一个人称女老师或师傅的丈夫为“师父”,尽管“父”是“母”的相对词。这里显然有一个缺位。

3. 同事或一般朋友的配偶称谓的缺位

不少人都遇过这样的尴尬场面:第一次见到同事的妻子或者丈夫时不知道该怎么称谓(关系密切的同事或朋友除外)。在男性为中心的旧时社会里,这自然不成问题。在那时,与外交往的多是男性,若到一家做客,只需按照男方的姓称其妻为“某太太”即可。建国以后,“太太”一词被扫进了垃圾堆,“某太太”之类自然也就没有了,男女之间似乎也就此平等了。后来人们发现扫除“太太”给称谓带来了不便,而港台人就没有这种麻烦,便想到要恢复它。然而虽有人提倡,似乎仍很难行通。因为今天的社会男女毕竟平等了,女子也开始走天下了。“某太太”的称谓只解决了问题的一半。例如,妻子的同事或朋友是否可以按照妻子的姓称其丈夫为“某先生”呢?

当然,女性也有一个大社会泛称——“女士”。但目前这个称谓似乎只用于一些极其正式的场合。例如大会致词时人们会说“女士们”或“各位女士”之类。而且在一些中国人看来,“女士”只适合于背称。

当然,称呼难的问题不只限于这个方面。其他一些因素也会导致称呼的困难。有人曾就“对哪些人感到不好称呼”的问题进行调查,发现交谈双方在权势关系与一致关系并存时称呼上有困难。例如,有的人过去是自己的老师,现在成了自己的同事或同学的人不好称呼。(陈松岑,1985:151)

4. 普遍性社会称谓的缺位

我亲身经历了这样一件事。20世纪80年代中期，在南京大学的一场学术报告会上，一位来自北京的学者在谈到社会上滥用“老师”这一称谓时愤愤然。他说了这样一段话：

> 现在社会上滥用“老师”一词。××电视台的一位主持人在向观众介绍一位相声演员时说：“我们刚才看到了××老师的精彩……”我不承认××是我的老师。这里用“老师”来称呼××是我们所不能接受的。

这位学者的话当然不无道理。但我们也应当理解这位主持人在当前社会泛称缺位情况下的苦衷。上引话中的“老师”当然可以换成“先生”，但从交际的角度看，用“先生”的称谓无疑拉大了两人的距离。况且，“老师”这个词近年来已经成为文化教育界一个比较流行的社会称谓，在上面的场合这样用用也未尝不可。但这个称谓在其他领域里却用不起来。例如，在一个单位里，一个人担任某种职位，人们可以以其职位来称呼，如“×科长”“×处长”“×局长”乃至于“×处”“×科”等，但对一般的工作人员呢？是否可以用“老师”？我想很多人不会接受这一用法。过去这种情况下称“同志”，后来叫“师傅”，现在还真找不到一个恰当的称谓来替代。如果是认识的人还可以叫“老×”或“小×”，但不认识的呢？由此看来，“同志”还将继续使用下去，因为由它所造成的空位暂时还无法得到填补。至于“老板”一词，虽说眼下已经很流行，但好像暂时还看不出成为全社会泛称谓的迹象。

上面摆的都是一些现象，我们现在所关心的是为什么会有这些缺位。在我们看来，传统观念中男女社会地位的差异是其中重要的因素之一。

以“先生”和“小姐”为例。由于我们的社会传统是以男性为中心的,所以有男性的大社会泛称,而没有女性的。对女子来说,一旦结了婚,她们的黄金时代就过去了,这个社会似乎可以不必称呼她们了。所谓的“太太”只是说明女人是男人的附属品。

再说“师母”。为什么有“老师”“师傅”,有“师母”,而没有对女老师、女师傅的丈夫的相应称谓呢?这显然也与我们的社会文化传统有关。在过去,当“老师”“师傅”的是男性,而女的只能操持家务,只能当“师母”。

事实上,男女这种地位上的差异不仅造成了社会称谓的缺位,也造成了亲属称谓的缺位,只是亲属称谓中的缺位有自己的补偿形式,没有引起交际上的问题,人们没有注意罢了。

我们来看看血亲称谓。父系中以年龄是否大于父亲而区分伯、叔,有的地方甚至按这些男性的年龄分出伯、爹、大、叔等等,而母系中对于母亲有关者却不以同样的方式来区分,无论是母亲的哥哥还是弟弟都称为“舅舅”。如果要区分,不管是否大于母亲,一概冠之以表示顺序的“大、二、小”等。另一方面,同样是父系的血亲,对父亲的姐姐和妹妹不加区分,这也是轻视女性的表现。当然,对母亲的姐姐和妹妹更是如此。

造成称谓缺位的当然还有其他因素。我们的文化中特别重视宗亲关系,而且不厌其细。传统上常以亲属称谓代社会称谓。从“大爷”“大娘”到“大姐”“小大姐”,不一而足。所谓的“七大妗子八大姨”的说法可以说是一个朴实而又形象的写照。即使是今天,在农村以及一些中小城市的许多地方仍保留着这种传统。这种情况在西方是另外一个样子:我们的“七大妗子八大姨”在英语中只一个“aunt”而已。因此,比较单一的外来社会泛称像“Mister”和“Madam”之类的传入很难适应我们的多元需求："老师"不能完全取代"先生"，"先生"也不能完全取代"老师"。每个称谓各有分工，各司其职。

社会地位的尊上也是造成缺位的因素。下面的几个例子中，带问号的组合理论上是成立的，而我们一般却不会用作称呼。

张博士　？张硕士　？张学士（过去有个单口相声《解学士》，与此不同）

李教授　？李讲师　？李助教

王队长　王副队长　？王队员

赵组长　赵副组长　？赵组员

"博士"和"教授"可以用作称谓，"硕士""学士"和"讲师""助教"不用作称谓可能就是这种因素造成的。附带说一下，我们用"老师"作称谓，不用"教师"作称谓，而新加坡等一些海外汉语国家或地区则有用"教师"作称谓的，例如可以称"某某某讲师"，这可能与中国教师这一职业的地位有关。

也不能否认外来文化对汉语称谓的影响。人们对时尚的追求也会使得社会称谓表现出一种时代风格，尤其当外来力量有其强大的经济后盾的时候。语言之所以能体现出其潜在的市场价值大概也在于此。社会称谓自然不会那么超脱。今天社会称谓的所谓时尚表面看是来自港台大众文化的影响，其实它们早已在过去"洋场"上"初露峥嵘"，只是由于历史的原因而中途退场罢了。不管怎样，我们应该看到，"外因通过内因而起作用"，中国社会不是一个只追逐时尚的社会，如果只是追求外部"时尚"的话，"女士"之类大概也不会太受冷落了。

社会称谓的缺位是中国大众文化的一种比较特殊的现象，也是语言发展不平衡的一种突出表现。它与社会的发展有密切的关系。

随着社会的发展,有的社会称谓会被淘汰,新的社会称谓也会随之而产生。这可以说是一个公理。

目前中国社会称谓的总的发展有这样几个特点:(1)弱小的方言向普通话靠拢;(2)农村向城市靠拢;(3)小城市向大城市靠拢;(4)北方向南方靠拢;(5)大陆向港台靠拢;(6)国内向国际靠拢。

这种情况导致了一个不容忽视的后果:在相当长的一个时期里,汉语的社会称谓将处于一种无序状态。无序会自然走向有序。语言作为一种自足的系统会自动调整自己的社会称谓体系,我们不必为此“杞人忧天”。但是,我们应该看到,所谓语言自身的调节,实际上还是人的调节。这种调节常常是无意识的,不自觉的。我们不应该在等待中让它们走向有序。正如我们坚信世界不可避免地走向大同而我们还得为此作出巨大的努力一样。

总的来说,当前社会称谓的缺位现象确实具有中国特色。作为一种交际现象,它反映了社会文化在深层对语言的影响,也反映了“全球一体化”过程给社会交往带来的新问题。现代汉语称谓的缺位问题可能还要继续一段时间。亲属称谓的缺位会随着社会的发展逐渐淡化,在不久的将来将不成为一个问题,但社会称谓的问题将依然存在。如何解决这个问题应当引起我们的重视,和“国际性的社会称谓”接轨可以看作一条路子,但恐怕不能不考虑中国的国情,不能不考虑汉语的实际。我们应该研究其间所带来的问题,逐步制定社会称谓的规范,并把它同推广普通话结合起来以推向全社会。语文工作者应当担负起这一职责。

最后要说明的是,制定社会称谓的规范并不意味着强制推行某种社会称谓。我们必须考虑某一社会称谓的基础。事实已经证明,不切实际地强制人怎么说不怎么说常常适得其反。(郭熙,1997)

第二节 语言对家庭制度的反映

一、从汉语看中国的家庭

社会学认为，家庭是社会的细胞，无数个家庭组成了社会有机体。家庭是一个历史范畴，它随着社会的发展而发展。它的发展变化有两大原因，一是物质资料生产方式的发展，一是家庭自身的内在矛盾运动。家庭的出现是对群婚型婚姻制度改革的产物，从此出现了固定的配偶关系，这是社会进步的一个重要标志。婚姻家庭制度发生变迁，与之有关的语言方面也会发生变迁。在封建社会里，男女婚姻不能自主，而由父母包办，结婚以后妻到夫家，妻随夫姓。这就引起了称谓系统的改变。

家庭是一种基本的社会制度，其他制度都是由家庭制度衍化出来的，因此研究家庭制度不仅可以了解家庭本身，还可以研究其他的社会制度。例如，中国古代社会中家庭是生产、生活和血缘合一的单位。汉语中“国家”这个词意味着“国”是由“家”组成的。同时，“国”也是个大家。在国与家之间缺乏其他过渡层次，这种社会结构决定了家庭本身具有强大的凝聚力，成为社会的支柱。因此，家庭的各种变化和发展必然会从语言里反映出来。

我们以“家”字为例。

“家”是一个会意字。上面的“宀”表示与房屋有关，下面的“豕”即“猪”。许慎在《说文解字》中想方设法把它解释成形声字，段玉裁认为“家”字的本义是“豕之尻(jū，同“居”，作者注)也”，引申假借为人之尻。罗常培(1989：10)推测这是个会意字：

我推想中国初民时代的“家”大概是上层住人，下层养猪。

现在云南乡间的房子还有残余这种样式的。若照“礼失而求诸野”的古训来说,这又是语言学和社会学可以交互启发的一个明证。

罗常培先生的这段分析不可谓不精辟。这个例子应该带给我们许多思考。

家庭的组成是以婚姻为前提条件的,正因为如此,中国人说结婚叫“成家”。婚姻关系也在汉语中反映出来。下面举出两对跟婚姻有关系的词语来看中国传统婚姻家庭。

(1)“娶”和“嫁”

传统中国社会的“嫁”和“娶”也反映出我们的婚姻关系。中国人对这两个字已经习惯成自然,常脱口而出,为了有助于理解,我们不妨同英语作点比较。英语当中有 marry 这个动词,意思是“结婚”。刚学汉语的外国人常常会说出“A 结婚 B”或“B 结婚 A”。而中国人说这个句子时可能有四种说法:

① A 娶 B

② B 嫁给 A

③ A 跟 B 结婚

④ B 跟 A 结婚

③和④的用法过去比较少,现在已经有所增加。就①和②来说,为什么英语中没有“娶”“嫁”之分呢?我们只能从中国社会中去找原因。

“娶”上古时代也可以写成“取”。例如:

伐柯如何,匪斧不克。取妻如何,匪媒不得。(《诗经·豳风·伐柯》)

《说文》:娶,取妇也。从女,取声。

段注：取彼之女，为我之妇也。经典多假“取”为“娶”。

《说文》：取，捕取也。从又耳。《周礼》，获取者取左耳。

这反映了古代中国战争中割俘虏耳朵的情况。沈锡伦（1995：160－161）认为古代借“取”为“娶”的做法正印证了原始社会后期男子结婚盛行的抢婚制。他指出，对于那时的男子来说，抢来的新娘也好，抓获后分给自己的“奴”也好，都是以武力获得的配偶或性伴。这种分析是有道理的。

“嫁”，《说文》的解释是：女适人也。意思是女人到别人家里去生活，女子找到了自己终生生活的“家”，这就是“嫁”。

从“娶”和“嫁”我们可以看到中国宗法社会里男人的中心地位和妇女的附属地位。

（2）“未婚夫”和“未婚妻”

钱锺书在《围城》中几次用到这两个词：

他常听到心烦，以为他那未婚妻就给这电话的“盗魂铃”送了性命。（第三章）

高松年自己说，这是他的秉公办理，决不为未婚夫而使未婚妻牵累——“别说他们还没有结婚，就是结了婚生了小孩子，丈夫的思想有问题，也不能‘罪及妻孥’，在二十世纪中华民国办高等教育，这一点民主作风应该具备。”（第八章）

“未婚妻”和“未婚夫”的用法一直被沿用下来。后来有人对“未婚夫”和“未婚妻”的叫法提出质疑，认为这是不符合逻辑的。的确，中国法律上没有所谓“未婚夫”和“未婚妻”的概念，因为按照中国法律，只要履行了结婚手续即为结婚。但是，考虑一下中国传统的婚姻过程，这个问题就好理解了，其过程是：

求婚—订婚—结婚

在订婚仪式举行后,社会就认可他们是未婚的夫妻。至于结婚,在中国的传统中也必须有一个仪式。在中国农村的许多地方,即使是今天,办理过结婚手续但未举行婚礼的仍被认为是没有结婚(通常的说法是"登记"),如果两个人只是"登记",没有举行婚礼而同居的话,仍会被社会舆论所讥笑。

目前中国很多地方的婚姻过程是对传统婚姻的一种改良,其过程大致是:

求婚—订婚—恋爱—结婚

在这个过程中,订婚后未结婚的仍称为未婚夫妻。由此可见,"未婚夫"和"未婚妻"的名称是有其社会背景的。另一方面,它也反映了中国传统社会中对婚姻关系的一种观念,这就是,婚姻关系一旦确定,就是"夫妻"。

尽管婚姻是家庭的纽带,但是,在中国传统的家庭里,主要关系却不是夫妻关系,而是父子关系。这可以从一些俗语中反映出来。例如:"有其父必有其子""知父莫如子""父子无隔宿之仇""虎毒不食子""父债子还""一日为师,终身为父""杀父之仇,不共戴天"等等。

中国家庭中的婆媳关系也是家庭关系中的一种特殊关系,民间谚语所谓"多年媳妇熬成婆"就反映了妇女的地位和婆媳之间的这种关系。

二、亲属称谓

亲属称谓是以本人为中心确定亲属成员和本人关系的名称。它是由各代婚姻关系构成的男女双方血缘关系排列的亲属次序确定的。亲属称谓有两种方法:一是类分法,一是叙述法。前者的特点是:(1)不标明亲属是父系还是母系;(2)不标明亲属是直系还是旁系;(3)不标明亲属的排行顺序。后者的特点是:(1)父系亲属和母系亲属分明;(2)直系亲属与旁系亲属分明;(3)既标明尊卑辈分,又标明长幼顺序。目前世界上很多民族采用的是类分法,而中国汉语社会采用的是叙述法。(乌丙安,1988:160)因此,一个说英语的人学习汉语时,常常不知道怎样用汉语去表示某种亲属关系,而中国人学习外语时,也时常想弄清楚对方所说的 uncle 或 aunt 和说话人到底是什么关系。

亲属称谓是家庭亲属关系的形式化表现,有其特殊的社会根源。中国的亲属关系具有下述几个主要特点:(1)注重内外、上下、尊卑和等级的分别;(2)亲属关系延伸广;(3)亲属名称分得细。下面以汉族称谓中第一旁系尊属长辈的称谓为例来做一简要的分析。

父亲的哥哥:伯;　　父亲的弟弟:叔

母亲的哥哥:舅;　　母亲的弟弟:舅

父亲的姐姐:姑;　　父亲的妹妹:姑

母亲的姐姐:姨;　　母亲的妹妹:姨

在这四项称谓中,只有父系男性长辈才有长幼的分别,其他各项均只有父系母系之别,而无长幼之别。要标明长幼时,只有靠句法组合手段即加上"大、二、三、四"等等来标记。父的兄只能称"伯",父的弟只能称"叔",父亲的兄不止一个时,可以加"大、二、三"等以示区别,有的地区甚至可以再用"爹""大"之类,但一定不能用"叔";同样,对父亲的弟弟,可以称"叔",不止一个时也可加上顺序,但决不可用"伯"。这种特异现象与中国长期以来的家长制中以长子为继承人有关。在家族男性成员同胞手足中严格区分长幼行次是与家族继承相适应的。自古以来,"伯、仲、叔、季"顺序已成定制。在古代,父亲的哥哥又称为"世父",《释名·释亲属》说:

父之兄曰世父,言为嫡统继世也;又曰伯父,伯,把也,把持家政也。

可见,伯父之称所以严格,是有其封建家长制的社会根源的。这种情况至今在一些地方和一些家族中依然存在。例如,我家在称谓上直到我这一代依然遵循这一传统。下面描述的是我家的基本称谓形式:

祖父辈:除祖父外,均以"排行+爷"相称。例如,我的祖父排行第二,我称"爷",其余的分别称为"大爷、三爷和四爷",而我的"大爷"的孙子,称其祖父为"爷",对另外几位分别称为"二爷、三爷、四爷"。对祖父辈的妻子,除祖母称"奶"以外,均以"其丈夫的排行+奶"相称。

父辈:对父辈的称谓严格按照"伯、爹、大(阳平)、叔"的顺序相称,"叔"不止一个时,用"排行+叔"的形式。任何一个人,均按其父亲的通用称谓称呼父亲。例如,我父亲排行第三,应该称"大",那么,我所有的同辈(通常指同一曾祖父)的人均如是称。我父亲的哥哥排行第一,我们所有的同辈都称"伯";我父亲的堂兄排行第二,我们所有的同辈都称"爹"。对"伯、爹、大、叔"的妻子也有等级区别:伯之妻为"母",爹之妻为"娘(阳平)","大、叔"之妻均为"婶",但对母亲均称"妈",其余的则按其地位称呼。由此可见"伯"在传统家庭中的地位。

也可以把称谓分为亲属间的亲属称谓和非亲属间的亲属称谓:前者在亲属间使用,后者在社会上使用。"爸爸、妈妈"是纯粹的亲属间的亲属称谓,而"叔叔""大哥""大姐"等称谓形式既可以用于亲属之间,也可以用在非亲属之间,不过,作为非亲属称谓的"大哥""大姐"中的"大"已经虚化,不再有序的概念。至于"阿姨""大妈"之类通常只能用于非亲属称谓之间。

亲属称谓中血亲称谓比姻亲称谓分得细，也比较复杂，这显然也是中国社会重血统、重宗族的表现，这里不详述。

不仅是称谓本身复杂，在使用上也有各种情况，例如汉语社会就有所谓从子称的情况。在中国一些少数民族中，称谓的使用更为复杂。周庆生(1994)描述了西双版纳傣语亲属称谓的 13 种语用变体：引称和对称、排行称和释称、从佛称和还俗称、从妻称和从夫称、从孩称和父母称、亲称和泛称、等级称。这些称谓变体显然与他们的社会文化有密切的关系。

随着社会的发展，亲属称谓正在由复杂趋于简化。其中的因素至少有二：一是人们亲属观念的淡化；二是计划生育政策引起的人口的减少。后者可能是问题的关键所在。在可以预计的将来，不少亲属称谓将从我们的生活中消失。

第三节　人名

一、人名的社会特征

人名是一种社会现象，也是一种语言现象。由于语言和社会文化背景的不同，不同社会群体的人命名的原则各具不同特征。汉族社会里，姓氏的功能是用来续血统、别婚姻的。“姓”字从女，可见姓制度产生于母系社会。姓制度在上古以女子为中心，即子女从母姓。古姓中的“姬、姚、姜、嬴”等都从女。周文王姓姬，上古以姬姓为尊，所以后来姬有“美女”义。

重视行辈之别和长幼之分的宗法观念也反映到了汉族人名的命名上。例如同辈要用同辈分的字。我们常说“～字辈”。与汉族社会的“续血统、别婚姻”的功能不同，凉山彝族奴隶社会产生的姓氏，是用来分等级、别贵贱的。在那里,实行一种种姓制度,阶级关系和等级关系是以种姓为基础的。(游汝杰,1993:87)藏缅族实行一种父子连名制。它表现为:子名的前一字或两字与父名的后一字或两字相同。如父名是“一尊老勺”,子名为“老勺渎在”,孙名为“渎在阿宗”……父子连名制是父权社会里,尊父卑母观念的反映,也是出于追溯父系血统和继承遗产的需要。

在阿拉伯国家和一些信奉伊斯兰教的民族(如中国的维吾尔族)的人名中,也有类似的情况。这也可以算是“父子连名”。例如,他们的姓氏结构是“本名+父名+祖父名”,也有在祖父名字后面再加上曾祖父名字的。例如“穆罕默德·奥斯曼·穆罕默德·哈森”等等。

人名与社会有密切的关系。就理论上说人取什么名字是自由的。但它也会受到社会文化、政治等的制约。中国古代就有所谓名讳,这种现象至今还存在于中国的一些地方。例如辈分用字在河南不少地方都有限制。

人们还通过名字反映出对后代的希望,喜欢起吉利的名字。这也有时代性。我在上大学时有一位蒙古族同学,姓王。他告诉我,这是他们的祖先来到中原后特意取的,意思是希望“为王”。据河南省《唐河县志》介绍,该省唐河县和社旗县有几百户李姓和王姓的蒙古族人,他们的姓都是选的大姓。从历史的角度看,外族人用汉族姓,有的姓是赐的,有的则是自己选的,还有的是音译的。南宋赵汝适《诸蕃志》云:三佛齐(今印度尼西亚爪哇岛)“国人多姓蒲”。岳珂《桯史》也称:“番禺海獠杂居,其最豪蒲姓。”《宋史·大食传》:大食贡使蒲姓最多,如蒲希密、蒲思那、蒲押陀黎、蒲加心……南宋泉州掌市司舶之蒲寿庚……先世亦为大食人。蒲姓实为阿拉伯文 Abu 之音译,其音本为“阿蒲”或“阿卜”,但元音“阿”常被略去,仅用“蒲”或“卜”。

(邱树森,1996:108)又如“马”姓,是阿拉伯语 Mohammed(穆罕默德)的音译。

也有故意起一些奇怪的名字的。前些年,日本一个人为自己的孩子起名“恶魔”被政府有关部门拒绝,引起了一场风波。社会上对此进行了讨论,有支持的,也有反对的。支持者强调名字使用的自由,反对者则强调名字对人的影响,可见社会对名字的关心。一段时间有消息说中国政府有关部门将对人名用字作出规定,也引起了互联网上的热烈讨论。

二、人名的地域特征

有人利用 1982 年全国人口普查资料,用计算机对 174 900 个人名进行了抽样综合统计。统计表明人名用字具有地区性。比如在北京、上海、辽宁、陕西、四川、广东、福建 7 个省市中,前 4 位高频字就没有完全相同的。有的字在某一地区使用频度很高,而在其他地区的使用频度却很低,甚至是零。如“淑”字在北京占第一位,出现12 213次,频度是 2.673%,而在上海只出现 62 次,频度是0.131%,排在 158位。“�”字在福建出现 88 次,其他地区都是零。(以上据王均等,1995:191)

姓氏的频度表也反映了姓氏的地区性。上引统计结果表明:历史悠久的地区的姓氏相对复杂些。如陕西是中国文明的发源地之一,北京自辽以来一直是首都所在地,因此,这两个地方的 25 000 人中,姓氏都达 450 个左右。而发展较晚的广东、福建,则不足 300 个姓氏。姓氏分布是不均衡的。如“王、张、李、刘”4 个大姓在北方方言区的几个点(北京、辽宁、陕西、四川)都居前 4 位,在别的地方则不然。福建“陈”姓最多,“林”姓次之,两姓就占了总人数的近 30%。有些姓氏从全国范围来看是罕见的，但在某一地区却可能比较集中，像北京的"东"姓，陕西的"路、党、权、鱼"，辽宁的"初、矫、逯"，四川的"卿、阳、补"，广东的"麦、禤(音'宣')"，福建的"水"等姓氏，在统计中都有一定的比例。

造成人名的地域特征的原因大致有以下几个方面。

(1) 居民来源不同(即移民背景不同)

这一方面的原因只是造成姓氏在地理分布上的特征，即某些姓集中在某些地区。上面提到的一些姓氏的分布就说明了这一点。在河南的许昌(即"许都")附近有一个很大的村子叫"俎庄"，大多数人都姓俎。按照名从主人，"俎"应读[tʂ' o⁵⁵](当地话中的上声)。此字的读音很特别，无法从古音找到对应关系，而在当地的方言系统中，该音节仅此一字，于是他人多念成[tʂ' u⁵⁵]。有人怀疑此姓是古代的少数民族。后来中央电视台的百家姓节目中有专家证明该姓确实是古代的少数民族。又如江苏句容市后白镇油坊村，所有的家庭都是"黄"姓，因为他们是一个叫黄仁进的老人在清朝末年带家人逃荒落户在此繁衍而成的。

(2) 方言和民俗不同

方言不同，不仅会造成人名用字的不同，而且可能引起人名结构的不同。例如吴语区口语，喜欢在人名前冠以"阿"字。"王福根"可以分别称为"阿王、阿根、阿福、阿福根"(称呼也有类似的情况，例如，称"陈老、陈瘦老、瘦竹老")。因民间心理和风俗的不同也有可能造成人名用字的差异。例如在上海金山、松江等县小名有叫阿猫阿狗的。这种命名法与当地的民间传说有关：一对年轻的夫妇第一次有了孩子的时候，取名"金宝"，后来这孩子死了，第二个孩子取名"银宝"，后来也死了，在生第三个孩子的时候，他们看到家里活蹦乱跳的

猫，就起了“阿猫”，结果“阿猫”长得又高又大。（游汝杰，1993）

（3）社会发展的差异

中国香港、台湾和澳门地区都有妇女婚后在姓名前冠以夫姓的习惯。例如香港前政务司长陈方安生、保安局局长叶刘淑仪、环境食物局局长任关佩英、教育统筹局局长罗范淑芬、资讯科技及广播局长尤曾家丽、卫生署署长陈冯富珍等。有人把这看作是女性（多为上流社会的女性）名字所特有的标记，（赵蓉晖，2003）不过它只适用于已婚女性。这种现象大概源于中国的传统。中国古代姓名文化中有妻从夫姓，后来发展为妻冠夫姓。其间情况复杂。1929 年 5 月，南京国民政府公布的《民法》第四编第三节第一千条，对“夫妻之冠姓”作了法律表述：“妻以其本姓冠以夫姓。赘夫以其本姓冠以妻姓。但当事人另有订定者，不在此限。”研究表明，妻从夫姓习俗的产生、发展和形成，主要和中国家族制度的衍变发生联系，俟形成传统后，又对妻冠夫姓的法律制定造成习惯性影响。随着家族制度的彻底解体，其余韵目前仅存在于台湾、香港、澳门地区和一部分海外侨胞中，大陆似已消失。[1]这种现象或许还有一种可能，即是受英语文化的影响，但尚缺乏这方面的证据。

三、人名的时代特征

不同时代的人在用名上有明显的时代特征。先秦除用天干地支记时间之外，还用它们起名字，例如盘庚、武丁。周秦用“伯、仲、叔、季”等字排行，反映出当时的社会的等级。

1983 年 6 月 5 日的《讽刺与幽默》有一篇短文列出了一串不同年

① 2004 年 4 月 27 日新华网（http://www.ha.xinhuanet.com/yincang）。

代出生的人的名字：

1948年以前	贾得宝	孙发财	姚有禄	庞天佑
1949—1950	郑解放	叶南下	秦建国	向天明
1951—1953	司卫国	邓援朝	朱抗美	靳停战
1954—1957	刘建设	申互助	童和平	时志方
1958—1959	孟跃进	潘胜天	戴红花	王铁汉
1960—1963	任坚强	冯抗洪	齐移山	赵向党
1964—1965	高学锋	钱志农	艾学雷	方永进
1966—1976	董文革	张要武	房永红	邢卫兵
1976—1983	韩振兴	李跃华	宋富旺	彭文明

我们可以再补出1984—1997年的一些人名：贾佳、王菲菲、方维娜、雷蕾等等。

毫无疑问，上述名字是人们为了某种效果故意拼在一起的，但应该说还是可以反映有关年代人名的特点的。王均等(1995)提到的统计资料中各时期的人名用字频度表就比较科学地反映了人名用字和时代的关系。根据中国社会变化情况，该统计把出生时间分为4个时期：(1)1949年9月30日以前；(2)1949年10月1日至1966年5月31日；(3)1966年6月1日至1976年10月31日；(4)1976年11月1日至1982年6月30日。对4个时期人名用字频度的统计表明，人名中有一部分字是相当稳定的，但从全局看，人名用字带有较强的时代特征。具体表现在以下两个方面。

一是时代因素(政治、社会风气等)影响到各时期某些人名用字的频度。如"文革"时期(第三个时期)"红"字由45位上升到第一位，"军"字由41位上升到第三位。

二是时代因素影响到各时期人名用字的总趋势。统计结果表明，第四时期的人名用字有以下特点：1.传统的人名用字少了；2.追求新颖、脱俗；3.避免太浓的政治色彩。从名字中大体上可以看出出生的时代。当然，有的名字并不是出生时取的，有的可能是中间改的。“文化大革命”中，曾掀起一股改名风。我的一个邻居原来的名字叫“爱卿”，“文革”中曾改为“爱武”（取自毛泽东《七绝·为女民兵题照》中“不爱红装爱武装”）。当然，后来又改回去了。

也有出于其他一些原因改名的。例如，胡乔木和乔冠华原来都叫乔木，一个在延安，一个在重庆。胡乔木随毛泽东到重庆参加谈判时，毛泽东让延安的乔木在前面加上胡字，说是回延安后再改回来。后来，周恩来为他们二人定名，一为胡乔木，一为乔冠华。（胡乔木，1994：71）

四、人名的性别和结构特征

男性和女性人名用字频度则反映了人名用字和性别的关系。统计结果表明，女性起名常取表现美貌、表现妇女道德和表示珍贵的字，并且专用字较多。男性起名则多用表现志向的字和表示勇武、刚强、豪迈、壮阔的字。第三、第四时期以来，某些男性常用字，如“伟、建、军”等也为女性所用，表现了女子在名字上与男子抗衡。同时，女名中俗字减少，换上了一批较生僻、文雅的字。

汉族的人名结构比较简单。在结构上的变化主要表现在单名、双名和重名上。上述四个时期的统计表明，单名增长迅速。各个时期的百分比分别为：

第一时期：6.502％；

第二时期：8.983％；

第三时期：27.810％；

第四时期:32.494%。

单名增长迅速的原因尚不清楚,有待进一步研究,但可以肯定的是它与社会的发展变化有密切的关系。曹志耘(1991)认为这是因为单名在一定程度上被看成是文化水平、社会地位偏高的标志。他认为,这个现象的根源可以追溯到解放前,当时大部分人还使用辈分名字,双名是"大众化"的名字。在这种情况下,一大批作家、演员和其他知名人士纷纷用单名作笔名、艺名、化名,例如鲁迅、茅盾、巴金、曹禺、艾青、夏衍、白杨、聂耳、赵丹等等,这给人留下了深刻的印象。在频繁地接触这些名人的作品及其事迹的过程中,人们逐渐地、不自觉地把他们的单名形式和他们的文化水平、社会地位联系起来,从而使单名成了文雅、脱俗、高级的名字形式。在此影响下,越来越多的文化工作者及其后代采用了单名,例如柳青、李准、杨朔、秦牧、王蒙、陈冲、潘虹等等,而这些人又影响了更多的人。应该说这一分析是有道理的,但是我们也应该看到,这可能不是唯一的因素。因为在中国本来就有单名的传统,那时并不存在这种效应。

目前中国人名用字已经成了一个社会问题,其中主要的是大量的重名现象。对此学术界已经有不少报告。据 1998 年 8 月 7 日的《金陵晚报》报道,南京钟山医院急诊室里一名护士在为病人作青霉素皮试时,发现有 3 个年龄差不多的男孩都叫苏杭,幸亏护士细心,否则后果很难预料。

由于中国的姓名构成与西方不同,因此在涉外活动中常常出现一些问题。鲍世修(1997)提出了中国人名外译的规范化的具体建议。中国科学院院士邹承鲁也指出,国际上多数国家是姓在名后,只有少数国家(如中国、日本、韩国等)是姓在名前。国际科学界的惯例,体现在论文署名上,也是姓在名后。日本、韩国等早已在科学论文发表上遵循了国际惯例。一个时期以来，中国在发表论文上坚持姓在名前做法的结果且不说造成了许多令人啼笑皆非的尴尬局面，并使中国一些已经建立了国际声誉的科学家重新沦为科学上的无名小卒，也造成了国际上引用中国科学家论文时普遍的混乱情况，这不仅对中国科学家建立世界声誉极为不利，也不利于中国刊物发表中国知名科学家论文以吸引国外读者，不利于香港回归祖国以后祖国科学界的大统一。在这一问题上按国际惯例办事还有利于争取侨居国外多年的华裔知名科学家把他们的优秀论文投向国内刊物发表，以提高中国刊物的学术水平知名度和影响因子。[①]

最后再谈谈澳门土生葡人姓名的实例。澳门大多数土生葡人都有葡、中两个名字。他们并非一开始就用中文名字。向前推，时间越早，土生葡人用中文名字的越少。20 世纪中期以后，他们取中文名字的风气逐渐形成。土生葡人的中文名字基本上按照中国人的格式：姓在前，名在后。他们本来没有中文姓，但也要按中文姓名的格式加上一个，而且用的是中国的常见姓。土生葡人汉名的最大特征是音译，因为他们通常都是先有葡文名字。由于汉名结构和葡文名字结构不同，所以，他们在音译时常常把原来的姓或名译作三个或两个字，前一个字像姓，后面的字像名。葡文同一个名字译成汉名时可以通过用字作出清楚的性别区分，例如 Santos 用在女子身上叫珊桃丝，而用在男子身上则成了山度士。（黄翊，2003）这里所举的澳门土生葡人的例子，和许多外国人取汉名的做法是一致的，例如著名语言学家 M. A. K. Halliday 的汉名就是韩礼德。

① 2004 年 4 月 27 日新华网(http://www.ha.xinhuanet.com/yincang)。

第四节 地名

一、 地名和语言学

地名是语言词汇的一个组成部分,任何地名都是通过语言而存在,通过文字而形诸记载的,它与语言学有密切的关系,不少从事地名研究的学者对地名词源的考证都运用了语言学的理论和方法。社会语言学也十分关心地名的研究。罗常培(1989:52)对地名研究的语言学意义做了精彩的概括。他说:“被征服民族的文化借字残留在征服者的语言里的,大部分是地名。”他还引用 L. R. Palmer 的话说:“地名是语言学家最引人入胜的事业之一。”(同上,第 51 页)对地名的研究可运用语言调查法、语言地理学方法、统计语言学方法、语言分析法、地名结构的语法分析等方法。

二、 社会对地名的影响

如同人名一样,地名也有明显的时代色彩,而这更多的是反映出那个时代人们的愿望。历史上的不少地名都可以反映出那个时代的风貌。现代社会的地名,也必然要反映出现代社会的特点。例如,河南省社旗县是 1965 年在原南阳、方城和唐河三县划出来的新县。该县城所在地原为“赊旗店”,是历史上的一个名镇,今仍以“赊店老酒”名扬国内。该县的命名却采用了“社”,以谐“赊”之音,更重要的是要把社旗县建成“社会主义旗帜县”,这也是当时对这个新县所抱的希望。上面说到“文化大革命”期间的改名风,其实地名更改得也很厉害。例如南京就把“中央路”改成了“大庆路”。但是,地名一旦确定下来,很容易得到保留,即使像“文化大革命”这样的“政治大革命”,

地名的更改也未必能够完全成功。

下面是 1966 年 8 月 31 日《北京日报》刊载的北京市改地名的一则消息，读者可以从这条旧新闻中体味到那个时代的社会生活。

【本报讯】市人民委员会根据红卫兵和革命群众的倡议，研究了街巷改名问题，决定由市、区有关部门和革命师生代表组成专门工作组，把这项具有重大革命意义的工作尽快做好。

北京过去长期是封建王朝和反动政权盘踞的城市。许多街巷名称带有封建主义和资本主义色彩。有的以封建官衔、封建官职命名；有的用土豪劣绅的姓氏命名；还有不少街巷名称十分庸俗难听。北京解放已经十七年了，可是，在前北京市委这个反革命修正主义机关长期把持下，一直没有触动这些街巷的名称。

随着无产阶级文化大革命的深入发展，首都红卫兵和革命群众对街巷名称提出了许多意见，要求把带有封建主义、资本主义色彩的路名改为有革命意义的路名。这是一场破除剥削阶级的旧思想、旧文化、旧风俗、旧习惯，树立无产阶级的新思想、新文化、新风俗、新习惯的大革命，也是一项涉及面很广的群众性工作。

郭骏(1998)所介绍的江苏溧水县地名在“文革”中的变化也是典型的例子。1969 年是溧水改名高潮年，例如南部的孔镇、和凤两乡一年之间将所有大队改名。如孔镇 13 个大队改名情况具体见下表：

原名	沙岗	大王埂	孔镇	陡门圩	中扬	南刘	土山铺	大沟圩	骆山	乌飞塘	陈郭村	吴村桥	前胡
改名	红岩	东方红	前进	胜利	红武	兴无	卫东	红星	团结	跃进	红旗	东风	向阳

和凤公社15个大队14个都改名了,分别改为颇具政治色彩和革命性的名字:东风、红光、红星、四新、光明、前进、胜利、立新、五星、新华、跃进、红卫、东方红、曙光。只有1个"红旗"大队,1958年在农业生产上评为先进,正当建队,以"红旗"为名。

这样一改"革命性"体现出来了,但地名失去稳定性,重名又太多,势必要产生混乱。"文革"结束后,1981年溧水县政府下文一次改掉57个大队的名称,恢复原名或另取新名。但仍有一些"革命"色彩和政治色彩很浓的称呼保留在地名中,如"红星、革新、前进、工农兵、胜利、光明"等,成了历史的烙印。

赵元任(Chao,1976:145)曾经专门讨论过地名的问题。他谈到了自己的经历:出生在天津,后来去了北京,但在学说话以前就离开了那里。他们后来到了保定和其他一些北方城市。当时他们对北京称呼既不是"北京"也不是"北平",而是"京城"。北京是原来的名字,后由于国民政府建都南京,北京就改名为"北平"。中华人民共和国成立后,台湾当局很长时间一直维持"北平"的名称。[①] 这当然是政治上的考虑。但是赵元任说他仍然愿意称其为北平,这当然不是政治上的原因,实际上,这是因为那是一个伴随着他成长的名字。

地名一般由专名和通名组成,具有"绝对的排他性"。不同的民族语言形成不同的民族地名,地名的民族特征正是民族语言特征的反映。不同地区的地名也有其自身的特征。例如,"吉林"是满语"沿江"的意思,"图们"是满语"万"的意思。

---

① 1992年,台湾当局明文规定,"北平"仍称"北平",但可采取"北平(北京)"的形式;随后"北京"开始在台湾媒体出现,并渐渐取代"北平"。

三、地名是社会历史和语言的记录

地名也是一种文化标记。罗常培(1989)花了大量篇幅讨论地名所反映出的民族迁徙的踪迹。我们在对苏南地区的河南方言岛群的研究中也发现了大量活生生的例子。在江苏句容县磨盘乡,有16个以“×棚”为名的村子(例如胡棚、王棚),均是河南人的居住点。据句容县地方志办公室的同志介绍,句容县天王、袁巷、磨排等乡共有142个以“棚”或“×家棚子”命名的村子,均为移民,其中绝大多数是河南人。由此可知,河南人初到苏南时多以棚子为居所。此外,地名为“×边”或“×家边”的村子亦多是河南移民,因为他们当初到这里大多居住在边远或交界地带。1949年以后,中国农村经济情况发生了很大变化,一些河南人的居住点的名称也有所变动,但在总体上还可以看到历史的影子。

地名更容易保留历史上的一些读音。据江苏溧水县地名录载,全县共有17个有“圩”的村名。南宋诗人杨万里在绍熙二年(1191)巡察溧水西南一带所作《圩丁词十解》一诗的“小序”中提到“圩”并作解释:“江东水乡,堤河两涯而田其中,谓之圩。农家云:圩者围也,内以围田,外以围水。”(《宋景定建康志》,第1305页)今人也无法考释宋时读音,但从今音地名之音与一般读音之不同,即可看出溧水语音之变化。表中所列村名中“圩”字各乡镇均读为[c̱y](调值有别),而日常用语,除晶桥、和凤、孔镇、渔歌等南部四乡镇仍读[c̱y](即地名音与一般用语音相同)外,其余各乡镇均读[c̱uei]。这里也就反映出“圩”字方音的变化:[c̱y]→[c̱uei],可见溧水方言中的“圩”原读[c̱y]。(郭骏,1998)河南很多以“李×”命名的地名,其中的“李”的韵母不读[i]而读[e]。又如江苏“六合”、安徽“六安”的“六”的韵母读[u],浙江“台州”的“台”的声调读阴平。当然,除非当地人和特别人员,很多人已经不知道这些读音了,就在我用自然码输入法写这本书的时候,用正确的读音无法找出“六合”和“六安”这两个词,因为编码者把它们编在 Liùhé 和 Liù'ān 里面了。

地名用字的读音问题也是社会语言学所关心的。例如,过去在规范化的问题上强调名从主人就导致了字音规范的滞后。而且,在有的情况下,“主人”都已经改了,而我们仍然按照既定的读法。例如,许惟贤曾指出六合人自己读地名时已经读 Liùhé 了。(郭伯康,1996)又如河南的泌阳是异读字,现在按“名从主人”的原则不读 mì 是对的,但是,如果严格按照这一原则读 bì 也是错的,因为当地人读的是[pei^{312}]。由此看来,地名还涉及了语言规划。对于地名用字的异读,应该进行研究,否则也会带来使用上的困难。在地名的书写上也有问题。有人对 1∶50 000 的广西地图进行了统计,发现不规范用字达 660 多个。(陈根良,1984)

第六章　语言迷信

第一节　语言的功能和语言的神秘化

一、语言的功能

在讨论语言的功能的时候，人们马上会想到两个经典观点：(1)语言是人类最重要的交际工具(列宁)；(2)语言是思想的直接现实(马克思)。这说明了语言的两个功能：(1)交际功能；(2)表达功能(情感、思想)。它们二者之间是辩证统一的。

然而，可能没有什么人能记起第一次认识到词语代表着某件事物发生在什么时刻。因此，人们为了捕捉到语言开始具有意义的时刻，不得不依赖像海伦·凯勒(Helen Keller)那样习得语言较晚的人。19个月时，海伦·凯勒因病留下了盲聋哑的后遗症。后来，她描述了自己在一个下午通过词语与他人建立联系的过程，情景十分动人：

> 她(我的老师)拿来了我的帽子，我知道我是要到温暖的阳光下去了。这一思想(如果非语言的感觉也可以称之为思想的话)，使我高兴得又蹦又跳。
>
> 我们沿着小路向井房走去，覆盖在井房周围的金银花发出的阵阵芳香吸引了我。有人在打水，老师把我的手放在喷流下面。凉凉的水流从我的一只手上颤动着流过，与此同时，老师在我的另一只手上拼写着water(水)这个词，先是慢慢地，然后是

快速地拼写着。突然,我产生了一种朦胧的知觉,像是意识到被遗忘了的什么东西那样——一种由于恢复了思想而产生的激动之情。就这样,语言的奥秘似乎被我揭开了。那时我才知道,w-a-t-e-r五个字母就代表着流过我手上的那种凉凉的、奇妙的东西。这个充满生机的单词唤醒了我的心灵,赐予了它光明、希望和喜悦,使它获得了解放!不错,在我面前还有障碍,但全是随着时间的推移能够扫除的障碍。

离开井房后,我迫切地希望学习。每样东西都有个名字,每个名字都导出一个新的思想。回到屋里以后,我觉得摸到的每样东西好像都在颤动,充满了生命。那是因为,我是在以那种奇妙的、新获得的心灵视觉来观察每一事物的。(C.恩伯、M.恩伯,1988:105－106)

这种魔力也表现在它对人的思想的制约方面,赵元任(Chao,1976:244)指出,汉语比英语更为接近符号逻辑学中的某些方法。比如"有的人说真话"这句普通的中文比"Some men tell the truth(一些人说真话)"这句普通的英文更接近逻辑公式。

语言运用对人的行为的影响也是明显的。例如,笔者曾在南京街头就骑车人闯红灯的现象进行了观察,发现人们在有语音提示设备的情况下很少闯红灯,而在没有语音提示设备的情况下不少人依旧我行我素。至于通过语言来教育、感化人,改造人的思想的,几乎无处不在。例如,20世纪70年代以前流行的豪言壮语"我是革命一块砖,哪里需要哪里搬",培养了个人服从社会、社会利益高于个人利益的精神情操,但与此同时也束缚了人的思想,导致了创造精神的衰退,而今天人们的"实现自我价值"多元追求培养了创造精神,同时也导致了个人至上、唯我主义。有句名言"谎言重复千遍,便会成为真理”或许也反映了语言对人的思想的作用。

对语言的正确理解是至关重要的。1945年7月26日，第二次世界大战即将结束，盟军方面发表了《波茨坦公告》，敦促日本法西斯投降。当时的日本首相铃木贯太郎次日对新闻界发表谈话，说日本内阁对波茨坦公告执行“默杀”(暂不评论，不加评论)政策。这个词在英语中没有对等词，于是盟军新闻社将其意译为“不予理睬”。盟军认为公告没有作用，就于8月6日投掷了原子弹。因此，有人认为“要是没有这个误译，日本或许可以不吃原子弹”。西方著名的语义学家切斯(Stauaht Chase)在他《词的暴力》一书中论述了这个实例并且认为，这个词的力量太大了，等于杀死了成千上万的人。“一个日语词改变了世界”，历史因为它而改变了样子。(曹聪孙，1990:34)这个例子可能有些极端。我们不同意一个词就会导致历史进程的重大变化，因为许多重大历史事件的发生、发展和变化取决于各种政治、经济、民族、历史、文化、军事力量等等因素。但是，我们必须承认语言在交际、理解中的作用。中国人常说“一言兴邦”“一言丧邦”，这不是没有道理的。

中国古代的思想家留下了许多关于语言的精彩论述。孔子的正名思想就是针对语言在人的政治、社会生活中的作用而提出来的。他认为，语言使用不当，会导致“礼乐不兴”“刑罚不中”的政治后果(《论语·子路》)，可见语言之重要。孔子的语言观是和他的社会伦理观分不开的。孔子所要正的“名”，兼有语词和名分的意思。春秋战国后期的思想家对正名思想加以发挥，重点转移到了词的功能方面。这就有了所谓“名无固宜，约定俗成谓之宜”。

语言学家们在语言要素本身会不会影响到人的思想和文化的其他方面的看法并不一致。这里有必要谈到沃尔夫(Benjamin Lee

Whorf)假设。沃尔夫提出,由于每种语言都有一个形式,而没有两种形式是相同的,因此,两种使用不同语言的文化不可能对世界有同样的看法。他认为,语言是一副或多或少变形的眼镜,我们通过它来观察周围的事物。他对印第安人河皮(Hopi)部落的语言进行了研究,发现河皮语的一些表述与印欧语是不同的。在他看来,语言对思想有一种强制的几乎不可逃避的力量。大多数语言学家不同意这一假设。人们普遍认为,语言基本上反映了在价值及定向方面的社会文化规律,而不是创造这些规律。世界上各种语言在结构方面的相似性比人们如今认识到的相似性要大得多。除此以外,经过多年的研究,还没有人能够证实仅仅由于两种语言的语法或其他结构上的差异而引起两种语言使用者认知的差异。而且,随着语言使用者的社会文化现实的变化,语言也在变化、发展、萎缩。(克特·W.巴克,1986:337)

我们不赞成语言相对论,不赞成什么问题都从语言的角度来解释。但这并不意味着我们可以否认语言对社会的影响。语言既然是一种交际工具,它就必然地要融入社会的各个方面。社会变革运动常常伴之以语言运动就表明了这一点。就理论上说,语言对社会的影响大致有两种:一是促进和推动社会变迁的速度,一是抑制和消解社会变迁的进程。(邢福义,1990:237)

不应该把这两种影响简单地归为积极或消极,例如我们不能说促进社会变化的就具有积极意义,而抑制的就具有消极意义。我们应该从该社会变化对人类进步具有什么影响来看待这个问题。作为一种交际工具,语言具有两重性是十分自然的。任何一种语言在形式上都能自成体系,都能充分地表达自己的思想。但是任何一种语言又不能完全自给自足。例如,五四新文化运动中提出的"科学"和

“民主”两个词，就激励着人们为社会的发展和进步而搏击。白水秀在《理论前沿》杂志1997年第19期撰文讨论了“乡镇企业”这一用语的局限性：这一用语70年代随着社办企业和村办企业的兴起而产生，80年代中期以来被普遍接受和使用。它是历史的产物，具有一定的合理性。然而它不能反映乡村企业的类别、所有制性质、地理位置，因此是一个不规范、不科学的用语。最多只能算是一个过渡性用语。

二、语言的神秘化

由于语言特殊的功能，使得语言蒙上了一层神秘的面纱，继而形成了语言迷信。吕叔湘(1988)曾经这样写道：

> 语言和文字是人类自己创造的，可是在语言文字的神奇作用面前，人们又把它当做神物崇拜起来。他们用语言来祝福，用语言来诅咒。他们选用吉利的字眼做自己的名字，做城市的名字，做器物和店铺的名字。他们甚至相信一个人的名字跟人身祸福相连，因而名字要避讳，皇帝的名字，长官的名字，祖宗和长辈的名字不能叫，一般人也都在“名”之外取一个“号”，彼此不称名而称号。在后世，认为这是礼貌；在远古，这是人身保护。

原始人相信自己的语言有一种神秘的力量，试图通过语言的使用而取得奇妙效力。符咒就是这种语言迷信的产物。据说使用符咒可以发生各种奇异的效力，能达到所希望达到的目的。我小时候在上学的路上不止一次看见过用黄表纸写的字帖儿，上面写的是：“天皇皇，地皇皇，我家有个夜哭郎，行路君子念三遍，一觉睡到老天光。”这是人们相信语言的神力。《西游记》里每当孙悟空不听话的时候，唐僧就会念紧箍咒。这也是相信语言的神力。这些是人的迷信，当然也充满了人的想象,但在汉语社会里有的则对语言乃至语言学都产生了影响。

以语音为例。初唐,佛教密教盛行,需要对译大量的咒语,于是人们研究对音。从武则天时代起,密教大量流行。密教掺杂着巫术,得大量念咒;如果咒音不准,就会引起恶果。于是人们就开始学习悉昙(Siddham)[①]。悉昙就是梵文的识字发音的入门读本,包括字母、拼读、连音规则等等。汉族和尚学了它,得到分析语音的能力和术语(俞敏,1988),这则影响到后来的中国语言学。

咒的表达形式是口头语言。它的产生几乎可以推测到和原始语言产生的同时,它是人类崇拜和相信自己的语言具有神秘魔力的必然产物。(乌丙安,1988:281)咒本来只是一种祝祷辞,佛教兴起后又把咒语和真言看作同义词。在道教及方术流传的过程中,咒语又成为驱邪禳灾的口诀。后来又成了"诅咒"。在职业巫祝和神职人员那里,念咒常和作法相结合,以此来进行祈请和驱邪活动。在民间,咒语一般比较灵活自由,对任何厌恶的现象都可以诅咒,可以即兴创作,张口即来。即使是传统的诅咒内容,也不像职业巫祝那样有固定的格式,而是因时、因人、因地而宜,词句经常变动。这对语言的丰富与发展起到了很大的作用。例如,旧时山东的一些地方有在农历二月二驱蝎、驱鼠的习惯。在这一天,老太太们可以敲着破瓢或者屋梁、床边,边敲边唱:"二月二,敲瓢擦,十个老鼠九个瞎。"也有的唱:"二月二,敲房梁,蝎子蚰蜒无处藏。"又如请神问卜,少女们抬着簸箕唱:"正月初一百草灵,我请姑娘来算命。"她们唱的既是歌谣,也是咒语。在胶东地区,小孩子未能完成预定的割草任务,就把镰刀向空中

① 悉昙是梵语字母的音译,意谓"成就"。

一扔，然后念道："镰，镰，往下扎，家去不挨打！"（山曼等，1988：372）有时候，咒语在迷信的同时，客观上起到了鼓舞士气的作用。例如义和团就曾在将士们冲锋陷阵时高呼"刀枪不入"的咒语。咒语在心理上也可以给人以安慰。在河南的很多地方，如果小孩子肚子痛，大人会边揉边念"肚子疼，上开封，开封有个好先生……"，也会在附近的村名中找个押韵的，例如"肚子疼，上王营，王营有个好先生……"这些大都是因地而异，但中心是相同的。也有把其中的地名换成人名的。例如山东说成"肚子痛，找老宋……"。（山曼等，1988）事实上，这里的老宋也许是实指，比如他是个医生，或是个有本领比如说可以降妖捉怪等等的人，也许根本就是子虚乌有的。

符也有用到语言的。符大致可分为两种：一种是符水[①]，一种是符字（也称"丹书"等）。与我们有关的是后者。符字实际上是咒语的书面语形式。人们通常用朱砂等把咒语写在黄表纸上，有的甚至还把字写成特殊的形式，还有的辅之以图画。符文的语言多用强烈语气，有的还带有勒令的性质，目的是对病邪起到震慑作用。

我们前面提到的"夜哭郎"的字帖儿实际上就是符。李安宅（1936）已引用过这个例子，山曼等（1988）提到山东也有，据说江苏一些地方也有。除了个别文字上的差别外，其他如在内容和韵律方面都是一致的。可见其流行的社会基础的广泛。

还有用语言表达自己美好的希望的。人们相信吉祥语有逢凶化吉的神秘力量。于是就出现了说吉祥的话语、取吉祥的名字、贴上表示吉祥的标签的习惯。在中国北方的一些地区，盖房子的时候要贴上写有"上梁大吉""吉星高照"之类的红纸条，过年时要在粮囤上贴

---

① 把写有符咒的黄表纸烧成灰，倒入水中，这种水就有了驱邪的作用，故称"符水"。

“取之不尽”的红纸条,门上的对联更是用尽吉祥之意。人们熟知的“福到”则是这种语言迷信的又一突出表现。在河南的不少地方,做床时在长宽高三个方面都有数字7:长7尺7,宽3尺7,高1尺7。为什么总要有7呢?原来,七与妻同音。这反映了这些地方娶妻比较困难。河南、陕西等的一些地方还有“(房)前不栽桑,后不栽柳,当院不栽鬼拍手”的俗谚。“桑”谐音“丧”,不能出门遇“丧”,故忌之;按当地习俗,招魂幡系柳木所制,且要插在坟的背面,房后栽柳树犹如坟后插招魂幡,自然要忌讳;“杨树”因其声音随风而响,就像鬼来拍手,院中是种不得的。江苏溧水有“前不栽桑,后不栽楝”之类,大概亦属此类。

即使是今天,这种迷信的风气并不见减。传统上我们有吉利数字如“三六九”等。但这几年流行的是“8”。最后发展到连车辆管理部门都来拍卖带“8”的牌照,电信部门拍卖带8的电话号码,以获取数额可观的收入。1998年7月14日《新民晚报》载杨扬文《打“的”竟挑车牌号——数字迷信增多让人忧》说,前几天,作者坐上一辆出租汽车,司机抱怨车子的牌号不好,末两位数是14,有时有人已经招手了,看清牌号又转身而去。后来,作者又坐上一辆牌号为6688的出租汽车,司机承认,号码好的车生意似乎要好做一点,特别是一些年轻人,本来并不准备打的,看到这个号码,就招手上车了,为的是图个吉利。市交警总队的统计说明,各种数字牌号的车辆出交通事故的概率是一样的,没有带4的牌号事故高的说法。

还有一个类似的例子。河南某地的一位司机所开的车的牌号含有4444,开始时感到不愉快,后来有人解释说,4444按照音乐的简谱,应是fafafafa,是好兆头。司机从此就到处宣传自己的数字好了。

有的民族对某种语言的某种作用或许有特别的崇拜。乌丙安

(1988:291)提到傈僳族有祭家鬼“海夸尼”的仪礼,其中有11种祭祀不能用本族的语言,而要使用白族语言致祭。作者没有提到个中缘由,或许也是“外来的和尚好念经”吧!

语言迷信并不会给人们带来好运。没有人因为别人高喊“万寿无疆”就长生不老,也没有人因为高喊“刀枪不入”就真的可以抵御洋枪洋刀。1949年以后我们把“镇南关”改成了“睦南关”,但30年后那里还是发生了战争。

有的语言迷信形式会随着社会的发展虚化成一般情感的流露形式。这几乎是各种社会文化中都有的。当西方人处于困境或对某事感到吃惊时,常不自觉地呼告 My God。中国人常用的则是“天哪、我的妈呀、老天爷呀、青天哪、苍天哪”等等。在西方文化中,上帝是至高无上的,人的一切、世界的一切都是上帝创造和安排好的,人遇到危难,唯一可以求助的是上帝。中国人没有西方那样的上帝,但是中国有“老天爷”,有“苍天”,以至于我们今天还常常使用“苍天有眼”“苍天在上”来表达公理。

三、“文革”:当代语言迷信的顶峰

人们提到符咒,就想到这是迷信;谈到祈祷语,也想到这是宗教;谈到呼告语,知道这也不过是文化潜意识中的一种流露。照理说,到了一个文明时代,人们应该认识到它的实质了。但是,许多人实际上并没能从认识上解决这个问题。“文革”时期,那些把马克思主义挂在嘴巴上的“唯物主义者”其实依然笃信语言迷信。

“文革”中语言迷信的一个重要特点就是照搬封建式的语言迷信。“万寿无疆”“万岁万岁万万岁”等等不绝于耳。无论是“早请示、晚汇报”抑或是大会、小会,宗教仪式般的祝福、祝愿都在利用语言这

个工具。几年前我到一个宗教国家,严格的宗教仪式常常使我想起当年的"文革"。除了这些之外,对一些词语的迷信尤其值得回味。词语迷信中,为首的当是"革命"一词的使用。为了表明"革命"的立场,几乎所有的词语都可以冠之"革命"二字,但其间的逻辑关系似乎并不一致。

(1) 指所涉及的人或由人组成的集体是具有革命意识的。任何人、集体或组织,都要加上"革命",以同非革命区别开来。例如:

革命战士 革命干部 革命群众 革命军人 革命青年 革命师生 革命老黄牛 革命知识分子 革命领导干部 革命造反派 革命小将 革命红卫兵 革命闯将 革命尖兵 革命斗士 革命赤子 革命干群 革命螺丝钉 革命突击手 革命家庭 革命领导小组 革命委员会 革命组织 革命队伍 革命突击队

(2) 指所提到的内容是具有革命意识的,只要加上"革命"二字,不管是事物还是行为,不管是好是坏,都变成革命的了。例如:

革命大字报 革命三结合 革命现代京剧 革命现代舞剧 革命样板戏 革命交响乐 革命造反精神 革命斗志 革命闯劲 革命意志 革命手段 革命纪律 革命方向盘 革命方针 革命原则 革命现实主义 革命浪漫主义 革命人道主义 革命英雄主义 革命气概 革命方法 革命精神 革命前途 革命道理 革命情调 革命理想 革命气派 革命立场 革命态度 革命理论 革命道路

革命品质 革命智慧 革命暴力 革命的两手[①] 革命的

① 例如:用革命的两手对付反革命的两手。

傻子[1]

革命行动　革命大串连　革命大联合　革命大批判　革命打砸抢

革命措施　革命抄家

(3) 指革命事业的本身的。例如：

革命财富　革命法宝　革命朝气　革命形势　革命本钱　革命遗产　革命种子　革命考验　革命航向　革命征途　革命事业　革命原理　革命风暴　革命风潮

(4) 兼而有之。下面的组合都可以从两方面解释。例如：

革命故事　革命歌曲　革命电影[2]　革命策略　革命爱情　革命情意　革命情谊　革命友谊　革命伴侣　革命战友　革命同志　革命路线

(5) 说不清楚是哪一种。例如：

革命江山　革命饭(如"吃革命饭")　革命菜(即后来的"爱国菜")

上面的词语加上"革命"以后都产生了好的结果,但好像也有相反的情况,即使加上"革命"二字,所表示的事物仍是"非革命"的。这种词为数不多：

革命败类　革命绊脚石　革命叛徒(但:革命的叛逆者?)

有的组合有时候可能不能为人接受,但在特定的环境中,人们却也用它来对付自己的对手。郎大地先生告诉我,"文革"中有人被指责为"和稀泥",对方回答说:"是的,我就是要当革命的和稀泥。"类似

---

① 例如:我就甘当这革命的傻子。

② 好像有两层意思:一是说这个电影的内容是关于革命的;二是说这个电影在思想性方面是进步的。

的还有“革命的派性(与资产阶级派性相区别)”。这与“革命的打砸抢”可谓有异曲同工之妙。

上面说的都是作修饰语的。用于其他方面的也不乏其例,例如:

为革命而学习　为革命而教　为革命而学　为革命种田　为革命做工　为革命而站岗　为革命站好最后一班岗　为革命打球　为革命入党　为革命拉车　为革命围堤　为革命开山　为革命造林　为革命开车　为革命跑龙套　为革命参军　为革命打仗　为革命奔走　为革命而死　为革命而牺牲　为革命而活

再如:

抓革命　停课闹革命　复课闹革命　停产闹革命　一边生产一边闹革命　革命加拼命,拼命干革命

从大的社会制度变革,到小的技术改造,只要发生变化的事物,都称为“革命”:

民主革命　民族革命　社会革命　政治革命　社会主义革命　资产阶级革命

经济革命　政治大革命　文化大革命　灵魂深处爆发革命　灵魂深处闹革命

文化革命　教育革命　技术革命　产业革命　思想革命　艺术革命　绿色革命

仅仅“革命”还不够,还要“化”。

革命化　革命化春节　革命化建设　革命化艺术形式　革命化创作道路　革命化大生产　思想革命化　行动革命化　内容革命化　形式革命化　步调革命化　组织革命化　制度革命化

总之,几乎什么都可以和“革命”连起来:“停课”是为了革命,“复课”还是为革命;“停产”是为革命,“生产”也是为革命;“派性”可以是

革命的,“打砸抢”也可以是“革命的”。“革命”迷信可谓到了无以复加的地步。这种手段的滥用后来引起了社会的反感,以至于出现不少政治笑话。请看一例:

“文革”中的一天,一位老奶奶陪着孙女学习(这在当时是罕见的),家里的有线广播在广播着“抓革命,促生产”的新闻,而此时大街上开过来一辆宣传车,车上的大喇叭语调高亢,“抓反革命”的声音传到房间里。小姑娘困惑地问奶奶:“到底怎么了,革命要抓,反革命也要抓?”奶奶没好气地答道:“你学习你的,管这干什么? 革命反革命一起抓!”

即使是今天,这种嘲讽仍在继续。当前颇为流行的一个顺口溜中就有“革命小酒天天醉”一句,可见“文革”后遗症之严重。

“文革”中出现频率较高的还有“忠”“红”“黑”。下面各举几个例子。

(1)“忠”

忠字舞　忠字牌　忠字歌　忠字画　忠字碑　忠字肥　忠字菜　忠字粮　忠字路　忠字桥　忠字田　忠字课　忠字操　三忠于四无限

当时真是门上贴“忠”字,墙上写“忠”字,衣服上绣“忠”字,可以说是“忠”字无处不在。

(2)“红”

红小兵　红卫兵　红司令　红线　红太阳　红五类　红宝书　红海洋　红心　红色恐怖　红色长城　红哨兵　红色电波　红战友　红医班　红色政权　红管家　红大院　红色保险箱　红苗　自来红　根红苗正　没有自来红,只有锻炼红

(3)“黑”

黑帮 黑话 黑会 黑六论 黑货 黑司令 黑干将 黑五类 黑八论 黑线专政 黑手 黑爪牙 黑司令部 黑据点 黑货 黑班底 黑标本 黑苗子 黑班子 黑笔杆子 黑后台 黑纲领 黑线人物

“文革”当中的语言迷信也表现在忌讳上。这种忌讳或许史无前例,以至于它可以破天荒地使得“篡改”金口玉言的“毛主席语录”合法化。例如,“修养”一词,本来是指理论、知识、艺术思想等方面的一定的水平或养成的正确的待人待事的态度。《毛主席语录》原有“思想意识修养”的标题,后因批判刘少奇的《论共产党员的修养》(当时简称为《修养》或曰“黑《修养》”),“恨乌及屋”,自上而下,用印刷厂重新印刷的“纠正错误思想”的小条子来覆盖。至于毛泽东说的“刘少奇同志曾经说过”,也居然遭到删削。

“文革”中的语言迷信还表现在汉字的使用上。为了显示汉字的力量,故意把被打倒者的名字倒着写,或在名字上面打上叉,更是屡见不鲜。

第二节 禁忌语、委婉语和詈语

任何一种语言里都有一些我们避免说的东西。汉语当然也是如此。我们不说这些东西,并不是因为无法称呼,而是因为某些原因不能去谈它们,或者说,如果去谈也是用一些迂回的方法。前者就是我们所说的“塔布”(taboo),即禁忌语;后者则是所谓的委婉语。但在有的情况下,一些人故意对某些人使用一些禁忌语等,这就构成了所谓“詈语”。

一、 禁忌语

禁忌语是一个社会用来表达对一些据传是对它的成员有害的东西的不认同,它可能是超自然的,或者这些行为是违反这个社会的道德规范的。这种情况的结果是,就语言而论,某些东西不能说或不能被提及,只是在一些特定的环境条件下,比如说特定的人或慎重的场合当中。当然,也总有人试图表现出他们对"言语自由"的追求,故意去打破种种限制。禁忌可以是很广泛的。比如:人的缺陷——守着瘸子不说短话,鲁迅笔下的阿Q忌讳"亮";性;死亡;排泄或排泄物;身体的功能;宗教事务以及左手(它据说是不吉利的来源)以至一些食物如"醋"等等。汉语有许多塔布,大多数说汉语的人知道哪些可以说哪些不能说以及应该遵守的规则。如果某人破坏了这些规则,就会招致非议,虽说时下并非总是这样。

避讳的历史是很久的,产生的原因也很复杂。原始社会中已经有避讳的存在了。列维(1981:42)认为:

> 原始人把自己的名字看成是某种具体的、实在的和常常是神圣的东西……尤其是不能说出死者的名字;甚至一些包含了死者名字的日常用语也常常废弃不用;涉及到谁的名字,就意味着涉及到他本人或者涉及到起这个名字的存在物。

自然,在原始社会里,这种避讳是因为愚昧造成的。但是,社会的发展并不能必然地消除避讳。即使是今天,仍然存在着大量的避讳现象,只不过不同时代的避讳不同罢了。在中国历史上,避讳的例子可以说是不胜枚举。以名字禁忌为例。中国历史上的名字禁忌被称为"讳"。文字上不能直接书写当代的君主或所尊敬的人的名字,如果遇到的话,必须用其他方法避开。常用的有改字、空字、缺笔和改音四种方法。例如,江苏的宜兴原名义兴,宋朝时避宋太宗赵光义的讳,于是就把“义兴”改为“宜兴”了。《红楼梦》第二回有这样一段描写:

子兴道:“不然。只因现今大小姐是正月初一日所生,故名元春,余者方从了‘春’字。上一辈的,却也是从兄弟而来的。现有对证:目今你贵东家林公之夫人,即荣府中赦、政二公之胞妹,在家时名唤贾敏。不信时,你回去细访可知。”雨村拍案笑道:“怪道这女学生读至凡书中有‘敏’字,皆念作‘密’字,每每如是,写字遇着‘敏’字,又减一二笔,我心中就有些疑惑。今听你说的,是为此无疑矣。怪道我这女学生言语举止另是一样,不与近日女子相同,度其母必不凡,方得其女,今知为荣府之孙,又不足罕矣,可是上月竟亡故了。”

在这里,名讳已经影响到了字音。这种情况一直持续到民国以前,后来才有所改变。但即使是今天,中国社会中人们还认为孩子称父母的名字是不礼貌的。

避讳甚至导致了文字狱。有名的例子是清朝“维民所止”一案。一个主考官出了一个“维民所止”的题目,因“维”字的繁体与“雍”字形相似,“正”字与“止”相近,这样,“维止”就成了“雍正”无头。

不仅人的名字有避讳,有的情况下甚至连人的属相都会成为避讳。例如慈禧属“羊”,忌“羊”字。宫中把“羊肉”改称“福肉”或“寿肉”。她听京戏,听到《玉堂春》中“我好比羊入虎口有去无还”后大怒,后来改为“我好比鱼儿入网有去无还”。(周有光,1995:72)

避讳会对语言产生影响。例如,中国传统上的注音方法之一是“反切”。然而,早期的“反切”不用“切”字,只叫“某某反”或“某某翻”。自从唐太宗以后,唐朝统治阶级害怕老百姓造反,忌讳这个“反”字,将“反”字改为“切”字。“反”和“切”的意义是相同的,都是

“反复切摩”的意思。（唐作藩，1991：22）再如，在河南的许多地方，除“毬”以外，音节 qiu 无阳平读法，例如“球、求、俅、酋、裘、遒”均读阴平。因为这个音节的阳平读法在当地指男性外生殖器。这跟北京话中音节 cao 的情况有点儿类似。

在语言的运用中同样会出现这样一种情况，有些人对某些情况非常敏感，而有的人则显得迟钝一些。因此，有些用语对某些人来说是禁忌语，而对另一些人来说则不一定。例如，同一个用语，因为特殊的历史背景，有的人听到后会反感，而另一些人则无动于衷。当然，这个用语的使用者可能是有意的，也可能是无意的。1997 年 11 月 28 日的《服务导报》报道了大连一位叫王立富的老人因日本广告用语百次上访最终获胜的消息。事情是这样的——

大连电视台播出了日本 MT 公司万能削皮刀的广告：“如果还有人无动于衷的话，那他就是木头做的。”王立富第一次听到这则广告时，并不知道是日本的广告，因此只觉得有些人为赚钱不讲道德，人家不买你的东西就说人家是木头做的——太霸道了。但当他第二次听到这则广告，知道是日本的广告时，他受不了了：他年轻时曾被日本人抓去做劳工，受到非人的待遇；他还听说过日本 731 细菌部队把中国人当作“原木”任意宰割。据此，王立富认为，这则广告是对中国人的侮辱。然而，当他到一个个有关部门反映乃至找到法院和律师的时候却遭到了冷遇。显然，那些人没有王立富的感受，他们无法理解老人的这种情感。经过上百次的上访，老人在一位律师和记者的帮助下，找到了工商局广告处的一位负责同志，还惊动了国家工商局。最后，日本公司不得不修改广告用语。该公司的解释说，广告片是在国外制作的，广告语经翻译后在中国国内播出，在翻译的过程中忽略了中国人的语言习惯和历史背景。

从这个例子可看出禁忌的复杂的社会背景。如果这家日本公司果真是无意犯忌的话,这个教训是值得吸取的。

1995年11月21日的《新民晚报》刊一短文,说上海一户人家电话号码尾数是"814",而其家男主人恰患绝症,该户人家于是向邮电局申请改号,理由是"814"谐音"爸要死",实在不吉利,希望邮局帮忙换号。但问题未能解决,此户人家十分沮丧。第二天,作者向该户就改号的困难作了进一步的解释,然后说:"你们注意到没有,'8'这个数字在上海话里与'不'也是一个读音,'814'就是'不要死',很吉利嘛!干嘛偏要理解为'爸要死'呢?"这一解释使得一家人如释重负,号码风波得到了圆满的解决。

禁忌语问题应该引起足够的注意。不同社会对词的禁忌是不同的。有时候我们可能会忽略而造成很坏的影响。1992年秋天,一个美国学生告诉我她发现中国的英语教材中有一个忌讳词:rubber。我感到很吃惊:我当初学英语的时候也是学的这个词,意思是橡皮擦。那个学生告诉我,这个词现在在英语里是"避孕套"的意思,"橡皮擦"应该用另一个词:eraser。近年出版的新的英语教材,已经改掉了这个词。无独有偶,师为公《汉语与汉文化》中提到了另一个例子。照抄如下:

> 《新民晚报》1993年3月22日有《英语 cock 一词的使用》,同年同月24日又有《忌用 cock》一文,其中《忌用 cock》一文说:"记得去年11月某日,我陪一位美籍女教师 Mona 女士到一所小学听英语课,当全体学生跟着上课教师按照新编的小学英语课本大声朗读 cock and hen(公鸡和母鸡)时,Mona 女士立即从最后一排座位上起身跑到讲台上,竭力制止学生们朗读 cock 这个词说:'It is a very bad word'(这是一个非常难听的词),并在

黑板上写上一个大大的'rooster'。"

禁忌语不是法律、不是禁令，但从上面的例子可以看出，在社会交际中它却具有类似法律和禁令的作用。它来自于社会的约定，但同时也影响到社会之间的关系。

二、委婉语

禁忌语的出现给人的交际带来了困难，因为在不少情况下，那些被禁忌的东西必须提到，这就使得人们想方设法去表述那些被禁忌的东西。于是就出现了所谓的委婉语。由此可见，委婉语实质上是禁忌语的变体。世界上各个国家和民族都有自己的委婉语。例如政治家们使用的"发展中国家、欠发达国家"和股评家们使用的"探底"都是委婉说法。普通人会说"老了""不在了"等等，这也是委婉说法。对大多数中国人来说，哪些方面会使用委婉语呢？可以说，只要是有忌讳的地方就会出现委婉语。

在社会方面，政治家的委婉语要比平民的委婉语多。在性别方面，女性要比男性使用的委婉语多。知识分子又比文化水平低的人使用的委婉语多。

委婉语主要采用同义、近义、反义、比喻义、指代义等手法。同义、近义、比喻义和指代义委婉语使用的例子人们常提到，这里举两个反义委婉语的例子。在河南驻马店地区有一座山叫确山，因为"确"读[tɕʻyo^{24}]，而该音正好有"捣""蒙骗""捉弄""揍""砸锅"等义，做生意的人忌讳这个字，就把确山称为"顺山"。北方人过年煮饺子时，忌讳"破"或"烂"。大人交代小孩子，要说"挣"。我小时候，一直认为"挣"是"正"，以至于有一年正月初一当我发现所有的饺子都很好时说：今年的饺子好，没有一个是正的。如果不是大年初一，这句话给我带来的后果可想而知。

三、詈语

詈语过去多称詈言，俗称骂人话。骂人也是语言迷信的一种反映。它是非理性的心理冲动的产物，因而更能透露出一个民族的性情和心理。中国社会的骂人话里，渗透着中国社会和文化的独特观念。换句话说，中国社会的一系列特点决定了中国社会骂人的方式。

在诸多种骂人话中，居于首位的当是“性”的“攻击”。它构成了中国社会骂人话的一个重要组成部分。“性”是人类社会中最为隐秘的事情，因而对它的忌讳也最多。在骂人时，彻彻底底地撕破这层神秘的外衣，赤裸裸地加以宣扬，这对于骂人者来说，愤怒的情绪得以宣泄，可以说是取得一种心理上的满足，而被骂者则处于极其尴尬的境地。但中国社会的“性”的骂人却有自己的特点。下面以性别、长幼、宗教和人畜物的关系为例来加以说明。

1. 男尊女卑

男尊女卑带来了男女性关系的不平等，从而产生了畸形的家庭观念，因此也就导致了汉语骂人的目标一般不指对方，而主要是指向对方的女性亲属如“奶奶”“妈妈”“姥姥”“姐姐”和“妹妹”等。“王八”“杂种”“狗崽子”之类虽然表面上看是针对被骂者本人的，而细究起来，也是对其家人的。这一现象，正好反映了中国传统社会对女性的歧视。鲁迅曾把“他妈的”称为“国骂”，因为这一骂人话的使用频率实在太高了。

2. 祖先崇拜和家庭本位

“性攻击”的另一目标是祖先。“操你祖宗”“日你八辈”之类今天仍然可以在许多地区尤其是农村听到。这反映了中国社会祖先崇拜和家庭本位。家庭的荣誉与个人密切相关，有时甚至远远高于个人的荣誉。对于中国人，尤其是中国男人来说，家庭的荣誉在别人面前受到损害与“性”受到攻击具有同等的威力。因此，诋毁某人，从其家庭、家族入手，是很能切中要害的。比较中外文化的人都发现，中国没有土生土长的像西方那样严格意义上的宗教。各种祭祀和祈祷活动中，中国人大多崇拜自己的祖先。当一个基督教徒向主忏悔时，中国人多是说“对不起列祖列宗”。

上面说的是直接的“性攻击”。有的骂人话表面看起来与性没有关系，但可能通过其他一些因素与性联系起来。例如在河南和山东等不少地区都有“娘了个腿”或“娘来个脚”的骂人话，一些地方甚至把它当作比较亲昵的骂人话。为什么它们可以成为骂人话呢？《金瓶梅》第九十七回有“随他那淫妇一条绳子拴去见官，管咱每大腿事”。这里的“大腿”在秘密语中指“生殖器”。至于“娘来个脚”作为骂人话，是因为女人的脚在中国社会中是最隐讳的。荷兰高罗佩(1990)注意到，在他收集的春宫画中，即使是全裸的女人，脚都是包起来的，而《金瓶梅》及其他一些古代小说对调情的描写都是从“脚”开始的。这或许可以说是一个忌讳的所在。

随着社会的发展，中国社会中“性攻击”骂人话正在减少。即使是“他妈的”这一最严厉的骂人话，“性攻击”的含义也大大削弱，有时甚至根本与此无关。与此相关的还有“奶奶的”“奶奶娘”之类。李存葆的小说《高山下的花环》中，雷军长在誓师大会上有这样一段骂人话：

奶奶娘！我的大炮就要万炮轰鸣，我的装甲车就要隆隆开进！我的千军万马就要去杀敌！就要去拼命！就要去流血。可刚才，有那么个神通广大的贵妇人，她竟有本事从千里之外，把电话要到我这前沿指挥所！此刻，我指挥所的电话，分分秒秒，千金难买！可那贵妇人来电话干啥？她来电话让我给她儿子开后门，让我关照她的儿子！奶奶娘，什么贵妇人，一个残骨头！她真狗胆包天！

显然，没有这些詈语，雷军长将很难表现他的威力和发泄他的愤慨之情。

语言作为一种化石，基本上保留了历史的某种心态。例如，某人在无他人在场的情况下遇到了不如意的事也会脱口而出"他妈的"之类。我们的一个学生在军训中曾注意到军营中"他妈的"十分流行。她的研究表明，军营中的"他妈的"之类已经失去了原来的脏字的性质，更多的情况只是表现"糟糕""还好"等意义。这种用法意义上的"他妈的"之类，最多也只是借用了一种情绪，体现了一种表示不满的心理。这种心理上的分析或许有一定道理，但我以为更重要的还是社会环境因素造成的。

除了与性相关的骂人话以外，还有几个方面值得一提。

一是由于家庭本位和严格的长幼尊卑带来的以辈分高为荣的观念。一些人在骂人时以被骂者的长辈自居，人所共知的例子是鲁迅笔下的阿Q的"儿子打老子"。

二是受传统万物等级格局带来的人畜物贵贱的观念的支配，把对象骂为"畜生""猪""驴""狗"之类。因此也就有了"狗腿子""丧家犬"等等。

三是以骂人者自己的主观经验对被骂者进行评价。如"少见""扯淡""寿头""二百五""十三点""吃饱了撑的""活丑""胡说八道"等等。这些词变化无端，其实基本的语义不外乎指责对方的行为不合体，超出了常规。

骂人话的研究对语言学有很重要的价值。李荣(1982)对"入"这个禁忌字进行了认真的研究。文章指出“入”字有两个读音：一个读rì；一个读rù。读rì是个禁忌字，符合语音演变的规律，在早期白话、北京方言和文学作品中都有使用。后来“入”字读rù大概是回避rì这个音而分化出来的。按照李荣的研究，“入”今天应该读如“日”。因为“入”在《广韵》属缉韵，在古声母相同的条件下，它应该与今韵中的质（栉）韵中的开口字相同。但现有的一些词典已经取消了这一读音。《国语词典》1937年版和1948年版均注有该音。《现代汉语词典》只收了ru去声一读（连上声的“入”也取消了，这个音在一些方言中仍然存在）。此外，在北京忌讳cao的去声读法，凡是本方言“糙”字读去声的，不能折合成去声，要读阴平。山西很多地方，“透（送气）”是比“入（音日）”还要粗野的话，所以山西本地专用的“透”字送气，通用的“透”字常常不送气。社会因素对语言的制约作用不单表现在汉语内部，即不仅汉语内部有回避的问题，使用汉语拼音也要回避外语里的某些字。1981年3月17日《北京日报》报道复兴饭店开业的消息，“复兴”两字的汉语拼音是Fuxing，会英文的人一看就是Fuck-sing。Fuck一词是相当粗野的，必须回避。过了一段时间，“复兴饭店”就改为“燕京饭店”了。（李荣，1982）最近在青岛开会住在一家各方面都不错的饭店，可是外面的英文名称是Fuxin Hotel，不知道会英文的人看了又是什么感受。

骂人话对语言的影响还表现在同义词的使用上。一些地区对某些同义词只能用其中的一个。一位刚到四川某地服役的江苏籍新兵奉老兵之命去买“锤子”，明白“锤子”在当地的含义者可以想象当时在商店所遇到的尴尬场面。

骂人话常常导致一些更为严重的冲突。一些地方的亲昵语，在另一地区可能成为骂人话。例如李荣提到的“入”在不少地区读

“日”,而且是很重的骂人话。但在河南社旗等地,“日”常常是熟悉的长辈对晚辈的亲昵的“骂人话”。但应当注意的是这个地区同时忌讳[ckhau](写作“尻”,动词)。在意义上说,“日”和“[ckhau]”的意思是相同的,它们的差别在于:(1)语义轻重不同;(2)色彩不同。正因为如此,北方的不少地区忌讳 kao 的阴平读法,南方人同北方人说话时因把“敲”的声母发成舌根音遇到麻烦的也不少见。方言中保留见系字中古读法的人到这些地区要特别小心。例如,江淮等方言中对“敲门”“敲竹杠”中的“敲”[ckhau]等,毫无忌讳,在南京人们甚至常对女孩子说“我敲破你的头”“我敲死你”,但在上面提到的地区,如果把“敲”的声母发成舌根音的话,引起轩然大波是必然的。事实上,据说在河南的一些地方,已经为此发生过冲突。

骂人话会随着社会的发展而改变。今天大概已经没人用“竖子不足与谋”中的“竖子”去骂人了。但是,人们之间难免发生矛盾,产生骂人话的价值观和思想原则不会轻易消失。因此,作为社会中的一种不文明现象,骂人话反映了一部分人很独特的社会心理,甚至于是有关一个民族的、一个时代的社会心理。这是很值得我们研究的一个领域。它的研究既有语言学的意义,也有社会学和文化学的意义。然而,现在社会上一些人对骂人话的研究持否定态度,认为这不利于精神文明建设。我们认为,学术界应该正确对待对骂人话的研究,通过对它的研究,弄清某种骂人话的流行范围,对于防止一些社会冲突是有益的。同时,我们也可以通过研究,针对社会上骂人的不文明现象,进行疏导教育。毫无疑问,这是有利于精神文明建设的。

第七章　语言规划

第一节　语言规划和语言政策

一、语言规划的意义

所谓语言规划(language planning),指国家或社会为了对语言进行管理而进行的各种工作。这里的规划或管理,是个广义的概念,包括语言的选择和规范化、文字的创制和改革、语言文字的复兴等方面的具体问题。中国目前把语言规划称为语文建设。语言规划涉及的内容很多。在中国,由政府支持进行的推广普通话、汉语规范化、文字改革以及正在进行的语文标准化等就是这类工作。语言规划是一项十分重要的工作,而且与社会发展形成一种相互的作用力,许多现代化国家的发展都经过了这样的历程。例如资本主义经济就要求并促进了语言的统一,而语言的标准化和规范化则给资本主义的发展创造了有利的条件。语言文字的合理发展,对于一个国家或民族的发展具有不可估量的作用。

由于社会的发展,民族语和国家意识的增强,近代世界各国政府或学术机构对语言文字的规划、管理力度不断加大。仅在 1949 年以前中国就有国语运动、注音字母方案、白话文运动、大众语运动、国语罗马字研究、拉丁化新文字运动等。建国以后政府组织制定了汉语拼音方案、推广普通话运动、汉字简化方案等一系列语言文字改革工作,并取得显著效果。在国外,美国、英国、加拿大、德国、瑞典、印度、印度尼西亚、法国、埃及、古巴、日本、马来西亚和苏联等国也出台了各种解决语言问题的方案,以使自己的语言能适于社会发展的需要。

刘涌泉(1996)以自己的一个亲身经历说明了语言规划的重要性:

> 50年代为汉语制定拼音方案时面对多种选择:民族式字母、斯拉夫字母、拉丁字母等。幸亏我们选择了拉丁字母,不然的话,后果不堪设想。当时我们国家是一边倒,苏联专家的意见是很受重视的。如果当时听从苏联专家的意见采用了斯拉夫字母,那我们今天就要远离流行最广的拉丁字母文化,必然会有灾难性的后果,那我们的四化建设就不会像今天这样兴旺发达,我们步入信息化社会的时间就会大大推迟。想起来真让人后怕,幸亏我们的前辈作出了英明的选择!

几乎所有的统治当局对语言规划问题都是相当敏感的。中国历史上没有语言规划这一明确的概念,但却有这方面的实践,像科举考试就无疑对汉语书面语和语音起到了规范作用。辛亥革命以后,中国才开始有真正意义上的语言规划,但中间颇费周折。但其影响之深远,值得认真总结。

二、 语言规划的类别和内容

语言规划涉及的范围很广。"哪里有语言问题,哪里就要求对语言进行规划。不管是出于什么原因,如果人们对某种语言情况感到不满,那么就有制订语言规划纲领的场合。"(E. Haugen,1984)

语言规划是一个十分复杂的工程。以往关于语言规划有许多讨论,但其归属并不清楚:有人将其归为社会语言学,有的归为应用语言学。就其内部来说,也有不同的处理。最流行的是二分,即地位规划和本体规划。本体规划(Corpus Planning,又译语型规划)和地位规划(Status Planning)这对术语最早由 Heinz Kloss(1969)提出,这是语言规划研究中最重要的术语,它们构成了现代语言规划理论的核心。Cooper(1989)提出语言获得规划(Language Acquisition Planning),而芬兰学者 Harald Haarmann 则又提出了声望规划(Prestige Planning)。(苏金智,1992)这些概念的提出,对于认识语言规划向前迈进了一步。近年来又有学者提出功能规划。(李宇明,2008)

本体规划、地位规划、声望规划、功能规划等并不是从同一角度划分出来的。地位规划更多的是政治上的考虑,它跟国家的大政方针有关,确切地说应属于语言政治学研究的范围;本体规划是在地位规划完成后,在语言政策指导下对语言各要素展开的规范或标准的确定工作;声望规划应该是地位规划的组成部分,而功能规划则是基于不同语码的分工。此外,还有人提出语言的教育规划。

语言规划可以由政府来进行,也可以由官方的或权威的学术机构来进行。在中国,语言规划由国家语言文字工作委员会负责,而在法国,早在 17 世纪就成立了官方的法兰西学院,负责法语的规范化工作。有时候,权威学者在语言规划中也能发挥重要作用。英国学者琼森(S. Jonson)作为第一部英语规范词典的编者,美国学者韦伯斯特(Webster)作为第一部美国英语规范词典的编者,都对本国的语言规划工作作出了贡献。

语言地位规划要借助于政治力量来实现。首先是官方语言的选择。对于一个民族来说,要选用本族语言的一种方言来形成共同语。对一个多民族的国家来说,要选用某一民族的语言来作为各民族的共同交际工具。有些国家选择一种语言作为族际共同语,一般是人口较多的主体民族的语言。如俄罗斯的俄语、美国的英语、中国的汉语、马来西亚的马来语等。有些国家选择多种语言作为族际语或国语。比如瑞士的国语有德语、法语、意大利语和拉丁罗曼语四种;加拿大有英语和法语两种。一个国家选用多种语言作为族际语时,这些语言往往有主有次,有时还各有分工。瑞士是以德语为主,加拿大是以英语为主。新加坡的情况更有意思,它采用英语作为族际语,而三大族群的语言——华语(汉语标准语的新加坡变体)、马来语、泰米尔语都是官方语言,其中,马来语是国语。一般来说,国家采用官方语言作为教学语言,但实际上不能完全做到。在新加坡,不同源流的族群可以使用自己的母语进行教学,但英语似乎占据了统治地位。在中国不少地方,方言仍然是学校的教学语言,尽管政府对此已经采取了一系列的措施。加大推行共同语作为教学语言的力度对于一个国家的发展来说,是非常重要的。但在多民族国家的少数民族地区,应该制定民族平等的双语政策,按双语政策选择教学语言。

中国语言文字立法是语言规划的一种体现。世界上为语言文字立法的国家并不多。中国于2000年10月31日正式通过并于2001年1月1日施行了《中华人民共和国国家通用语言文字法》,这是语言政策的法律体现,对于加强语言文字工作具有重要的意义。

至于语言文字标准化,涉及的范围也很广。例如,科技术语标准化和语言规范化历来是语言标准化的重要方面。近年来,语言文字标准化工作受到了高度重视。2004年7月在全国语言文字标准化工作会议上,教育部、国家语委提出了语言文字信息管理工作的思路与近期目标。工作的思路是:"以语言文字规范标准制定为核心,以信息化为主线,以评测认证为抓手,以语言工程建设和科学研究为基础。"近期目标是:"经过四五年的努力,争取建成服务于教育和国家信息化的语言文字坚实平台，满足社会对语言文字规范标准的基本需求，进一步提高语言信息处理技术及其应用水平，促进社会语言生活健康发展。”①

下面以术语为例作些说明。在科学技术迅猛发展，科技术语大量涌现的情况下，如何移植术语，用音译还是用意译，这是关系语言发展和文化交流的大问题。对于同一文字系统的语言来说，这个问题比较容易解决，它们一般地都是采用字母原形照搬或者转写；对于不同文字体系的语言，尤其是使用方块汉字的汉语来说，事情比较麻烦。我们采用了非常复杂的方式，主要的是音译和意译，但二者各有利弊：音译比较容易跟国际接轨，但有时不被人们接受。“激光”“电话”原来音译为“莱塞”“德律风”，但音译形式后来还是让位于意译形式。近年来出现了大量的所谓“字母词”，社会上对此有各种不同的看法，如何对它们的使用确立标准，已经引起了政府有关部门的充分关注。

由于术语的国际化对克服人类语言障碍和促进国际科技交流有很大作用。很多国家和国际性组织对此十分关切。

此外，政府对语言使用的影响还表现在政府对控制领域的语言使用以及需要政府容忍的非政府管理范围内的语言使用等方面。不少国家大众传播中的语言和特殊的商业活动的语言使用可以提供许多例子，例如，在大众传媒中，电视台、电台频道的分配和用不同语言或方言播报的时间的长度往往有具体的规定，而在商业活动中像商标、店名的语言也都是政府所要管理的。在马来西亚，不同来源族群

① “华语桥”网站（www.huayuqiao.org）华语桥新闻《中国语言文字标准化工作会议在青岛召开》，2004 年 7 月 30 日。

的文字都是允许使用的,但政府规定,它们必须小于国语的文字招牌,而且还有具体规定。在俄罗斯,近年来大量英语单词和表达方式进入俄语,年轻一代以说“英语腔”的俄语为荣,此事惊动了国家管理层。为了抵御英语的威胁,总统普京出面签署了一份要求维护俄语“纯洁性”的命令。[①] 在法国,政府为了法语的“纯洁”,发出了官方文件禁用 e-mail,而代之以 courriel。[②]

不同国家、不同历史时期的语言规划是有差异的。典型的例子是语言复兴。中国没有这个问题。但在不到 30 年的时间内,以色列取得了有史以来在语言工程领域里最引人瞩目的成就,这就是希伯来语的复兴。移居到这个国家的犹太人原来散居世界各地,他们中间没有一种统一的民族白话。有趣的是,虽然作为口语的希伯来语早在 2 000 多年以前就已经死去,却在犹太教的礼拜仪式中保全了下来,就如拉丁语在罗马天主教会中被保全下来一样。这种语言作为一股促进统一的力量,足以使它被采用为国家共同语。学校把这个任务接过来,从欧洲各地和近东来的移民还有前几代的人都在学校里学习这种几乎和人造语言一样的语言。当然这里面也有一个语言上的有利条件,因为这些移民原来的语言几乎都是泛欧洲型的。这样做的一个后果是,重建的语言对客观世界所作的描述基本上是欧洲型的,当然,语音和语法结构是希伯来语的。(Bolinger,1993:844)

事实上,除了政府以外,现代社会中的企业经济社团也会影响到语言规划。经济社团对语言使用问题施加影响主要通过以下几种途

---

① 《环球时报》,2001 年 6 月 22 日第 17 版。

② 新浪网,2003 年 7 月 20 日。

径:(1)对雇员提出一定的语言要求,例如,一些企业规定某些岗位的人员必须会英语;(2)对工作环境中的语言使用加以规定,例如,许多饭店、商店都规定,工作人员必须使用普通话;(3)对本企业机构的工作语言有所规定。但是,企业的规定不能与国家的语言规划相抵触,否则就会引起语言纠纷。例如,前一段时间媒体曾经披露国内一些饭店不使用汉语作为指示语的问题。

语言规划是一项长期的、复杂的、面向未来的语言建设的系统工程,也是一项文化建设工程。它的决策和实施过程,涉及社会政治、经济、科技、文化、教育、社会心理等种种因素。以往的研究中,人们已经提出了取得语言规划成功所要遵循的原则。一般认为,语言规划应该遵循下述原则:(1)科学性原则;(2)稳妥性原则;(3)适用性原则;(4)动态性原则。有人认为还应该加上民族性原则和国际性原则等。(于根元等,2003)总的来说,语言规划必须尊重并且符合语言发展的客观规律,符合社会发展的需要,尊重人民的语言权利,符合广大群众的意愿。

苏金智(2000)则提出了语言规划的连贯性和系统性。他认为,语言规划的连贯性和系统性是与政府有关政策的连续性和系统性联系在一起的。由于政权的更迭,政治的干预所引起的语言政策的变化,造成语言规划工作的断裂和非连续性,这是语言规划工作者所无能为力的。他还提出了"零干预"的概念。他认为,语言规划是对语言的形式和功能进行有组织的人为干预活动(包括有意的引导)。这种干预活动最主要的方式有两种:政府干预和专家干预。因势利导、顺其自然也是一种干预。在规划的范围里不加以干预,就是零干预,零干预也是一种干预。在社会相对稳定的时期,干预活动应该是一种有序的活动。连贯性和系统性是保证干预活动有序的重要条件。

要做到干预活动的连贯性,就应该确定长远的总体目标和短期的可操作的目标。

三、语言规划和语言政策的关系

语言政策(language policy)是指人们有意识、有目的地为影响语言文字功能和作用所采取的各种行政性措施,具体地说,就是一个国家、一个民族或一个地区规定的语言文字所应遵循的方向、原则以及为此而提出的工作任务。(冯志伟,1999:131)语言规划和语言政策之间的关系极为密切。常常有人问语言规划和语言政策谁"大"谁"小"的问题。其实,这二者之间不存在领属关系。

语言规划通常是某种语言政策的体现。有关当局从社会或自身的需要等出发,确定自己的语言政策,在此基础上进一步对语言进行规划。如上所说,语言政策对语言规划有直接的影响,同时,语言政策的提出也要以语言规划的理论为原则,否则,语言政策将无法实行。语言政策反映国家和社会团体对语言问题的根本态度。例如,蔡永良(2002)指出,美国的语言政策是维护英语的绝对权威、排斥和打击其他语言的政策。然而,联邦政府却几乎没有关于语言的明文规定的法律,政府的语言政策取向体现在州政府的法令和规定之中,而且更多地蕴含在美国人源自欧洲文明、根深蒂固的语言文化里。以"褒扬英语、排贬他语"为特征的美国语言文化及其支撑的语言政策构成了一个能熔化、消解所有非英语语言的熔炉,有效地维护了英语的地位,但是对其他语言,尤其是数以百计的印第安语,造成了毁灭性的打击。这样的语言政策对单语主义有益,对多语主义以及多元文化有害。

在殖民主义时代,殖民地政府通常推行语言同化政策,把宗主国的语言强加给被压迫民族，在正式场合禁止用当地语言。日本占据中国台湾的50年间，就对台湾的语文教育进行了控制。在日本的强迫统治下，闽南话、福州话、客家话均萎缩为家庭用语。凡文化、政治、经济、学术用语，均用日本语。光复之初，未到过大陆的台胞，不能用固有方言作一篇学术报告。（梁容若，1983）类似的情况也发生在国民党统治下的台湾。比如，台湾当局曾承认罗马字为注音符号的第二式，官书教学，均曾采用。1958年大陆公布《汉语拼音方案》，形式与国语罗马字类似，台湾当局于是就力禁国语罗马字。台湾文化人叶公超等编华侨国语课本时，甚至主张采用威特式或耶鲁式拼法。（梁容若，1983）这也算是“恨乌及屋”之一例。再比如，台湾当局本来也提倡简化汉字，到50年代蒋介石本人还不止一次地提倡，但到后来又说这是“共产党破坏中国文化的阴谋”。（周有光，1997：81）这是政治对语言规划干预的又一实例。

政府的语言观念也会影响到语言政策。Richard Ruiz（1984）将语言政策分为三种：（1）语言作为问题时的政策（Language as problem）；（2）语言作为一种权利时的政策（Language as right）；（3）语言作为一种资源时的政策（Language as resource）。（见邓佑玲，2003）这三种政策实际上是在对语言的三种不同态度的基础上确定的，而这三种政策就会影响到语言规划。例如，对于民族语言，如果把它看成是“问题”，强调语言的“统一”，就可能制定相关政策，作出一种以“同化”为目标的语言规划；如果把它看成是一种语言权利，强调各个民族语言使用的平等，就会尊重各个民族的语言使用者选用语言的自由，制定出相应的语言规划；如果把它看成是一种资源，利用它来营造不同的文化氛围，就会制定规划，对它进行“开发”等等。再如，对社会的各种语言变异，是看成“问题”还是看成语言的发展，也会影响到政府的政策,进而影响到语言规划。

在语言规划问题上,政策问题无处不在。比如,国家推广普通话不是禁绝或者消灭方言,推行简化汉字也不是废止繁体字。社会是千差万别的,语言政策也会因社会而异。适合于甲集团的语言政策,不一定也适合乙集团;适合于一个时期的语言政策,不一定适合于另一个时期。中国当今的语言国情决定中国必须采用与中国社会实际相适应的语言文字政策。对于一个国家来说,能否制定或实行正确的语言政策,还直接关系到社会的安定和团结。制定正确的语言政策,对于处理好民族问题,维护和促进民族团结和各民族共同繁荣,维护民族地区的稳定,乃至全国的稳定都有重要的意义。近年来讨论语言政策时常常谈到语言权。所谓"语言权"主要包括母语使用权、教育权和传播权。母语的使用权应该受到保护。母语教育权是语言权利的重要基础,侵犯语言权利往往就是从语言教育开始的。我们前面谈到语言同化的时候已经举出了帝国主义和殖民主义者对别的国家或民族语言权利的剥夺。中国在保护少数民族语言权利方面就做得很好。中国是一个多民族、多语言的国家,实行民族平等,《中华人民共和国宪法》规定每个民族都有使用自己语言文字的权利。为了保证每个民族使用自己的语言,同时又兼顾到社会交际、社会经济的发展的需求,《中华人民共和国宪法》又规定"国家推广全国通用的普通话"。中国在少数民族地区实行双语政策。例如在内蒙古自治区,汉语和蒙古语都是官方语言。少数民族的语言文字将和汉语文长期并存、共同发展,在各自不同的使用范围内发挥其不可替代的作用。在传播权方面,中国民族地区有自己语言的媒体,无论是平面媒体还是电子媒体都注意到了民族语言的传播和使用。当然,几十年来,中国的民族语言文字工作有成绩,也有失误,但成绩是主要的，失误主要表现在“文革”期间的一些极“左”做法。中国55个少数民族中，53个民族有自己的语言(回、满两个民族通用汉语文)。建国前，有21个少数民族有自己的文字。50年代初，国家投入大量人力物力，对少数民族语言进行了大规模的普查，并帮助10个民族创制了文字，帮助2个民族改革了文字。少数民族使用和发展本民族语言文字的自由得到了充分的尊重和保障。[①] 少数民族把语言文字问题同民族的解放、发展联系在一起。1975年四川凉山彝族推行了规范彝文，在短短几年里就扫除了大批文盲。广大彝族群众热烈欢呼彝文的推行，把它看成是彝族人民的第三次解放。(戴庆厦，1987)

1974年11月21日美国学者 Charles A. Ferguson 在 Stanford 大学语言学讨论会上说：

> 强迫人们只接受一种语言，即使在政权相当稳定的国家里，都有可能成为造成社会动乱的原因和后果。中国看来是个例外。在这个令人惊奇的国家中盛行的“大家都来出把力”的哲学甚至扩展到语言领域：你可以看到成群结队的学生到工人或社会的其他部门中鼓动大家学习并使用标准语。大家对已经能讲标准语的人占了便宜这一点很少愤愤不平，对地方性语言面临绝灭的前景也没有表示明显的不安。(Bolinger，1993：847－848)

Bolinger(1993：848)则进一步指出如果在其他国家这类方案则极有可能引起爆炸性后果。

就反映20世纪50—60年代中国“推普”情况这一点来说，Ferguson 这段话有不少是事实，但也有当时美国社会对中国的语言

---

① 1991年12月4日《人民日报》海外版。

政策的误解。文中所说的“强迫人们只接受一种语言”中的“语言”是指普通话。

语言政策和语言规划的对象不同。语言规划主要是指一个国家对官方语言的选择和规范化。语言政策涉及的范围则要广泛得多,除了语言规划以外,它还包括对待官方语言以外的语言、方言以及它们的各种变异形式的态度。例如,20世纪50年代,由于国际关系问题,一些人曾把英语当作帝国主义的东西,全国各级各类学校基本上都出现了学俄语的“一边倒”情况。这显然是由于语言政策的导向所造成的。

语言政策的决定,并非只考虑语言因素。政治上和经济上的考虑远远超过语言上的考虑。以华人占70%以上的新加坡为例。英国殖民地时期,新加坡的行政语言是英语。独立以后,政府仍旧保留殖民地的英语作为行政语言。英语并不是大多数新加坡人的母语,在华人占大多数的多元种族多种方言的大环境下,为什么做这样的选择呢?新加坡政府认为,采用英语,可以保证制度的连续性,可以各种族平等竞争;同时,英语是现代化的走向国际的语言。在政府看来,如果以最大种族(华人)的语言作为行政语言,其他非华人的种族必然在竞争上处于不利的地位。这样不仅不利于国内各种族的和谐共处,不利于新加坡走向国际,不利于新加坡的现代化,还有重要的一点,在当时的背景下,新加坡也很担心被周围邻国看作是第三中国,不利于和东南亚邻国的相处。[①]

在社会的其他方面也有语言政策问题。以聋哑人的“双语教育”

① 周清海《多语环境里语言规划所思考的重点与面对的难题》,见华语桥网站(www.huayuqiao.org)《周清海文集》。

为例。这是中国社会刚刚起步的聋哑人语言教育工程。所谓双语教育，就是及时地对聋哑人进行手语教育，并在此基础上对他们进行所在大社会的语言的书面语的教育。双语教育的基本出发点具有深刻的社会语言学意义。手语是一种语码，书面语是另一种语码。双语教育的目标是通过第一语言即手语的教育，使聋哑人能够顺利地完成两种语码的转换。双语教育的提倡者认为，聋哑人群体是一个特殊的社会群体，他们正如少数民族一样，有自己的语言、文化、心理特征。他们也有接受自己的语言教育的权利，应该得到应有的尊重。聋哑人双语教育将带来人们思想认识的一个深刻变化。过去几十年的聋哑人教育事业并未取得人们想象的那样的成功。这是因为人们没有把聋哑人看成是一个相对独立的社会群体。社会上对聋哑人的态度是补偿他们的缺陷，试图使之回归主流社会。为什么提出补偿？这说明社会上认为聋哑人的语言是低级的。为了补偿，人们花了大量人力和物力，进行了大量的研究，但收效甚微。

由此，我们认为，国家的语言政策也应该包括聋哑人社会的语言政策。我们对聋哑人的语言问题应该有一个比较正确的认识。对聋哑人实行双语教育与聋哑人的语言康复教育并不矛盾，出发点都是为了让聋哑人获得应有的受教育的权利，获得与他人交往的权利。提出双语教育的意义在于从实际出发，也在于对聋哑人本身的尊重。

另一方面，正常人的双语教育和第二语言教育也存在不少问题。例如，许多国家都实行双语教育：学习英语是为了在经济和科技上争取国际地位；学习民族语是为了保持民族文化传统。正如我们将要指出的那样，这二者是很难兼顾的。以新加坡为例，英语是学校的教学语言，英语也是全国民族间的通用语。为了防止失去民族文化传统，政府规定27％的课程要用民族语。华人子弟既要学好英语，又要学好华语。在东北非的苏丹,由于革命后的政府采取了阿拉伯化政策,各级各类学校都改为阿拉伯语授课,但随之而来的是教学资料和师资的严重缺乏。香港过去没有法定的语言政策,多数家长把子女送到英语学校读书,学校大都以粤语和英语混合教学。多数学生既没有学好英语,也没有学好普通话。马来西亚独立后以马来语为学校语言,英语水平大为下降。而吸引外资和建立高技术工业需要英语,因此在国际竞争中处于劣势地位,最近不得不重新提倡英语。如何使双语教育取得成功,是一些发展中国家的一个大问题。

事实上,中国大陆也有类似的问题。以近年来的就业问题为例。许多人都注意到中国就业的一个方向是劳务输出。但由于语言的限制,中国的劳务输出大多是建筑业,而无法像菲律宾或其他一些亚洲国家那样输出其他的劳务人员,如保姆、服务员等。

四、 语言的保护和维护

语言规划工作也应该包括语言的生态保护。所谓语言的生态保护,主要是指对语言现状的记录和对濒临消亡语言、方言的抢救。中国的语言资源十分丰富,汉语又是世界语言中方言最复杂、分歧最大的语言。语言种类多、方言分歧给社会交际带来许多不便,长期以来,中国各族、各地人民深受其害。因此,一个时期以来,为了国家的建设和发展,人们在语言规划中多把注意力集中在标准语的推广上。这对于沟通社会、纯洁语言、发展科学文化教育事业等等无疑具有重要意义。但是,人们在开展这些工作的同时却忽略了对这些语言和方言的保护。

根据孙宏开、胡增益、黄行(2006)提供的资料,中国的语言有130种左右。目前这120种语言近一半处于衰退状态,有几十种语言处于濒危状态。如赫哲语，目前能用本族语交际的只有十几个 60 岁以上的老人，将稍微能讲一些赫哲语的人也包括在内，最多不超过 50 人；塔塔尔语，塔塔尔族总人口 5 064 人，本族语的使用人口不足 1 000 人；还有仙岛语，是阿昌族一个支系使用的语言，使用人数约 100 人左右。[①]

语言消失的原因比较复杂。大的方面来说有二：一是强势文化对弱势文化的冲击，例如，一些政治、科技的名词民族语言中没有，就借用强势语言的词汇。由于这些民族语言的使用范围很有限，许多年轻人已经不愿再去学习。掌握这些语言的老一代人去世后，语言将没有办法传承下去，渐渐这些语言也就会消失。二是经济的原因。许多年轻人虽然对本民族语言有感情，但在与现代社会的接触中却因为经济的落后而对本民族的语言失去自信，进而选择放弃自己的语言。专家调查表明，经济发达和比较开放的民族，如白族、壮族、纳西族等，人口受教育程度很高，使用双语的人数也很高。[②]

语言是保存、发展人类有形和无形遗产的最有力的工具。各种促进母语传播的运动，都不仅有助于语言的多样化和多语种的教育，而且能够提高对全世界各语言和文化传统的认识，以此在理解、容忍和对话的基础上，促成世界人民的团结。濒危语言问题，正受到国内语言学界的关注和重视。1999 年 11 月，联合国教科文组织的一般性大会宣布：从 2000 年起，每年的 2 月 21 日为国际母语日（International Mother Language Day）。纪念国际母语日，旨在促进语言和文化的多样性，以及多语种化。

中国的语言学家也早就开始关注语言缺失问题，但多集中在对

---

① 2004 年 2 月 21 日新华网，见 2004 年 3 月 11 日中央统战部网站少数民族栏。

② 2004 年 2 月 21 日新华网，见 2004 年 2 月 27 日民间中国网阅读新闻栏。

自己研究的语言领域的一些分散调查整理上。20世纪80年代以后,随着一些语言衰退趋势越来越明显,过去一些不自觉的个人行为逐渐变为自觉的集体行动,各机构相继设立集体课题。2002年7月举行的中国民族语言学会第8届研讨会上,这个问题成为大会代表共同关注的热点。许多内部和公开的报刊不仅有多篇文章正面提出了语言濒危问题,而且从多种角度对此进行专题性探讨。多种类型的濒危语言课题也从不同侧重面提出立项或实施。这表明中国语言学界在这一原本滞后的领域正在迅速跟进,也表明当前语言濒危的现象不同寻常地加剧,引起了学界密切关注。

我们可以把语言、方言的共存看作是一个语言生态链,这些语言和方言在相互接触、相互影响中得到发展。我们前面的分析已经表明,汉语就是在同各种语言的接触中发展起来的。汉语中有大量的同义词如“乘机”和“趁机”、“成规”和“陈规”、“一班人马”和“一拨人马”等可能就是因方音不同而形成的。有些词的形成很有趣,例如“滑杆”这个词,本来应该是“筏杆”,(周有光,1997:38)因为当地人[f]、[x]不分,就写成了前者。事实上,即使是今天,普通话仍然在从方言中吸取营养。于夏龙(1992)正确地指出,方言已经成为普通话新词构成的重要途径。消灭方言,就使得普通话成了无源之水。前面已经谈过,随着时间的推移,如果一种语言或语言变体的规模得以扩大,就形成了所谓的语言传播。在一般情况下,任何一种语言,不是在传播,就是在缩小使用的范围。一种语言的传播常常导致别的语言缩小使用范围。普通话的传播所带来的另一面必然是方言的萎缩。对于广大致力于“推普”事业的人来说,这自然是一件好事。但从汉语发展的角度来说,这可能也影响到汉语的生态。

另一方面,保护方言对于语言研究有重要的意义。以语言历史研究为例。我们知道，语言发展的基本规律之一就是语言发展的不平衡。这种不平衡不仅表现在语言各要素的发展的不平衡上，也表现为不同地区的方言的发展速度的不一致，而这则给研究语言的历史提供了极好的条件，因为方言间共时上的差异所反映的正是语言的历时变化。有些语言现象我们今天觉得非常奇怪，例如“长江”的“江”的声旁为什么是“工”？这在北方话里已经无法进行解释了。吴语的大部分地区都读[kaŋ˚]，跟“工”的声音还有一些距离；但是我们在江苏吴江了解到，该市的一些地方还有读[koŋ˚]的，这个声音与“工”就相当接近了。从民族语言的角度看，开展语言生态保护对民族文化、社会历史等研究也有重要价值。语言是一种社会现象，是社会历史文化的载体，保持语言的多样性，对于保护民族文化、了解历史等也有重要意义。这些我们在前面的讨论中实际上已经涉及了，不再赘述。

或许有人同意我们要保护方言的观点，但同时可能又觉得在“推普”刚刚取得一些成就时就提出这个问题为时过早，甚至担心这样做会影响到“推普”工作的开展。其实并非如此。

就江苏来说吧，这是一个多元文化的省份。特色各异的方言是江苏文化特色的一个重要组成部分。其中吴文化就是代表之一。据我们观察，作为吴文化的一个重要标志的吴方言也正在缩小自己的范围。苏州是江苏吴方言的中心，标准吴语的声母有清浊的对立，例如“布”和“步”、“到”和“道”都不同音。但是据我们对城区一些年轻人的调查，已经有人不能区分这些不同音的字了。处于分界线上的方言，也正在北化。例如，溧水、金坛县原本都在吴方言区，但现在两个县城都已普遍说江淮方言，公共交际已不再使用吴方言，老年人之间和农村还有吴方言的存在，但已日见衰微了。（鲍明炜，1999：5）此

外,江苏还有不少方言岛,据我们的调查,这些方言岛也正在萎缩。(郭熙,1998)

我们认为,在"推普"中强调方言保护,不仅不会影响"推普",相反对"推普"会有促进作用。一方面,调查和整理方言资料对"推普"有重要的意义。通过调查和整理,可以总结出方言和普通话的对应规律,有利于提高广大群众的普通话水平,加快推广普通话的速度。另一方面,进行方言和普通话的比较研究是普通话教师应具备的素质。通过这些研究可以提高他们的业务水平,反过来再促进"推普"事业。此外,在"推普"的过程中,强调推广普通话不是要消灭方言,不是禁绝方言,对于尊重方言使用者的语言感情,缓解抵触情绪也有重要的意义。在访问调查中,南京的一位被调查者谈到,过去他的方言意识非常强烈,对普通话一直有抵触情绪。这一情绪导致他过去不愿学说普通话,一直操一口浓重的南京腔。现在他才开始努力学习普通话,但正起音来难度非常大。

从社会交际的角度看,我们不赞成一个人只是一个单一语码者。我们正在或者说已经进入了一个全新的时代。绝对的单一语码的时代已经不复存在。事实上,越来越多的人将成为多语码者。"推普"不是让全国人用同样的腔调说同样的话。当然,过去也有人出于自身专业的考虑,力图保持单一语码。在我的印象中,老舍先生就是这样主张的。我上大学时读过一篇回忆录,说老舍先生在重庆的几年中,坚持不说四川话,为的是保持自己作品的语言不受方言影响。但这样的情况今天可能不会很多了。

做好语言的生态保护工作,首先要更新语言观念,认识到语言生态保护的意义。一种语言的消失不亚于一个物种的消亡,应该把它同自然生态保护放在同等重要的位置上。在此基础上制定相应的政策法规，投入相应的人力和物力。目前比较重要的工作是大力开展语言调查，这是一项基础工作。我们认为，对一些濒临消亡的语言和方言土语应该开展抢救性的调查研究工作。（郭熙、蔡国璐，1991）长期关注语言问题的尼日利亚语言学家 Ayo Bamgbose（1991）提出应考虑以下事项[①]：（1）特定语言使用范围的维持、扩大或缩小问题，例如某种语言是国语、共同语还是区域性交际语，是否学校教学语言，是否教学媒介语；（2）语言的标准化、规范化情况；（3）死语言的复活问题；（4）引入人工语言。在“本体规划”方面，他提出以下策略：（1）扩大词汇量，如生成专门术语和统一术语；（2）改造语言结构体系，比如采用十进法等；（3）简化语言要素，如简化活用成分等；（4）完善正字法；（5）推广标准音；（6）编写初等教育教科书、词典、语法书、辅助读物，翻译、制作特别的语言读物等。

但是，我们必须说明，一种语言的生存最终是要靠人的使用，靠这种语言的“市场价值”。在世界一体化的进程中，一些语言的消亡是不可避免的，也是抢救和保护不了的。因此，我们所说的抢救，是抢救性的调查和研究；我们所说的保护，也只能做到延缓这种语言的消亡。正如戴庆厦（2004）所说：

> 濒危语言不同于濒危动物、濒危植物，后者可以放在人为的一个保护圈内使其免于消亡，而对待濒危语言则不能这么做，谁也不能人为地限定一个民族去保持面临濒危的母语。语言是文化的一部分，但不与文化等同，语言的丧失不等于文化的消亡。所以在我看来，“抢救濒危语言”的概念是不明确的。语言学家的任务主要是尽快地记录保存面临濒危的语言。

---

① 以下部分参邓佑玲（2003）。

第二节 中国历史上的语言规划

在中国社会漫长的历史发展过程中,人们没有从理论上去讨论语言的统一问题,但是,却有好几次大的语文运动。例如秦代的"书同文"、北魏孝文帝强迫汉化、《切韵》和《广韵》的编纂以及清代推行官话等等。这些也可以看成是历史上的语言规划实践。中国历史上真正的语言规划发生在推翻清朝统治以后。

一、"国语"的确定

辛亥革命以后,中国一些新领导人打算建立一个完全不同于过去的新政体。他们想彻底抛弃中国传统,创立完全西方化的文化。在诸多事情之中,他们认定语言的统一是十分重要的,因为西方一些现代政体的国家都经历了这个过程。

新政府刚刚成立才几个月,教育部就宣布要建立"读音统一会",其目的是建立全国的标准语。1913年,会议正式召开。但当时主要是从政治角度考虑邀请与会者,因此很难指望会上提出可操作的方案。例如最基本的问题是用哪一种语音作为标准,而来自各地的代表各执己见,形成僵局,持续好几个月。最后,只好以每省一票的方式表决。北方话就这样靠自己的优势,成了语音标准。但当时决定采用的是一个照顾各个方言特点的"语音系统"。尽管这个方案是1913年通过的,但直到1919年这个推荐的方案才得以公布。(Ramsey,1989:5-8)它刊登于1919年初版的《国音字典》,后经修订于1921年由教育部正式颁布。《国音字典》实际上是"折衷南北,牵合古今"的产物,其中北京音占有极其重要的位置,但是又有入声,有浊声母，分尖团。作为“联合音系”的老国音，无论在官话区，还是在别的方言区，在推行中都遇到了许多困难和阻力。很多人希望用北京音作标准音，但是没有获得法定的地位。（于根元，1996a：69）为了推行1913年的“国音”，教育部组织人灌制了唱片。这个责任落在了美国训练出来的年轻语言学家赵元任身上。但是，这张唱片上的音是以前从未有人听过的音。对此，赵元任（Chao，1976：78）感慨地说：“这种给四亿、五亿或六亿人定出的国语，竟只有我一个人在说。”在以后的13年中，除了赵元任，没有人能教这种音，于是越来越多的人开始怀疑这种毫无社会根基的“标准音”。而与此同时，白话文运动却取得了进展。这种白话是建立在像《红楼梦》所反映的北京话的基础上的。在这种情况下，人们开始意识到应该从自然单一的话语中选取标准。很明显，这个话就应该是北京话。赵元任是这种统一标准的提倡者，他和其他一些人赢得了支持。用赵元任（Chao，1976：78）的话说：“这一下就涌现出了一百万以上可能的师资来代替我这个孤家寡人。”1932年，商务印书馆出版了《国语常用字汇》，注音以北京音为标准，该字典成了正字音、推行国语的标准字典。

这是现代中国社会第一次语言规划。这次语言规划的实践证明，政府对语言进行规划必须尊重语言发展的客观规律。

二、白话文地位的确立

如果说国音的确定还是政府干预促成的话，白话文作为书面语的标准则是自发的。从文言文到白话文，是汉语书面语系统的变化，这个变化涉及语言观、文化观、社会观、政治观的巨大变化，或者说反映了上述观念中持有先进思想的力量觉醒、勃起。（于根元，1996b）

1919年，无论是对于中国还是全世界，它都是个伟大光辉的年份。因为说不完道不尽的五四运动就是在这一年发生的。在中国现代史上这场深刻的反封建的思想解放运动中,文言与白话之争作为它的一个组成部分,有着值得作出足够估价的意义。这一争论的历史性结局是:以白话文登上大雅之堂为标志,汉语进入了一个新的发展时期——一个日渐成熟、完美的时期。

我们也应该注意到,此时的汉语书面语尚未形成自己确定的规范。一方面,它的脚跟尚未站稳,因为那些力倡文言的遗老遗少不堪忍受这种"鄙俚浅陋""不值一噴"的"引车卖浆之徒所操之语"[①],不肯俯首听命地去写它;另一方面,力倡白话的人也因观念、动机、素质等的差异而未能在规范上达成共识。也就是说,在白话文的使用上,不同的人、不同的集团还存在一定的分歧。一般说来,当时的白话文至少有三种类型。

第一种是道地的口语。例如1919年7月15日长沙各报纸在刊登《湘江评论》出版的消息时这样写道:

> 学生联合会的《湘江评论》已于昨日出版了,内容仿北京的《每周评论》,分西方大事述评、东方大事述评、世界杂评、湘江杂评、新文艺等等,全用白话,很是精彩。

这一消息中有三点值得注意:第一,消息本身用的是白话;第二,它说明了《湘江评论》的语言特点;第三,它用"全是白话,很是精彩"来介绍刊物以引起注意,这一点很值得玩味,可见白话文在当时的社会上有一定的吸引力。

第二种则夹杂着许多文言词语和句式。例如1920年5月1日出版的《新潮》杂志刊出一则"特别启事":

① 林纾《致蔡鹤卿太史书》,1919年3月10日《北京公言报》。转引自唐弢(1979)。

本社出版品，只有《新潮杂志》与《新潮丛书》两部分。丛书之筹备，远在一年以前，而第一种《科学方法论》及第二种《迷信与心理》之出版，迄今已六阅月。其广告除本志外，并登在京沪各报，为国人所共知。乃本年六月底，上海泰东图书局始另有所谓"新潮丛书"之广告发现。与本社《新潮丛书》名目虽则混淆，其实并非一事。再另有命名"上海新潮"者，与本社毫无关系，其出版品当然与本社无涉。因滋误会，特此声明。（着重号为引者所加）

第三种是欧化。所谓欧化，主要有两方面：一是行文中加进一些外国语词（音译的或原文照搬的），一是在语法上采取西洋语法的结构。在这里我们限于篇幅不一一去引证材料，也不去评判"欧化"的优劣，但应指出的是，这种现象当时"往往只在文章上发现"，"只有知识社会的人用惯了它，一般民众并没有用惯"。（王力，1985：335）此外，即使是知识界，人们也存在着不同的观点。例如，《文学旬刊》就曾在1921年7月举行了"语体欧化问题"的讨论。①

尽管五四运动并没有从根本上解决汉民族共同语使用存在的"言文不一"等问题，没有确立能为使用者所共同遵守的规范，但是，因为白话文顺应了汉语书面语发展的总趋势，成为一股新潮，所以到1920年，当时的北洋政府教育部在白话文取代僵化了的文言文已成为事实的情况下，终于承认白话作为"国语"，并通令国民学校采用。

要说明的是，现代汉语书面语规范的真正确立是在20世纪50年代，我们将在下面专门讨论。50年代所确立的规范实际上是大陆地区汉语的规范。而大陆地区的汉语实际上是以延安时代形成的

---

① 该刊1921年7月号。

“标准化的革命工作语言”为源头的。(郭熙,1992a)从这个意义上说,吕叔湘、朱德熙的《语法修辞讲话》的“语法”实际上就是延安形成的“现代汉语”的语法,后来提出的“典范的现代白话文著作”的主体由于种种原因实际上也是延安风格的。《讲话》的重要贡献之一就是使得延安形成的新一代白话书面语得以普及,成为统一的新的书面语。目前,这种书面语正在通过各种渠道向大陆以外的汉语圈扩散,受到汉语使用者的青睐。毫无疑问,它已成了当代汉语文化圈中汉语的主流。

三、简化汉字和北方拉丁化

中国官方第一次正式公布简化字是1935年8月,当时由国民政府公布的《第一批简体字表》是经过蒋介石批准的。(周有光,1997)这批简体字后来未能按照原定的计划推行。(苏培成,1993)

自然,白话文的出现不是语言规划的产物。但北方拉丁化却是陕甘宁边区政府的语言规划,而这里的语言规划对后来汉语文的发展有着至关重要的影响。在第二章里,我们已经提到了当时的中共领导人对语言问题的态度和主张,他们的这种态度和主张在延安得到了充分的施展。北方拉丁化就是典型的例子。早在1936年,毛泽东告诉斯诺,他相信迟早汉字会被抛弃。1940年12月25日,边区政府宣布,从1941年1月1日起,拉丁化新文字与汉字具有同等的法律地位,所有用新文字写的文件与汉字文件具有同等的法律效力,所有政府的文件和法律将同时使用两种文字,所有用新文字写给边区政府的文件都是有效的。这一工作因随后日军对根据地的进攻和国民党的封锁而中断。1944年,边区教育部长徐特立告诉外国记者,共产党希望在建立民主统一的中国以后再引进新文字。(DeFrancis,1984:254－255)

第三节　中华人民共和国成立后的语言规划

一、语言规划的先河

1949年,中华人民共和国成立。中国共产党在刚刚接管政权以后,马上也把注意力集中到了语言问题上,一个突出的表现就是对语言政策的调整,不少的文献资料都反映了新政权领导人对这个问题的关心。1951年6月6日,《人民日报》发表社论《正确地使用祖国的语言,为语言的纯洁和健康而斗争!》,并于同日起开始连载吕叔湘、朱德熙的《语法修辞讲话》。这应该是新中国建立后语言规划的先河。表面上看来,此事发生在斯大林《论语言学中的马克思主义》[①]一文发表一年之后,实际上,从于根元(1996:103)转引李行健的文章看,该项准备工作在1951年初就开始了。从这个时间差上我们可以清楚地看到斯大林的影响之大、之迅速。

20世纪50年代对汉语文产生另一重大影响的是汉语拼音方案、简化汉字的制定和推行。尽管人们对这个问题有这样或那样的看法,一个显而易见的事实是,它们也已经成为当代汉语文文化圈中的主流。

因此,可以说,50年代是当代汉语文发展的一个关键时期,它奠定了我们今天语文生活的基础。汉语的标准语是近几百年来以北方话为基础形成的。(朱德熙,1988)在这个期间,20世纪以前,统治当

---

① 该文发表于1950年6月20日的苏联《真理报》上,后又和《论语言学中的几个问题》和《答同志们》一起收入《马克思主义和语言学问题》一书。

局没有制定明确的规范,但科举制度的考试在客观上也起到了规范的作用。书面用文言,口头讲以北京话为基础的官话。只是在遇到具体问题时,临时解决一下。雍正六年(1728)发出过使用正音的敕命。为此刊行了《官音汇解》《正音撮要》《正音咀华》。据说南方各地还设立了名为正音书院的学校。(太田辰夫,1991)清朝末年,中学里开始教官话,但是收效也不大。辛亥革命以后,当时的教育部成立了读音统一会,用以规范读音,而在其他方面所作并不多,标准语的普及也十分有限。1955 年,全国文字改革会议和现代汉语规范化问题学术会议确定了汉民族共同语的标准,(颜逸明,1988)使汉语在有明确标准的情况下得到了发展,并取得了可喜的成就。这表明行政干预对标准语的形成具有重要作用。当然,50 年代的规范化也有其历史的局限性,于根元(1996a)已经正确地指出了这一点。

二、文字改革

文字改革是中国在语言规划上迈出的重要一步。

社会的演变是和文字密切关联的,每一次的汉字改革都同大的社会变动连在一起。20 世纪 50 年代的汉字改革对汉字产生的影响是巨大的。这次变动是酝酿已久的。早在延安时代,一些中共领导人就积极地支持北方拉丁化运动。1951 年,毛泽东提出:文字必须改革,走世界共同的拼音方向。

然而,中国所说的"文字改革"实际上并不只是"文字改革"。它的任务是"推广普通话、推行汉语拼音方案、简化汉字"。那么,为什么要用文字改革来涵盖一些语言方面的问题,例如,为什么不直截了当地说"语言改革"或"语文改革"呢?这在当时可能又涉及了另一个敏感问题:斯大林批判了马尔的理论,强调了语言不能发生突变,不能进行革命,而改革和革命的含义可能会产生一些误解。事实上,在今天看来,普通话的确立就是国家语言制度的一种改革。

如我们前面所指出的那样,中共领导人是文字改革的支持者。然而,关心这一事业的人会发现,革命者和统治者对语言的态度是不同的。同一个人在不同时期对语言的态度也是不同的,这取决于他在社会中的地位。新中国的领导人在文字改革上的态度也经历过一些变化。有的西方学者曾指出建国后毛泽东在文字改革问题上态度发生的变化——即由支持拉丁化改为提倡简化汉字,但同时弄不清毛泽东态度变化的背景。(John DeFrancis,1984)胡乔木(1994:23)所披露的内容或许可以成为认识这个问题的参考:

> (文字改革)毛主席作了不少指示,下了很大的决心,以致在一次会上讲要实行拼音化、拉丁化。后来毛主席的想法改变了,但汉字简化、汉语拼音方案,同毛主席的指导分不开。这件事的起因是毛主席同斯大林的谈话,斯大林提出汉字太难认,是否可以搞一个民族化的拼音方案,不一定照别国的字母来设计。

也有人指出,毛泽东最初从民族心理的角度出发,曾经主张过拼音字母要采取民族形式。(叶籁士,1981)可是后来经过认真的调查研究,他得出了新的结论,认为还是采用拉丁字母为好。(曹聪孙,1990:70)

无论怎样,从这些资料可以看出毛泽东的态度是经过一番变化的。

斯大林文章对民族统一语的论述是20世纪50年代中国语言规划的理论基础。周恩来1958年在《当前文字改革的任务》的报告中对此进行了论述。DeFrancis(1984)还注意到邓小平1974年同日本人的一次谈话。在那次谈话中,邓小平说,尽管中国受到了日本侵略的伤害,但这只不过几十年。另一方面,中国历史上在两个方面一直给日本造成困难,一是汉字,一是孔孟的儒家思想。儒家思想一直影响了日本人的思维方式1 700多年。对此我表示歉意。这段话或许反映了邓小平对汉字的态度。

1955年10月,全国文字改革会议召开,主要讨论汉字简化、推行汉语拼音方案和推广普通话。1956年2月,国务院发出《关于推广普通话的指示》,明确了普通话的标准。1958年1月,周恩来作了“当前文字改革的任务”的报告,明确提出当前文字改革的任务,就是:简化汉字,推广普通话、制定和推行汉语拼音方案。从1956年起,中国政府先后公布了四批简化字。经过几年的实践,于1964年又总结归纳成《简化字总表》。同年2月,毛泽东号召“一切干部要学普通话”。大陆的“推普”得到了充满热情的社会的广泛支持。

50—60年代的“推普”取得了一定的成功,很多人都学会了普通话,还出现了像福建省那样的先进省份。然而,“推普”后来并没有像预料的那样取得全面成功。1991年,我到广西,发现那里不少教师甚至根本听不懂普通话。

50—60年代“推普”计划受挫有许多原因:有政治的,如“文革”就中断了这一工作,也有其他方面的。这里不作深入分析。有一点可以明确的是:仅凭政治热情而不考虑客观实际,“推普”是不可能持久的。

“文革”后期开始,在周恩来的指示下,“推普”工作有了一些起色,但仍未取得理想的效果。

1977年10月,国务院批转了当时的中国文字改革委员会《关于第二次汉字简化方案(草案)》,同年12月公开发表,这就是所谓“二简字”。该方案1978年7月停止使用。

三、新时期的语言规划

1985年12月，国务院决定将中国文字改革委员会改名为国家语言文字工作委员会。次年1月，全国语言文字工作会议在北京召开。会议提出了新时期语言文字工作的方针：

> 贯彻执行国家关于语言文字工作的政策和法令，促进语言文字规范化、标准化，继续推动文字改革工作，使语言文字在社会主义现代化建设中更好地发挥作用。

同时也提出了相应的任务：

> 做好现代汉语规范化工作，大力推广和积极普及普通话；研究和整理现行汉字，制订各项有关标准；进一步推行《汉语拼音方案》，研究并解决实际使用中的有关问题；研究汉语、汉字信息处理问题，参与鉴定有关成果；加强语言文字的基础研究和应用研究，做好社会调查和社会咨询、服务工作。

这次会议对语言规划理论作出了重要的贡献。它主要表现在：

(1) 认识到语言规划工作必须遵循语言文字的演变规律，从实际出发；

(2) 认识到语言文字工作的社会性和科学性；

(3) 认识到语言文字工作要充分讨论，听取不同意见；

(4) 认识到务实的重要性。

1997年12月23日至26日，在北京举行的全国语言文字工作会议提出了跨世纪语言文字工作的指导思想、奋斗目标和当前的主要任务。其指导思想是：高举邓小平理论的伟大旗帜，贯彻党的十五大精神，继续贯彻国家新时期语言文字工作方针，解放思想，实事求是，重在建设，积极、稳妥、逐步地推进工作，使语言文字工作更好地为社会主义现代化建设服务。其奋斗目标主要是:2010年以前,制定并完善与《中华人民共和国语言文字法》(熙按:后来正式定名为《中华人民共和国国家通用语言文字法》)相配套的一系列法规,普通话在全国范围内初步普及,交际中的方言隔阂基本消除,汉字的社会应用基本规范,汉语拼音的使用范围进一步扩大,建立有效的中文信息处理的管理制度。到下世纪中叶以前,普通话在全国范围内普及,语言文字规范化、标准化水平显著提高等等。当前的主要任务是:(1)坚持普通话的法定地位、大力推广普通话;(2)坚持汉字简化的方向,努力推进全社会用字规范化;(3)加大中文信息处理的宏观管理力度,逐步实现中文信息技术产品的优化统一;(4)继续推行《汉语拼音方案》,扩大使用范围。这次会议还对语言政策作了进一步的调整。这次调整主要表现在对手写或书法艺术使用繁体字的规定上,例如,把原来规定手写招牌和题词要用简化字改为"提倡在手书招牌和题词中使用简化字"等。

有必要特别强调一下这一时期语言规划中语言观念的变化。许嘉璐在1997年全国语言文字工作会议上题为《开拓语言文字工作局面,为把社会主义现代化建设事业全面推向21世纪服务》的主题报告中说:

> 语言文字的发展变化和相对稳定是其内在特性,开展规范化、标准化工作是语言文字健康发展的必然要求。既不能放任自流,无所作为;也不能简单化,"一刀切",搞纯而又纯。

这是中国政府部门第一次在一个重要文件里纠正《人民日报》1951年6月6日社论以来的提法。(于根元,2004:86)报告中还说:尊重语言文字自身发展规律,还要求我们处理好语言文字主体化和多样化之间的关系。

其实早在1995年，在这两次全国会议之间还有一次极为重要的会议，这就是1995年12月25日在北京召开的纪念文字改革和现代汉语规范化40周年大会。当时的国务院副总理李岚清的讲话中已经找不到“纯洁语言”的字眼儿了。这显然只能与90年代以来语言观的讨论有很大关系。当然，这种语言观的影响显然只能是循序渐进的，因为在早两个多月前，时任国家语委主任的许嘉璐还在中共中央主办的理论刊物《求是》上发表文章，题目就是《新时期说老话题：继续为祖国语言的纯洁健康而斗争》。[①]

自从1997年的主题报告后，许嘉璐在更多的文章中都强调规范的发展。例如，1999年12月30日，他在上海《文汇报》上《容纳分析引导规范》一文中写道：

> 规范并不能阻止语言的发展演变和出现一些奇奇怪怪的语言现象，当然也就不能保证出现的新词新语新说法人人都懂得。不进行规范当然不行，过分强调规范，希望纯而又纯也不行。

决策的科学化和程序化近几年来有了明显的进步。有关部门认识到，要加快语言文字规范标准建设，必须抓科学规划，建立科学的运行机制。教育部、国家语委已制定并下发了一系列配套的规章，并成立了以语言学者为主体的标准化委员会。有关部门还提出，对语言文字的规范标准，分为强制性、推荐性、示范性等多种类型；语言文字规范标准的发布，可根据不同情况采取“实施”和“试行”等多种形式。[②]这些新理念也得益于学术界的研究。1992年，于根元提出语言计划（即通常所说的语言规划——引者）应该科学、适用、稳妥、动态，

① 《求是》杂志，1995年第18期。

② 见中国教育部网站语言文字版（http://www.moe.edu.cn/language）。

提出把语言方面的标准分为指令性的和指导性的。(于根元,1999b:127)他主编的《实用语文规范知识小词典》针对“装潢”的不同写法,就采用了“提倡写‘装潢’”的说法。(于根元,1999a:158) 2001年12月19日,教育部和国家语言文字工作委员会发布的《第一批异形词整理表》首次在政府规范性文件中采用“推荐词形”的做法。有人不赞成“推荐”,认为缺乏刚性。我们却认为这样做是正确的、科学的。这里所贯彻的就是指导性原则。

四、新时期的“推普”

20世纪80年代后期起,中国的“推普”工作再次提到议事日程上。这次“推普”有其特殊的社会背景:

(1) 改革开放尤其是市场经济体制的建立使得社会人口大流动,民族共同语成了全社会的需求。许多人乃至地区、单位都把学说普通话作为当今社会交际的一件大事。例如,广东省的一位负责人带头说并不标准的普通话;河南省唐河县的农民主动地学习普通话;江苏的华西村甚至对说普通话的人采取奖励措施。

(2) 一些经济发展较快的地区的方言开始跟普通话争夺地盘,这就是所谓“粤语北上”和“普通话南下”的冲突。社会上越来越多的人包括政府有关部门对此表现出了关注。

(3) 香港回归,港人讲普通话意识不断加强,海外一些国家的华人的本土意识的加强,反过来影响内地。

(4) 大众传媒工作人员的语言素质下降。据北京广播学院张颂教授估计,全国6万名广播和电视的从业人员中,只有1.6万人受过大专以上的教育。[①] 因此，读错字、模仿港台腔的情况大量出现，对社会尤其是青少年的教育产生了不良影响。人们对这些从业人员的水平表现了极大的不满。

正是在这种情况下，政府有关部门顺应社会需求，制定了相应的措施，开始了新一轮的“推普”工作。发起这场运动的有三个政府部门：国家语委、国家教委和广电部。主要的措施是对有关人员进行普通话水平测试，实行持证上岗。其主要对象是广播电视播音员、主持人、教师等。目前还正在考虑在录用国家公务员中加试普通话。普通话水平测试分为3级，每级又分为两等。广播电视播音人员的普通话要达到1级以上，国家级的必须达到1级甲等。语文教师必须达到2级乙等以上。从目前情况看，这一措施是有效的。因为这次没像过去那样不分对象、不管需要与否一哄而上，而是有标准、有目标、有步骤地逐步推广。有关政策的目标是，在21世纪中叶，做到全国普通话在全国范围内普及，交际中没有方言隔阂。这是比较切合实际的。

然而，当前的“推普”还存在不少问题，例如：(1)普通话测试的标准问题。目前是全国使用同一标准，如果这样，像广东、香港等地将很难实现既定目标。这可能会再次导致“推普”的流产。另一方面，有人又担心：如果不严格地执行标准，可能会使“推普”流于形式；(2)标准的掌握问题。目前对普通话水平的测试虽然采取了量化的手段，但主要还是靠测试员的耳朵来评判，其中标准的掌握出入很大；(3)对无法胜任目前工作的人员的安置问题。从目前的实际情况看，广电系统的情况比较好办，中小学的情况要复杂一些。以南京为例，

---

① 《中国青年》1998年第2期，第62页。

不少学校的不达标率在40%以上,其他一些地区的情况可能更为严重。

如何解决这些问题?我认为可以从以下几个方面考虑:

(1)要明确“推普”不是要全国人都说同样的话,而只是为了便于交际。在此基础上可以确定:a.普通话的标准宜宽不宜严;b.在测试标准把握不准时宜宽不宜严;c.人们在规定的场合要讲普通话,其他情况下听便。

(2)要根据地区、年龄和职业等的差异确定不同的标准,逐步过渡。

(3)对广电系统的播音人员和语文教师从严,对一般公务员等从宽。对不胜任语文课教学的教师应进行培训,仍不合格者可建议改教其他课程。

(4)要区分方言和口音,区分读错字和方音影响。对读错从严,但对口音差异从宽。

(5)对异读字和异读词可确定规范,但应允许有不同的读音。

总的来说,目前的社会需求给“推普”提供了良好的社会条件,有关部门要因势利导,做好新一轮普通话的推广工作。但必须注意从实际出发,妥善处理好各种问题,以免产生副作用。

第八章　语言生活和语言教育

第一节　当前中国的语言生活

运用和应用语言文字的各种社会活动与个人活动，可概称为"语言生活"。说话、作文、命名、看书、听广播、做广告、语言教学等等，都属于语言生活范畴。（眸子，1997）

语言使人从生物人转变成了社会人。自从有了语言，人就有了语言生活。而文字的产生，又使人类的语言生活具有了超越时空的性质，并扩展到社会的更多领域。社会的发展，多种媒体的出现，更使得语言生活的空间产生新的变化。例如，现代各种语言文字的传输、加工技术的发展，就改变了传统的语言生活方式。语言生活在社会中的地位越来越重要，社会对语言生活的质量要求也越来越高。关注语言生活，探讨如何提高语言生活的水平和质量，成了当今社会语言学的一项重要任务。

一、当前中国语言生活的特点

中国当今的语言生活总起来可以概括为16个字：生机勃勃、多姿多彩、矛盾交织、鱼龙混杂。所谓生机勃勃、多姿多彩，突出表现在新的语言现象、新的使用方式和新的使用风格上；所谓矛盾交织、鱼龙混杂，是说新的语言生活带来了许多新的矛盾和问题。我们的这种概括和评价未必能让很多人接受，毕竟在这种评价方面从来就没有客观的标准。而如前所说,每个人都会有自己的语言观和语言使用观,从而会得出不同的结论。我们下面从四个方面进行说明。

1. 新的语言现象大量涌现

所谓新的语言现象首先表现在新词语方面。如果说20世纪50年代以来的前30年汉语词汇的发展还只是以古代汉语的黏着语素构成新词的话,(Chao,1976)那么80年代以来汉语的词汇则经历了一个新的全面开放的时期。眸子(1997)从社会的角度对一些新词语进行观察,并提出要特别关注“词语模”现象。他认为,词汇是语言感知社会的最敏锐的触角,社会的细微变化都会首先被词汇系统感知。新时期以来,新词新语接踵涌现,词语的新意义新用法令人目不暇接。特别值得重视的是,一大批能灵活构词的“词语模”的形成和发展,例如:

～迷　歌迷　舞迷　球迷　影迷

～盲　科盲　舞盲　法盲　电脑盲

～热　文化热　文凭热　出国热

～星　球星　歌星　影星　笑星

～族　追星族　工薪族　打工族　飞车族

炒～　炒股　炒汇　炒新闻　炒名人

～工程　希望工程　菜篮子工程　211工程　米袋子工程“五个一”工程

～明星　体坛明星　歌坛明星　反扒明星

～状元　高考状元　养鸡状元　交粮状元

词语模由模标(上面例子中的“迷、盲、热、星、族、工程、明星、状元、炒”)和模槽两部分构成,人们根据表意的需要,可以较自由地把语素“压入”模槽中构成新词语,并形成以模标为标记的一个个词语族。于是一族族的新词语如雨后春笋般涌现出来,及时反映新时期潮水般涌现出来的新事物、新观念。

而社会经济文化生活的变化也使得话语风格等有了很大的变化。眸子(1997)指出,一些新的语体迅猛发展,最为世人瞩目的是商业用语、新闻用语和体育用语。这一情况表明,商业、新闻和体育是新时期发展较为迅速的部门。新时期的话语风格也发生了而且还正在发生重要嬗变。"文化大革命"期间形成的充满火药味、以气势见长的"威逼型"话语风格已不多见,说理的、诱导的、商洽的、感染式的"平等型"话语风格,成为当今语言生活的主流风格。话语风格由"威逼型"嬗变为"平等型",表明了民主意识的增强,人与人之间、社会与其成员之间的关系发生了淡化"权势"、强化平等、尊重个体的重大变化。在总结当前语言生活的这种新气象的时候,眸子(1997)充满激情地写道:

> 可以毫不夸张地说,新时期语言生活的发展变化,完全能够同本世纪初五四时代的语言生活的发展变化媲美。活跃的语言生活是活跃的生机勃勃的社会生活的反映,从中我们可以感受到怦怦跳动的时代脉搏,听到改革开放的时代脚步声,看到不同地区、不同国度的文化撞击出的闪烁的火花。

概言之,"近几年中国巨大的社会变迁,带来了许多新鲜的事物和新潮的思想,从而把中国的语言生活推向一个前所未有的开放状态"。(喻江,2001)我们常常说要热爱生活,难道我们的语言生活不同样值得热爱吗?

2. 大量"超规范"现象步入大众传媒

这里的所谓超规范现象,是指一些传统上不被认可的语言形式。[①]

---

① 我们用"超规范"而不用"不规范",是想表明我们对这些现象的一种观望态度。于根元(2000、2002)对"超规范现象"的提法进行了批评,认为"超规范、反规范、突破规范"的说法可能是把规范同规则或者某些本本上的规定混淆起来了。

近年来,这些语言形式正在被媒体广泛地使用,学界对此提出了各种不同的看法。

先说语音。由于20世纪50年代明确了汉语的语音规范的标准,汉语语音的规范化取得了明显成绩。规范是主流,而且仍在左右着整个汉语语音的发展方向。但是,语音方面超规范的现象也越来越多。例如最初还只是作为北京"女国音"提出来的现象已经越来越普遍。且不说地方的电台、电视台,就连中央电视台、中央人民广播电台的新闻联播也是如此。此外,像轻声和儿化的减少也可以说是越来越普遍的现象。港腔港调经过一段流行高峰以后,势头好像有所减弱。

再看词汇。汉语一方面继续采用汉语原有的构词材料构造新词,比如说通过词组的紧缩,使之成为新的"类合成词",例如"彩电、空调、民品"等曾经受到过一些批评,但似乎已经在现实中立住了脚跟。(郭熙,1993)另一方面,像"卡拉OK、B超、CT、T恤"则涉及了怎样对待的问题。(郭熙,1992b)至于像从港台等地过来的"做秀"和传统与外来混合的"打的"之类,更使人不知所措。

语法方面也不例外。例如副名结构问题从50年代讨论到现在,虽说没能给个说法,但好像已得到了不少人的认可。"有没有VP"这一句式已有进入普通话的趋势,(邢福义,1989)而像"贵宾们所到之处""荣誉出演""荣誉出品"之类在语言运用中并非少见。

文字方面基本处于繁体字、简体字、二简字等并存的局面,尽管有关部门多次强调,但似乎没有什么效果。汉字的读音也是规范与非规范并存,如"呆板"之类可以说是典型例子。(郭伯康,1996)

3. 普通话快速推展,南方一些有影响的方言向北"挺进"

由于普通话的推广,说普通话的人越来越多,一些地方已把推广普通话作为重要的工作提出来。更重要的是随着市场经济的兴起，许多祖祖辈辈拴在自己家乡土地上的人也开始走向“大海”。为了与别人交往，他们也开始“撇起了洋腔”，这对“推普”的影响远远超过了过去的行政干预。但与此同时，一些较有影响的方言也扩大了自己的地盘。据广东出版的《文化参考报》1996 年 11 月 28 日报道，在第 7 届全国书市上，名列粤版图书榜首的是《广州音字典》，而被普遍认为最能赚钱的学生用书《新编学生使用字典》才排到第 6 位。其他一些方言对普通话也有不同程度的影响。于夏龙(1992)指出，方言已经成为普通话新词构成的重要途径。目前的情况比较复杂，有的已为社会所广泛应用，但有的还有待观察。例如，“宰客”的“宰”，几乎已被整个汉语社会所接受了，“打的”也已成为流行词，而且以“打的”(也许是以“的士”?)为引子，造出了诸如“面的、轿的、板的、摩的、的哥、的姐”等词。不过有意思的是，人们虽以“面的、板的、轿的”等一连串的词，取代原来的对不同种类的出租车的说法，但似乎仍在排斥“的士”。人们宁肯说四音节的“出租汽车”、三音节的“出租车”或者双音节的“出租”(名词?)而不肯用双音节的“的士”。可见人们在不停地造新词的过程中，仍在受汉语内部规律的支配。

在影视界，方言也向普通话发起了攻势。20 世纪 70 年代以来一直存在争论的一个问题是电影该不该用方言。这最初只是在“领袖戏”里，后来好像范围有所扩展。方言在“领袖戏”中的地位看来已经确定，它形成了同一部电影或电视剧里普通话和方言并存的局面。而一些地方性特色很浓的电视剧也干脆制作出方言、普通话两个版本。此外，一些大众传媒出于某种需要，还开办了一些方言节目。人们对此也有不同的看法，看来这个争论今后还会继续下去。前些年国家有关部门曾召开电影电视语言问题会议，广电部和国家语委的负责人都就有关问题发表了讲话。后来颁布的《中华人民共和国国家通用语言文字法》还就此作了规定,情况已经有所变化,但今后会怎么样,还有待进一步观察。

4. 外来语直接进入汉语交际圈

汉语在外来语的吸收方面向来是有些麻烦的。有人把这归为汉民族或汉语的所谓保守性,甚至试图以所谓的"蓝色文化"和"黄色文化"来进行各种各样的解释。但实际情况可能并非如此。汉语吸收外来词方面虽不像别的语言那样方便,但无论从历史看还是从现实看汉语都是开放的。如果说有些什么困难的话,恐怕倒是与汉字有一定关系。我们曾经专门讨论过汉语书面记录系统中的一些问题,(郭熙,1992b)试图揭示出问题的实质。近年来汉语中大量外来语的出现和使用,已经证明了我们的分析。例如,我们现在已经看到的就有"WTO、CD-ROM、CT、B超、卡拉OK、T恤"之类。这些现在学术界通常称为字母词。许多字母词已经被收入相关的词典。关于字母词的名称、定义以及使用等问题,学术界有不同的看法。我们认为,字母词的出现是语言接触中的一种正常现象,但不分场合、不论是否需要等过滥地使用显然是不妥的。问题的关键在于如何处理好其中的各种关系。最近一些部门对外来词的使用进行了限制,但成效如何,还很难预测。因为前些年广电部门曾经规定像"MTV"之类要读为"电视音乐"等,但好像并没有取得什么效果。

当前语言生活中还存在一种可以称为是"Chinglish"的东西。它只在一些涉外场合、海外华人圈或一些知识阶层中出现。它们与所谓"洋泾浜"有着本质的区别。这种现象五四时代曾经出现过,后来的文学作品曾对其进行讥讽。由于当前特定的社会环境,这一现象再度复苏,并已为一些知识阶层所接受。在某种意义上可以说具有积极的作用。

以上简单地描述了目前中国语言生活的几个方面，有的有所交叉。这也是客观实际所使然。

二、影响当前中国语言生活的几个因素

1. 大众传媒的多样化

改革开放以前中国的传媒是十分有限的。从信息渠道的角度看，这当然不是一件好事。但从对语言生活的影响的角度来看却是一件“好事”。因为它使得全国在语言上保持了“一律”，“一种近似疯狂的句式或套话可以充斥报刊和数亿人的口中”，“一个词语可以突然产生而一下子风靡全国，而一个极走红的词也可能突然消亡，只有把它当作历史的陈迹时才会重新提及”。（郭熙，1991）

改革开放以来情况发生了变化，大众传媒的多元化和不同层次的大众传媒的大量出现，造成了对能够适应该项工作的人员需求的矛盾。各级传媒都在为一些新的节目（比如所谓的板块节目）匆匆忙忙地招聘工作人员。据调查，一些地方电台或电视台的节目主持人、编辑中，只有少数受过专门或系统训练。这导致了一批不太称职的节目主持人和编辑的出现。以节目主持人为例。目前全国县级以上电台、电视台共有 4 000 多个，有正式播音员、主持人 13 000 多人，加上招聘的共有 60 000 来人，其中受过大专、本科学历教育的约 5 000 多人，受过培训的 10 000 多人。[①]另一方面，在海外经济生活给我们带来影响的同时，海外的文化生活也向我们吹起了另一股风。前几年有一个词叫“东南风”，可以说是反映了问题的 个方面。近两年

① 《中国青年》1998 年第 2 期，第 62 页。

"东南风"的说法不常听到了,但各地语言的互动并没有停止。

就传媒形式看,除了原来的纸质传媒,如报刊、书籍,以及音像媒体,如广播、电视以外,还有互联网这一电子媒体。而随着后者的出现,媒体上的语言传播者从原来的有限群体,几乎扩大到社会的各个方面。

2. 社会交际圈的分化

商品经济的发展导致社会层次发生了变化,一个多元的社会分层已经出现。由于社会分层的出现,多元化的交际圈也已形成。从社会语言学的角度看,社会上的每一个人都属于不同的交际圈,而同一个人也可能介入各个不同的交际圈,这些一方面使得人们继续维持原有的规范,而另一方面也把不同交际圈的语言现象推向社会。这就使得语言使用的矛盾在我们的社会中越来越突出。

再者,人们的生活也正在走向多元化,社会需要多元的交际或表达形式,因此人们需要新的语言生活。过去相当一个时期的新闻语言的陈词滥调,(郭熙,1991)理论文章的空洞呆板的说教,已使得人们对规范表现出极大的不满,而人们对现代化社会生活的追求更使得人们希望在语言上也表现出现代的气息。问题是什么是语言生活的现代气息呢?对于青年人来说,当然是"新、奇、洋"。于是,有"激光"不用而换成"镭射";有"播送"不用而用"放送";有"设计"不用而用"策划",尽管"策划"这个词在过去的几十年中曾经有不好的名声。

3. 语言观念的改变

随着改革开放步伐的加快,语言的市场价值开始为人注意。(祝畹瑾,1992)但并非任何人在任何时间都把语言的市场价值看得非常重要。事实上,当人们把语言看作民族或国家独立的象征时,常常置语言的市场价值而不顾。在中国,这个情况比较复杂,尤其是市场经济模式建立以后，人们在语言问题上已出现了一些矛盾。一方面，我们像爱护自己的眼睛一样爱护自己的语言，维护自己语言的健康；另一方面，人们也不得不面对严酷的现实，在语言的民族化和“洋化”上作出一些违心的选择。毫无疑问，语言价值观的形成和语言运用观的差异也导致了各种语言形式的并存。

前些时候，一位在一家著名报社的朋友来信，说一些读者就最近媒体常用“1980 年代”提出质疑。我觉得这个问题很有意思。我长时间从事汉语作为第二语言的教学工作，在 1980 年代到 1990 年代的时候，遇到留学生这样用，我就会主动地纠正他们，说这不是汉语，汉语应该说成是“80 年代”或“90 年代”云云。然而，近年来，我也开始这样用了。其实上面我就不自觉地又这样用了。

出现这种用法与社会交际需要是分不开的。进入新的世纪，谈到上个世纪的事情就需要作出区分。但问题似乎并非如此简单。对于汉语来说，作出区分并不难，完成这一表达的手段有的是。例如“上个世纪 80 年代”或“20 世纪 80 年代”之类就不失为一种好方法。问题是，有这样的方法为什么不用？我想至少有这样几个原因：一是心理上的考虑。我们进入新世纪的时间还不长，动辄说“上个世纪”或“20 世纪”，让人有久远之感，心理上不容易接受；二是经济上的考虑。“上个世纪 80 年代”一类用法显然与今天快节奏的生活不合拍。既然国家在出版物数字使用标准方面规定在能用阿拉伯数字的时候就用阿拉伯数字，用“1980 年代”既方便又清楚，况且两个数字（半角）才占了一个汉字的位置（全角），减少了书面的负担，何乐而不为？三是时尚方面的考虑。语言总是为最大限度地去满足人们的交际需求而发展的，表现在具体的运用中就是出新。对于青年人来说，英文词都可以夹用，以显示是时尚一族，用汉语来创造新的经济的表达方式为何不可？近年来最流行的词应该是“与时俱进”，语言难道不可以这样么？当然，随着时间的推移，世纪间的久远感会逐步产生，在这种情况下再用“上个世纪××年代”也就水到渠成了。

4. 域内外汉语的“接轨”

由于历史的原因，大陆与港台汉语发生了暂时的分化。(郭熙，1992a)我们曾预言，由于语言内部规律的作用，“一旦政治上的分割结束，这种分化的局面也会慢慢结束”。(郭熙，1989)但是结束这种局面是要付出一定的代价的。目前所谓港台词语、句式等的使用可以说就是其中的原因之一。其实，不仅大陆流行港台词语，港台等地也已经开始流行大陆的词语了。此外，随着中国的改革开放，我们同海外华人社会的接触日益增多，海外华人社会的“华语”也对汉语产生了一定的影响。这是语言和文化交融中的一个很有意义的现象。

三、当前中国语言生活特点引发的思考

1. 对语言规范化的理解

当前中国语言生活的现状给我们带来不少的思考。其中最大的问题是到底什么是语文规范化。在这个问题上人们有不同的解释，但应引起人们注意的是吕冀平(1996)的一段话：

> 语文规范化是一项涉及许多方面的系统工程，除国家有关机构中的管理人员外，语文工作者、教育工作者，特别是各种传媒工作者，对此都肩负着重要的任务。任务中应该强调的一项，我觉得就是根据语言规范的科学理论去引导语言的约定俗成。

那么，语言规范的科学理论是什么呢？吕先生引用了 E. Haugen 关于语言规划的观点。E. Haugen 认为，语言规划是“对语言变化的

评价”,要“有意引导语言向一定方向变化”。在此基础上,吕先生指出,“变化的新成果就是新的约定俗成”;接着他提出了语言把关人员的两个把关原则,即“准确原则”和“经济原则”。我们认为,就宏观而言,吕先生的看法是正确的。但是我们也觉得这个解释还未能从根本上解决问题。比如说,编辑固然可以把关,但是如果有的编辑把不了关,把一些新兴的语言现象拒之门外呢?我们再来看一下E.Haugen(1984)对语言规划的一段论述吧:

> 语言规划不能事先承诺促进或防止语言变化的任务,也不能承诺在不同的说话人或集团之间鼓吹统一性或分化性的任务。……它可以为语言纯洁化服务,也可以为语言的混合服务。它可以提倡扩展或限制语言资源。语言规划工作不能只考虑有效性而牺牲它的优美,它既可以为准确性也可以为表达力服务,它甚至也不能承担保持它所规划的语言的稳定性的任务……

对语言把关是必要的。通过把关,语言有时候或在某个方面可以让人或集团的意志得到体现,但语言有时又固执得难以驾驭。以最容易受干预的新闻语言为例,它的时代性、政治性已经够明显了,但是,在用语方面,基本词汇表现出了顽强的生命力。在句法结构方面,基本的句法结构的稳定性则仍居于统治地位。(郭熙,1991)鲁国尧(1996)也指出目前的一些语言现象从汉语史的角度看“成不了气候”。

这实际上在向我们表明,语言的内部的规律永远在左右着语言的发展。语言研究应该探讨语言的这种内部机制,包括所谓自我调节的机制以及社会对所谓规范和不规范的容忍度,而这恰恰是我们过去注意不够的地方。

2. 语言规范化与语文现代化

人们在追求现代化生活的同时,也必然追求语言生活的现代化。于是有了“语文现代化”的口号。这本来是一件好事,可是,把语文现代化简单地理解为拼音化,这是不对的。在我们看来,所谓语文现代化就是语言生活的现代化。它的基本出发点就是要解决如何使我们的汉语文更好地为社会服务的问题。在这一点上,语文规范化和语文现代化是完全一致的。二者的差异在于,前者着眼于过去,后者着眼于未来。就人的直觉而言,规范永远是滞后的、保守的,而现代化则永远是在开拓,永无止境。规范化和现代化的关系十分密切。没有规范化,语言使用上一盘散沙,很难说是现代化的标志,而另一方面,如果人们不追求语言生活的现代化,就会影响社会的正常交往。

许惟贤曾提出语言生活现代化的四个方面,即:规范化、科学化、大众化、文明化。(郭伯康,1996)在我们看来,便于吸收和传播也应该是语文现代化的一个重要方面。我们还应该强调规范要适合语言生活的实际。(郭伯康,1996)日益发展的社会政治经济文化生活对语言生活的要求越来越高,而同时也就对语文规范化的要求越来越高。薛遴曾从汉语对外传播的角度提出汉语在规范化方面还有不少工作要做。(郭伯康,1996)

3. 规范的层次性

规范是一个历史范畴。它的相对性和变异的绝对性似乎已成为学术界的共识。人们越来越认识到这样一个事实:不管我们是否喜欢,超规范和所谓不规范的现象都将永远存在下去,因为它虽不为“受良好教育者”所接受,却有自己的社会基础,有自己的社会功能。

语言生活应该多元化。过去所倡导的规范化显然是一种一体化的做法。当我们进入一个新的时代的时候,多元化已经是不可避免的了。不少人都提出过这样的问题，我们对历史上的语言或文字的“不规范”都持肯定态度，而对现实中的“不规范”却持否定态度，这是令人奇怪的。（郭伯康，1996）

正如我们前面所说的那样，各个社会集团对语言运用的要求是不一样的。因此我们觉得规范的确是应该有层次的。（于根元，1996）这有点像数学上的近似数。有时我们可以采用它们的精确值，有时则可以取其近似值。所谓的“南腔北调”的普通话或曰过渡性普通话就可以看作是这样的一种东西。我们觉得这个概念的引入既有理论意义，又有实践价值。

4. 规范的目标

理想的语言生活是这样的：既丰富多彩，又有条不紊；既反映出时代的风貌，又有对传统的合理的继承；既能为社会的各界所接受，又能使语言自身的纯洁得到维护。它应该是外部干预和语言内部规律支配的协调的产物。

因此，规范只能是一个总体目标。它带有浓厚的理想化色彩。语音如此，词汇如此，语法也是如此。规范有一个过程，人们对规范的认识也有一个过程。邢福义（1989）曾谈到自己对“有没有 VP”的认识的三个阶段，这给人不少的启发。规范化在不同时期有不同的任务。20 世纪 50 年代强调规范是必要的，正确的，它为汉语的统一和发展作出的贡献是不可磨灭的。朱景松（1995）认为，《语法修辞讲话》在“匡谬正俗”方面的成功率达 89%，经受住了 45 年的历史考验。但是，我们也应该看到，当时人们对汉语事实的认识毕竟十分有限，因而也不可能不下一些不切实际的断语。

另一方面，我们固然应该相信语言的自我调节功能，但是，如果过分强调这种功能，就会忽略社会对语言的干预。我们知道，标准语是社会对语言干预的结果。(郝德森,1990)这种干预是必要的。问题在于,社会应该怎样对语言进行干预,或者在哪些方面进行干预。我们认为,干预应该顺应语言的发展规律。在中国,所谓语言规范化实际上就是按照汉语的发展规律,使之朝着应该发展的方向发展。如果违背语言的发展规律,"规范"就会失败。以"推普"为例,如果没有"推普"的政府行为,普通话不会有今天的普及,但是,如果没有对普通话的需求,可以认为,行政干预也不可能取得这么好的效果。

在确定规范的目标时,我们要考虑到语言应用观对语言生活的影响。过去我们只注意到社会对语言发展的影响,而忽视了作为社会组成者的人对语言发展的影响。应该说社会出现的新事物的影响只是表面的,而只有人的影响才是本质的。在这个问题上应该区别不同问题的不同方面,比如说把语言的规范和语言行为的规范区别开来。因此,我们认为,进行一次语言应用观的调查和分析,对于我们认识语言的规范化、确立新时期语言规范目标,具有重要的意义。

5. 语文工作者的责任

一个时期以来,语文工作者好像成了语言警察,因而受到社会上一些人的指责。这是值得我们深刻反省的。如上所说,语言的规范涉及政治、经济、文化等许多方面,尤其是政治,它从来对语言就不是漠不关心的。我们在看待语言规范问题时,不能不思考规范与社会、与使用它的人的关系。我们知道,语言政策所体现的就是国家和社会团体对语言问题的根本态度。然而,相当一个时期以来,由于种种原因,我们却忽略了语言与社会的政治经济等各个方面的密切关系。我们过分地强调了语言的全民的性质,忽略了不同的社会交际圈对语言的多元化的需求;过分地强调了语言的共性,忽略了各个交际圈在客观上存在的差异;过分地强调了共时,忽略了语言的发展。这实际上也是我们长期以来在理论上惯于盲从、缺乏独立的理论思考、忽略理论研究所造成的后果。(郭熙,1996)重视规范化理论的研究(吕冀平,1996)固然重要,花些气力去研究语言的一些基本理论问题,包括对多少年来一直奉为至宝的语言学经典进行检讨也是重要的,因为它们直接或间接地影响到我们对规范化理论的认识。

另一方面,语言学工作者也不应该忘记自己的职责。尽管我们提出要用发展的眼光看待语言的规范化,但是我们决不同意霍尔(Robert A. Hall, JR.)关于语言可以放任自流的观点。(E. Haugen,1984)我们不应该把一些理应讨论的问题通过大众传媒推向社会。据一些中小学教师介绍,有的语言学工作者在大众传媒上发表“语言自我调节”的理论以后,在中小学的师生中引起了一些混乱,一些教师对此表示了忧虑和不安。例如,目前中小学的学生中有不少流行语,有的是海外来的,如“酷”,也有不少是他们自己“创造”的。从社会语言学的角度看,很值得研究。但是,我们是提倡、阻止还是加以正确引导呢?对规范问题学术界可以讨论,但我们不能忘记我们对社会应尽的义务,不应该忘记占中国总人口十分之一的在校中小学生。

6. 汉语教学和语言规范教育

对现代化生活的追求使人不得不以民族语文的学习精力的减少为代价。这是整个人类都面临的问题,而在一些第三世界国家显得尤为突出。中国目前在中小学中,用于本民族语文教育的时间越来越少。以小学为例,除了原先要学的课程以外,还要学习外语、电脑等,而且语文教学的方法似乎也有不少的问题,孩子们花费大量的时间进行所谓的字词句训练,结果却不甚了了。这就给语文工作者提出了新的任务,探讨提高语文学习效率的有效途径,进而推动全民族语文素质的提高。

对于每一个人来说,本族语文的学习是有阶段性的,但语文教育是永久性的。因此全社会都应该关心语文的学习,尤其要把它放在整个民族利益的战略地位上来认识。唯有如此,语文规范化才能真正地实现,也唯有如此,我们的语言生活才能丰富多彩。本章第三节将专门讨论语言教育问题。

从上面的分析可以看出,目前中国语言生活的状况是由多重因素集结而成的。它绝不是简单地以所谓规范或不规范就可以概括得了的,也绝不是仅仅号召或采取所谓规范化的措施就可以解决得了的。我们的语言生活也具有两面性,其中的正面意义自然不需要再作更多的论证,其中的负面现象也“不必大惊小怪,更不能希冀用几番说教、颁几项行政命令或亮出几顶‘帽子’就可在短期内解决问题。而且,语言文字的规范化和语言生活的有序化总是相对的。规范需要一定的弹性和张力,规范得太死反而会抑制语言的活力,导致语言僵化,妨碍语言的发展和语言生活的正常运转”。(眸子,1997)当然,这丝毫不意味着社会可以对语言生活采取听之任之的“不干预”态度。语言规划理论和实践已经告诉我们,社会语言学家、语用学家,特别是社会语言规划的制订者、宣传者和执行者,有责任和义务对语言生活进行合理适度的干预和耐心科学的引导,为语言的健康发展创造良好的条件,使社会语言生活健康、文明、有序。而从根本上要解决这些问题则需要全社会的努力,也还需要一个过程,我们应该客观、冷静、现实地对待这些新时期出现的新问题。

第二节　中国语言生活中误写误读问题的再认识

一、问题的提出

1999年6月30日《金陵晚报》报道，6月26日，武汉市第六届教师5项基本技能竞赛出现了一个尴尬的局面：面对24个应用频繁的汉字，该市131名出类拔萃的教师中只有1人顺利过关。这131名教师是从该市两万多名45岁以下的青年教师中层层选拔出来的，这次选拔的人员一共有138人，其中7人因故缺考。据报道，在出现差错的130人中，差错一般都在3—7个，其中最多的达12个，差错率达50%。例如把"度假"写成"渡假"，把"再接再厉"写作"再接再励"，把"家具"写成"家俱"，把"部署"写成"布署"等等。

这一结果引起了社会的广泛关注，许多报纸争相转载。理由很简单：过五关斩六将的人的语文功底尚且如此，那两万多名没有过这些关的教师呢？其实，这一现象应该并非武汉所独有，如果在全国开展类似的活动，出现错误的比例可能会更大。这说的是误写。我们在对有关人员进行普通话水平测试的时候，发现误读现象也非常严重。由此可见，提高教师素质已经是刻不容缓了。

不过，我们却由此想到另一个问题：为什么这些常用字这么多人都用不好？为什么这么容易出错？除了多年的语文教育存在失误以外，我们是否还有必要再回顾语言研究本身呢？如果说出错的是少数人，可能还比较容易解决，面对这么大的错字队伍，我们是不是要重新审视这个问题呢？事实上，汉字的误写和误读似乎已经成了中国讨论语言生活的永恒的话题，我们有必要专门就这个问题进行剖析。

二、汉字的误写

传统上把误写分成两类:一是写错字;一是写别字。从今天的情况看,错字已不再是汉字误用的主流,而且由于现代印刷出版技术的改进,在正式出版物中已经基本绝迹,因此这里所说的汉字误用主要是别字。别字的情况比较复杂。过去一般把这只看成是汉字的书写问题,实际上它涉及语言的各个方面。

1. 方言语音的影响

1996年第7期《咬文嚼字》以《"妹子"大减价》为题,刊载一篇配图短文。文章原文如下:

> 在泉城济南某繁华市场边上,有一年轻女子在大声吆喝着卖袜子。为了招徕顾客,还在摊前用大红纸写了五个字:"妹子大减价"。本该是袜子大减价,由于方言关系,读成"méizi",又写成"妹子",闹出了让人哭笑不得的笑话。

我们无法证实这件事的真伪,但方言语音导致误写却是事实。例如"安装"写成"按装"、"酒瓶"写成"酒并"、"理解"写成"理介"、"既要"写成"即要"(或相反)、"出生"写成"出身"(或相反)、"终生"写成"终身"(或相反)、"毛豆"写成"毛头"、"豇豆"写成"扛豆"、"金腿"写成"金肽"等等。

应该说,这类问题应该进行规范,而且解决起来并不困难。一是随着"推普"工作的开展,人们的普通话水平越来越高,二是这种错误在正式出版物中较少。

2. 异形词的"规范化"

《现代汉语词典》1978年12月第1版(1979年第11次印刷)和1983年1月第2版(1992年第135次印刷),都以并列词条收了"装潢”和“装璜”、“摩擦”和“磨擦”、“摩电灯”和“磨电灯”、“模仿”和“摹仿”、“模糊”和“模胡”、“模棱”和“摸棱”、“模拟”和“摹拟”，等等。

修订前的《现代汉语词典》凡例5b说：

> 几个写法并列（一般用得较广的写法列在前面），如【鱼具】【渔具】，【约莫】【约摸】，【耿直】【梗直】【鲠直】。

这说明当时的词典编纂者认为这些词是异形词。1996版的《现代汉语词典》删去了此条凡例，但在具体处理方面有不同的做法。一种是将这种情况分别改为“也作某某”或“同某某”。例如【耿直】一词的释义后面注明“也作梗直、鲠直”，而在【梗直】和【鲠直】后面则说“同耿直”。也有的是将原先排在后面的从词典中删除，例如“装璜”和“摸棱”。

不要小看这一处理方式的改变。这实际上反映了《现代汉语词典》编纂者对当初的所谓异形词的态度发生了变化。即，有的仍被看作异形词，有的则是通过该词典的“特殊地位”进行了“规范化”。“耿直”之类属于前者，“装潢”之类属于后者；对“耿直”之类来说，几种写法都是正确的，而“装潢”类则只能有一种写法，否则就是错的。概言之，这一批错别字是因为我们对异形词的规范化造成的。再如，《现代汉语词典》一直以“惟一”为标准词形的，从第1版到修订版都是如此，尽管社会上也有很多人使用“唯一”。2004年出版的《现代汉语规范词典》则以“唯一”为主条，这样，“惟一”之类一夜之间可能又成了“不规范”用法。两本词典都说自己的对象是具有中等以上文化水平者。但对于千千万万中等以下文化水准的读者来说，他们该怎么办？

我们再说一下异形词问题。汉语中有些异形词没有任何区别意义的作用，但是也有一些是有些差异的（或者在部分人看来是有些差

异的)。还有一些情况很难处理。例如有些词语的不同写法都具有可解释性:

山清水秀	山青水秀	名副其实	名符其实
固步自封	故步自封	直接了当	直截了当
不加思索	不假思索	勇往直前	永往直前

3. 类化

类化可能是汉字误写的另一个重要因素。“其他”也是典型的例子。于根元(1999a)分析了“其它”产生的原因,分析得很有道理。“家具”写成“家俱”可能也属于这一类。《现代汉语词典》第5版前各版本中,均在“家具”条后特意注明也作“傢具”,“傢”字条下又有“傢伙”“傢什”。这些字都可以加“亻”旁,对于广大使用者来说,为什么“家具”的“具”就不能加呢?有趣的是自然码1999年5月版也编入了“家俱”,而且频率在“家具”之前。第5版起,均取消了也作,或许反映了事实和认识的变化。

4. 语法词的标志化

20世纪70年代末期讨论新的教学语法系统的时候曾把三个“de”合并为一个。后来正式公布时改为前两个合并为“的”,后一个仍然用“得”。现在初中的教材就是这样处理的。但实际的教学中,教师仍然需要教学生如何对此进行区分。

把“的”和“得”区别开可能是为了避免歧义。例如有不同的“高兴de跳起来”。实际上这与重音有关。至于说这样会引起歧义,其实有歧义的不只这些。例如“我想起来了”也是有歧义的,我们是否要造出两个“想”呢?

区分“的、地、得”也好,区分“他、她、它”也好,都是文人引起的,也都是“西学”引进的结果。在文人们看来,这样的语言更完善。我们是否可以问,为什么汉语在传统上不区分这些东西?是汉语落后?为了“完善”,我们只好付出许多代价。中学语文教学中,它们成了一个长期困扰人的问题。一方面,说“的”是定语的标记,“地”是状语的标记,另一方面,必须先弄清楚某一结构是“定心结构”还是“状心结构”,才知道应该用“的”还是用“地”。既然如此,“的”类的标记作用何在?

当然,并非所有的语言学家都热衷于这些区分。一些著名的语言学家,如赵元任就不理这一标记。他在吕叔湘译《汉语口语语法》中译本的序中把“的”作为“状语的标志”。朱德熙在他的著名论文《说“的”》中也用所谓的“的$_1$”“的$_2$”等等。

5. 汉字简化

汉字简化也是造成误写的一个诱因。例如“象”和“像”、“重叠”和“重迭”、“鸡蛋”和“鸡旦”、“原来”和“元来”等等。这里不详论。

6. 音同义近词

这又有两种情况:

(1) 不同词中有一字相同,该字所代表的语素也相同,而另一字音同(或音近)代表的语素不同。例如:“启示”和“启事”、“启用”和“起用”、“报道”和“报导”。

(2) 不同词都是单音节的,例如“做”和“作”,“像”“象”和“相”。于根元(1999)对“做”和“作”的区分进行了详细的描述,但真的用起来还有不少难处。笔者调查过几位做过或正在做编辑工作的语言文字工作者,他们也对这些字的区别感到困难。他们尚且如此,更何况普通老百姓?

现在看到的一种倾向是,人们常常把当前语言生活中出现的一些混乱完全归咎于语言的使用者,批评他们语言使用混乱。我们认为这是不公平的。事实上,出现这种结果,有的是语言自身的复杂性所决定的,而许多方面更是与我们语言工作者有关。例如上面分析的六个方面中,除了第一方面外,基本上都与社会干预有关。就说上面提到的"做"和"作",我们是否可以作些研究,看看区分"做"和"作"有什么好处,不区分有什么问题?如果作出区分没有好处,不区分也没有坏处的话,我们为什么要花那么大的力气对二者进行区分呢?语言学习者的时间是宝贵的,语言工作者们应该多为他们考虑,多为社会考虑。

三、汉字的误读

汉字误读的情况也多种多样。主要有五种:一是对一些异读字不了解;二是不知道一些异读字经过审音后改为统读;三是读半边;四是方言影响;五是形近误认。这里主要从异读字的角度作些分析。目前异读字有以下几种:

1. 地名、姓氏和人名用字的异读

地名用字出现异读更多的是因为所谓"名从主人"。这又可分为两种情况。一种是一般用字和地名用字异读。例如:蚌埠(属安徽省,"蚌"不读 bàng 而读 bèng)、六安(属安徽省,"六"不读 liù 而读 lù)、天台(属浙江省,"台"不读 tái 而读 tāi)、丽水(属浙江省,"丽"不读 lì 而读 lí)、监利(属湖北省,"监"不读 jiān 而读 jiàn)等。

另一种是都用作地名而在不同的地方有不同的读音。例如:黄埔(在广州市)的"埔"读 pǔ,而大埔(在广东省)的"埔"读 bù;同样是浒湾,在河南省读 Hǔwān,在江西省却读 Xǔwān;同样是漯河,"漯"在河南省读作 luò,而在山东省读作 tà。

如果是小地名,错则错矣,没有大不了的,而像蚌埠、六安、台州、天台这样的地名如果错了就会“贻笑大方”。这对广大语言使用者来说实在太难了。出现这种情况的关键是我们太看重所谓“名从主人”了，其实这种“名从主人”是靠不住的，例如“泌阳”的“泌”当地人就不读 bì 而读 bèi。

有不少姓氏用字的读法和作为普通常用字读法不同。例如“纪”“要”“任”“台”“查”“那”等等作姓时都另读。这些字的误读可以说是屡见不鲜。人名用字异读也很复杂。例如“茜”，同样是作人名，有时读 xī，有时读 qiàn。再如“广”有两读：(1) guǎng；(2) ān。读 ān 的“广”“多用于人名”，那么，对于广大语言使用者来说，遇到这些字时到底该怎么读呢？

2. 特殊事物用字异读

我们曾讨论过“乌拉草”之类的读音，(郭熙，1998a) 类似的还有“哈达”的“哈”和“哈什蚂”的“哈”、“槟子”的“槟”和“槟榔”的“槟”、“头晕”的“晕”和“晕车”的“晕”、“工作”的“作”和“作坊”的“作”等等。此外，像“悄”有两读：(1) qiāo(静悄悄)；(2) qiǎo(悄然)。“雀”有三读：(1) què(麻雀)；(2) qiǎo［《新华字典》1998 年修订本说：“义同‘雀(què)’，用于‘家雀儿’等口语词”］；(3) qiāo(雀子、雀斑)。这些字要都正确地读出来似乎也不那么容易。奇怪的是，像“呆板”中的“呆”读 dāi 和 ái 虽有区别意义的作用却被规范为统读 dāi，而像“雀”这么复杂又没有意义区别的却保留了下来。

3. 方言影响造成的异读

《现代汉语词典》1996 年修订本和《新华字典》1998 年修订本都收了不少方言词，这也形成了一些汉字的异读。例如“拆烂污”的“拆”读 cā、“节骨眼”的“节”读 jiē、“弄堂”的“弄”读 lòng 等等。这里有一个似是而非的问题。一个北方人读到“拆烂污”的时候应该怎么读？我们当然可以说，方言词就应该按照方言的读法，但是方言中的“烂”是否读作 làn？“污”呢？“节”类的情况也如此。

4. 文读和白读不同形成的异读

对于许多非北京人来说，一些字的文白异读在普通话水平测试中常常吃亏。常见的字有“色”“血”“剥”“削”“露”“嚼”等等。文白异读问题本来就是社会造成的。白读代表本方言的土语，文读则是在本方言音系许可范围内接受某一权威方言(或标准语)的影响而产生的新形式。一般说来，权威方言凭借它所处的言语社区在政治、经济、文化上的优势地位而不断地向其他方言扩散，从而使它的语音结构要素渗入其他方言，使这些方言产生文白异读。这从一个侧面说明，北京话原来也是弱势方言。然而，随着被选择为现代汉民族共同语的语音标准，北京话成了权威方言，其他方言区也必须学习它的读音，而这两套系统则又给其他方言区带来许多误读的机会。

5. 古今音不同造成的异读

一些词今天已经不常用，但在读古书或涉及历史文献时也会碰到。例如“裳”和“衣”组成“衣裳”(“裳”读 shang)，但在古书中意思是“裙子”，读 cháng；又如“见”读 xiàn、“衰”读 cuī 等。对于一般读者来说，很少用到这些古书中的读法，遇到以后读错也就不奇怪了。

在我们看来，上面说到的五种情况，除了最后一项应按普通话今音去读以外，其他的都可以考虑放宽标准：可以统读，也可以多读；对于多读的来说，可以提倡一种读法，而不必认为另一种读法是错的。

还有多音字问题。越是常用字，越容易读错，冷僻字很少会读错，因为可以查字典。江苏某家电台一直把“中风”读成“zhōngfēng”，“中肯”也被读为“zhōngkěn”。1996 年 12 月 1 日，江苏某家电台报道苏北某地说“小孩子的眼睛被炸 zhōng(中)了”。

1997年2月16日，某电台又把“老年性中风”读作“lǎoniánxìng zhōngfēng”。又如“哈哈大笑”的“哈”和姓“哈”的“哈”、“哈达”的“哈”也是同样的道理。

四、问题讨论

1. 规范化的立足点

规范化是为了什么？是为了语言的纯洁？不对。规范化的目的是为了让广大的语言使用者更好地、更方便地使用语言。也就是说，规范化的立足点应该是广大人民群众。审音也好，整理异形词也好，推广普通话也好，编写工具书也好，都要立足于广大的语言使用者。因为正是那些普普通通的语言使用者左右着语言的发展，正是他们在检验规范的制定是否正确。人们不是常说“从众从俗”吗？面对那么大的“错误队伍”，我们难道不应该从他们的“俗”吗？立足点在人民大众一边，自然就会去考虑和研究广大语言使用者为什么会用一些权威所不认可的形式，就会考虑到如何方便广大语言使用者的学习和使用。还以前面提到过的“装潢”为例。把“装潢”写作“装璜”的到处都是。其实，这样写的不光是普通老百姓，连一些计算机的编码专家（例如1999年5月版的自然码）也在使用“装璜”。它对“装璜”的普及所起的作用是不可忽视的。一些语言学家也对此提出了颇有意思的见解。高更生（1999）谈到这两个词时说：

> 从语源讲，从当前运用的频率讲，都应倾向于用“装潢”。但是当前用“装璜”的也不少，而且“璜”指半璧形玉、从玉黄声，同装饰有联系。

事实上，社会上有不少词语误用都与人们追求字的来历有关。例如，1978年和1996年版的《现代汉语词典》都有“山清水秀”而无

“山青水秀”。这可能意味着词典认为后者是不规范的，但我们在对103个大学生进行的选择判断性调查中，90%以上的人认为应该使用后者，因为后者似乎更有解释力。

应该承认，对异形词加以规范有许多好处(异体字的整理、异读字的审音也是如此)，但是，我们也不能忽略问题的另一面：对于异形词来说，一旦一个词的形式被选为规范形式，其他形式就成了不规范形式了。例如，随着《现代汉语词典》修订本的出版发行，“装璜”之类一夜之间成了错误用法。那么，确定异形词标准形式的依据是什么？为什么“鲠直”等可以作为“耿直”异形词存在而“装璜”却不能？修订本在“鲠”下注明书面语中有“鲠直”的用法，或许这是保留“鲠直”一词的理由，那么“梗直”呢？再退一步，为什么书面语用的可以保留，而普通老百姓用的就不能保留？“唯书、唯经”，这是一代又一代文人的传统，唯有老百姓是不能“唯”的。这不是立足点问题又是什么？我们觉得应该坚持现代中国语言权威的大众化传统，多从广大群众的利益出发。而且，历史已经证明，决定语言发展的是人民群众而不是语言权威。过去经常看到对一些所谓不规范现象的追认，便直接影响了语言权威的威望。

立足点站在人民群众一边，就要充分考虑方便人民群众。《现代汉语词典》修订本的修订说明说：“对一些异体字和有异读的词，按照国家语言文字工作委员会的规定作了一些改动。”但是为什么不列出哪些作了修改呢？这样不更方便广大读者吗？除了一些对词典版本比较有兴趣的人，恐怕不会有谁会去买两个不同版本的《现代汉语词典》一一对照。

2. 必须按科学规律办事

语言是历史的产物，它不是自然现象，而是一种特殊的社会现象。但是，一些学者却恰恰忽略了这一点。他们试图以自然科学的方法在语言学中类推，甚至把语言看成是元素周期表一样的东西。这显然是不妥的。

对语言现象的全面观察也体现出一种科学态度。社会语言学强调社会对语言的影响，强调语言研究要关注语言使用者，并不是一味地迁就不规范现象。我们提出对误读和误写的原因作出较为全面的分析，正是为了推动规范。因为这些工作对规范的确定有着重要的意义，它的价值远远超越所谓的"从俗从众"原则。只有弄清了错误的原因，才能知道哪些可以从众，哪些易于从众，哪些规范容易让社会接受。这就是一种科学的态度。例如，普通话异读词的审音"从俗"规定了一些字的统读，如"呆"统读为 dāi，不知其"从俗"的根据是什么。实际上经过多年的正音教育，人们已经熟知了"呆"的读音，现在又得反过来。这在某种程度上起了副作用——人们可以认为读错字没有关系，将来可以"约定俗成"。而且在许多方言里，dāi 和 ái 在意义上是有差别的。与此相反，为"乌拉草"这个外来词而特意规定"乌"这个字读去声，却叫人不可理解。此外，像"包扎"的"扎"、"晕车"的"晕"和"头晕"的"晕"也是够让人头昏脑涨的。人们常常嘲笑鲁迅笔下的孔乙己提醒小孩子"回"有四种写法，我想，当我们要一次次地告诉别人"和"字有五种读音的时候，我们又是一种什么样的形象呢？自然，这两件事有着本质的区别，但是其中是否也有某种相似之处呢？

有些事情处理不当，其危害已超出了语言本身。中央电视台 1995 年 12 月 25 日报道，四川某县的小学毕业考试给"自作自受"的"作"注音，标准答案是"zuō"（依当时的《现代汉语词典》的注音），而学生注为"zuò"（依 1986 年公布的第二次审音字表）。因此影响了学生的升学。事实上,从汉语不少方言来看,对这个“作”的审音是没有必要的。

再如,虽然人们对异形词已经有所注意,但这主要是在异形词的选用上。从目前已经发表的文献看,人们对异形词产生原因的研究做得还不够。异形词的研究应该从多方面入手。其出现可能与汉字的不表音性有关。从本质上说,现代汉语的异形词与上面所说的受方音影响误写的情况没有区别,唯一的区别就在于有的使用频率高,使用范围广,使用者的地位高。异形词的出现也可能源于人们从不同的角度记音,例如“趁机”和“乘机”、“成规”和“陈规”等可能就属于这种情况。如果是拼音文字,可能就是另一种情况了。另一方面,即使是错误的也可能得到社会的承认。例如前面谈到的“滑杆”本来应该是“筏杆”。方光焘(1997)谈到语法研究时说要透过文字的萦惑,这一论点至今仍然需要强调。

汉语和汉字的关系是一个非常复杂的问题。语言研究对此不应回避,因为它直接影响到我们对一些应用问题的处理。我们在《汉语、汉字和汉语现行书面记录系统运用中的一些问题及其对策》(郭熙,1992)和《中国语文工作者的使命》(郭伯康,1996)中,都提到过这方面的问题。今后恐怕也还得进一步地反思。这里再以汉字整理研究中“四定”之一的定量为例。定量的好处是为了便于使用,但是这也带来了另一个后果——汉语的发展(主要是词汇的急剧扩张)和汉字使用的不适应。因此,所有的新词都得通过原来汉字的再扩展来记录。除了化学家以外,没有人能够造出新的汉字。另一方面,即使是新造的汉字也有问题,例如“锘”,恐怕又要有人读错了。另外,如果允许造字,汉字还要造到什么时候?

还有一个是谁决定谁的问题。是语言的读音决定文字,还是文字的读音决定语言？例如“择菜”，在口头上许多人都说 zháicài，但由于汉字读音（如“选择”的“择”）的影响，在读书时许多人又读成 zécài。“安装”的写法也是类似的情况。人们口头说 ānzhuāng，但因为受到汉字偏旁的影响，写的时候偏要加上一个提手旁，写成“按”。

汉字的超方言性也很值得研究。按照我们的理解，汉字本身是不超方言的。人们通常所说的我们可以和广东人笔谈，实际上是我们用了统一的书面语形式。如果一个人只是用汉字记录自己的方言，这种交谈可能还是无法进行的。许多人都有这样的经历：拿一张用方言写的香港中文报纸，我们仍然如同看天书。

按科学规律办事还表现在决策的科学上。20 世纪 50 年代出于拼音化的考虑，在简化汉字中大量采用同音替代的方式，这就有了“像”“象”合为“象”，“迭”“叠”合为“迭”，“覆”“复”合为“复”等等。80 年代重新公布《简化字总表》，又改回去。使得许多人弄不清楚，甚至高校中文系的教授都束手无策，可见决策不当所造成的影响。至于 70 年代后期“二简字”的草草公布、草草收回所造成的危害更是不可低估。

另一方面，不仅是决策本身需要科学，一项决策在全社会的贯彻实施同样要符合客观实际。例如，国家语委等部委 1985 年 12 月 27 日在颁布《普通话异读词审音字表》的通知里就明确地这样写道：“自公布之日起，文教、出版、广播等部门及全国其他部门、行业所涉及的普通话异读词的读音、标音，均以本表为准。”这样规定可能吗？科学吗？我们应该把时间差考虑进去，要加大对已有规范标准的宣传力度。提法的科学性也很重要。例如前面提到的，于根元（1999）“提倡写‘装潢’”就比动辄说“应该写某某”科学。实践一再证明，按照科学的方法开展研究,符合科学规律的研究成果或方案,就会得到社会的承认,就会为广大人民群众所采用。汉字简化就得到了社会的广泛拥护,尽管也有人主张回到繁体上去,但实践证明是行不通的。

3. 应紧跟时代,服从需要

社会语言学告诉我们,语言研究必须关注时代。只有关注时代,跟上时代,充分了解新的条件下的广大语言使用者的实际情况,才能使语言研究更好地为社会服务。中国有语言文字研究的传统,《说文解字》《切韵》也都可以说是语言研究的产物。但是,我们今天不能再用《说文》《切韵》时代的做法。我们不能指望今天的语言使用者还能把《四书》、《五经》背得滚瓜烂熟,不能指望他们还知道一个又一个的"破读"。虽然我们强调语言教育是终身的,但社会日益加剧的多种竞争使得人们把注意力更多地放在其他方面,没有多少人再沉湎于"回"字有几种写法的自豪中。我们也不能再完全用20世纪50年代的做法,因为50年代我们认为无法解决的问题,现在的科学技术已经解决了。

再以词典编纂为例。修订《现代汉语词典》就是时代的要求,是非常必要的,编写新词语词典也是必要的。语言发展了,国家的标准修改了,社会上出现了新词语等等,语言研究者如果熟视无睹,就不是科学的态度。当然,规范词典在取舍方面有自己的原则,不能等同于一般的描写性新词语词典。但是,就反映时代风貌来说,无论如何都是不可忽略的。

总之,汉字误写误读现象反映出我们的语言生活中全民语文素质亟待提高,也反映出语言研究尤其是以往规范化研究方面还有不尽如人意的地方。关注社会语言生活,立足点在人民群众一边,就会更多地尊重科学,按科学规律办事,而不是实行"权威意志",搞"拍脑袋工程”。我们应该多关心一些语言生活中的实际问题，使我们的语言文字更易掌握、更易规范化、更好地为全社会服务。

第三节 语言教育

一、语言和语言教育

就笔者所知，尽管语言教育这个名称的使用率已经非常高，但是目前学术界似乎并没有把语言教育作为一个专门的术语。人们在谈到语言教育时多有具体的所指，而这些具体所指也常常不尽相同。有的指标准语的语文教育，即不仅包括口语和书面语，也包括文章的写作等等；有的则专指标准语的口头语言教育，例如学前儿童语言教育；也有的指民族语言教育，例如在新加坡和马来西亚华人中开展的华语或华文教育。无论是上面所说的哪一种，通常情况下人们大多指的是对青少年所进行的母语教育。近年来，语言教育所指的范围有扩大的趋势。第二语言教学尤其是汉语作为第二语言教学界也将自己归入语言教育领域。建立语言教育学的呼声也曾经很高。我们下面打算结合中国的实际，讨论汉语标准语（含文字）教育中的问题。至于第二语言教学，我们认为和母语教育有着质的不同，这里不展开讨论。① 有时候我们也会用“语文”这个术语，不过这里的语文专指语言文字，与传统意义上的“语文”或有不同。②一般意义上的语文教学

---

① 不过，双语教育的情况不在其列。双语教育应该归为语言教育。

② 关于“语文”的解释，目前人们说法不一，有“语言文字”说、“语言文学”说，也有“语言文化”说，还有“语言文章”说。作为中小学课程的“语文”则是另一种含义。中国著名的语文教育家叶圣陶1963年10月15日在《文汇报》上这样解释：“语就是口头语言，文就是书面语言。把口头语言和书面语言连在一起说，就叫语文。”（庄文中，1997）

主要指有文字以后的识字及书面语教学,其实也有没有文字的语言教育。据说已故的 John Rupert Firth 最乐意鼓励人们讨论语言问题,并且每当遇到非洲或印度不识字的人,总喜欢直言不讳地说人家的语言没有语法,而对方总是愤慨地予以否认,说他们也教孩子按照某些规则说话,避免某些不符合规则的句型。(W. W. 莱曼,1986:1)由此可见他们也有语言教育。

中国人历来重视语言教育。只不过不同时代提出的方式有所不同。中国现代的语言教育,经过一代又一代人的努力,无论在理论上还是实践上都取得了很大的成就。但是,人们对眼下的语文教育并不满意,批评多于表扬,否定多于肯定。我们认为,笼统地对中国语言教育进行批评、否定是不恰当的,也是欠公正的,它也无助于语言教育水平从根本上得到提高。但是,如果我们能够从中国语言和社会的实际出发,客观地、理性地分析和认识有关问题,对中国的语言教育无疑会有促进作用。

语言教育是一个复杂的过程。人们通过这个过程,获得以这种或那种方式使用所学语言的能力,同时也获得关于这种语言的知识。在这个过程中,语言既是工具,又是一个获得的目标。因此,它是语言教育的核心。同时,从受教育者的角度来看,语言教育既是一种素质教育,又是一种技能教育。

语言是一种非常复杂特殊的社会现象,其复杂性在很大程度上决定了语言教育的复杂性。从语言教育的角度看,有必要强调语言的以下几个属性。

(1) 语言和社会的互依性

语言和社会的互依性决定了语言是动态的,从而也就决定了语言教育的时代性,决定了语言教育的不间断性即持久性;同时它也决定了语言教育必须立足于满足社会需求的性质。

(2) 语言的自然获得性和依赖学习性

语言的自然获得性决定了语言教育的阶段性，而语言的依赖学习性决定了语言教育的必要性。前者要求语言教育应该在一个适当的阶段完成其基本任务，而后者则因为(1)的理由而使人们必须终身学习语言，如果他要想使自己的语言能够最大限度地满足社会交际需求的话。

(3) 语言的系统性、规律性和反系统、反规律性

语言的系统性决定了语言单位、规则的有限性和言语作品的无限性，因此它同时也就决定了语言教育可以通过科学的方法来进行，这就又要求语言教育必须具有科学性；语言的反系统、反规律性决定了语言教育中应该正视规则操练的单一性所带来的负面效果。另一方面，语言的系统性、规律性有助于人们通过语言教育获得判定语言形式的合法性的能力，而语言的反系统、反规律性则有助于人们明白在语言教育中要尊重活的语言事实。简言之，语言教育需要辩证法。

(4) 语言的工具性和交际性

语言的工具性决定了语言教育是一种技能教育，而语言的交际性则又决定了语言教育是一种素质教育。语言是交际的工具，这是语言的交际性赖以存在的根本，它决定了语言教育的根本目的是提高人的言语交际能力。语言交际又是一个非常复杂的过程，因此任何想通过单一途径达到语言教育的最终目标即提高语言交际能力的做法都是不现实的。

(5) 语言的规约性和可塑性

语言能指和所指的约定性决定了语言教育中规范教育的必要性；语言的可塑性表明“人是可以影响语言的”，(于根元等，1999：

360)它决定了通过语言教育改变语言习惯和语码的可能性。

除了语言自身属性的影响以外,语言教育还会受到诸如社会政治、经济和文化等方面的影响,有时候这种影响会是巨大的。例如,社会成员的层次性就决定了语言教育的层次性。另一方面,社会政治、经济或文化地位影响到一种语言的地位,而语言的市场价值又决定了语言教育具有功利性,这使得必定有某种语言会成为语言教育中所追逐的目标,语言教育中受教育者的语言态度也会因此而改变,这一点则将直接影响语言教育的效果。

由此可见,在语言教育问题上考虑到各种影响因素是非常重要的,在新的形势下,我们更应该关注这些问题,以使我们的语言教育工作适应社会的需求,取得新的成就。

二、目前中国语言教育的特点

1. 全民语言教育基础普遍提高

我们的这种看法可能和社会上较流行的看法正好相反,也许是各自的角度不同所致。事实上,我们已经看到和听到许多对今天语言状况的批评。一种较为广泛的看法是,人们的语文水平下降了。国内抱怨,国外的华人社会也在抱怨。事实上,这种抱怨是一贯的。前一代的人总感到后一代的人水平下降。且不说太远的,朱德熙先生当年就是在"一般同学的语文程度低落的情况下"编著《作文指导》一书的。(朱德熙,1951)问题在于,什么是好的语言?什么是正确的语言?这涉及语言观和语言应用观。赵元任(1976)曾就什么是所谓正确的汉语进行过深入的讨论。但时至今日,人们仍然总是抱怨全民语言水平下降,但好像并没有明确的依据,更没有衡量的标准。

不可否认,目前社会上的语言状况在某些方面的确让人感到不安，但是，这并不能证明全社会的语言水平下降。

在传统中国社会里，接受语言教育只是极少数人的专利。同时，由于教育形式和内容的单一，读书和作文（或作诗）成了衡量语言教育水平的唯一标准。这种语言教育的后果是，少数人成了社会的精神贵族，他们所独具的“语言能力”成了社会崇尚的目标。人民大众的语言成了读书人所不齿的“引车卖浆者言”。五四以后，白话进入了大雅之堂，成为语言能力培养的“材料”，越来越多的人具有了与自己的需求相适应的读写能力。在我们看来，衡量语言水平或能力的唯一标准就是它能否很好地为它的使用者服务。看看今天有多少人能够使用不同的言语形式进行必要的交际，看看无数的媒体和出版物上的言语作品，我们有什么理由不承认全社会语言教育水平提高这个事实呢？

我们认为，在当今社会里，语言不可能按照一些语言学家或语言教育家设想的那套模式或方向发展。与其将各种新的现象或变异视作洪水进行堵截，不如因势利导，使之造福社会。语言和这个世界一样，永远属于新的一代。这是我们必须面对的看似严酷的现实。

2. 语言学习者剧增，学习动机多样化

如上所说，传统社会中接受正规语言教育的人很少，而且其目的也比较单一，不外乎识字、读书、写文章，最终是为了应付科举考试。科举制度废除后，逐步形成了通常所说的“语文教育”。今天的语言教育界在以培养听、说、读、写四种能力作为目标上基本达成了共识。我们正面对这样一个现实：学习者人数剧增，学习动机多样化，教育对象的层次化好像越来越明显。这和过去形成了鲜明的对照，而语言教育界对此似乎缺乏足够的考虑。事实上，如果我们把语言教育的目标确定为最大限度地培养有关人员所应具备的语言应用能力，那么,这种语言能力实际上是多方面的,它不仅指口头应用能力,也包括书面应用能力;不仅指具有在A环境下的应用能力,也要具有在B甚至是C等环境下的应用能力。于根元、夏中华等(2000)专门讨论了语言分化问题,这也应该是语言能力的一种分化。

现代社会的一个特点是,社会分工越来越细,这必然要在语言应用上表现出来。不同职业、不同社会层次对语言能力的要求是不同的。不同的社会群体,需要具有共同的和不同的语言能力。因此现代语言教育的目标也应该"因人施教",区分出不同的语言教育层次,确定不同的目标。对具有不同语言背景的人进行语言教育也应有不同(如非普通话基础方言使用者的教育;基础方言使用者的教育;本土汉语使用者的语言教育;域外汉语使用者的语言教育;第二语言使用者的语言教育等等)。只有这样,才能最大限度地发挥人的能动性,掌握应具备的语言能力。从这个意义上说,中国语言教育尚有不少需要考虑改进的地方。例如,中学的语文教育中文言文的增减恐怕就是一个有争议的问题。在我们看来,文言文是一种死去的语言,我们不能指望学习者通过文言文的学习而会使用它,就连真正能阅读也是专业人员的事。我们不反对选择一些古典精品让学生学习和欣赏,因为那是我们祖先的语言,是我们的文化传统。但是,选文一定要精。想通过加强文言文的教学(例如增加篇目)来提高语文水平恐怕是不现实的,同时,它也违背了语言教育规律。在当今世界竞争白热化的情况下,我们必须考虑给学习者腾出更多的时间学习一点有实际功用的知识。

3. 语言交际环境和语言教育环境多元化

传统社会中的交际对象比较单纯,除了走万里路的游人,人们多厮守在家乡,语言交际环境比较单一。读书人有自己的语言,但是这种语言老百姓是不懂的，所以只用于读书人之间。如果读书人要和普通人交际，他也只好屈尊使用那些“引车卖浆者言”，否则他可能买不到浆喝。今天情况不同了。每一个人都有自己的交际圈，每个人又可能属于不同的交际圈。语言交际环境的多样化打破了单一的语言交际模式。人们必须学会适应各种不同的交际环境。这就给今天的语言教育提出了更高的要求。

然而有趣的是，人们这种语言交际能力在很大程度上不是在学校的语言教育中获得的。倒是社会为人们学习语言提供了多元的语言教育环境。社会上来自各种媒体的多姿多彩的言语作品（例如文学作品、电影电视等）的语言本身就又成为新的语言教材。这和传统社会中的四书五经式的经典语言教材相比表现出了根本性的不同。近年来的网络语言更是使传统规范的语言教育雪上加霜。面对这种强大的冲击，惶恐不安者有之，力图阻止者有之。但是，一个不争的事实是，它正成为当今“语言教育”的一个渠道，从正反两个方面影响着青少年语言的学习。我们必须冷静地寻找对策，化消极为积极。

4. “地球村”效应增强，语言教育范围扩大

除了上面所说的情况外，由于全球一体化效应，中国的语言教育还正在遭遇前所未有的多元文化的冲击，语言教育的范围正在扩大。例如西方一些言语行为模式和非言语交际的手段等都在进入语言教育的范畴。例如，中国传统社会在言语行为上以谦虚为美德，因此当听到赞扬时应该说“哪里哪里”；但由于西方文化的影响，这种言语行为遇到了挑战，现在同样情况下说“谢谢”已经成了一种较为普遍的现象。

5. 母语防护意识薄弱

可能是由于中国是人口大国，汉语又是世界上使用人数最多的语言,除了少量关心汉语前途的人以外,中国人似乎在语言问题上从来没有产生过“忧患意识”。近些年来,“在升学、晋职、晋级、就业等领域,存在着轻汉语重外语(主要是英语)的政策规定或心理倾向,损伤了母语的声望”,①一些人忽视母语教育,甚至出现了以外语教学取代母语教学乃至于开展所谓“汉语和英语双语教育”的提法,而我们一些教育工作者也随波逐流,甚至推波助澜。

总的来说,社会对语言使用的要求越来越高,而人们接受母语教育的时间越来越少。(郭熙,1998)我们的语言教育正在受到挑战。这就是现实。

三、新时期语言教育的内容

从上面的讨论我们可以看出,语言教育的一个根本问题是满足社会的需求。不同的时代有不同的需求,从新形势的特点考虑,我们认为,新形势下的语言教育至少包括以下几个内容。

1. 语言能力教育

这里所说的语言能力教育包括两个方面,一是语言能力的开发,一是语言创造力的培养。前者主要指幼儿的语言教育,后者指学龄人员的语言教育。前者学前教育界已经投入了相当大的精力,也取得了很大的成绩;后者的投入也很多,但还有一些问题。我们认为最主要是过分地强调了规范教育,忽略了语言创造性教育,导致了语言的模式化。上面提到许多人的抱怨,其实有些抱怨没有找到根子上。我们给学生创造的机会太少。语言创造能力的培养必须在社会运用中进行。语言的产生源于交际需求,语言能力的获得源于交际活动,

---

① 李宇明《强国的语言与语言强国》,见2004年7月28日《光明日报》。

语言的创造能力同样需要在语言实践活动中获取。为了激发学生的兴趣，同时也为了培养学生的创造性，我们认为语言教育中语言材料应该经常更新，吸收鲜活的语言，以满足社会的需要。语言活跃在使用中，在使用中发展，也要在使用中学习。

在语言能力教育上，一个有争议的问题是是否应该进行语言知识教育。这里的语言知识不是语言能力的同义语。现有的争论中两种观点似乎都不足取：一种过分强调语言知识在语言教育中的作用，而另一种则完全忽视语言知识在语言教育中的作用。认同者主张在语言教育中加强知识教学，反对者则主张淡化知识的教学。我们认为，在语言教育中进行语言知识教学是必要的。问题是目的和尺度。在我们看来，语言知识教育是要使有关人员对所学的语言有比较系统的了解，但不能夸大语言知识对语言应用能力提高的作用。

2. 语言规范教育

正如上面所说，传统的语言教育在很大程度上是学习和使用标准语的规范教育，这无疑是语言教育的一个重要组成部分。其中又包括语言的各个方面，如语音、词汇和语法等等。其难点在于教育中要辩证地对待规范问题。

只谈标准语的规范是不够的。即使语音、词汇和语法的使用都很标准，但是如果违反了语言行为规范，还不能说是成功的语言交际。因此，我们认为现代的语言教育还应该增加语言行为规范的教育。我们前面曾经讨论过语言文明问题。语言行为规范教育也可以称为文明语言教育。但是文明语言这个提法太模糊。什么是文明的，什么是不文明的，很难说清楚。事实上，常常有这样的情况，一种说法在一种场合是文明的，在另一场合却是不文明的。因此，我们倾向于使用语言行为规范这个说法。语言行为规范是人的社会行为规范的一部分,因此应该是语言教育中不可或缺的一环。

3. 语言国情教育

这个问题在以往的语言教育中被忽略了。社会上的很多人对诸如多少人在使用汉语,汉语有多少方言,我们的语言邻居是谁,汉语在世界上是什么地位,中国的民族语言政策、方言政策以及各种语言法规等等一无所知;对汉语和中国社会、中国文化的关系,汉字和汉语的关系缺乏应有的认识,进而就影响到正确的语言应用观的形成。目前社会上的语言混乱与语言使用者缺乏正确的语言应用观不无关系。此外,在新的形势下,开展语言国情教育,对于正确对待祖国的语言和方言、做好语言保护工作,对于处理好民族语言教育和标准语教育之间的关系,处理好母语教育和外语教学的关系都有重要意义。事实上,这些知识是现代的语言使用者所应该具备的。我们前面说语言教育是一种素质教育也包含这个意思。一个生活在现代社会的人,应该有现代的语言观和语言应用观。

总的来说,中国的发展正在进入一个新的时期,其间语言教育将起着举足轻重的作用。如何发展中国的语言教育事业,使之很好地适应社会的需求,是中国语言研究面临的一项重要任务。我们期待着这一领域的突破。

第九章　语言协调和“华语”问题

第一节　汉语在海外

一、语言协调

在语言规划工作中，对语言问题采取协调措施是非常重要的一个方面。在多民族国家内部，不同的民族之间可以在语言问题上采取互相呼应的措施，以利于民族间的交往。在中国，那些新创文字的民族语言大多采用拉丁字母；在苏联，则采用斯拉夫字母，其目的是为了方便少数民族和主体民族之间的语言合作和文化交流。使用不同语言的不同国家之间，也往往会采取一些协调行动。1954 年，荷兰和比利时两国同时开始使用共同的新荷兰语正词法；1980 年，两国又签订条约成立荷兰语联盟。比利时的佛拉芒语本来就是荷兰语的一种变体，这个联盟实际上使佛拉芒语进一步向标准荷兰语靠拢，从而大大密切了两国的经济文化关系。马来西亚使用的马来西亚语和印度尼西亚使用的印度尼西亚语实际上是马来语的两种方言。1972 年，印度尼西亚采用了和马来西亚语一致的正词法，促进了两国的语言合作和文化交流。为了对抗英语的影响，法国和意大利也采取过保卫本国语言的协调行动。（李宇明，2000:33）

随着中国的迅速崛起和汉语的发展，汉语及其跨境变体的协调问题已经摆在我们面前。

前面已经说过，中国社会语言学的重点是汉语和中国社会的关系。但是,由于历史渊源和文化传统密切相关,作为一个学科,中国社会语言学同样也应该关心汉语和其他华人社会的关系,注意本土汉语和域外汉语的关系,为中国新时期的语言规划开展相关研究工作。下面我们将以新加坡、马来西亚华人社会的共同语和汉语的关系为例来展开初步的讨论。

二、 域内汉语和域外汉语

前面谈到言语社区的时候,曾谈到海外的华人社会。由于种种原因,海外华人社会所使用的汉语和本土汉语出现了不少差异。这种变异可以说是地域的,也可以说是社会的。为了讨论方便,我们将采用域内汉语和域外汉语两个概念。

域内汉语和域外汉语都可以有广义和狭义之分。广义的域内汉语是中国各地(含香港、台湾和澳门)所使用的汉语变体的统称,既包括普通话,也包括各地方言;狭义的域内汉语则专指上述地方的人所使用的现代汉民族共同语,也就是普通话。广义的域外汉语,是指中国以外的国家或地区所使用的汉语的各种变体的统称,既包括通常所说的普通话,也包括汉语的各种方言,例如流行于北美、东南亚等地的广东话、闽南话、客家话,流行于中亚一些国家的东干人中的东干话;[①]狭义的域外汉语是指上述一些相关国家或地区所使用的"华语",即现代汉民族共同语——普通话的域外变体。

---

① 东干话是19世纪下半叶从中国陕、甘地区迁移到中亚居住的回民所使用的汉语西北方言。目前使用这种话的大约有10万人,主要分布在哈萨克斯坦、吉尔吉斯斯坦和乌兹别克斯坦。对东干话的属性,苏联学者有不同的看法。有的认为是汉语方言,如龙果夫(A. A. Dragunov);也有人认为东干话不是汉语的方言,而是一种从汉语分化出来的民族语言。分别参阅胡振华(2000)和丁宏(1999)。

汉语在域外的名称相当多。例如，域外的许多华人(尤其是东南亚各国)把自己使用的现代汉民族共同语称为“华语”，不仅用来区别于各自原来所使用的不同的汉语方言，同时也用来作为自己在所在国的华族身份的标志；就世界范围来说，也有不少华人分别用“普通话”“中文”“国语”和“汉语”等名称指现代汉民族的这一共同语，而用粤语、闽南话、客家话等指各自的方言，或用“汉语”通指汉民族共同语和各种汉语方言。

从语言学的角度来看，这里对域外汉语和域内汉语的区分并不见得科学。一方面，就所谓“域内汉语”而言，它的内部并不一致，例如台湾目前所使用的“国语”就不能等同于普通话；另一方面，像台湾这样的域内汉语与以北京话为代表的域内汉语在某些方面的差异可能要大于与某些域外汉语的差异，因为在相当长的一个时期里，一些国家的汉语教学主要是受台湾的影响；而还有一些国家，在过去的几十年里，有不少台湾居民移居那里。[①] 然而，语言的划分从来就不是单一的语言学上的划分，它总是集多种因素于一体的。而且，由于我们旨在讨论如何处理好域内汉语和域外汉语的协调问题，所以我们觉得或许可以忽略上述划分上的不足。我们这样做的另一个考虑是，域外汉语越来越受到以北京话为代表的域内汉语的影响，而台湾等地所使用的“域内汉语”对域外汉语的影响正在减弱。当然，正如前面已经讨论过的那样，大陆与台湾汉语之间的差异比较大，其中的关系也非常值得研究。

为了讨论方便，我们下面以“××华语”称狭义的域外汉语，以区

---

① 例如，20世纪70年代联合国恢复中国的合法席位和中美建交就出现了两次台湾居民移居加拿大的风潮，所以那里的汉语有不少与台湾的相近。

分于广义的域外汉语。

三、汉语在域外的地位和域外汉语的类型

前面我们曾经讨论过世界范围的"汉语热"现象。但是,如果我们全面考察汉语在海外的情况,就会发现情况要复杂得多。目前人们所说的海外使用汉语的现状,至少有以下几种不同的情况[①]:(1)使用者是华侨或海外华人(含华裔),汉语是其第一语言。这中间又有两种情况:一种是以汉语的某种方言(例如广东话、闽南话或客家话、东干话等)为第一语码,一种是以汉民族共同语的标准语为第一语码;(2)使用者是华裔,汉语是其第二语言,家庭的语言环境是汉语标准语或汉语方言;(3)使用者为非华人,汉语是其第二甚至是第三语言。上述这三种人学习和使用汉语的背景、动机、水平各不相同。

当然,就华人而言,如果细分,情况更为复杂。以新加坡和马来西亚来说,就有以下几种情况(见表9-1)。

表9-1 新加坡、马来西亚华人社会语言状况表

		L1:华语	L1:方言	L1:英语	华语为母语	华语为第一语文
新	A	+	+	—	+	—
	B	+	+	+	+	—
	C	—	+	+	+	—
	D	—	—	+	?	—
马	A	+	+		+	+
	B	—	+		?	—

说明:L1代表第一语言,第一语文是说官方教育中把华语作为第一语文。A、B、C、D代表华人语言状况的不同类型。

① 在国外工作、学习和临时访问的中国人不在其列。

海外华人社会(以下简称“华社”)的情况千差万别。不同国家的华社形成的时代不同,人口多少不同,所处的环境不同,社会经济和政治地位不同,其对汉语的态度也不同。这些都影响到相关华社汉语使用的现状,同时也影响到不同华社汉语的面貌。但是,在诸多因素中,中国经济的快速发展和国际地位的日益提高无疑给海外华社汉语的使用注入了新的活力,使得汉语国际化这一现象更为突显。但是,我们也必须看到,海外一些华社的语言状况并不容乐观。

在新加坡,华人占其总人口的77.7%(1990),华语是官方语言之一。据新加坡2000年人口普查的资料,过去10年,华语运动已显成效,通晓汉、英双语的华人,在华族总人口中的比例,从37.8%提高到48.3%。通晓双语的华族人数以如此幅度增加,被认为是显示了双语教育政策取得长足进展,反映出使用方言的家庭减少。10年来,以方言为主要语言的华族家庭,在华人人口中的比例,从50%减至31%,这表明新加坡每年推行“讲华语运动”,的确是该国最成功的社会与教育运动之一。①

但是,新加坡的华语也的确正面临困境。新一代的新加坡人都接受以英语为第一语文的教育,他们的工作用语也主要是英语。一些人士已经对10年以后华语会不会成为基本上只是年长华人所使用的语言这一点表示担忧。他们认为今后“讲华语运动”的重点或许应该转向鼓励多跟孩子们讲华语,但这方面的反应与成效如何,却主要得看本身受英文教育的为人父母者对学习与使用母语的态度。②新加坡国立大学社会学系最近的一项调查显示,23.2%的华族学生来

① 2000年12月4日新加坡《联合早报》社论。

② 同上。

世不想再做华人。[1]按照社会语言学的理论,语言使用者对某种语言的态度可以影响某种语言的走向。一项对新加坡华人的语言态度和语言使用情况的研究(陈松岑等,1999:48-90)表明,新加坡的华人从情感上仍然认为方言最亲,华语次之,而从功利的角度则认为英语最有用、最具有权威,方言最差。这一调查结果跟我们与新加坡华人接触时的感觉是一致的。

另一方面,就使用情况来看,华语的使用比其他语言或方言多,由此,陈松岑等对新加坡华语地位的上升持乐观态度。他们认为,如果新加坡政府希望保持华人文化,措施得当,新加坡有可能发展成为"真正的英、华双语社会"。但是,他们同时也指出:"如果只推广华语而不提倡华文,不但用华语来继承传统文化的愿望会落空,华语的使用价值将进一步下降而逐渐被英语所取代,新加坡将变成完全西化的社会,新加坡的华族事实上也将不再是真正的'华族'了。"(陈松岑等,1999:88)看来新加坡华社最乐观的结局只不过是一个英、华的双语社会罢了。而在我们的访问中,受访人对此基本上都持悲观态度。

在马来西亚,按照最新的人口调查数据,马来西亚华人人口占总人口的25.5%。[2]一百多年来,马来西亚华社坚持母语教育,为此进行了不懈的斗争,取得了很大成绩。至今仍有80%以上的华人子女进入华文小学(通常称"华小")学习,华语是华人社会的共同语。同时,非华人进入华校的也越来越多,据最新的报道,目前在全马各华小就读的非华裔学生接近70 000人。[3]

马来西亚已经形成了较为完整的华文教育体系,除了华文幼儿

---

① 2001年7月9日—7月15日《亚洲周刊》,第23页。

② 2001年5月8日新加坡《联合早报》。

③ 2004年8月13日香港《文汇报》。

园、华文小学、独立中学、国中母语班之外，还有屈指可数的高等华文教育机构，即马来亚大学的中文系、博特拉大学中文系（按照马来西亚华语规范理事会的决定，现在应该叫“布城大学”了）、南方学院中文系（1996）、新纪元学院中文系（1998）和韩江学院中文系（2000），目前韩江学院中文系还和南京大学合作办有中国语言文学硕士研究生班。

马来西亚华人对自己的民族语言具有强烈的感情。为了继承中华文化，他们通过各种手段来维护自己的民族语言。这对于华语在马来西亚的传承非常有利。但是，我们知道，影响一种语言前途的还有人口。在马来西亚，华族人口比例自 1957 年马来亚独立后就一直下滑，从 1957 年的 37.2%减少至 2000 年的 25.5%。华人的比例目前还在继续下降。[1] 主要原因是华人不愿意多生孩子，而印度族和马来族（当地称巫族）一则是宗教的因素，再则也因为生活水平的提高，人口的比例正在逐年上升。现在马来西亚华人使用华语的情况有以下几种不同的类型：第一类，除了方言以外，也讲华语，以方言为主，这一类多为老一代的华人；第二类，主要使用华语和方言，这一类多为中年人，也有许多青年人，他们多毕业于独中（华人独立中学，由华人自己出资主办的中学，目前全国有 60 多所）；第三类，主要使用英语和国语（马来语），口语中也会使用华语和方言，这一类以青年人居多，多毕业于国中（国民型中学，包括改制的独中）；第四类，只使用英语、马来语和方言，不会华语。一些华人把不会华语的华人称为“香蕉人”，因为他们只有皮肤像华人。

从一些用语可以看出年轻一代态度的不同。年老的华人和一些知识分子到现在还认为自己是中国人，他们称到中国为“回中国”，而

---

① 2004 年 8 月 13 日香港《文汇报》。

年轻人则说“去中国”。这里面反映出马来西亚政府所倡导的马来西亚族的观念正在逐步形成:他们的效忠对象是马来西亚,中国不再是他们的祖国。当然,中年和老年还有其他的情况,例如一些原来受马共和劳工党影响较深的人到现在还有难以解开的中国情结。李如龙(2000:1－15)通过马来西亚在华学生对马来西亚华人的语言生活和历史背景进行大量的调查,得出了许多有趣的结论,但因为调查对象的限制,还有许多问题需要进一步探讨。

总的来说,汉语在海外的发展有两大类:一类是汉语的向外传播,一类是汉语作为族语母语的维持和发展。这事实上导致了两种不同的域外汉语。这两种域外汉语与域内汉语的关系是不同的。前者一直处于向目的语靠拢的过程中,后者则或许可以比喻成域内汉语的“姐妹”。前者的研究在以往已经得到了足够的重视,也已经形成了一支强大的队伍,而后者的研究则刚起步,许多具体问题还没有涉及。前者的目的是使学习者逐步向目的语靠拢,暂时好像还看不到有所谓的“协调”问题的存在,因此,本书所谈到的“语言协调”是针对后者而言的。

第二节　域内外汉语的协调

一、域内外汉语协调的意义

域外华语的形成和发展本身就是一个非常有意义的课题。域外汉语的出现与域外华人社会的形成有直接的关系。关于域外华人社会的形成已经有不少的文献。一般认为,海外华人社会的形成跟历史上无数次的华人移居有关。原移民所使用的汉语经历了复杂的发展过程。以东南亚为例。王赓武(1994:3－25)把东南亚的华人分为四种类型:(1)华商型;(2)华工型;(3)华侨型;(4)华裔或再移民型。事实上,不管哪一种类型,他们原来更多地都是使用各自的方言,例如广东话、闽南话、福州话以及客家话等等。辛亥革命以后,中国开始确定“国语”,并制定出了相应的标准。一批知识分子在新马和其他一些国家或地区开展华文教育时也使用这种标准语,这就使得原来各种方言之间有了共同的沟通工具。例如,马来西亚的槟城和怡保两地,虽然只相距 100 多公里,华人原来却无法沟通,因为槟城使用的是所谓福建话,而怡保使用的是广东话。现在,华语已经是整个华社的共同语了。

另一方面,我们既然要讨论域内汉语和域外汉语的协调,它本身就已经暗示了这两种汉语差异的存在。事实上,汉语在世界上的分布越来越广,各地的汉语之间在趋同的同时,差异也会越来越明显。即使是很多人都认为等同于普通话的“华语”,也有不少差异,甚至可以说它正在成为汉语的一种新方言,而其中有些差异已经影响了说这些不同汉语者的沟通。

下面以马来西亚华语为例作些说明。

1. 语音

在语音上,声、韵、调都和今天的普通话不同,其中最突出的是有入声,而无轻声和儿化,此外还有非华人的人名读音、一些音译词的读音等等。

2. 词汇

从目前对新马华语词汇的初步研究来看,普通话和新马词汇的差异主要表现在以下几个方面。

A. 名称相异而所指相同

即词的意义相同,词形选择不同,这是同义词的词形选择差异。

例如(连线前是普通话用法,连线后是新、马华语用法):

民乐—华乐　问题—课题　西装—大衣　进口(～商品)—入口　盒饭—饭盒　机灵—醒目　摩托车—电单车　身份证—登记　人行道—走道(马)、行人道(新)

药方—配药单　奖金—花红　安全架—鹰架　演员—艺人　马哈蒂尔总理—马哈迪首相　咖啡—㗝呸(coffee)(新加坡也用"咖啡")　外国人—红毛人

这一类型中又分为两种不同的情况。

一是各地纯粹用汉语构词法构成的不同的词,例如上面说的"华乐",中国人也能懂;"民乐",新马华人也能懂。

另一种是汉语采用原来的构词法,而新马华语采用音译形式,或者是相反。例如,中国用"执照",新马用"礼申";中国用"克隆",马来西亚用"复制"(这个词新加坡跟中国走了)。马哈蒂尔的不同译名不奇怪,有趣的是我们把他的身份叫"总理",而马来西亚华人则称其为"首相"。在马来西亚槟城韩江中学的一座纪念碑上,我看到它们历史上也曾经称马来西亚国父东姑都拉曼的职位为"总理大臣"。我问过一些马来西亚朋友,他们也不知道是什么时候改译为"首相"的。①

B. 名称相同所指不同

即词形相同,义项选用不同。这类词有的跟A类有交叉,如上面提到的"大衣",中国也有"大衣"这个词,但意思完全不同。中国的"大衣"一般指的是"较长的西式外衣",而新马华语则用来指"西装"。

---

① 新加坡《联合早报》张从兴和钟天祥先生分别来信就这一问题作了解释。他们说这一译名是视政治体制而定的。实行君主立宪制国家,PRIME MINISTER 就称为"首相";其他共和国体制的,就称"总理"。但在这一用法出现的时间上两人的说法不一样。一说是20世纪五六十年代或更早,一说是70年代后期。

同理，新马的“饭盒”也不是我们所说的“饭盒”。

容易混淆的又如（括号里是新马华语用这个词的意思）：

卫生所（马来西亚北部华人区指殡仪馆）、卫生间（马来西亚北部华人区指家中停放死者的灵堂）、药房（诊所）、计算机（计算器）、土豆（花生）、学术（泛指学校的教学工作）、生果（水果）、胸围（胸罩）、走红（走运）、补习生（教补习课的老师）

C. 名称和所指相同，色彩和用法不同

这一类实际上可以认为是同义词，这一类词不太多。例如，“遣送”“一小撮”等等。我在马来西亚时遇到一个问题，报纸上说“中国××大学遣送××教授到××学院探讨合作办学”。我原以为是报纸上用错了词，后来才知道当地就是这种用法。周清海和萧国政(1998)也提到了这个词在新加坡的相同用法。他们的例子是：

在这个欢乐的时刻，要感谢上帝，因为他深爱世人，因此把他的儿子耶稣遣送人间。[①]（新加坡课程发展署[中三]《公民与道德教育[学生作业]》上册，第 33 页）

D. 各自特有词语或流行语

这类词就是田小琳(1993)所说的社区词。它们最能反映各自特定的社会生活及其变迁，常常无法在对方找到对应词语，因为它与特定地区的政治、经济、文化生活紧密相连。中国 1949 年以后出现了大量新词语，许多是一般的新、马华人难以理解的。例如：

合作化　三反五反　大跃进　半边天　经济特区　万元户　大款　搞活　房改　下岗　三个代表　五个一工程　社会主义市场经济

① 有朋友认为这个用法来自宗教领域。

同样,新马华语也有许多普通话所没有的词语。例如:

敦　丹斯里　拿督　准拿督　太平局绅　跳飞机　峇峇(Baba)　娘惹(Nyonya)

巴刹　干巴刹　罗厘香蕉人　固打制　巴冷刀　拥车证　组屋　乐龄

卫星调解站(帮助解决邻里失和等问题)

域外汉语内部,甚至是一个国家内部也不统一。例如在马来西亚,同是俄罗斯总统,有的报纸叫"普汀",有的叫"布京",有的叫"普京"。

3. 语法

下面的结构是汉语普通话所没有的:

(1) 有+V[①]

你有吃吗?有看吗?有去过

(2) V+O+一下

关灯一下;谈话一下;帮忙一下

(3) V+Adv.

去先;走先;吃饭先

新马华语的形成有多种因素,例如有中国大陆的影响,也有台湾的影响,同时还有原来各自方言的影响。在大陆和台湾的影响方面,可能有阶段性,同时也有社会层次问题。例如在20世纪60—70年代,这一地区左派的语言显然受到了中国大陆的影响,尤其是马来西亚,而左派的报刊则又给马来西亚社会带来一定的影响。为了观察那个时代汉语对华语的影响,我查阅了当时的一些文献资料,其中的语言有许多几乎就是"文革"时期中国报章语言的照搬。另一方面,

① 这种格式目前中国国内也有蔓延的趋势(限于口语)。

由于在相当长的时间里，新马两国官方与中国没有直接的交往，文化交流也只同台湾有联系，许多年轻人赴台湾留学，自然也就受到台湾汉语的影响。这可以从当地报章的版式和一些用语看出来。

新马华语也受到其他诸如英语和马来语的影响。例如数字的使用(如 50 千)，还有像“巴仙”“巴刹”“罗哩”等。

还要说明的是，一些马来语并没有直接进入华语，而是先进入福建话(这里主要是闽南话)，然后再影响到华语。

4. 语用

在一个双语或多语的社群的交际中，说话者很容易掺杂使用两种或者两种以上的语言。在马来西亚到处可以听到杂烩式马来西亚华语。这种混用的现象，在双语和多语社会里相当普遍。再者，这一夹杂现象也比较复杂，有故意的，也有的是无奈。当然，说话者也会看情况自由选择保留华语的词项，尤其是在讲究“正统”华语的正式场合，以免受到批评。语用方面还有一个非常突出的现象，就是马来西亚华人的话语结构与我们不同。例如，一个人演讲之前总要逐一提及与会者中的重要人物。有一次会议上，这样被提及的人物居然有 10 个之多。有朋友告诉我，还有更多的，这要视情况而定。这一程序非常重要，如果演讲人不懂，就是一种失礼，而这一做法以往在中国相同的场合很少见到，近年来这种现象逐渐增多。

既然如此，为什么我们不像过去习惯上那样，使用“统一”“规范化”或“一体化”等说法呢？表面看来，用“协调”，不用“统一”之类只是术语的问题，其实这里反映了两种完全不同的语言观，反映了对域外汉语的不同定位。一方面，“统一”也好，“一体化”也好，都有两个方面，一个是指自然的，一个是人为的。如果两种语言或方言自然地“统一”或“一体化”，不会有什么问题，历史上已经有过许多这样的例子。但是,如果是人为地"统一"或"一体化",不仅有可能引起冲突①,也不利于汉语之间的沟通。如果用"规范",可以表明是人的有意识的干预,但是,这一做法就又意味着其中的一种汉语是不规范的。在我们看来,规范是共同语内部的,协调是区域性语言或方言之间的。用"协调",反映出域内汉语和域外汉语的平等,反映出这种协调的双向性、互动性。

事实上,正如我们上面所说的那样,域外汉语在本质上是海外华人的共同语,是域内汉语的域外变体。有人过去说马来西亚的华语不好,水平太低,这种说法忽略了一个重要的事实:这些地方的华语很好地为这些地方的华人社会服务了几十年,已经成为海外华社的纽带,也是世界华人的纽带。我们没有理由对这种华语持贬斥的态度。而只有这样,才能树立海外华人使用华语的信心,有利于华语的维护和推广。这是我们强调两种汉语协调的又一个重要意义。与中国的汉语使用者相比,马来西亚华人的华文水平的确低一些,这是事实;马来西亚华人内部的华文水平也不一致,这也是事实。但我们必须承认,马来西亚华语是马来西亚华人的华语,不是中国人的汉语。在这样一个多元的世界里,我们不能要求他们的华文水平和中国人一样高;事实上,就是中国人,语文水平也不一致。区域性的语言变体自有其文化认同的价值。

各地汉语协调的另一个意义在于——这一点同样基于我们对域外汉语地位的认定——它有利于汉语的丰富和健康发展。既然汉语要国际化,那么,汉语必须进一步丰富自己。我们前面已经指

① 有人认为,孟加拉国之所以从巴基斯坦分裂出去,就与巴基斯坦的语言政策的制定有关。(蒙苏尔·穆萨,2001)

出，普通话要以方言为源泉。我们很难想象一个世界性的汉语而不通过它在世界各地的变体来丰富自己。这就是域内汉语身为汉语的大本营，而又要与域外汉语采用这样一种双向、互动的模式的原因。

那么，随着中国各方面的发展，汉语的地位会越来越高，是否可以坐等域外汉语向域内汉语靠拢呢？我们觉得恐怕不能再等了。过去我们在规范问题上出现了一些失误，这些失误也影响到了海外的华文教育。海外华社的一些语文工作者出于对汉语的热爱，片面地强调华语的“纯洁”和规范。这样做的一个严重后果是海外许多年轻人谈汉语色变，使得他们丧失了学习汉语的信心，形成了上华校不如上英校或国民型学校的心态。在马来西亚和新加坡期间我接触了不少年轻的华人，他们之所以放弃华语，一个重要的原因就是觉得华语离他们太远了，他们认为自己永远也学不会。因此，解决好域内汉语和域外汉语的协调问题，对于域外汉语的维护和发展，鼓励更多的华人学习汉语有着积极的意义。积极开展汉语作为第二语言的教学很重要，而抓紧域外汉语的维护也同样重要。

二、域内汉语和域外汉语协调的可能性

我们上面提出协调有利于域外汉语的生存和发展，但我们又知道一种语言能否生存的根本原因是社会。毫无疑问，域外汉语生存的根本原因是域外汉语社会的生存，它取决于多种因素。但这决不意味着我们无能为力，我们有责任有义务而且也有可能为海外华社作出贡献。

首先，海外华人热爱自己的民族语。上面只谈到了域外汉语的交际功能，事实上，对于许多海外华人来说，汉语还具有文化传承

的情感功能,是增强海外华人内部凝聚力的纽带。而在世界范围内,很多华人都为自己是华人而自豪。不少海外华人之所以把汉语称为华语,就是因为华人是作为一个民族——华族出现在所在国的,华语就是华族的民族语言。例如,在多元种族的马来西亚社会中,华人以"华族"作为族群的身份表征,与他族(巫、印等)形成对照,"华裔、华社、华校、华教、华文、华商、华乐"等词语的使用更是明证。马来西亚马华总会副总会长、马来西亚房屋及地方政府部长黄家定曾很自豪地公开表示,除了中国人之外,马来西亚华人是最像华人的华人。他说,马国华人与其他国家的华人不同之处是,他们保持了中国之外最完整的华人传统文化。在教育方面,大约80%的华裔子弟接受华文教育,相信还会有越来越多能看、能写、能听华文华语的华人子弟;在政治方面,马国华人奠下稳固的基础,与其他友族同胞共同发展国家,使华人成为国家的主流民族。马来西亚华人将是永远最像华人的华人。①另一方面,由马来西亚《星洲日报》策划并操作的"华人文化认同程度"问卷调查结果显示,有88.3%回应问卷的读者表示愿意继续成为华人,证明他们具有强烈的民族性。年轻读者都承认华文教育的重要性,同意每一个华人都必须接受华文教育。②中亚的东干人也是"绝大部分持维护母语的态度"。(丁宏,1999)

其次,海外有一批为域外汉语教育事业献身的有识之士,有一批汉语功底很好的华人。我们在访问中发现,无论是在新加坡还是马来西亚,都有一批热爱华教、投身华教的华人知识分子。在马

① 2000年1月28日新加坡《联合早报》。
② 2000年3月2日新加坡《联合早报》。

来西亚，华教甚至有自己的教育组织——董教总，负责协调华文教育中的各种问题。

第三，如前所说，改革开放推动了中国的经济发展，这大大提高了中国的国际地位，而又使得汉语的地位不断提高，汉语成了人们追逐学习的目标。人们乐于了解、靠近和学习来自汉语大本营的域内汉语。例如，中亚的东干话里就吸收了普通话的词汇，例如把“风船”（东干语自造的新词）改为“飞机”，“特拉克托尔”（俄语音译借词）改为“拖拉机”，此外还用像“共产党”“中央委员会”等取代了原来的俄语音译词汇。他们还用普通话统一原来的方言词。例如“火柴”一词，原来陕西籍的东干人用“取灯子”，而甘肃籍的东干人用“火挖子”，有人来中国后认为应该以中国人的用法为准，现在一律称“火柴”。（丁宏，1999）一位在新加坡《联合早报》工作的新加坡朋友对我说，《联合早报》在新词语规范的确定上“一律跟北京”走。当然，也有一些报纸，似乎还是各行其是。与此同时，越来越多的华人意识到由于语言的变异，影响了他们与其他国家华人当然主要是域内汉语使用者的沟通。他们认识到新加坡的华语也应该走出去。一位朋友不无幽默地说，英语和华语是新加坡的两大语言，可是说英语时来自英语国家的人听不懂；如果华语不向中国靠拢，以后或许中国人也听不懂了。

第四，虽说可以把域外汉语看成是一种新兴方言，但是这种方言与过去所说的其他方言不同。汉语原有的方言大多没有书面语，因此它们的传播和发展受到一定的限制，而今天的域外汉语大多有自己的媒体，人类社会的四种媒体都存在。例如，一些东干人就把自己学到的汉语新词汇在东干人中宣传，并在报纸、广播、电视中率先使用。原来东干话广播中在节目最后用东干话说“好再的”，现在改称

"再见"。(丁宏,1999)华文网页、华文网站的出现,对不同华社之间的沟通也都会产生积极的影响。

总而言之,域内汉语和域外汉语的协调不仅具有必要性,也有可行性。

三、当前的任务和措施

基于上面的考虑,我们认为,域内汉语和域外汉语的协调问题应当成为中国语言规划的一项重要任务。

现阶段我们的首要任务是确定这一课题的总原则和需要协调的内容。

因为这是一个跨国的应用性课题,会涉及国内许多课题不会遇到的问题,其中既会有国际关系问题,也会有语言政策问题,还会有敏感的民族问题和宗教问题。因此,确定课题的总原则显得非常重要。我们认为,总原则是否可以从这样几个方面考虑:(1)合作性;(2)通用性;(3)多样性;(4)迫切性。

其次,加强对域外汉语的分布、形成、特点及其使用者的语言态度的研究。近年来,这方面的研究已经不少,例如陈松岑(1996)、李如龙(1996)、邹嘉彦和游汝杰(2001)、陆俭明(1996)、郭熙(2000、2001、2003b、2006b、2007、2008、2009)、汪惠迪(1999)等等,但目前的研究还不够全面、深入,所作的比较也还缺乏系统性。我们还缺乏域外汉语分布和特点的第一手的详细资料,现状的描写多于理论分析,缺乏对未来发展的预测等等,此外,对于域外汉语的性质、走向以及与域内汉语的关系还缺乏足够的重视。

第三,建立相关的语料库。邹嘉彦曾两度获资助主持了"华语社会中的语言变化:数据库与比较研究"的课题,已经建立了一个相关的电子语料库,集中探讨各主要华人社区的语言特征。[①] 这为域外汉语研究语料库的建设开了一个很好的先例。2005 年成立的暨南大学海外华语研究中心,在国家语委的支持下,建立了东南亚华语语料库、华文教材语料库和华裔学生作文语料库。但这还不够,我们需要范围和数量更大的语料库。只要与协调内容有关的,语料库都应该加以考虑。当然,协调的内容应该包括语言的各个方面,但目前应该集中解决的主要是语音、词汇和汉字。

第四,继续编写海外汉语与域外汉语的对照词典及其他有关读物。2010 年,集纳世界各地华人社区特有语汇的《全球华语词典》正式出版。这本词典由中国内地、香港、澳门、台湾以及新加坡、马来西亚等华人社区的 30 多名语言学者联合编写,商务印书馆出版发行。词典主要收录了 20 世纪 80 年代以来不同的华人社区出现的特有词语约 1 万条,是各地华人历史和社会生活的实态记录,是社会语言学研究的重要资料。我们觉得,如果有一本与域外汉语对照的词典,会有非常广阔的前景。此外,编写适合海外华人使用的教材和工具书,给青少年一代提供优秀的华文读物,制作适合海外华人观看的普通话音像节目等等也是非常迫切的。

第五,加强与海外华社语文工作者的沟通。例如,通过他们,我们可以了解这些国家华社在汉语教学中的问题是什么,他们需要什么帮助和支持等等。

第六,在国内的相关课程中,加入介绍域外汉语的内容。这对于国内了解汉语在域外的情况非常重要。在我们看到的资料中,国内

---

① 见香港城市大学语言资讯科学研究中心网页,http://www.rcl.cityu.edu.hk/research/index_c.htm。

最早在有关教材中介绍域外汉语的是钱乃荣主编的《现代汉语》,但总的来说,提到这一问题的相关著作还不多,应该在更广泛的领域里介绍域外汉语的有关情况,让更多的中国人了解汉语在域外的使用情况,进而激发全国人民更加热爱自己的语言,对语言研究和语言规范化起到积极作用。

第七,要树立正确的语言观。域外汉语多年来为海外华人的沟通起到了积极的作用。有的语言学者无视域外汉语的贡献,在海外一味批评某个国家的华语水平差。这是非常不负责任的。它不利于域外汉语教育,不利于域外汉语的规范化,也会给汉语间的协调带来不良影响。

第八,要建立一个有效的协调机构。域内汉语和域外汉语的协调是一项涉及面很广而又非常紧迫的工程,靠单一的力量无法完成,必须调动一切可以调动的力量。从当前的形势看,政府有关部门和语言学家应该抓住加入 WTO 这个机遇,扩大和全球华人的联系,积极、稳妥地做好这一工作。目前的困难主要有:(1)人员;(2)资金;(3)有关部门的协调。我认为最重要的是有关部门的协调。建议国家有关部门(或通过民间)成立一个协调机构,组织一批语言学工作者就相关的问题进行磋商,同时也要邀请有关国家华社的语文工作者参加;为了解决资金问题,可以考虑利用选派教师到有关国家任教的时机开展这一研究工作,也可以向有关国家华人社团的一些基金会等申请研究资助,海外热心华教的人士会积极支持这一事关子孙后代的伟大事业的。

四、域内外汉语协调个案:以普通话词汇和新、马华语词汇为例

上面已经谈到,普通话和新马华语的差异已经很大,而且涉及的

范围非常广泛,也非常复杂。正因为新马华语和汉语有如此大的差异,新马两国的一些华文工作者对华语进行规范的呼声越来越高。

讨论词汇的协调问题,首先要讨论协调的原则。我们认为,协调应遵循前面所说的4个原则。其中,(1)和(2)不可分割,应该是协调的总原则,即主体化和多元化的统一。

这里所说的主体化,是指以中国普通话为全世界华语的主体,而多元化则是指各地的华语可以有自己的地方特色。把主体化和多元化的统一作为协调的总原则基于两个方面的考虑。

一方面,毫无疑问,域内汉语是世界华人社会语言运用的主流。这可以从使用人数、范围和领域等方面得到证明。随着中国各方面的健康发展,汉语将会成为一种范围更为广泛的世界性语言。在这种形势下,新马华社选择汉语的标准语作为区域性变体的标准也将是必然趋势。坚持主体化不仅能够确保华语不变质,更重要的是,它对于世界华人的沟通和文化认同有着至关重要的作用。

另一方面,在相当长的一个历史时期里,由于种种原因,不要指望出现世界华人语言百分之百一体化的局面。汉语的主体化和华语社会语言使用的多元化这一局面将会维持下去。事实上,就是中国国内,语言的绝对一体化也是不现实的。

单一强调主体化或多样化都是片面的。马来西亚一位华文工作者曾以《大马的中文变质了》为题,在当地的华文报纸《光华日报》发表文章,文中列举大量例证,意在说明马来西亚华语背离了汉语。文章所作的判断都以《现代汉语词典》的词语为依据。凡是《现代汉语词典》有的,他就认为是标准的华语,否则就是错误的。他由此得出结论,大马的中文已经变质。这就带来了一些问题。且不说是否可以拿《现代汉语词典》作为绝对标准,即使《现代汉语词典》可以作为绝对标准,对于马来西亚华语来说也未必合适。然而,这种观点在新加坡和马来西亚(尤其是马来西亚)的华文工作者中相当普遍。当然,也有强调华语在所在国本土化的。近年来,随着社会语言学的兴起,人们对区域性语言或方言自身的价值有了新的认识,意识到语言的多元形式是语言发展的一个动力。这是语言理念上的一大进步。但是,如果我们把区域性语言或方言的作用无限夸大,过分强调各地汉语的本土化,同样是不妥的。坚持主体化才能保证华语(包括华文)不变质,才能有助于全世界华人的沟通;而只有坚持多元化,才能保证华语的多样性,更好地为所在国的华人服务。

合作性原则同样是非常重要的。合作性原则涉及两个方面。

一是国家间的合作。中、新、马三国社会制度不同,文化背景不同,各国政府和领导人的理念也有所不同。新加坡政府倡导种族和谐,但旨在把新加坡变成双语国家,[①]而且在客观上(或许也是主观上)可能更倾向于"英化";马来西亚政府也倡导多元种族和谐,希望的是多元种族的语言统一到马来西亚的国语——马来语上来。那么,提出新马华语与普通话的协调,是否会引起一些误解,进而影响到国家之间的关系?我们认为,这个问题在某种意义上可能的确存在。正因为如此,我们要必须特别强调协调中的合作原则,强调语言协调中的平等互利,强调尊重华人所在国的语言政策。语言协调绝不仅仅是指中国语言学家和新马华语的语言学者之间的合作,也应该包括两国政府的合作。

这种合作是有基础的。全球的一体化正使得人们成为多语者。这是进入21世纪后的一个世界潮流。在过去的一个世纪里,英语在

① 英语族际共同语和华、印、巫三民族各自的母语。

世界的地位得到了前所未有的提升，这固然与英语国家为传播英语不遗余力分不开，但不可否认的是，以美国为首的发达国家的经济地位才是英语地位提升的根本性力量。换句话说，人们之所以广泛地学习和使用英语，因为英语是一种“赚钱的语言”。现在我们还不能说汉语是一种赚钱的语言，但是我们至少可以说汉语正在走向世界。要想加强同中国的交流与合作，学习和使用汉语是必不可少的条件。事实上，新马两国领导人已经认识到了学习和使用汉语的意义。新加坡正在尽力推行华语，同时正在加强华文教育；马来西亚前总理马哈蒂尔深憾年事已高，不能拥有足够的时间学习华语。不过，他很高兴地看到他的孙子们正在学习华文。[①] 因此，只要我们在处理协调问题时注意客观性，不说过头话，不走极端，是容易取得相关国家理解的。

合作原则涉及的第二个方面是各地华社。汉语目前的跨国界是由于历史上华人移民造成的，而这些华人把汉语作为自己的族群标志和世界华人的纽带。他们使用这种语言不是经济利益等功利目的的驱使，而是对自己母语和自己的传统文化的热爱。过去中国非常贫穷的时候，他们是这样；今天中国开始强大起来，他们仍然是这样。当然，过去的若干年里，也有许多华人选择了英校，有的甚至已经成了所谓“香蕉人”。华人家庭的孩子选择英校，有主观的原因，也有客观的原因。例如，除了夭折的南洋大学以外，马来西亚华人过去没有自己的大学，同时，由于历史的原因，他们的后代也没有机会到中国留学。其结果是，如果孩子上了华校，就意味着失去了上大学的选择机会。此外，英语的市场价值也决定了家长对英校的青睐。现在中国的发展，加上新马国内的华文教育地位的提升，无疑会影响到人们

---

① 2001年7月15日马来西亚《中国报》全国版。

的语言态度。在这个时候开展华语间的协调,无疑有利于华文教育,华人是愿意接受的,而且也有可能在教育中进行推广。事实上,无论是新加坡还是马来西亚,有关当局或部门都正在开展华语的规范化工作。新加坡是通过教育部进行的,而马来西亚则在新闻部下设立了专门的华语规范理事会。因此,加强同这些国家的相关部门或机构的合作是实现协调目标的一个至关重要的条件。无论是海外华语的协调或是自身内部的协调,我们都应该以客观、冷静和不带任何成见的态度去开展相关工作。

所谓迫切性原则,就是我们通常所说的抓主要矛盾,即在协调过程中要首先抓住最需要迫切解决的问题。那么,目前普通话和新马华语词汇协调中的主要矛盾是什么?这应该从语言自身的属性来考虑。语言是人类最重要的交际工具。交际需求是语言发展的根本原因。同样,世界华人之间交际上的需求和词汇中出现的差异带来的对交际的影响成了协调中的主要矛盾。这些差异可以看成是不同汉语变体对汉语已经有和可能有的词语,在词形、词义和词语使用上所作的不同选择。有人建议编写“对接词典”,(周清海、萧国政,1998)这无疑是解决问题的一个重要的手段。但是,面对这么多的差异,几乎很难想象会有人专门使用这种对接词典。事实上,要完全消除这些差异几乎是不可能的,我们不可能把域内外汉语统一起来。华语是华人社会的沟通工具,因此,要以汉语作为华人社会的沟通工具是否可以进行正常的交际为依据。如果一个词影响到双方交际,那么,这个词语就要考虑去进行协调;反之,则悉听尊便,让“语言的内部机制”去协调吧。

按照上面的出发点,我们觉得可以把普通话和新马华语词汇分为三类:(1)无法协调的;(2)可协调可不协调的;(3)应该而且迫切需要协调的。

第一类实际上就是前面提到的D类词，这些词为各自的社会所特有。一般情况下不需要也不可能进行协调。上面说过，这类词语的特点是A地区有，B地区没有，或B地区有，A地区没有。不过它们又有不同的情况。

一种是没有这些词语的地区大体上可以理解的，例如"拥车证、椰浆饭、巴冷刀"。前两个词用的语素和构词方式都是汉语的，所以中国人大体上可以看出来；后者虽然不能准确地知道它是什么，但至少可以知道是一种刀。

另一种是没有这些词语的地区无法理解的。例如中国人可能无法理解"娘惹、固打制"之类。虽说这一类词无法协调，但并不是说我们已经无能为力。我们至少可以采取一些措施，让另一个社会的人看到它们的时候能够明白。例如异地出版的书刊可以采用加注的方法。

第二类，这一类指上面谈到的异形同指词语，即A类词。例如"渠道"和"管道"、"资讯"和"信息"、"录影机"和"录像机"、"手环"和"手镯"、"黑客"和"骇客"等等。这些词在特定的环境里，各地的华人都可以明白，在相当一段时间里或许可以作为绝对的同义词使用，事实上域内汉语中也有这样的同义词。有的词可能一开始被认为是异形同指的，久而久之可能就成了同义词。例如，许多人或许会认为"电脑"和"计算机"是可以互换的，其实，我们觉得这个词在汉语里，也已经成了同义词：在有的领域里，我们用前者；在有的领域里，我们却必须用后者。例如中国大学里的计算机科学系，恐怕很少有人用作电脑科学系的。再如眼镜店里用"电脑验光"，或许很少有人去用"计算机验光"。"电脑加油站"也不会说成"计算机加油站"。或许有人会想到像“一间学校”的“间”等等，这些在我们看来还不是当务之急。况且，这一类词的使用情况已经发生了变化。

又如，“巴刹(pasar)”已经进入了课本，好像没有必要改为“菜场”之类。更何况新马已经有了“干巴刹、湿巴刹”之类的派生词。

当然，从长远看，A类词中的一部分是应该协调的。例如前面提到的“嗞呸”之类。因为这些既非一个社会的特有词，对于“多样化”来说也没有什么意义。但考虑到紧迫性原则，这一类暂时可以作为C类词处理。

第三类，应该而且迫切需要协调的。这里说的必须协调的，指的是词形相同、意义或用法不同的词，主体上是上面所说的B类和C类，例如上面说到的“大衣、饭盒、药房、卫生所”等等。我们之所以把这些词列为必须协调的，主要是基于沟通上的考虑。

如果一个词表面上相同，而实际上不同，可能就会引起误解。在社会交往中，如果对方说了一个词我们不懂，我们一定会让对方作些解释；但是遇到一个常用词，人们或许就不会这样做了。而这种情况就可能为交际带来一定的问题。例如“学术”一词。在中国说到某所高校学术上较弱的时候，人们至多会觉得这个学校的科研方面弱一些，而不会影响到对整个学校的看法；但在马来西亚，如果说一个学校学术较弱的话，通常是说这个学校在教育质量上较差。因此，如果误用一个词，就可能会产生严重的后果。

如果上面说的三分法可行，那么，我们现在面临的迫切任务就是要把那些必须协调的词语筛选出来，因为我们实际上还不知道这样的词语到底有多少。这是一项非常复杂的工作。虽说近年来围绕新马华语已经有不少学者开始做比较的研究，但是从语言协调的角度来看，这些工作还是不够的。

还要说明的是，这一研究工作单靠中国或新马一方面的学者都可能无法完成，因此中国和新马的学者之间也有协调的问题。

把需要协调的词语筛选出来以后，我们所面临的问题就是如何协调了。我们以已经知道的应该协调的一些词语为例。对于一个具体的词语来说，用哪一种变体作为全球华人社会的通行形式，可能要考虑几个因素。

一是该词的历史和通行范围。如果一个词是汉语已经有的，而且已经在汉语中扎根，那么最好以普通话的词汇为标准形式，例如“大衣”一词。当然，对于新马地区来说，“大衣”这个词的出现，可能有其特殊性，比如与地理环境有关，可能是不同的环境造成的。另一方面，由于“大衣”一词的标准化，就会带来“西装”一词的扩展。事实上，近年来新马地区的华语词汇已经开始受到普通话词汇的影响。根据林万菁(2001)的研究，新加坡的华文词汇已经越来越讲究规范了。这里所说的规范，就是以普通话为标准的。

二是该词对于普通话词汇的影响力。以“同志”为例。有共同的政治志向者即为同志。当前这个词在新马等地又指同性恋者。但是在新加坡和马来西亚的华人政治团体内仍然用“同志”一词。(郭熙，2002b)可见，“同志”一词并未因为新起的用法而丧失原来的地位和色彩。“同志”的新生用法只不过是一种新兴的社会方言用法。正在我们做这一研究的时候，“同志”的这种新用法也悄然进入了中国大陆。近日的报纸有“×××同志电影”，让人迷惑；事实上，它指的是“×××的同志电影 ”。[①]

三是这个词的合理性。所谓合理性包括两个方面，一是语义或逻

① 据说近来有关部门已经规定禁止媒体滥用“同志”这种“新用法”了。

辑上的理据,一是结构上的合理。例如新马地区的“布条”,指的是集会游行时所打出的横幅标语,从语义上看,这个词有点儿以大概小,逻辑上不太说得通。这个问题在汉语新词语的规范问题上也存在。

这里引出了一个问题,在词语规范问题上,到底是语义优先,还是结构优先?是学理优先,还是俗实优先?这里恐怕还不能有固定的标准。就学理而论其本身也还有问题,对于一个词来说,可能有不同的学理。布拉格学派的马丁内曾经谈到语言发展中的两个原则,即和谐原则与经济原则。他所说的这两个原则是语言自身发展中所遵循的原则,我们认为可以把这些原则有意识地运用到语言规划中。同时,我们不妨把和谐原则的范围再扩大一些。这个原则不仅可以包括结构和谐、语音和谐,还应该包括整个系统的和谐。换句话说,当一种因素处于劣势时,可以考虑让另外的因素优先。事实上,这种方法已经不乏先例。例如,在“邮码”和“邮编”的问题上,“邮编”就以其结构优势取得了正宗地位,而“邮码”尽管有语义上的优势,最后也只好甘拜下风。

另一方面,在汉语和新马华语词汇比较研究中,学者们似乎把注意力集中到了词形问题上。如果从词汇协调的角度看,问题可能要涉及词汇的许多方面,例如语音。在解决必须协调的词语的基础上,我们也应该考虑那些变体选择方面的,例如一些词的轻声问题,还有儿化问题。马来西亚华语规范理事会副主席杨欣儒先生在一篇文章中谈到对于华语中可轻可不轻的音一律不轻,以减轻学生的负担。我们对此非常赞同。我们觉得甚至可以再放宽一点,对于没有区别意义作用的轻声,也可以不轻。

除了有明确的协调目标外,还应该考虑协调的可行性问题。也就是说，在协调的过程中要考虑如何把协调的结果落实到社会运用中。从目前来看，可以考虑就必须协调的词语编写一本实用手册（例如，可以称为《普通话和华语间易误解词语手册》）。这是一个基础性工作。问题是编了这种手册后，社会是否会积极作出反应。因此，应该有一个激励机制。过去新马地区一些学者也试图通过规范化的方式来解决差异间的沟通问题，并且已经发表了一些成果。但总的来说是批评太多，建设工作做得不够。批评可以引起人们注意，但并不能从根本上解决问题。语言的协调中需要考虑合适的方式。应该考虑到广大的语言使用者的客观情况。站在一个语言工作者的立场上，我们所采取的态度应该是宽容而不放任，引导但不挫伤。正因为这样，我们建议，无论是在规范还是在协调的过程中，都多用“提倡”的说法，尽可能减少“必须”之类。

对协调的机制应该理顺。例如，如果我们规定了一套标准，确定了词的标准形式，由谁来贯彻？如何贯彻？我们觉得解决这个问题恐怕还要通过教育和媒体。规范汉字已经得到了新加坡和马来西亚教育部门的采用，协调后制定的词语规范也会对这些国家产生积极的影响。从长远看，教育和媒体抓住了，事情就基本上成功了。对于社会上一般的用法来说，我们不能苛求，唯一可做的是积极引导。

上面讨论的问题是初步的，但是我们相信这是非常重要的。事实上，这个问题对于汉语新词语的规范，对于大陆及港澳台汉语的协调也同样具有启发。例如一个拉登，我们中央的媒体就有拉登和拉丹之别，难道媒体间不应该协调吗？总之，我们希望更多的人关心世界华语词汇的协调问题，努力为世界华人间的顺利沟通作出自己的贡献。

第三节　关于“汉语”和“华语”的几个问题

一、关于“汉语”的称谓

上海一家语言文字工作网站发布了一条关于台湾军方语言问题的新闻,其中有这样一句:

> 据台湾媒体报道,汤曜明(台湾“国防部长”——引者)说:“普通话是目前大家最容易听懂的话,对军队要求一致性、团体性这方面,普通话仍是最简单易懂的。”

我们没有看到台湾媒体的原文,但我们相信汤曜明大概是不会使用“普通话”这个词的,他用的应该是“国语”。显然是编辑出于某种考虑把“国语”换成“普通话”了。这并非是孤立现象。汤志祥(2001)《当代汉语社区词汇的共时状况及其嬗变》出版时也遭到过这样的改换。①

“华语、汉语、中文、普通话、国语”这些名称各种工具书解释不一。就“华语”来说——

《现代汉语词典》:指汉语。

《应用汉语词典》:指现代汉语普通话。是海外多用的说法。

《汉语大词典》:汉语。

《现代汉语规范词典》:汉语。

《国语辞典》(台北,1998):中国的语言。

《辞海》、《新华词典》和《中国大百科全书》未收。

《中国大百科全书》(中国大百科全书出版社,1988)未收“华语”,

① 这是汤志祥先生告诉我的。

但在“汉语”条有如下的解释：

> 汉语的标准语是近几百年来以北方官话为基础逐渐形成的。它的标准音是北京音。汉语的标准语在中国大陆称为普通话，在台湾称为国语，在新加坡、马来西亚称为华语。

国家语委的官方网站对这几个名称也有解读：①

> 这三种称说指的都是我国全国通用的普通话，在中国大陆称“普通话”，在台湾称“国语”，在新加坡等一些国家的华人社区称“华语”。三种称说，名称不同，但实质相同；三者不是相互排斥的，而是相互补充的。

当然，这三种称说从来源和使用范围上看，又有一定的差别。“普通话”这个名称，在清末就已被一些语言学者使用。比如1906年，朱文熊在“切音运动”中就提出了推行与文言、方言相对的各省通用之语“普通话”的构想。后来，黎锦熙、瞿秋白、鲁迅等陆续对“普通话”有过论述。新中国成立以后，为了尊重兄弟民族的语言文字，避免“国语”这个名称可能引起的误解，1955年10月相继召开的“全国文字改革会议”和“现代汉语规范问题学术会议”决定将规范的现代汉语定名为“普通话”，并确定了普通话的定义和标准。其中“普通”二字的涵义是“普遍”和“共通”。1982年我国宪法更明确规定：“国家推广全国通用的普通话。”

“国语”这个名称也是清朝末年提出来的。1909年（宣统元年），清朝政府设立了“国语编审委员会”；1910年，资政院议员江谦在《质问学部分年筹办国语教育说帖》中提出了“用合声字拼合国语，以收

① 摘自《语言文字百问》，见中国语言文字网，国家语委主办，教育部语言文字应用研究所承办。

统一之效”的主张。后来,北洋军阀政府和国民党政府都沿用“国语”这种称说,台湾至今仍这样使用。

“华语”是新加坡和其他一些国家的华人社区对汉语通用语的称说。在那里,这样称说汉语是恰当的。如果用“普通话”来称说汉语,它在表达同宗同源方面就不如“华语”那样强烈。如果用“国语”来称说汉语,就更不合适了。因为在那些国家,汉语不一定就是官方语言,或者并不是唯一的官方语言。

历史地看,国家有关部门对“华语、国语和普通话”的解读应该是正确的。从《现代汉语词典》说华语“指汉语”到《应用汉语词典》说“指现代汉语普通话”,“是海外多用的说法”,再到国家语委官方网站的“是新加坡和其他一些国家的华人社区对汉语通用语的称说”,既反映了人们认识的深入,更反映了事物的实际变化。

从今天的角度看,可能需要进一步认识这些解读。因为我们面对的事实是:“华语”一词的使用正在冲破国界,它已经成为全世界华人社会的通用词,成为现代汉语标准语的全球性称谓了。根据我们2004年8月16日11:43用google在互联网上进行搜索的结果,互联网上各种网站使用“华语”一词的资料共52万项,使用“汉语”的是52.5万项。可见“华语”一词已经在和“汉语”“平起平坐”了。

二、“华语”的命名及其在海外的复兴

在语言的命名方式上历来没有统一标准。有以民族命名的,也有以国家命名的,随情况而变化。不同的民族可能有不同的语言,不同的民族也可能用同样的语言,国家也是如此。汉语的得名就是因为它是汉朝人的语言,后来发展成为汉民族语言的名称。(郑敏,1998)

清代，满语也被称为清语、国语，许多文献都有这方面的记录。乾隆皇帝就曾经钦定《旧清语》和《新清语》。《榆巢杂识》下卷有这样的记载：

每岁经筵进讲，例春、秋仲月举行。近以秋狝木兰，惟行于春仲。凡进讲先书次经，书与经各先清次汉。每讲官一巡毕，即发御论一通，则以清、汉语分讲。

这大概是较早的用双语作讲座的实例了。《清史稿·志八十六》也记载：

满官不射布靶、不谙清语者，均不得膺上考。

现代社会里，这种情况仍然普遍存在。例如，朝鲜和韩国使用的是同一种语言，但我们现在不得不同时使用“朝鲜语”和“韩国语”两个名称。更有意思的是现在既有《汉朝词典》，也有《中韩词典》。马来西亚和印度尼西亚使用的都是马来语，但在后一个国家，它的名称是印尼语。如果不知道这个背景，就会把它们当成不同的语言。因此，在今天的社会里，“华语”和“汉语”并用也是很自然的。

“华语”这个名称在汉语里出现得很早。刘知幾《史通·通释·言语第二十》：

而彦鸾修伪国诸史，收、弘撰《魏》、《周》二书，必讳彼夷音，变成华语……

《隋书·卷三十二》：

又云魏氏迁洛，未达华语，孝文帝命侯伏侯可悉陵，以夷言译《孝经》之旨，教于国人，谓之《国语孝经》。

《新唐书·卷二百二十一上》：

西赢百里至咀逻私城，亦比国商胡杂居。有小城，三百，本华人，为突厥所掠，群保此，尚华语。

"华语"一词民国时代仍在使用。老舍曾这样写道:

最初,因英语中词汇的丰富,文法的复杂,我感到华语的枯窘简陋。在偶尔练习一点翻译的时候,特别使我痛苦:找不着适当的字啊!把完好的句子都拆毁了啊!我鄙视我的北平话了!

后来,稍稍学了一点拉丁及法文,我就更爱英文,也就翻回头来更爱华语了,因为以英文和拉丁或法文比较,才知道英文的简单正是语言的进步,而不是退化;那么以华语和英语比较,华语的惊人的简单,也正是它的极大的进步。[①]

1949年以后,中国大陆"国语"被"普通话"所取代,"华语"虽然还见诸词典,一些场合作为简称还在使用,例如商务印书馆的《俄华词典》、《英华大词典》,但总的情况是日渐式微。在《现代汉语频率词典》(北京语言学院出版社,1986)对180万字现代汉语语料的统计结果中,我们没有找到"华语"一词。以至于到了20世纪,当一些网友在某网站的BBS上提议用"华语"一词的时候,还有学者愤然指责。而海峡的对岸,继续使用"国语","华语"也同样受到冷落。直到20世纪80年代,《当代国语大辞典》(百科文化事业股份有限公司,1985年7月第二版)、《大辞典》(三民书局,1985年8月初版)这些大部头的工具书均未收"华语"一词。

然而,大概在20世纪50年代以后,"华语"在世界上的另一些地方一下子活跃起来。"华语"何时在海外尤其是新加坡和马来西亚成为高频词目前还缺乏系统的研究,但新加坡和马来西亚自从独立后用"华语"代替"国语",用"华文"代替"国文"应该是很自然的事。张从兴(2003)回顾了"华人"一词在东南亚国家的出现的历史,认为中

① 老舍《我的"话"》,载1941年6月16日《文艺月刊》6月号。

国自从进入民国以后，基本上已不用“华人”这个词，而东南亚的华人社会，特别是在新加坡和马来西亚的华人当中，却仍然在使用它，并在20世纪50年代赋予它新的涵义。它源于华侨在放弃中国人的身份后的族群名称选择。这一结论对我们认识“华语”在海外的新兴是有启发的。因为华人既然成了族群，就有了“华族”，也就有了“华语”。因此，汪惠迪(1999)给华语下的定义是：

新加坡华族的共同语。

有必要谈及“华族”这个词。国内现有词典均无族群意义上的“华族”一词，台湾“教育部”重修《国语辞典》(1998)的解释是“中华民族的简称”。而其“中华民族”下面的解释是：

构成中华民国各民族的总称。依体形、语系、宗教信仰等因素，约可分为十五系、五十多族，而以汉族为主干。经过几千年血缘、文化、思想等的融合，而成为中华民族。亦称为汉族、华族。

“华族”的这一解释我们没有得到文献的证实。曾长期在新加坡从事华语研究的汪惠迪(1999)从另外的角度解释了“华族”：

东南亚国家华人指自己所属的民族。

作者还特意加了说明：

在新加坡，“华族”是跟马来族、印度族或欧亚裔相对而言的，它和“汉族”不是同一概念。新加坡人在提到自己的民族类别时，不用汉族。据新加坡学者崔贵强先生研究，战后初期，一篇题为《南洋华族的政治危机》的署名文章(作者：屈哲夫)首次提出“华族”这个概念，作者认为应当用“华族”来替代“华侨”。

显然，汪惠迪(1999)、张从兴(2003)的论述是一致的，也是可信的。从这个意义上说，“华语”在海外的得名还是源于民族。它大概也就是在这个时间、这些地方逐步社会化的。卢绍昌(1984)指出，

“华语”是新加坡、马来西亚等地在独立运动期间产生的新名词，流行起来是50年代的事。(参见汪惠迪，1985)可以作为旁证的是后来“华语”中出现了大量的“华”字头词语，除“华人、华语、华族”外，又如：“华社、华乐、华校、华小、华文、华教、华青”等等。王慷鼎(1995)曾比较了“国字头辞汇”、“侨字头辞汇”及“华字头辞汇”在1945—1959年的《南洋商报》《星洲日报》《南侨日报》和《中兴日报》的12 094篇社论标题中的分布，从他的列表中，可以看出这些报纸在50年代的前半期，“华字头辞汇”被大量使用。(见张从兴，2003)按照我们的分析，随着“华”后来在东南亚作为一个文化概念的形成和广泛使用，“华”字头的复现是再自然不过的了。

或许正是这些因素，台湾《国语日报辞典》(何容，国语日报出版社，1974)对“华语”的解释是“外国人称我国的语言”。台湾“教育部”《重编国语辞典》(1982)未收“华语”这个词条，但有“华文”条，解释是“外国人称我国的文字”。国内学者谈到“华语”也就会想到新加坡，想到国外。周有光(1995：3)说：

> 汉语的共同语，大陆叫它“普通话”，台湾叫它“国语”，新加坡和国外华人叫它“华语”。这三种说法不是相互矛盾的，而是相互补充的。

三、全球“‘华语’热”的现状分析

如果说20世纪50年代到60年代“华语”这个名称在新加坡等地的活跃还是海外华人本身的事的话，那么20世纪70年代后出现的“汉语热”和“华语”使用热潮则使得“华语”有了全球性的价值。世界范围的“汉语热”与中国的改革开放和经济发展密切相关。这自然也就给“华语”的频频出现注入了活力。正如钟天祥(2002)所指出的

那样,作为在21世纪渐趋强势的语言,华语正配合全球化的发展成为全人类共同的资产,而不仅仅是中国或汉族的语言。就像今天的英语并不只是英帝国的语言,而是国际社会通用语一样。

20世纪70年代起,新加坡经济起飞,到80年代,已经成了有名的亚洲四小龙之一。新加坡的发展模式在80年代对中国产生了很大的影响。同时,由于新加坡华人比例高,保留了中华文化的许多传统,又是世界上除中国以外唯一一个采用华语作为其中一种官方语言的国家,因此,作为汉语标准语域外变体,新加坡华语在某种意义上已经成了一种高阶语言(high language),所以它自然要对域内汉语产生影响。一个典型的例子是,不少人都已经意识到来自中国的"新客"的语音变化:他们本来说一口标准的普通话,但是他们到达新加坡以后,很快说出了带有新加坡口音的新加坡华语,而这些显然又是模仿出来的。总的来说,对高阶语言时尚的追求使得"华语"这个词在不知不觉中已经成了一个非常流行的称谓。我们的一个旁证是,在我们调查的数据中,几乎所有的"新潮"概念都只用"华语",而不用"汉语"。如:华语影画、华语金曲、华语歌手(包括男歌手、女歌手)、华语明星、华语榜、华语乐队、华语铃声。

当然,不能忽略媒体对"华语"一词的推波助澜。1979年开始的"讲华语运动"使"华语"这个词在媒体及社会上频频曝光。而中国在加快"推普"的步伐中,又常常援例新加坡的"讲华语运动",使得它也对中国产生了影响。近年来,互联网发展很快,华文网站中,中国网民无疑是一支主力军。新加坡的媒体,如《联合早报》,也大大影响了中国和世界华人。此外,新加坡的文化活动,如歌手演唱的华语歌曲等等,都直接或间接地产生了影响。

为了了解"华语"一词的使用状况,我们于2004年1月19日上午对“华语”和“汉语”的搭配使用情况在互联网上用google进行了搜索,为了使搜索的结果具有可比性,我们的搜索是一对一对进行的,例如,先搜索“华语电影”,然后搜索“汉语电影”(或相反),依次类推。我们还对搜索的结果进行了抽查,抽查中未发现不合理的组合。尽管我们不能排除有不合理的组合,但我们相信这种情况是极少的,不至于影响我们的主要结论。

我们的调查先从已经获得的语料中获取常见到的使用“华语”或“汉语”的句法组合,然后分成两类。一类是看“华语”和“汉语”分别作定语[①]的情况(见表9-2,其中的“～”分别代替相应栏目中的“华语”或“汉语”),一类是“华语”和“汉语”作宾语的情况(见表9-3,“～”代表前面相应的动词)。

表9-2

	华语	汉语		华语	汉语		华语	汉语
～乐坛	13 300	0	～电视剧	594	2	～学校	658	558
～金曲	6 420	0	～音乐	57 700	7	～广播	3 870	1 790
～影坛	1 720	0	～卡拉	2 870	8	～世界	5 200	1 410
～影画	15 200	0	～媒体	934	14			
～榜	80 800	0	～辩论	1 380	21	～味	1	49
～大片	1 170	0	～产品	93 800	16	～知识	10	2 240
～歌手	36 000	0	～片	13 700	47	～词典	26	7 650
～铃声	566	0	～流行	25 000	59	～演唱	40	451
～女歌手	9 720	0	～频道	381	98	～读本	74	115
～男歌手	8 720	0	～地区	5 210	111	～写作	78	3 100
～明星	300	0	～电影	41 100	117	～课程	267	2 030

① 极少数可以看作是状语,如“华语演出”中就有“用华语演出”的情况。

续表

～乐队	4 440	0	～歌曲	23 800	154	～学习	356	26 400
～歌坛	11 000	1	～节目	1 500	277	～中心	644	806
～情结	145	1	～区	3 480	163			
～电台	23 100	2	～网	863	274	～报刊	33	118
～海报	3 690	2	～演出	44	25	～经典①	558	77

表 9－3

	华语	汉语		华语	汉语		华语	汉语
讲～	3 280	4 660	会～	252	900	学～	2 560	12 300
说～	1 810	8 200	用～	21 900	20 700	懂～	300	2 550

从表 9－2 和表 9－3 可以看出：

(1) 在调查的 48 个以“华语”或“汉语”为修饰成分的偏正结构中，“华语”的使用明显占优势。其中，“华语”使用量高于“汉语”的为 36 个，低于“汉语”的为 10 个；“华语”占压倒优势的 31 个（其中“汉语”为 0 的 12 个，为个位数的 7 个）；“汉语”使用量占压倒优势的 9 个（其中“华语”为个位数的 1 个）。“华语”和“汉语”的选择上，有个明显的规律是，跟文化尤其是流行文化有关的组合倾向于选择“华语”，而倾向于选择“汉语”的则基本上跟语言学习有关。

(2) 在定语的位置上，“华语”多于汉语；在宾语的位置上，“汉语”多于“华语”。我们现在还不知道导致这种分布的确切原因。一个可能的解释是语言发展中内因和外因的交错。我们上面已经从社会的角度分析了社会对“华语”的历史和发展的影响。按照“矛盾论”的观点，外因必须通过内因而起作用。那么，“华语”的复兴一定也有

① “华语经典”和“汉语经典”不同，“华语经典”指的是现代流行的华语歌曲的代表性作品，“汉语经典”指的是汉语的经典文献。

内因在起作用。问题是,它的内因是什么?我们认为,其根本原因是语言形式与交际需要的矛盾,即,语言作为一个动态的系统,其要素也在为适应交际的需要而发生变化。既然"汉语"这个名称不能满足人们的需要,就必须有一个替补形式。在这种情况下,使用一个传统上已经存在的、在海外华人社会中广泛使用的"华语"应该是一个理想的选择。

再换一个角度看。汉语在走向世界的同时,因为受社会、文化、历史等的影响,不同的社区必然会出现变异形式;同时,语言诸要素在发展变化的过程中,在不同地区(社区)、时间的发展速度不一样,这样也会导致语言使用上的差异。语言同义形式存在的价值就在于其差异性。语言符号的同一性和示差性在这里得到了淋漓尽致的表现。如果没有同一性和示差性的矛盾,"华语"将只是"汉语"或"汉语普通话"的又一表达方式。而事实是,"华语"一词在进入我们的语言系统以后,就和"汉语"展开了竞争。语言的竞争实质上是使用者的竞争。从上面的调查中可以看出,这种竞争是从年轻一代开始的。目前,"华语"和"汉语"在定语位置上的竞争已趋白热化。从表面看,"华语"的胜利已经为期不远,因为从语言总是属于年轻一代的角度看,"华语"已经大占优势;但从另一个角度,即语言惯性的角度看,这个情况还将继续下去。"汉语学习"等相关组合中"汉语"占绝对优势的现象是一个有力的证据。

另一个要考虑的问题是为什么竞争从定语开始。"华语"取代"汉语"的过程是逐步进行的。"华语"作为一个区别性黏合定语,在交际中就是要凸现差异。使用"华语～"的群体应当以"时尚族"居多。不需要改变中心词语,只要改变它的修饰成分,就能标示自己的群体身份,何乐而不为?从语言的角度看,"华语"目前尚未有精确的概念，用作定语表示“具有某种属性的”，可能也是一个合理的选择。[①]

“华语”的这种用法可能还跟“国语”在中国大陆的“复活”有关。如前所说，国语只是普通话的旧称。然而，就在我们不停地抱怨“东南风”、抱怨粤语北上的时候，“国语”一词也回到了中国大陆。它在“～歌曲、～电视剧”等中复活了。“国语”的复活显然是为了和“粤语～”相对。但是这种区分是很受限制的，它显然不能为中国以外的华人社会所接受，这种情况下“华语”乘虚而入也就不奇怪了。[②]

至于作宾语不用“华语”用“汉语”也可能与语法结构没有关系，因为表9-3的现象可能和表9-2中“汉语”占优势的情况一致，即二者都跟语言学习和使用有关，后者只是前者现象的另一种表现形式。我们在调查中把二者区分开，是因为原始语料中发现作宾语用“汉语”，作定语用“华语”。当然，也许真的有我们还没有认识到的语法上的关系。

目前国际国内正式使用“华语”名称的情况很多，光电台来说就有伊朗共和国对外广播电台华语台、澳洲国际广播电台华语台、加拿大国际广播电台华语台、中国国际广播电台华语台等等。下面两则报道来自1995年的《人民日报》：

本报北京10月26日讯　记者武侠报道：中央人民广播电台《华语世界》（即第六套节目）将于1995年10月31日在北京正式开播，这是中央人民广播电台新创办的为海外华侨、华人服务的华语电台。

---

① 上面的事实也许可以得出一个相反的结论，即“华语”和“汉语”之间不是竞争关系，而是一种不可替代的分工。我们下面还会继续讨论。

② “国语”一词目前在民族地区的使用频率也有所提升，以后再专门讨论。

中央人民广播电台从80年代开始同境外一些华语广播电台建立了合作关系;进入90年代以来,中央台同境外华语电台的节目交流和人员往来日趋增多。这次"华语广播交流与合作研讨会",将进一步增进中央电台同各华语电台的了解和沟通。拓展交流的渠道和方式,建立更加富有成效的合作关系。

与之相关的还有"华文～",例如:华文文学(好像没有"中文文学、汉语文学、汉文文学"之类)、华文学院、华文学校、华文书籍、华文报刊、华文教育、华文出版社、华文写作、华文教师、华文网站。

四、华语的定义及相关问题

从上面的分析可以看出,"华语"这一名称的崛起不是偶然的,它既符合命名传统,又有历史基础,更有现实的需求。接下来讨论定义及相关问题。

除了把"华语"解释为海外华人社会的共同语这一狭义定义外,20世纪80年代以来已经有不少学者从不同的角度关注广义的"华语"问题,在揭示其内涵、明确其外延方面作出了有益的尝试。例如:

(1) 华语——华人的共同语。(陈重瑜,1986)

(2) ……应解释为"汉语在海外的通称"之类……(田惠刚,1994)

(3) "华语"是全世界华人的共同语。(周有光,1995)

(4) 我们的意见是:把目前统称的普通话以及现代汉语的书面语统称为"国语",把中国各民族的语言和文字,统称为"华语"或是"中国语"……(丁安仪、郭英剑、赵云龙,2000)

(5) "华语"则可简单的定义为"华人的共同语",或复杂的定义为"接受汉语为母语的中国人及不具备中国人身份但以汉语为母语的中国人后裔的共同语”，或更复杂的定义为“接受汉语为母语的中国人及不具备中国人身份但以汉语为母语的中国人后裔的共同语，其语音以中国大陆普通话或台湾国语为标准，其书写文字以简体或繁体汉字为标准”。(张从兴，2003)

上述定义中，(2)显然不合适，海外的粤语、闽语、客家话都是汉语，但它们显然不是“华语”，(4)的欠妥张从兴(2003)已经指出，这里不论。(1)(3)和(5)中的简单定义大体一致，这几个定义是准确的。(5)中的复杂定义可以作为对简单定义的阐释，其定义中的“双重标准”问题似乎也需要重新考虑。由于华语的大本营在中国，普通话作为标准已是大势所趋。我们曾给华语下了这样的定义：

华语是以现代汉语普通话为标准的华人共同语。(郭熙，2004)

随着我们认识的深入，我们分别又把华语定义为“以普通话为核心的华人共同语”(郭熙，2006)和“以普通话为基础的华人共同语”。(郭熙，2007)《全球华语词典》用了后者。

按照我们的定义，“华语”这个名称有不少好处。陈重瑜(1986)指出了“华语”一词在表达功能、历史渊源、涵盖面和精确性、超地缘以及逐渐扩散的普遍性5个方面的优越性，认为应该给华语一个法定的名称。

港澳人士近年来呼吁建立“大汉语”的概念，用意是促进内地与港澳台之间的语言融合，减少交际障碍，缩小语言差异。如何建立，如何确定近期的可操作的目标，当然值得进一步讨论，但是这一提法有一点很值得重视的地方，就是把海内外的汉语看成是一个大系统。从语言规划的系统性角度来看，是很有意义的。(苏金智，2000)然而，无论从历史、现实还是前景看，“华语”不大可能完全取代“汉语”。除上面所举《人民日报》的两个例子外，请再看下面的例子：

> 星空传媒集团还拥有全球最大的当代华语电影片库,收集逾千部汉语(包括粤语)影片,并已同多家优秀的汉语制片商,以及众多好莱坞大制片集团商签约长期订购影片。[①]

“华语”也不等于“中文”和“普通话”。侍建国(2003:14-15)详细分析了香港学校课程的“中文”和“普通话”概念与语言学意义上粤语和现代汉语的关系,指出普通话在香港只指它的语音形式。

尽管如此,从今天的角度看,我们还是应该进一步认识到确立“华语”地位的意义。

(1) 有利于称谓,这是适用性上的考虑,它为全球使用和学习汉语的人提供一个统一的语言名称。否则中国称“汉语”,国外称“华语”,人为地把同一种语言分开,增加很多麻烦。例如在谈到海外华人社会的汉语教学时就不得不时而“汉语”,时而“华语”,有时还得反复交代它们中间的各种关系。

(2) 有利于汉语传播和国际化。世界范围的汉语热正在升温,任何一个有华人社会的地方都可能成为汉语学习的基地。我们习惯上把汉语作为第二语言的教学称为对外汉语教学。目前这个称谓遇到了越来越多的困难。除去不适合称呼国内少数民族汉语学习以外,也给像在新加坡和马来西亚等国开展的汉语作为第二语言的教学的名称带来了问题。改称“华语”以后,任何一个华人社会都可以有“对外(族)”的华语教学了。

(3) 有利于华人的沟通和汉语的健康发展。汉语已经是世界性的语言,不再为中国所独有。汉语的发展也不再是中国内部的事情。全世界的华人都在为汉语的发展作出贡献。前面已经说过,由于历

---

① 网易(上海站)2002年11月7日。

史、社会、文化等原因，各地汉语已经出现了各种变异形式。把华语定义为全世界华人的共同语，有利于承认各地的变异形式，积极开展协调工作；有利于对多样性的认可。

此外，还有一些因素也要考虑。例如，台湾当局决定取消“国语”的讲法，以此配合它的“去中国化”。我们明确“华语”的地位，有利于反对“语言台独”。

当然，在目前无法统一名称的客观现实面前，把正式名称和俗称分开，采用中国传统上“各称各叫”的做法，不失为明智之举；但从长远计，我们应该树立统一名称的意识。我们建议有关部门或机构：

(1) 给“华语”一个正式定义，各种工具书亦应据此对“华语”等相关名称作出统一的解释；

(2) 在涉及跨境汉语的场所，尽可能采用“华语”一词，如果可能，应在其他语种中使用相对应的翻译；《全球华语词典》英文书名中用的就是“HUAYU”。

(3) 应该积极开展各地华语间的协调工作，针对华语问题积极组织编写全球性的华语词典。

第十章　社会语言学的研究程序和调查方案

社会语言学非常重视田野调查。从某种意义上说，没有田野调查就没有社会语言学。几十年来，社会语言学在继承人类学和社会学的调查方法的基础上形成了具有自己特色的研究程序和方法。

第一节　社会语言学的研究程序

前面已经说过，社会语言学研究的领域多，涉及的方面广，社会中凡是跟语言有关的，它都关心。但不管哪方面，不管是动态调查，还是定性、定量分析，不管是侧重历时还是侧重共时，其基本程序大体上是相同的。一般说来，要经过以下几个步骤：(1)选择项目，提出假设；(2)确定研究的范围和对象；(3)搜集资料；(4)分析资料；(5)撰写调查报告。

一、项目的选择和假设的提出

选择项目或提出假设是社会语言学调查的首要一环。项目选择的好坏，在很大程度上可以预示课题的成败。而能否提出假设，也是对研究者观察能力是否敏锐的一个检验。一般说来，语言学功底扎实、对社会中的语言现象敏感的人更容易发现好的研究项目，提出新的假设。下面以上海一些青年学者对浦东新区普通话使用状况和语言观念的调查来说明。据调查者介绍，(齐沪扬等，1996)他们选择这个课题基于下面的一些原因。

（一）浦东新区在上海改革开放乃至全国改革开放中处于龙头地位。浦东的开发和开放及其经济的高速发展，对改革中的中国当代语文生活已经提出了并将继续提出许多新的课题。

（二）在生产诸要素中，人是最重要的资源。因此要加强以“人”为中心的各项研究。语言的规范化问题、语言的文明化问题，进而一个社区的语文生活的质量问题等等，都是以“人”为中心的、与“人”的精神需求有关的问题。在经济高速发展的地区，重视和开展这方面的研究，不仅有利于人的素质的提高，有利于人的积极性的发挥，而且也有利于经济的开发，有利于对开发过程中负面效应的消除。

（三）浦东新区人口构成复杂，具有如下特点：(1)新区属于城乡混合地区，居民中不少是原来的农村人口，人员文化素质、技术素质较城市人口略低，城市经济生活对他们来说是较为陌生的；(2)近年来从浦西地区迁入的人口增长迅速，所占比重不断增加，这些迁入人口带来了浦西各个阶层、各个区域的生活方式，原有的城市生活与新区的生活不可能完全协调与平衡；(3)随着新区建设的发展，外来人口数量激增，素质不一。人口构成复杂的特点决定了在浦东开展语言规范化等问题的调查具有典型的意义。

（四）浦东新区是一个新建的、正在高速发展的现代化社区。在该区执行什么样的语言政策，制定什么样的语言法规，可以成为中国语言文字政策法规的很好的实验样板。调查者希望通过该课题的研究，能使新区成为经济开发的方言地区、尤其是沿海的经济特区在“推普”、正字、术语统一等工作中的试点。

从后来的研究看，这一课题的选择是正确而有意义的。

二、 研究范围和对象的确定

选择好项目或提出假设以后，或者就在选择题目的同时，研究者要考虑如何确定他的调查范围，从而保证其观察能够充分代表所要研究的群体。我们前面提到过一些社会范畴，我们可以根据自己的要求来确定某一范畴作为调查对象，可以采用多种多样的标准来确定调查范围。

一般来说，首先可以按地域性的标准确定范围，其次可以选择社会阶层、年龄、职业、性别等等。之所以把地域性标准放在第一位是因为它涵盖面大，每一地域都有我们所想要涉及的其他社会范畴。例如，我们想要调查中国社会各阶层的语言特征，就应该从不同地区来选定想要调查的对象，这些对象当然应该包括这些地区各种各样的人。因为如果我们一开始就把范围确定在社会的某个阶层，就不可能全面地反映所想调查的语言面貌。以调查南京市的中学生对父母的称呼为例。如果不考虑各个地区，一开始就选择某区的一所中学，就有可能出现问题，因为这至多只能是该区的情况，事实上，南京不同区的中学生在称呼问题上是有差别的。接下来可以按照社会性的标准来确定调查范围。例如，我们确定调查的范围是城市的下层社会，那么，我们就需要在诸如社会阶层、年龄等等准则的基础上来确定我们调查研究的范围。在此之后，是用什么样的方法在确定的居民范围内取得具有代表性的言语样品。通常我们采用抽样的方式。抽样有很多方式，这留到后面专门介绍。

三、 资料的搜集

接下来要考虑如何搜集数据或资料。资料是社会语言学研究的基础。最关键的是要占有大量第一手资料。如果没有第一手资料，研究就是无源之水。搜集资料有许多方法，例如自然观察、抽样调查、访问资料提供者、收集和记录资料、分类统计整理和归纳等等。

1. 观察法

在调查对象完全不知道的情况下进行调查的方法叫观察法。这样的调查方法是在一种自然的状态下进行的，所以材料比较真实。在美国最典型的调查是拉波夫的调查。为了调查纽约(r)音的社会分层情况，拉波夫向同一个调查对象重复询问同一个问题，诱使对方分别采用随便语体和正式语体给出(r)在辅音前和音节末尾时的发音情况。具体做法是先了解某种商品(比如说女鞋)在某个商店的四楼出售，然后故意装作不了解情况向该店的售货员询问哪里出售女鞋，对方只好回答：fourth floor（四楼）。这种对话是顾客和售货员之间经常出现的，所以对方的回答比较自然，使用的是随便语体。而他所回答的这个短语中正好包含了(r)的两个不同的语言环境。接着，调查人装作没有听清对方的回答，再重复一遍自己的问题，售货员只好比较认真地重复他的回答。这次，他对自己的话语可能给予了极大的注意，从而使它成为正式语体中的语音形式。当然，对有些题目来说，这是非常好的方法；但是对有的题目来说，往往不容易找到所需要的材料，而这就会增加调查的难度和材料整理的难度。此外，由于社会语言学不仅要搜集话语，还要掌握被调查人的社会背景，因此仅用观察法有一定的困难。

2. 试验法

通过各种测试的方法进行调查的方法叫试验法。例如所谓变语配对实验就是其中的一种。变语配对是美国心理学家 W. E. 兰伯特(Wallace E. Lambert)在长期的研究中摸索出来的一种方法，用以测试语言学习者对另一语言文化集团的“态度好坏”和“归附动机的强弱”。这一实验的步骤是:先根据定下的调查目的,请一些双语说得很好的人用他们所掌握的两种语言朗读同一篇语料,并录下音来;然后让被试听这些录音,并且要求他们凭声音去对“每一个说话人”(必须让被试以为这是两个不同的人在读)的各个方面去进行评价。这一方法的实质是,利用语码的转换诱导出某个社会集团成员对另一集团成员所持的偏见或是带倾向性的看法。从学习第二语言社会心理的角度来分析测试的结果,我们可以了解某一社会集团成员对另一特定的语言文化集团的“态度好坏”和“归附动机的强弱”,从而考察某一社会集团成员学习某种第二语言的热情,预测学习的成效。这个理论在西方社会里进行了大量的实验性研究。近年来国内一些学者也试图用这一理论对汉语方言区的人学习民族共同语的心理进行调查,取得了初步的成果。例如,沙平(1991)公布了自己对福建一所高校大学生的调查结果。该校的莆田籍学生在该校历年的普通话测试中总体水平总是倒数第一。这次实验一共抽取222名大学生作为样本,分为3个受试组,其中以莆仙话为母语的80名学生组成实验组,另外两个组由72名以闽南话为母语和70名以闽东话为母语的学生组成,作为参照组。多次实验的结果表明,莆仙学生群体中多数总是作出偏袒“莆仙话说话人”的评价反应,特别是在“可靠性”“诚恳”“热情”这些与方言所负载的“一致关系”信息相关的项目上,反应尤为强烈。在“总印象”一栏中,莆仙学生群体也总是要夸大地表现出对方言集团成员的偏爱和对共同语集团成员的偏见。

3. 个别谈话法

这也是一种正规的搜集资料的方法。这种方法包括同调查对象面对面的交谈以及要求对象完成有关的调查表。可以要求人们就某个词的出现频率在内心考虑一下并作出判断。这种情况下的资料是容易得到的。例如,汉语方言调查就是利用《方言调查字表》等进行的。

应该说,这种方法也是比较有用的。在调查时,通常把事先准备好的调查表格上列举的语言形式列出来,让调查对象确定哪一种是常说的。如果调查表里列举的那些他都不说,他说的是另一种形式,那就把他说的那种形式记下来。但是他的回答不一定会准确,因为它在某种程度上所反映的是被调查者对语言使用情况的见解。我们过去进行方言调查时常常问某种说法当地人说不说,他们的回答常常前后自相矛盾。尽管我们希望得到的是该方言的纯粹的描写,但有的时候已经加入了说话人的态度。一些调查对象(特别是文化程度比较低的)回答问题时,总想让自己的话说得文雅一些,标准一些,不愿表现出自己的"土腔",也有的是对自己平时使用的语言不关心,自己也不知道自己平时是怎么说的。胡明扬(1983)提到他们的一次调查。有一位家庭妇女在调查中一再表明她们只说"我们",从不说"姆末"。可是等到调查结束送调查组出门的时候,她却一连说了五个"姆末"。

在交谈中可以谈很多大家都感兴趣的问题。例如:还有哪些人讲这种话?他们住在什么地方?他们还讲任何其他话吗?当他们初次碰到陌生人时都讲些什么话?"桌子"这个意思用什么词来表示?一天当中的几个时段,如"上午""下午""晚上"怎样叫法?对小孩子讲话有什么特殊的方式吗?等等。

四、资料的处理

大量的资料到手以后,就可以进行分析处理了。分析资料有原则和步骤两个方面。资料分析的原则要求是:以正确的理论为依据,从现象的整体联系上进行分析。否则就会出现以偏概全的问题。

调查结束以后,就需要对调查材料进行整理。整理材料最常用的是统计的方法。在统计方法中,百分比统计法是大家比较熟悉的。这里介绍另一种方法:标准记分法。假定某语言有 x 和 y 两个变量,我们把它们记作(x/y)。当 x 出现在话语中时,记作(x/y):[x];当 y 出现在话语中时,记作(x/y):[y]。每当话语中出现(x/y):[x]时记一分;每当话语出现(x/y):[y]时记 2 分(反过来也一样)。假定在某段正式语体中,(x/y):[x]出现 10 次,(x/y):[y]20 次;而在某段非正式语体中(x/y):[x]出现 20 次,(x/y):[y]出现了 30 次。那么,这两段话语中(x/y)的平均得分应分别为:

正式语体中(10×1+20×2)/(10+20)=50/30≈1.667

非正式语体中(20×1+30×2)/(20+30)=80/50≈1.600

所以两种语体中(x/y)变异出现的比例为 1.667:1.600。

五、 调查报告或论文的撰写

这是社会语言学研究的最后一项工作。调查报告应包括:(1)调查的目的;(2)调查的范围和对象;(3)调查的方法;(4)调查的数据及其分析;(5)结论。

第二节 定性、定量研究以及抽样的方法

一、 定性研究

定性研究是对所研究的对象进行"质"的分析,即对所研究的现象的本质、特征及其联系进行概括。例如探求特点、划定界限等等。

社会语言学十分重视定性研究。

在社会语言学研究中,定性是一个基本的工作。定性方法的一个基本特点是寻找事物的类型和模式,以揭示一些社会语言学的事实。定性研究的早期要求观察者不带任何框框,全面观察语言现象,对它采取开放的态度。定性研究所搜集的主要数据是词语而不是数字。词语可以直接、具体、生动形象地说明现象,说服力强,连采取定量研究方法的人也越来越认识到定性数据的重要性,因而注意收集定性的数据。定性研究使用各种手段收集资料,甚至在同一研究中也使用不同的方法。(桂诗春、宁春岩,1997:103)例如,浦东新区语言政策和语文生活研究课题组对上海浦东新区普通话使用状况和语言观念的调查中,对被试有可能出现的语言态度作了认真的分析和充分的估计,列出了4种场合:(1)您在家里对亲人说什么话;(2)您在学校或单位里对同学或同事说什么话;(3)您在学校或单位里对学生或教师或领导说什么话;(4)您在工作中对顾客或被接待对象说什么话。然后又对"这样做的原因"进行定性,列出16项可供选择的心理态度或认知。这16项是:(1)显得随便;(2)显得热情;(3)习惯了;(4)其他话不会说或说得不好;(5)别人都说这种话;(6)别人听不懂另外的话;(7)别人不会说另外的话;(8)不说这种话别人会不高兴;(9)这样双方都方便;(10)学校或单位提倡说这种话;(11)规定说这种话;(12)工作需要;(13)显得身价高;(14)随大流;(15)不知道;(16)其他。

中国社会科学院语言研究所的《方言调查字表》也是一种定性研究表格。它为方言调查和研究提供了方便。中国社会语言学的定性研究近年来取得了不少成绩,但还有一些缺点。高一虹(1996:399)指出,中国已经召开的三届社会语言学讨论会所提交的调查报告中,定性研究占36.59%,较常见的是就某个现象(如某类词或发音)进行询问,深入的调查或案例的研究还不多见。

二、 定量研究

定量研究也是社会语言学综合运用其他学科研究方法的成功的例子。社会语言学家试图通过量化,即利用数量、频率、比例的统计等来说明语言差异、语言态度等等。例如,沈炯(1987)对北京话合口呼零声母的语音分歧的研究就是在定性分类的基础上进行的量化研究。作者用选择分类法选择调查对象,例如,在对世居当地的北京人进行分组时综合考虑年龄、文化程度和性别,均按一定的比例进行搭配,同时年龄还分为老年(60岁以上,167人)、中年(36岁至60岁,138人)、青年(35岁以下,144人)三个段。文化程度则分为高(高中以上,73人)、中(高小以上,170人)和低(初小以下,206人)三个段,性别是女(210人)、男(239人)。地区是北京内外城共6个点,郊区和郊县共19个点。

不要把定性研究同定量研究对立起来。定性有助于量化,也有助于调查对象回答问题。例如上面说到的上海4种场合的调查,由于使用了定性的方法,最后就有了量化的标准,调查的结果就容易从数量上看出来了。下表(单位:人;比例:百分比)就是对普通话、上海话、家乡话使用场合的调查结果:

	在一切场合下说普通话	前一项说上海话,后三项中说普通话	前一项说上海话或家乡话,后三项有一项或几项上海话、普通话并用	后三项中有一项说普通话,其余说上海话或家乡话	在一切场合下说上海话或家乡话
人数	72	395	83	488	182
比例	5.5	32.4	6.7	40.0	14.9

资料来源:浦东新区语言政策和语文生活课题组(1996)。

另一方面，量化研究也有助于定性，其结果较为客观，它弥补了定性研究不系统和不确切的缺陷。因此，定性和定量相结合的方法是一种比较理想的社会语言学研究方法。

三、 抽样及其方法

1. 什么是抽样

抽样（又叫取样）就是从一个总体中选取一部分作为研究对象。从中抽取研究对象的这个总体又称为母体或全域，抽取出来的部分叫做样本。由来自同一总体的无数组样本数据而获得的该总体的某种特征，称为参数。抽样是为了使研究对象具有代表性，从而可使结论具有推断意义或普遍意义。我们在社会语言学研究中，往往希望能解决一些具有普遍意义的问题，但又常常不可能把总体中的所有成员均作为研究对象，这就需要针对部分对象而着眼于某个总体。例如，我们想知道全社会对一种语言现象的态度，但实际上我们几乎没有办法去向全社会的人进行调查，这就需要抽样。

抽样是有一定要求的，主要有以下几个方面：(1)决定总体界限。研究者打算把范围确定在哪个范围，就要在哪个范围内抽样，例如我们要调查某一方言的发展趋势，就应该在使用这个方言的整个范围内抽样；(2)样本应具有代表性。从总体中选取的那部分研究对象，应基本具备总体对象的性质或特点，使样本对象能够在较大程度上代表总体对象。样本的代表性将影响研究结论的推断；(3)选取合适的抽样方法。抽样方法有多种，应根据实际需要来选用；(4)样本应有足够的数量。

样本的数量可影响研究结果的可靠程度。由于抽样误差与样本规模的平方根成反比，所以在人力、物力、时间等条件允许的情况下，样本数量越大越好。不过,样本数量也并非是抽样效果的唯一指标。比如,一个数量较小但代表性较高的样本,通常比数量较大但代表性较差的样本好。而且,有时抽样的数量过大,超出了现实的条件,会影响项目顺利进行,反倒会产生不好的效果。

究竟应该选取多少样本与对结论严密程度的要求有关。我们这里不深入讨论。有人经过研究认为,应要求每个样本尽可能超过100人,因为当技术或总次数小于100时,便不宜求取百分数。(辛志华,1965:184)

2. 随机抽样

这是进行社会调查的重要方法之一。使用这种方法,目的是让在选定范围内的全体成员中每一个都有被选定为取样对象的同等的机会。但是随机抽样并不是毫无计划的,它是为了避免任何偏见而有组织地挑选资料提供者的一种调查方法。

随机抽样是正式调查所采用的方法,一般有下面几种。

(1) 简单随机抽样

总体中的每个个体都有同等机会被抽取。例如,要从1 000人中抽取50人,可把全部人员都编号排列,利用《随机数码表》抽取。为了决定在随机数码表的何处抽取,可用抽签等办法,分别确定抽取的起点为哪一行的哪一区,该区中的哪一行和第几个数字。然后根据总体的数目是多少位(例如这里的数字是四位,从开始点起就以四个数字为一个号)依次取样。凡属于1 000以内的号码就作为抽取对象,凡不属于1 000的就跳过;如果抽取的时候出现重码,就放弃该码,继续抽。直到抽够所需要的50人。如果总体数字不是很大,也可以把被调查对象的名字写在卡片上,或者把被调查对象一一编号,然后运用抓阄或抽签的方法抽取样本。但要注意:被抽出的签应登记后再放回去，以使每签都有百分之一的抽中机会。

简单随机抽样方便易行，但也有一定的局限性。例如，总体较大而样本少的时候，所获得的样本代表性比较差；而且在这种情况下样本的分布面仍然比较广，会给调查带来不少的困难；此外，样本的分布也可能不均匀，例如，如果我们要调查南京话向普通话靠拢的情况，在不同区里抽到的人数可能会不同，不同年龄段的人数也可能不同，这就有可能影响调查结果。

(2) 系统抽样(等距抽样)

这是获得可靠的随机抽样的传统方法之一。它的工作量比简单的随机抽样的工作量小，操作简单，实用性较大。抽样时采用列有随机号码的表格，给每个相关者一个号码。此后，调查人可以根据随机号码表，按数字顺序依次进行抽样。当每一个有指定号码者的号码同随机号码表中所选定的那个号码相符时，就被选定为取样对象，直到调查人获得他所需要的全部资料提供者为止。除使用随机号码表外，调查人还可以在他选定的范围内，指定某个任意数作为他的取样对象，例如，指定每隔5个、10个、20个、100个或其他数目作为对象。取数多少决定于作为取样的人在总体中所占的比例数。严格的随机取样的方法固然可以避免一定的偏见，但是也有其局限性：它常常选进一些其语言是不能采用的人来，比如这些人是从其他地区迁来的，或他们是非正常人，他们的资料是不能作为语言资料来进行分析的。为此，作为严格选样的一种补救办法是预先确定选样对象的社会范畴，然后再选定各种类型的资料提供者。

为了保证抽样具有尽量大的随机性，应注意所需的样本数(S)与规定抽取样本的间隔数(D)的乘积接近或稍大于可调查对象的总数(T)，即：

$S \cdot D \approx T$

否则会有一批号码根本没有机会被抽到,或抽不够所需的样本数。

(3) 分层抽样

把总体按一定标准划分为不同的层次,然后再分层抽样。比如要调查某一地区的语言变化时,可以把该地区所适宜充当调查对象的人先依不同的年龄分成不同的层次(例如老中青少幼),然后再从这些层次中抽样。这种抽样的方法虽然抽取的样本少,但其代表性并不差。

(4) 多级抽样

在调查中先按一定的标准把对象分组,在各组中抽取样本形成样本组,最后再在样本组中抽样。例如要调查某个城市中学生学习普通话时受当地话干扰的情况,可以在若干区各选几所中学,然后把这些中学分为坚持用普通话教学的、不坚持普通话教学的和不用普通话教学的3个类,再从这3个类中抽取不同的学校作为样本,最后在这些学校的样本中抽取学生样本。

多级抽样和分层抽样的不同在于,分层抽样是在各分层中直接抽样,而多级抽样是在分层抽样的基础上进行再抽样。多级抽样适合范围较大的调查。

3. 非随机抽样

在一些非正式的情况下,也可以使用非随机抽样的方法。非随机抽样简单易行,节省人力和物力;但这种方法所得的材料或数据不一定可靠,它常带有很大的偶然性,也会带入调查人主观判断等因素。因此,一般不应提倡。非随机抽样也有不同的方法,主要有以下两种。

（1）偶然性抽样

根据调查人的方便，随便找一些人进行调查。这种方法的偶然性太大，材料不可靠。得出的结论一般不能作为正式依据。

（2）比例抽样

在一定的调查范围内，按照可调查对象的构成比例进行抽样。例如，要调查某单位男女语言的差异，已知该单位男职工为1 000人，女职工700人。若按百分之一的比例抽样，当取10名男职工，7名女职工作为具体的调查对象。

应该指出，社会语言学的研究方法继承和发展了人类语言学和结构语言学的传统，它虽然有自身的研究方法，但是同时也没有忘记吸收语言学的一些新的描写方法。拉波夫在描写黑人英语的否定式时，就使用了转换生成语言学的方法。他说："就语言结构的共时研究而言，过于强调社会因素的重要性是错误的，转换生成语法虽然完全否认语言的社会环境，但在找出语言结构的不变关系时作出了重大的进步。现在已经很清楚，如果我们不认真研究促使语言进化的社会因素，我们就不可能在了解语言变化的机制方面迈出任何重要步伐。"（桂诗春、宁春岩，1997：153）

四、变项规则分析法[①]

变项规则分析法（Variable Rule Analysis）是社会语言学中广泛应用的一种定量分析方法。社会语言学认为，很多语言变异是随机的，许多因素都会影响变异，但变异也是可以分析出来的。

变项规则分析法是专门用来处理自然产生的语言材料的。我们

---

① 变项规则分析法详参徐大明（1997），徐大明（1999）。

知道,为了坚持实验性的原则,社会语言学家一般避免自我反省或者请一两个本族讲话人判断句子获取素材的办法,而要采用大量的自然产生的语言材料,并对之进行定量分析,以确定语言变化和语言态度的方向。在获得这些自然产生的语料的时候,语言学家不能完全控制各种具体的语言表现形式——既不能像在实验室里那样要求被试人去发某个特定的音,或读某些拟就的句子,也不能控制那些已经出现的变体的实际出现次数。但是,一般的多元分析的统计方法都要求能准确地控制有关变量的变化范围,并以整齐的变量分布作为统计的先决条件。因此,变项规则分析法采用了一种最大似然估计(量)的统计模型,从而使它可以接受不均匀分布的变量参数来作为它的输入数据,甚至允许一定范围内的缺值运算。这样一来,这种分析方法就成了理想的处理不规则分布多变量语言素材的方法。这种方法对于研究多个随机变量之间的关系很有优越性。它的统计结果是一系列概率参数,表示某种变体产生的各种概率性的条件,因此特别适合于语言变异现象的研究。

变项规则分析法尤其适用于多种环境因素同时影响交替出现的不同的语言形式的抉择的情况。这些语言形式可以是语音、词汇,也可以是语法结构,但必须是两种或两种以上同类语言形式都可能出现在特定语言环境中,讲话人每遇到这种语言环境时好像都作了一次选择取舍:用甲形式而不用乙形式,或用乙形式而不用甲形式,或者是用了丙形式,而没有用甲或乙形式,尽管其中任何一个在这一语言环境中出现都可以接受,而且表达基本相同的意思,或发挥基本相同的言语交际作用。

变项规则分析法之所以叫做"变项规则分析法"是因为它是在"变项规则"(Variable Rule)的基础上发展起来的。"变项规则"是拉波夫对生成音系学的规则的一个扩展。例如，词尾的/t，d/经常脱落的情况可以表示为：

$$t, d - \langle \Phi \rangle / [+\text{cons}]\_\#\#\langle -\text{syl} \rangle$$

这条规则描写出当/t，d/作为出现在词尾的辅音组的第二个成分时被省略的情况。社会语言学认为，变项规则不同于必须用的绝对规则，也不同于可用可不用的“选用规则”(optional rule)。选用规则表达的是“自由变异”的概念，变项规则则增加了量化的内容。拉波夫的变项规则标示出什么样的环境，以及什么样的环境因素有利于该项规则的应用，例如，“＜－syl＞”表示当下一个词起首为辅音时，/t，d/省略的情况更容易发生。而且，拉波夫还根据收集到的语料的情况给每一个变异性环境因素一个计算出来的比例值，表示其对规则应用的影响力的大小。

徐大明、高海洋(2004)对北京口语中“成”和“行”作为变异形式竞争的情况进行了深入研究。在这一研究中，他们运用变项规则分析法对67位讲话人的语料进行了分析，揭示了20世纪后半叶“行”替代“成”的趋势。徐大明(1999)还把这种分析方法运用于宏观社会语言学的研究，他以新加坡华人社会双语为例进行了深入讨论，取得了重要的成果。①

变项规则仅仅是描写语言变异的种种方法之一。在实际研究中，也可用其他方式来说明语言变体随社会变素发生变化的状况。

① 在具体操作方面，徐大明(1999)介绍了一个当前最通用的变项规则分析法计算机软件包 MacIntosh 应用软件，叫做 GoldVarb。GoldVarb 除了变项规则分析法的基本运算之外，还增加了一系列有利于调整数据和再编码等功能的用户界面。他不仅用 GoldVarb 进行了变项规则分析法的回归分析，还进行了较为普通的计量性统计，如确定华社人口的双语比例等等。

例如,可以用图表、统计表、表格等来表示某一变项的出现概率。变项规则产生的最大意义并不是在于它那种近似数学的公式表达,而是使人们认识到,在语言的规则中,不只是那些绝对规则才算是语言规则。变项规则也应看作是人们语言知识的一部分,因为它揭示的也是语言中的规律,而且是更复杂的规律。(徐大明,1997:103)

第三节 社会语言学研究人员的素养

最后我们想讨论一下社会语言学研究的人员的素养问题。从上面的介绍可以看出,进行社会语言学研究的人员比一般语言学涉及的问题要广泛得多,因此,它要求涉足这门学科的研究人员应具备以下几个方面的素养。

一、坚实的理论基础

坚实的理论基础是指导社会语言学研究的武器。只有掌握了这个武器,才能敏锐地发现问题,提出假设,进行调查分析。具体来说,有以下几个方面:

(1) 熟练掌握语言学的基本理论和知识。例如,要掌握语言学的基本概念,汉语语音、词汇和语法各个要素的基本知识(包括方言知识、汉语史的知识),要具备语音的听辨、记音以及分析整理语音系统(当然,包括音位归纳)的能力,语法分析的能力,对新的语言现象的敏锐的观察能力等。如果缺乏某方面的知识,或者不小心,就可能会得出不恰当的结论。例如,沈锡伦(1995:53)在讨论男尊女卑的文化背景时谈到了“他”。现将该部分照抄如下:

汉语里某些人称代词具有特指男性和兼指两性的两种功

能，例如，第三人称代词“他”。“他”一般情况下指男性，也可以包容两性。例如：

(1) 管他是谁呢。(“他”可能是女性)

(2) 他们班得了优胜奖(“他们”包括全体男女同学)

在一定的情况下，“他”具有排他性，这使“他”字带上了一些指示色彩。这样，被称代者为女性时“他”也不能改成“她”。大学女宿舍走廊里贴出了一张纸条：

中午请保持安静　不要影响他人休息

这纸条不能写成“……不要影响她人休息”。至于女生宿舍大扫除，一部分人擦窗、拖地板，其他人整理床铺擦桌子凳子，这“其他人”就绝对不能写成“其她人”。词汇上以男性的“他”包容女性的“她”的表达形式是男子中心主义的反映，透过这一现象，我们看到了男尊女卑的文化背景。

沈先生前面描述的都是事实，但结论却未必准确。第一，沈先生忽略了汉语“他”“她”“它”分工的时代背景。五四以前，第三人称代词，不管是文言中的“其”“之”“渠”“伊”，还是后来口语中的“他”，都是不分性别的(保留“伊”的方言，如闽方言，至今仍不区分性别)。五四以后，受印欧语的影响，有人主张把“他”分化为“他、她、它、牠”，后来人们采用了前三个，成了人称代词的新的规范。我们前面已经论述过，从语言发展的其他方面看，五四运动同时也是妇女的解放运动，我们很难相信一个原先并不通过代词来反映男性中心的社会在提倡妇女解放的同时再在语言上实行男尊女卑。第二，人是一个类别，指代男女两性时必然得有一个统指词。英语在泛指男女两性的时候也是如此。第三，沈先生的论据中也有问题，他多次提到的“他”有的其实不是我们说的单数第三人称代词。例如，“他人”“其他人”

中的“他”是无定指代词“别的”。例如：

王顾左右而言他。(《孟子·万章章句下》)

(2) 熟悉社会学、历史学、文化学、人类学等相关学科的理论知识。在熟悉这些知识的同时，还要学会辩证地看问题。例如，社会语言学注意语言对社会的影响，但不能绝对化，否则可能就会判断失误。师为公(1996:10)在谈到桑拿浴时作了如下的分析：

再如，目前方兴未艾的“桑拿浴”，是英语词 sauna['saunə]的音译加意译词，本指蒸气浴，但汉人却由“桑拿”二字联想到推搡、推拿、按摩的意思，又与按摩女、色情服务、腐败结下了不解之缘。因此，以上“幽默”一组音译词由于汉人联想义与本义暗合，故可视为正解，这类词肯定会保留在汉语中；而“爱美的[①]、桑拿”这类词因汉人所会之意与词本义相悖，故称为误解，这类词难以存活，“爱美的”一词已经淘汰，“桑拿浴”已见被“蒸气浴”代替的端倪。这两方面情形又从反面揭示了汉语规律对汉人思维的影响与制约作用。

作者关于“幽默”和“爱美的”的分析是有道理的，这里不论。但作者把“桑拿浴”中的色情服务和腐败归结为“桑拿”这个词却是颠倒了二者的关系。“桑拿浴”源于芬兰，又称“芬兰浴”。据我们的分析，这个词之所以采用音译加意译，是和20世纪80年代整个形势中的“洋化”有关的。在我们看到的材料中，它有几种不同的译法，除“芬兰浴”外，还有“桑纳浴”“桑那浴”“桑拿浴”“三温暖”(港台地区流行的用法，大陆也可以看到)四种。这些今天还可以找到大量用例。例

① 熙按：这里的“爱美的”是英语 amateur 的音译。原义为“业余爱好者”，译成中文后人们望文生义，把“爱美的戏剧家”中的“爱美”理解成动宾短语了。

如：

① “芬兰浴”又叫桑拿浴。“SAUNA”（桑拿）在芬兰语中是指“一个没有窗子的小木屋”，如今这个词已随着那种蒸气腾腾的浴法走向世界，成为唯一进入世界语汇的芬兰语词组。（新华网，2004 年 8 月 5 日）

② 美国洛杉矶一家公司推出一种家用桑那浴包。（《光明日报》，1989 年 1 月 30 日）

③ 她的校园现在拥有奥运会规格的游泳池，室内体育大厅，体操和壁球馆，攀岩墙，步枪射击场，桑纳浴和日光浴室。（《二十一世纪》杂志，2002 年第 8 期）

④ 泳池也不必担心会受到感染，至于三温暖就要注意了，最好不要坐在别人使用过的浴盆中……（人民网，2002 年 12 月 5 日）

当然，现在社会上使用较多的是“桑拿浴”，这倒真是因为人们的联想所致，因为一些桑拿浴的经营者，在桑拿浴服务中增加了所谓“推拿”“按摩”之类的服务，这才使得“桑拿”与色情服务搭上了线。这正说明了社会对语言的影响。顺便提一句，师先生对“桑拿浴”的前景作的预见也未必正确，在我们看来，这个词还没有到寿终正寝的时候，至于它最终是否会被“蒸气浴”所代替，还有待进一步观察。

（3）掌握相关的调查方法和技巧，例如上面提到的抽样、调查大纲及问卷的设计、观察等等。

社会语言学研究不能仅凭感觉。美国社会语言学家佐伊基曾举过 个例子。上他社会语言学课的男生一开始就告诉他，女人说话的声音比男人高，说得也比男人快，比男人多。女生也同意这种看法。学生们认为男女交谈时女人常先开口说话，谈话的过程中她们占据大量的时间,弄得男人插不上嘴。事实并非如此。研究的多数结果证明男人谈话时间占3/4。有意思的是,不仅一般情况下女人比男人谈得少,就是在课堂里教师对女学生说的也比对男学生说的少。美国的一些研究表明,大中小学教师与男生谈话的时间是与女学生谈话时间的3倍。教师对男生提问多,谈话时间也长。不管是男教师还是女教师,都是如此。一般人认为教师提问学生或与学生交谈时,都是同等对待的,而且持这种看法的人的态度相当坚定。一次,一个调查者发现,把在教室录下来的实况放给教师看后,教师的结论仍然是男女学生说的差不多一样多,只是通过一句一句地计数时才发现其差别,即男学生说话的机会是女学生的3倍。类似上边的看法有时根深蒂固,几乎使你很难相信实际情况。这里特地提到这一特别的研究的意义在于:我们几乎每一个人都有自己对语言和社会的观念,这些观念可能很顽固,有时候会影响我们的研究结果。(佐伊基,1989:15)

(4) 要有熟练处理材料的能力

社会语言学在研究中要依据两种素材:①客观的材料;②主观的材料。客观的材料是指何人何地何目的说了什么或写了什么;主观材料是指言语活动的各式各样的参与者对谈话的可接受性以及谈话的内容和场合是否合适作出的评价。在评判可接受性和是否合适的时候必须把谈话的全部特征——从声音到修辞都考虑在内。至于素材的范围可以很广泛,例如可以是现成的材料,像小说、剧本、电影、电视、电台和舞台演出、演讲和讨论的录音;也可以是临时搜集到的资料——不管是笔录的还是录音,像人们在各种场所的谈话等等。对所有这些材料,研究者必须能够驾驭。当然,这也离不开理论素养。

二、热情而坚强的敬业精神

田野作业是相当艰苦的。凡是从事过田野作业的人都会有这样的感受。陈保亚在深入云南德宏地区的方言岛进行实地调查时，实习调研经费只有 1 600 元，他就是用这点儿钱两次深入实地，历时四五个月，食宿交通之艰苦可想而知。在金沙江傣语的调查期间，有一次夜归，迷路深谷，不是碰巧遇到一个夜行人，后果不堪设想。（徐通锵，1996）在当前的商品经济大潮中，这种对学术研究的献身精神是进行社会语言学研究的一个重要条件。

三、一定的社交能力

社会语言学田野调查常常要去的是自己不熟悉的地方，要调查的对象也常常是自己不熟悉的人。而且，为了取得真实的语言材料，调查人还得消除被访者的顾虑，取得对方的信任，因此调查人要能够在短时间内和被调查者建立融洽的关系。根据我们的经验，被调查者有不同的性格，他们对调查问题的态度可能截然不同。因此，在调查中应想方设法去“联络感情”。例如，要学会发现被调查人的优点，并诚恳地将你的发现告诉对方就是十分有益的。再如，要真诚地关怀被调查人，以被调查者所关心的事为切入口等等。总的来说，调查是门艺术，它体现了一个人的社交综合能力。我们应该培养自己的这种能力。

参考文献

（说明：书中脚注已注明出处的引文不再列入参考文献。括号中的数字系本书所引用的版本的年份）

鲍明炜(1980)《六十年来南京方音向普通话靠拢情况的考察》，见《中国语文》第4期。

鲍明炜、颜景常(1985)《苏北江淮话与北方话的分界》，见《方言》第2期。

鲍明炜主编(1999)《江苏省志・方言志》，南京大学出版社。

鲍世修(1997)《谈谈对外交往中中国人姓名外译的规范化》，见《中国翻译》第4期。

卞觉非(1992)《论"汉语・文化圈"跟对外汉语教学的基本策略》，见《语言文字应用》第2期。

蔡富有(1984)《语言学在现代科学技术体系中的地位——兼谈语言学与现代化的关系》，见《语言研究》第1期。

蔡富有(1991)《社会语言学的几个重要理论问题》，见《语言・社会・文化》，语文出版社。

蔡国璐(1995)《丹阳方言词典》，江苏教育出版社。

蔡永良(2002)《论美国的语言政策》，见《江苏社会科学》第5期。

曹聪孙(1990)《语言学及其交叉学科》，四川教育出版社。

曹贤文(2000)《语言教育：如何体现留学生的素质要求》，见《汉语学习》第3期。

曹志耘(1987)《语气词运用的性别差异》，见《语文研究》第3期。

曹志耘(1991)《汉人命名中存在的问题及其对策》，见《语言・社会・文化》，语文出版社。

岑麒祥(1988)《语言学史概要》，北京大学出版社。

陈保亚(1996)《论语言接触与语言联盟——汉越(侗台)语源关系的解释》，语文出版社。

陈根良(1984)《地名汉语用字浅谈》，见《地名知识》第1期。

陈建民(1989)《语言文化社会新探》，上海教育出版社。

陈建民(1997)《配偶义的"爱人"小考》，见《词库建设通讯》(香港)总13期。

陈建民、陈章太(1988)《从我国语言实际出发研究社会语言学》,见《中国语文》第2期。又见(1991)《语言·社会·文化》,语文出版社。

陈建民、祝畹瑾(1992)《语言的市场价值》,见《语言文字应用》第2期。

陈明远(1984)《语言学和现代科学》,四川人民出版社。

陈松岑(1985)《社会语言学导论》,北京大学出版社。

陈松岑、徐大明、谭慧敏(1999)《新加坡华人的语言态度和语言使用情况的研究报告》,见李如龙主编《东南亚华人语言研究》,北京语言文化大学出版社。

陈松岑、徐大明、谭慧敏(2000)《新加坡华人的语言使用和语言态度调查报告》,见陈照明主编《二十一世纪的挑战——新加坡华语文的现状与未来》,联邦出版社(新加坡)。

陈原(1980)《语言与社会生活》,生活·读书·新知三联书店。

陈原(1983)《社会语言学》,学林出版社。

陈原(1988)《社会语言学专题四讲》,语文出版社。

陈原(1991)《社会语言学论丛》,湖南出版社。

陈原(1992)《语言和人——应用社会语言学若干探索》,上海教育出版社。

陈原、许国璋、王宗炎(1988)《社会语言学》,见《中国大百科全书·语言文字》,中国大百科全书出版社。

陈章太(1991)《语言变异与社会及社会心理》,见《语言·社会·文化》,语文出版社。

陈章太(2002)《略论我国新时期的语言变异》,见《语言教学与研究》第6期。

陈重瑜(1986)《"华语"——华人的共同语》,见《语文建设通讯》(香港)第21期。

程祥徽(1998)《澳门赌文化带来的语言现象——为"汉语修辞和汉文化"国际学术研讨会而作》,见《澳门:语言博物馆》,海峰出版社(香港)。

笪远毅(1997)《镇江方音比较研究》,见《镇江师专学报》第4期。

戴庆厦(1987)《我国民族语文工作与社会语言学》,见《民族语文》第5期。

戴庆厦、何俊芳(1997)《新时期我国少数民族双语变化的特点及对策》,见《中国民族教育》第2期。

戴庆厦、王远新(1987)《论我国民族语言的转用问题》,见《语文建设》第4期。

戴庆厦、袁焱(2004)《阿昌族双语转型的成因及其特点》,见邹嘉彦、游汝杰主编《语言接触论集》,上海教育出版社。

戴昭铭(1996)《文化语言学导论》,语文出版社。

邓佑玲(2003)《谈少数族群的语言转用和语言保持》,见《中央民族大学学报》第

1期。
丁安仪、郭英剑、赵云龙(2000)《应该怎样称呼现代中国的官方语言?》见《河南师范大学学报》第3期。
丁邦新(1981)《中国话的文法·中译本序》,香港中文大学出版部。
丁宏(1999)《东干文与东干语》,见《西北民族研究》第2期。
段连成(1988)《对外传播学初探》,中国建设出版社。
方光焘(1997)《研究汉语语法的几个原则性问题》,见《方光焘语言学论文集》,商务印书馆。
冯志伟(1999)《应用语言学综论》,广东教育出版社。
高更生(1999)《〈现汉〉修订本的异体词整理》,见《语文建设》第1期。
高莉琴(2003)《新疆语言的发展趋势与思考》,见《语言与翻译》第1期。
高天如(1993)《中国现代语言计划的理论和实践》,复旦大学出版社。
高一虹(1996)《我国社会语言学研究现状及问题》,见许嘉璐等《中国语言学现状与展望》,外语教学与研究出版社。
桂诗春、宁春岩(1997)《语言学方法论》,外语教学与研究出版社。
郭兵正(1997)《汉语招呼语研究》(南京大学硕士论文)。
郭伯康(1994)《索绪尔的语言观在中国的传播与中国现代语言学的发展——“现代语言学在中国”座谈会纪要》,见《语言文字应用》第3期。
郭伯康(1996)《中国语文工作者的使命》,见《语言文字应用》第3期。
郭骏(1998)《从地名特征看溧水的历史和文化》,见《江苏地名》第2期。
郭松义(1984)《清代的人口增长和人口流迁》,见《清史论丛》第五辑(中华书局)。
郭熙(1989)《新闻语言和缩略语》,见《许昌师专学报》第1期。
郭熙(1989a)《论大陆与港台汉语在词汇上的差异》,见《双语双方言》,中山大学出版社。
郭熙(1989b)《现代汉语教学问题刍议》,见《语言学通讯》第3—4期。
郭熙(1991)《试论新闻语言的基本特征》,见《南京大学学报》第4期。
郭熙(1992a)《试论海峡两岸汉语差异的起源》,见《双语双方言》(二),彩虹出版社。
郭熙(1992b)《汉语、汉字和现行书面记录系统中的一些问题及其对策》,见《语言文字应用》第3期。
郭熙(1993)《汉语新语汇词典》,江苏教育出版社。
郭熙(1995a)《谈谈古代的方言及其发展》,见郭维森、柳士镇主编《古代文化基础》,岳麓书社。
郭熙(1995b)《苏南地区的河南方言岛群》,见《南京大学学报》第4期。
郭熙(1996)《世纪交替中的中国语言学:危机与机遇并存》,见《语言文字应用》第4期。
郭熙(1997)《现代汉语称谓缺位现象小议》,见《语文建设》第9期。
郭熙(1998a)《当前我国语文生活的几个问题》,见《中国语文》第3期。
郭熙(1998b)《苏南地区河南话变化的初步考察》,见《南京社会科学》第8期。
郭熙(1998c)《新一轮"推普":特点、问题和对策》,见《语文建设》第10期。
郭熙(1999)《中国社会语言学》,南京大学出版社。
郭熙(2001)《华语与普通话》,4月11—12日马来西亚《光明日报》。
郭熙(2002a)《域内外汉语协调问题刍议》,见《语言文字应用》第2期。
郭熙(2002b)《普通话词汇与新马华语词汇的协调与规范》,见《汉语学报》下卷。
郭熙(2003a)《语言教育问题之管见》,见《语言教学与研究》第3期。
郭熙(2003b)《马来西亚槟城华人社会的语言生活》,见《中国社会语言学》创刊号。
郭熙(2004a)《论"华语"》,见《暨南大学华文学院学报》第2期。
郭熙(2004b)《海外华人社会华语(汉语)教学的若干问题》,见《世界汉语教学》第3期。
郭熙(2006a)《论华语视角下的中国语言规划》,见《语文研究》第1期。
郭熙(2006b)《论华语研究》,见《语言文字应用》第2期。
郭熙(2007)《现代华人社会称说汉语方式的多样性再考察》,见《南开语言学》第1期。
郭熙(2008)《多语言多文化环境下母语维持问题:新加坡的个案》,见《语言文字应用》第4期。
郭熙(2009)《华语规划论略》,见《语言文字应用》第3期。
郭熙、蔡国璐(1991)《丹阳埤城的河南方言岛》,见《徐州师院学报》第2期。
何容(1974)《国语日报辞典》,国语日报出版社(台北)。
侯精一(1988)《山西理发社群行话的研究报告》,见《中国语文》第2期。又见(1991)《语言·社会·文化》,语文出版社。
胡明扬(1983)《关于北京话语音、词汇的五项调查》,见《中国语言学报》第1期。
胡明扬(1988)《北京"女国音"调查》,见《语文建设》第1期。又见(1991)《语文·社会·文化》,语文出版社。

胡乔木(1994)《胡乔木回忆毛泽东》,人民出版社。
胡振华(2000)《吉尔吉斯斯坦共和国的东干语及汉语教学研究》,见《语言与翻译》第4期。
黄宣范(1976)《翻译与语意之间》,台湾联经出版事业公司。
黄翊(2003)《从命名看土生葡人的文化特征》,见《中国社会语言学》创刊号。
贾鲁生(1989)《黑话》,见《报告文学》第2期。
蒋荫楠(1994)《当代谚谣概论》,见《安徽大学学报》第3期。
金有景(1992)《拉祜语方言地图集》,天津社会科学出版社。
孔玫(1991)《香港中文教学探讨》,见《第三届国际汉语教学讨论会论文选》,北京语言学院出版社。
李安宅(1936)《巫术与语言》,商务印书馆。
李荣(1982)《论"人"字的读音》,见《方言》第4期。
李荣(1989)《汉语方言的分区》,见《方言》第4期。
李如龙(2000)《马来西亚华人的语言生活及其历史背景》,见李如龙主编《东南亚华人语言研究》,北京语言文化大学出版社。
李晓琪,刘晓雨(2000)《第二次全国语言教育问题座谈会侧记》,见《语言文字应用》第2期。
李秀琴(1992)《语言学研究的当前动向》,见《国外语言学》第4期。
李宇明(2003a)《论母语》,见《世界汉语教学》第1期。
李宇明(2003b)《信息时代的语言问题》,见《语言文字应用》第1期。
李宇明(2008)《语言功能规划刍议》,见《语言文字应用》第1期。
李宇明、周建民(2004)《"领域语言研究"开栏引言》,见《江汉大学学报》第2期。
李宇明等(2000)《语言学概论》,高等教育出版社。
梁家禄等(1984)《中国新闻业史》,广西人民出版社。
梁容若(1983)《光复以来台湾国语国文教育概观》,见《语文现代化》第1期。
廖秋忠(1992)《廖秋忠文集》,北京语言学院出版社。
林枫(1986)《新闻理论与实践》,新华出版社。
刘丹青(1995)《南京方言词典》,江苏教育出版社。
刘丹青(2001)《一本好而切题的社会语言学著作——读郭熙著〈中国社会语言学〉》,见《语言文字应用》第3期。
刘宁生(1991)《关于店名的综合研究》,见《语言·社会·文化》,语文出版社。
刘珣(1998)《语言教育学是一门重要的独立学科》,见《世界汉语教学》第2期。

刘涌泉(1996)《语言规划和信息处理》,见《语文现代化论丛》(第二集),语文出版社。
卢甲文(1992)《郑州方言志》,语文出版社。
卢绍昌(1984)《华语论集》,(新加坡)金昌印务。
鲁国尧(1994)《"方言"和〈方言〉》,见《鲁国尧自选集》,河南教育出版社。
鲁国尧(1996)《〈汉语与汉文化〉序》,见师为公《汉语与汉文化》,江苏教育出版社。
陆俭明(1986)《东瀛寄语》,见《语法求索——首届青年现代汉语(语法)学术讨论会论文集》,华中师范大学出版社。
陆俭明、张楚浩、钱萍(1996)《新加坡华语语法的特点》,见新加坡《南大语言文化学报》第1卷第1期。
吕必松(1992)《华语教学讲习》,北京语言学院出版社,第1—8页。
吕冀平(1996)《给本刊编辑部的信》,见《语言文字应用》第4期。
吕叔湘(1954)《中国文法要略》(中),商务印书馆。
吕叔湘(1988)《语言和语言研究》,见《中国大百科全书·语言文字》,中国大百科全书出版社。
吕叔湘、王海棻(1986)《马氏文通读本》,上海教育出版社。
罗常培(1989)《语言与文化》,语文出版社。
罗庆铭(1997)《谈对华裔儿童的华语教学》,见《世界汉语教学》第3期。
雒鹏(1999)《一种只有两个声调的汉语方言——兰州红古话的声韵调》,见《西北师大学报》第6期。
马宇平等(1989)《中国昨天与今天》,解放军出版社。
毛泽东(1967a)《反对党八股》,见《毛泽东选集》(合订本),人民出版社。
毛泽东(1967b)《党委会的工作方法》,见《毛泽东选集》(合订本),人民出版社。
毛泽东(1983a)《苏维埃文化教育的方针和任务》,见《毛泽东新闻工作文选》,新华出版社。
毛泽东(1983b)《普遍地举办〈时事简报〉》,见《毛泽东新闻工作文选》,新华出版社。
眸子(1997)《语言生活与精神文明》,见《语文建设》第1期。
牛汝辰(1993)《中国地名文化》,中国华侨出版社。
潘家懿(1989)《开放以来汕尾市语言的变化》,见《双语双方言》,中山大学出版社。

潘家懿(1991)《山西晋南的秘密语——“言话”》,见《语言·社会·文化》,语文出版社。
潘家懿(1998)《军话与广东平海“军声”》,见《方言》第1期。
潘家懿(2001)《饶平亘家粤语的演变及其交际功能的丧失》,见《双语双方言》(七),汉学出版社。
浦东新区语言政策和语文生活研究课题组(1996)《上海新区普通话使用状况和语言观念的调查》,见《语言文字应用》第3期。
亓婷婷(1990)《略论台湾地区流行新词与社会心理之关系》,见《语文建设通讯》(香港)第31期。
钱乃荣等(1990)《现代汉语》,高等教育出版社。
邱树森(1996)《中国回族史》,宁夏人民出版社。
邱质朴(1982)《试论语言资源的开发——兼论汉语面向世界问题》,见《南京大学学报》编辑部、南京大学中文系语言教研室合编《语文集刊》(第一辑)。
邱质朴(1990)《大陆和台湾词语差别词〈序言〉》,南京大学出版社。
曲彦斌(1990)《中国民间秘密语》,上海三联书店。
瞿霭堂(2000)《双语和双语研究》,见《民族语文》第3期。
沙平(1991)《“变语配对”实验的应用》,见《语言·社会·文化》,语文出版社。
山曼等(1988)《山东民俗》,山东友谊书社。
邵朝阳(1998)《港澳博彩用语研究》,见《澳门:语言博物馆》,海峰出版社(香港)。
沈炯(1989)《北京话合口呼零声母的语音分歧》,见《中国语文200期纪念文集》,商务印书馆。又见《中国语文》1987年第5期。
沈锡伦(1995)《中国传统文化和语言》,上海教育出版社。
师为公(1996)《汉语与汉文化》,江苏教育出版社。
施其生(1991)《从口音的年龄差异看汕头音系及其形成》,见《语言·社会·文化》,语文出版社。
史有为(1991a)《相对形式的产生、发展与接受》,见《语言·社会·文化》,语文出版社。
史有为(1991b)《异文化的使者——外来词》,吉林教育出版社。
侍建国(2003)《普通话语音》,语文教育荣誉学士课程“现代汉语”用书,香港教育学院。
苏金智(2000)《语言规划的连贯性与系统性》,见《学术研究》第2期。

苏培成(1993)《〈第一批简体字表〉读后》,见《语文建设通讯》(香港)第41期。
孙宏开(1991)《羌族双语制的形成和发展》,见《语言・社会・文化》,语文出版社。
孙宏开、胡增益、黄行主编(2007)《中国的语言》,商务印书馆。
孙永和、孙开平(1991)《唐代扬州与西亚交往》,见《伊斯兰教在扬州》,南京大学出版社。
汤志祥(2001)《当代汉语社区词汇的共时状况及其嬗变》,复旦大学出版社。
唐弢(1979)《中国现代文学史》第一册,人民文学出版社。
唐作藩(1991)《音韵学教程》,北京大学出版社。
田惠刚(1994)《海外华语与现代汉语的异同》,见《湖北大学学报》第4期。
田小琳(1993)《现代汉语词汇的特点》,香港国际语文教育研讨会论文。
汪惠迪(1984)《新加坡华语,走自己的路!——读卢绍昌先生〈华语论集〉》,见《语文建设通讯》(香港)第16期。
汪惠迪(1999)《新加坡特有词语词典》,联邦出版社(新加坡)。
王得杏(1992)《社会语言学导论》,北京语言学院出版社。
王赓武(1994)《中国与海外华人》,台湾商务印书馆股份有限公司(台北)。
王慧(1997)《江湖隐语的文化心理分析》,见《赣南师范学院学报》第1期。
王洁(1999)《南京市中学生社会泛称使用状况调查》,见《南京大学中文系本科学生论文选集》,南京大学出版社。
王均等(1995)《当代中国的文字改革》,当代中国出版社。
王力(1985)《中国现代语法》,商务印书馆。
王立(2003)《汉语词的社会语言学研究》,商务印书馆。
王群生(1992)《荆州"东边腔"语音的历史演变》,见《双语双方言》(二),彩虹出版社。
王献忠(1991)《中国民俗文化与现代文明》,中国书店。
乌丙安(1988)《中国民俗学》,辽宁大学出版社。
吴东英(2001)《再论英语借词对现代汉语词法的影响》,见《当代语言学》第2期。
吴淮南(1991)《语感例说》,见《南京大学学报》第4期。
吴硕官(1991)《领域、角色关系与语码转换》,见《语言・社会・文化》,语文出版社。
伍铁平(1981)《语言学是一门领先的学科》,见《把我国语言学科推向前进——中国语言学会成立大会学术报告集》,湖北人民出版社。

伍铁平(1997)《语言和文化评论集》,北京语言文化大学出版社。
奚博先(1993)《语言属于生产力范畴——再谈语言和吃饭的关系》,见《语言文字应用》第4期。
忻平(1996)《从上海发现历史——现代化进程中的上海人及其社会生活》,上海人民出版社。
辛志华(1965)《我国心理学研究工作中的一些统计学问题》,见《心理学报》第2期。
行龙(1992)《辛亥革命前的人口状况》,见《历史研究》第1期。
邢福义(1985)《谈谈语法规范化》,见《文字改革》第6期。
邢福义(1989)《"有没有VP"疑问句式》,见《双语双方言》,中山大学出版社。
邢福义(1990)《文化语言学》,湖北教育出版社。
邢福义(1996)《说"你们"》,见《方言》第2期。
邢欣(2003)《都市语言研究的新视角》,北京广播学院出版社。
徐大明(1999)《新加坡华社双语调查——变项规则分析法在宏观社会语言学中的应用》,见《当代语言学》第3期。
徐大明(2001)《北方话鼻韵尾变异研究》,见董燕萍、王初明编《中国的语言学研究与应用——庆祝桂诗春教授七十华诞》,上海外语教育出版社。
徐大明(2004)《言语社区理论》,见《中国社会语言学》第1期。
徐大明、高海洋(2004)《"行/成"变异一百年》,见《南大语言学》第一编。
徐大明、陶红印、谢天蔚(1997)《当代社会语言学》,中国社会科学出版社。
徐曼华(1995)《台湾汉语论略》,见许惟贤、王相宝主编《汉语言与文化研究》,江苏文艺出版社。
徐通锵(1991)《历史语言学》,商务印书馆。
徐通锵(1996)《论语言接触与语言联盟·序》,语文出版社。
许国璋(1991)《许国璋论语言》,外语教学与研究出版社。
许惟贤(1990)《现代汉语阅读教程·序》,江苏人民出版社。
许宪隆(1989)《试论回族形成中的语言问题》,见《甘肃民族研究》第1期。
颜逸明(1988)《普通话》,见《中国大百科全书·语言文字》,中国大百科全书出版社。
颜逸明(1994)《吴语概说》,华东师范大学出版社。
杨欣儒(1996)《华语常用词表》,马来西亚艺青出版社。
杨志玖(1985)《回回一词的起源和演变》,见《元史三论》,人民出版社。

姚喜明、王胜利(2000)《论政治对语言演变的影响》,见《郑州大学学报》第1期。
叶蜚声、徐通锵(1991)《语言学纲要》,北京大学出版社。
叶籁士(1981)《关于文字改革的几个问题》,见《语文现代化》第5期。
易洪川等(1992)《应用汉语教程》,北京语言学院出版社。
游汝杰(1993)《中国文化语言学》,高等教育出版社。
游汝杰(2004a)《汉语方言学与社会语言学》,见《中国社会语言学》第1期。
游汝杰(2004b)《方言接触和上海话的形成》,见邹嘉彦、游汝杰主编《语言接触论集》,上海教育出版社。
于根元(1993)《领先学科——语言学的本质》,见《语言文字应用》第2期。
于根元(1995)《论王希杰的语言学研究》,见李晋荃主编《修辞文汇》,江苏教育出版社。
于根元(1996a)《二十世纪的中国语言应用研究》,书海出版社。
于根元(1996b)《五四白话文运动再认识》,见《语文现代化论丛》(第二集),语文出版社。
于根元(1998)《推广普通话,促进语言文字规范化》,语文出版社、学习出版社、中国法制出版社。
于根元(1999a)《实用语文规范知识小词典》,语文出版社。
于根元(1999b)《语言应用论集》,北京广播学院出版社。
于根元(2000)《编写〈应用语言学概论〉的重要参考——读郭熙的〈中国社会语言学〉》,见《汉语学习》第3期。
于根元(2002)《应用语言学的基本理论》,见《语言文字应用》第1期。
于根元(2004)《路径和手段——语言学及应用语言学方法》,中国经济出版社。
于根元、夏中华等(2000)《语言能力及其分化——第二轮"语言哲学对话"选载之一》,见《锦州师院学报》第3期。
于根元等(1999)《语言哲学对话》,语文出版社。
于夏龙(1992)《从方言吸取营养——普通话新词语产生的重要途径》,见《语言文字应用》第2期。
余惠邦(1997)《论中国的双语制》,见《西南民族学院学报》第5期。
俞敏(1988)《汉语音韵学》,见《中国大百科全书·语言文字》,中国大百科全书出版社。
喻江(2001)《娱乐杂志栏目标题语言小议》,见《汉语学习》第6期。
袁焱(2001)《语言接触与语言演变——阿昌语个案调查研究》,民族出版社。

张克荣(1988)《当代社会学》,群众出版社。
张琨(1977)《中国境内非汉语研究的方向》,《中国语言学论集》,幼狮月刊社编。
张清常(1978)《漫谈汉语中的蒙语借词》,见《中国语文》第3期。
张绍滔(1995)《海外华文教学的文化因素》,见《海外华文教育》第1期。
张旺熹(1998)《语言教育问题座谈会纪要》,见《世界汉语教学》第1期。
张玉华(1998a)《语言教育学与语言学》,见《世界汉语教学》第3期。
张玉华(1998b)《语言教育学漫谈》,见《解放军外语学院学报》第21卷第5期。
张振兴(1991)《台湾话与日语同化反同化斗争的回顾》,见《语言·社会·文化》,语文出版社。
赵寄石、楼必生(1993)《学前儿童语言教育》,人民教育出版社。
赵丽明、宫哲兵(1990)《女书——一个惊人的发现》,华中师范大学出版社。
赵蓉晖(2003)《语言与性别——口语的社会语言学研究》,上海外语教育出版社。
赵世开(1983)《现代语言学》,知识出版社。
赵元任(1928)《现代吴语研究》,科学出版社1956年影印本。
赵元任(1931)《反切语八种》,见《国立中央研究院历史语言研究所集刊》第2本第3分册。
赵元任(1976)《什么是正确的汉语》(叶蜚声译),见《赵元任语言学论文集》,中国社会科学出版社。
赵元任(1980)《语言问题》,商务印书馆。
郑宝倩(1993)《华夏人名与中国文化》,中国人民大学出版社。
郑敏(1998)《汉民族共同语的称谓》,见《寻根》第5期。
郑之东(1980)《新闻语言必须接近民众》,见胡裕树主编《现代汉语参考资料》上册,上海教育出版社。
周长楫(1991)《从社会语言学的角度看闽南方言的变化》,见《语言·社会·文化》,语文出版社。
周恩来(1984)《当前文字改革的任务》,见《周恩来选集》(下),人民出版社。
周健(2000)《把实用性放在第一位》,见《海外华文教育》第4期。
周烈婷(1999)《从几个例子看新加坡华语和普通话词义的差别》,见《语言文字应用》第1期。
周清海、萧国政(1998)《新加坡华语的词形、词义和词用选择》,3月6日新加坡《联合早报》。
周庆生(1994)《傣族亲属称谓变体》,见《民族语文》第4期。

周庆生(2000)《语言与人类——中华民族社会语言透视》,中央民族大学出版社。
周一农(1996)《语言规范与言语规范》,见《语言文字应用》第 3 期。
周有光(1995)《语文闲谈》(上),生活·读书·新知三联书店。
周有光(1997)《语文闲谈》(续编下),生活·读书·新知三联书店。
周振鹤、游汝杰(1986)《方言与中国文化》,上海人民出版社。
朱德熙(1951)《作文指导·序》,北京开明书店。又见(1999)《朱德熙文集》第 4 卷,商务印书馆。
朱德熙(1986)《现代汉语语法研究的对象是什么》,见《语法求索》,华中师范大学出版社。
朱德熙(1988)《汉语》,见《中国大百科全书·语言文字》,中国大百科全书出版社。
朱景松(1995)《汉语规范化的成功实践——重读〈语法修辞讲话〉》,见《语言文字应用》第 4 期。
朱晓农(1986)《语言学方法论基础》,见《语法求索》,华中师范大学出版社。
祝畹瑾(1992)《社会语言学概论》,湖南教育出版社。
庄文中(1997)《叶圣陶的语文工具观》,见《中学语文教学》第 4 期。
邹嘉彦、游汝杰(2001)《汉语与华人社会》,复旦大学出版社、香港城市大学出版社。
福建省泉州海外交通史博物馆编《泉州伊斯兰教石刻》(1984),宁夏人民出版社、福建人民出版社。
【澳大利亚】斯蒂芬·武尔姆(2001)《语言的消亡与消失:原因与环境》,见周庆生主编《国外语言政策与语言规划进程》,语文出版社。
【丹麦】罗伯特·菲利普森(2001)《英语传播政策》,见周庆生主编《国外语言政策与语言规划进程》,语文出版社。
【德】T. 勒克曼(1985)《语言在社会中》,见《国际社会科学杂志》(中文版)第 2 卷第 4 期。
【法】A. 梅耶(1992)《历史语言学中的比较方法》,见《国外语言学论文选译》,岑麒祥译,语文出版社。
【法】列维·布留尔(1981)《原始思维》,商务印书馆。
【荷兰】高罗佩(1990)《中国古代房内考》,上海人民出版社。
【马来西亚】陆庭谕(1981)《我国华文教育问题面面观》,发表于 1981 年 8 月槟城南大校友会主催现代教学研讨会上。
【马来西亚】萧遥天(1987)《中国人名的研究》,国际文化出版公司。

【美】Bolinger,Dwight(1993)《语言要略》,方立等译,外语教学与研究出版社。

【美】C. 恩伯、M. 恩伯(1988)《文化的变异——现代文化人类学通论》,杜彬彬译,辽宁人民出版社。

【美】E.Haugen(1984)《语言学和语言学规划》,林书武译,见《国外语言学》第3期。

【美】W. W. 莱曼(1986)《描写语言学引论》,金兆骧、陈秀珠译,上海外语教育出版社。

【美】克特·W. 巴克(1986)《社会心理学》,南开大学出版社。

【美】拉波夫(1985)《纽约市百货公司(r)的社会分层》,见祝畹瑾(1985)《社会语言学译文集》,北京大学出版社。

【美】斯坦利·利伯森(2001)《语言传播面面观》,见周庆生主编《国外语言政策与语言规划进程》,语文出版社。

【美】尤金·奈达(1985)《关于社会语言学》,见祝畹瑾编《社会语言学译文集》,北京大学出版社。

【美】约翰·甘柏兹(1985)《言语共同体》,见祝畹瑾编《社会语言学译文集》,北京大学出版社。

【美】佐伊基(1989)《社会语言学演讲录》,刘明霞等译,北京语言学院出版社。

【孟加拉】蒙苏尔·穆萨(2001)《巴基斯坦的语言规划政治与一个新国家的诞生》,见周庆生主编《国外语言政策与语言规划进程》,语文出版社。

【日】桥本万太郎(1988)《汉语声调的扩散现象》,瞿霭堂译,见《语言学译丛》第二辑,天津人民出版社。

【日】太田辰夫(1991)《汉语史通考》,江蓝生、白维国译,重庆出版社。

【瑞典】马易平(Magnus Nordenhake)(1997)《试论南京人对方言的评价》,薛遴译,见许惟贤、王相宝主编《当代海外汉学研究》,江苏人民出版社。

【苏】Ф.Л.费林(1988)《论语言学中的几个哲学问题》,曹静译,见《语言研究译丛》第二辑,天津人民出版社。

【苏】什维策尔(1987)《现代社会语言学》,卫志强译,北京大学出版社。

【苏】尤尼斯·D.德舍里耶夫(1985)《社会发展与社会语言学》,见《国际社会科学杂志》(中文版)第2卷第4期。

【新加坡】林万菁(2001)《新加坡华文词汇的规范趋势:与过去相比》,见《语文建设通讯》(香港)第68期。

【新加坡】吴元华(2004)《华语文在新加坡的现状与前景》,创意圈出版社(新加坡)。

【新加坡】张从兴(2003)《华人、华语的定义问题》,见《语文建设通讯》(香港)第74期。

【新加坡】钟天祥(2002)《“阿里峇峇”遭遇“阿里巴巴”》,2002年12月23日《联合早报》。

【新加坡】周清海(2001)《社会变迁与语文教育的改革》,第四届中国语文课程教材教法国际研讨会论文。

【新加坡】周清海(2002)《新加坡华语变异概说》,9月29日《联合早报》。

【新西兰】玛丽—路易斯・卡内(1985)《社会语言学和语言教学》,见《国际社会科学杂志》第2卷第4期。

【英】G. L. 布鲁克(1985)《各类英语》,中译本,河北人民出版社。

【英】R. A. 郝德森(1990)《社会语言学》,丁信善译,中国社会科学出版社。

【英】S. 皮特・科德(1983)《应用语言学导论》,中译本,上海外语教育出版社。

【英】罗・亨・罗宾斯(1986)《普通语言学概论》,李振麟、胡伟民译,上海译文出版社。

Bamgbose, A.(1991) Language and the Nation: The Language Question in Sub Saharan Africa, Edinburgh: Edinburgh University Press.参邓佑玲(2003)。

Chao, Yuen Ren(1976) The Sociopolitical Overtones of Chinese Place Names, Aspects of Chinese Sociolinguistics, Stanford University Press.

DeFrancis, John (1984) The Chinese Language: Fact and Fantasy, University of Hawaii Press.

Heinz Kloss(1969) J. A. Fishman(1976) The Relationship between Micro-and Macro-Sociolinguistics in the Study of Who Speaks What to Whom and When, Sociolinguistics, edited by J. B. Pride and Janet Holmes, Penguin Books Ltd.

Kleineidam, Hartmut(2001)《语言传播政策和法语区:法国采取的语言行动》,见周庆生主编《国外语言政策与语言规划进程》,语文出版社。

Ramsey, S. Robert(1989) The Languages of China, Princeton University Press.

Wardhaugh, Ronald(1986) An Introduction to Sociolinguistics, Basil Blackwell Ltd.

А.И.Домащнев(1988)《伯恩斯坦的语码论及其目的和效果》,萧川译,见《语言研究译丛》第二辑,天津人民出版社。

索 引

C

D

E

F

J

K

L

M

R

S

T

W

X

Y

2004年版后记

拙作《中国社会语言学》1999年出版后，得到学界前辈和朋友的不少鼓励，这充分体现了大家对我“改行”的关心和支持。同时，大家也对这本书提出了批评和建议，使我受益匪浅。但当时并没有想到还有机会再版，也就没有修订的计划。

几年来，中国社会语言学有了很大的发展，国内外一些高校也拿这本书作为相关学科的必读书或教材，这使我倍感责任重大，开始考虑修订问题。最初只是想把一些印刷错误或不妥的提法加以改正，但在修订的过程中，发现必须动一次大手术，于是就有了现在的增订本。除了改正印刷错误和不妥的提法之外，这次增订主要有以下几个方面的变动：(1)在第一章增加了“言语社区理论”一小节，在“语言的传播”一小节中增加了“语言竞争和维护”的内容；(2)第四章结合我国的民族语言问题进行了大量的扩充；(3)把原书第七章中“语言规划”部分单列一章，并对内容进行了扩充和深化；(4)将原来第七章“语言生活”部分移出与新增的“语言教育”等合并为第八章；(5)增加了第九章“语言协调和‘华语’问题”；(6)原书第八章改为第十章，并增加了“变项规则分析法”一小节。全书其他部分也根据最新的文献资料作了不少的更动、补充或调整。

这次增订能在较短的时间内完成，是与以下几位同仁和朋友的帮助分不开的。他们是：喻江、吴玉峰、郭骏。他们放弃了暑假的休息，冒着酷暑帮助校改，并提出了很好的意见和建议。徐大明教授，以及傅义荣、祝晓宏、王玲玲、李计伟等朋友也在修订过程中提出了中肯的意见。新加坡《联合早报》国际部张从兴先生通读了全稿,提出了许多很好的意见,并就相关问题随时和我进行讨论。博士研究生曾炜帮助校对。我要感谢他们。而书中所有错误,当由我个人负责。

我也要谢谢我的妻子俎花菊。为了能让我集中精力按时完成增订工作,她承担了全部家务,并终日冒着酷暑为新房的装修奔走。这既使我感到不安,又使我感到非常的幸运。

暨南大学华文学院和浙江大学出版社为本书的增订和再版提供了很大的帮助和支持。周健教授帮助联系出版事宜。谨此表示诚挚的谢意。

郭　熙

2004 年 11 月 4 日于广州

2012年版后记

《中国社会语言学》(增订本)2004年在浙江大学出版社出版,转眼8年过去了。这几年中国社会语言学又有了很大的发展。原来计划趁这次再版做一些较大的修改,过了一段时间才发现根本无法做到;而朋友们又来信说急着在教学中用,所以只是做了局部的改动,并删除一些现在看来陈旧的内容。希望再过几年,能够静下心来,好好地修改一番。我期待着读者的批评指正。

郭　熙

2012年7月15日于新加坡